대적기도 시리즈 3.

대적기도를 통한
승리의 삶

정원 지음

영성의 숲

서문

대적기도는 보이지 않는 곳에 숨어서 그리스도인들을 공격하는 악한 영들의 정체를 발견하고 주의 이름과 능력으로 그들을 초토화시키는 기도입니다.

이것은 너무나 통쾌하고 후련한 기도입니다. 이 기도를 발견하고 사용하는 이들은 예전에 알지 못했던 풍성한 자유를 경험하게 됩니다.

악한 영들은 갑자기 마른 하늘에서 벼락을 치는 식으로 우리를 공격하는 것이 아닙니다. 그들은 아주 실제적인 존재입니다.

그들은 인간관계의 뒤에 숨어서 공격하며 우리의 생각과 감정을 혼란시켜서 공격합니다. 그들은 복음 사역과 영적 사역을 배후에서 교묘하게 방해합니다. 그리하여 이 땅에는 부흥과 믿음의 풍성한 역사를 발견하기 어렵습니다.

우리가 그들의 궤계를 알게 될 때 그것은 놀라운 풍성함과 자유의 시작이 될 것입니다. 우리는 지금까지 무지해서 쓸데없이 겪었던 많은 고통에서 벗어나게 됩니다.

가정에서, 인간관계에서, 사역이나 전도를 하는 과정에서 경험하게 되는 그들의 방해와 공격을 분별하십시오. 그리고 대적하십시오. 당신은 자유롭게 될 것이며 복음의 능력, 예수 이름의 능력이 얼마나 놀라운 것인지를 경험하게 될 것입니다.

2005. 2. 정원

대적기도 시리즈 3권 대적기도를 통한 승리의 삶

1부 인간관계에서의 대적기도

1. 대인관계를 불편해하는 사람 • 16
2. 말을 함부로 하는 사람을 만날 때 • 19
3. 남을 지배하려는 사람을 대할 때 • 22
4. 분노하는 사람의 영을 결박하십시오 • 28
5. 위압감을 주는 사람에 대하여 • 31
6. 괴롭히는 이들의 영을 대적하십시오 • 35
7. 억울한 일을 겪었을 때 • 42
8. 사람과 악한 영을 분리하십시오 • 49
9. 우리는 상대방의 영을 결박하는 것이지 쫓아내는 것이 아닙니다 • 53
10. 이간질의 영을 대적하십시오 • 56
11. 강요하는 영을 대적하십시오 • 60
12. 불경건한 자들과의 교제를 멀리하십시오 • 66
13. 잘못된 영적 연결을 끊으십시오 • 69
14. 일방적이고 육적인 애정의 끈을 대적하고 끊으십시오 • 74
15. 다른 사람에 대한 사소한 불쾌감을 대적하십시오 • 78
16. 짝사랑과 애정의 영에 대하여 • 80
17. 저주하는 영을 대적하고 멀리하십시오 • 85
18. 간교한 영을 가지고 있는 이들을 멀리 하십시오 • 88
19. 미움의 영을 대적하십시오 • 94
20. 미움을 끌어당기는 영을 대적하십시오 • 98
21. 어린아이의 영을 결박하십시오 • 102
22. 충격을 받을 때에 대적하십시오 • 107
23. 음란한 영을 대적하십시오 • 112
24. 조종하는 영을 대적하십시오 • 123
25. 억지를 부리는 상대방의 영을 결박하십시오 • 132
26. 대적기도를 하고 나면 일시적으로 아플 수 있습니다 • 135

2부 가정에서의 대적기도

1. 우리의 대적은 배우자가 아니고 마귀입니다 • 146
2. 부부사이에 역사하는 악령을 대적하십시오 • 150
3. 절대로 앙금을 쌓아두지 마십시오 • 155
4. 상대방이 가지고 있는 지옥의 영들을 대적하십시오 • 164
5. 자주 서운함에 빠지는 사람 • 169
6. 절대로 서로 비난하지 마십시오 • 173
7. 자기 의의 영을 결박하십시오 • 181
8. 배우자에 대한 유혹의 영을 대적하십시오 • 188
9. 가정을 지배하려는 지배의 영을 대적하십시오 • 192
10. 부모의 육적 애정의 끈을 분별하십시오 • 204
11. 가족의 영적 방해를 결박하십시오 • 214
12. 아이를 가졌을 때 대적기도와 보호하는 기도를 드리십시오 • 222
13. 아이가 아플 때 대적기도를 하십시오 • 228
14. 아이가 돌이 되면 고집의 영을 대적하십시오 • 234
15. 찡찡거리는 영을 쫓아내십시오 • 238
16. 징계나 대적기도 시에 화를 내서는 안 됩니다 • 243
17. 아이들을 억압하지 마십시오 • 245
18. 아이들 앞에서 조심하십시오 • 249
19. 미운 짓을 하는 아이에 대하여 • 255
20. 성장을 거부하는 영을 대적하십시오 • 262
21. 어린아이가 접촉하는 영을 주의해보십시오 • 266
22. 아이들에게 영적 전쟁을 가르치십시오 • 273
23. 대적기도는 아이들의 영혼을 깨웁니다 • 277
24. 아이들의 사춘기에 올 수 있는 영을 대적하십시오 • 283
25. 아이의 의지를 누르는 악령을 결박하십시오 • 288
26. 자녀들의 교우관계를 위하여 기도하십시오 • 294
27. 악한 유전이 자녀에게 흐르지 않도록 끊으십시오 • 301
28. 가정의 소리와 분위기를 관리하십시오 • 310
29. 집안의 환경을 정결하게 하십시오 • 314

3부 복음전도와 영적 사역에서의 대적기도

1. 전도 대상자를 위한 기도의 능력 • 321
2. 구체적인 장소에 있는 영들을 결박하십시오 • 326
3. 대적기도 후에 갈망이 일어납니다 • 333
4. 영혼을 구출하기 전의 준비 • 340
5. 복음을 전할 때 그 안의 영들을 결박하십시오 • 344
6. 영적 세계의 이해와 경험이 전도의 문을 엽니다 • 350
7. 초신자가 실족하지 않도록 영적 전쟁을 가르쳐야 합니다 • 360
8. 개인기도와 중보기도에서 대적기도를 사용하십시오 • 365
9. 목회 사역의 진정한 대적자를 발견하십시오 • 371
10. 설교를 방해하는 영을 대적하십시오 • 374
11. 예배를 방해하는 영을 대적하십시오 • 380
12. 예배의 참석자를 위한 대적기도를 하십시오 • 383
13. 사역이 끝난 후에 찾아오는 유혹의 영을 대적하십시오 • 390
14. 사역자를 누르는 영을 대적하십시오 • 395
15. 사역자에 대한 인간적인 애정의 영을 대적하십시오 • 400
16. 영적 갈망을 훔쳐 가는 마귀를 대적하십시오 • 406
17. 지배와 분파의 영을 대적하십시오 • 412
18. 은사적인 사람을 조심하십시오 • 418
19. 교회의 행사나 일을 준비할 때 대적기도를 하십시오 • 425
20. 강력한 소리는 영적 전쟁의 중요한 무기입니다 • 428
21. 영적 부흥과 갱신에는 역풍이 있습니다 • 433
22. 마귀를 대적하여 교회를 순결하게 하십시오 • 440

대적기도 시리즈 1권   대적기도의 원리와 능력

1부 대적기도의 발견

1. 어느 날의 경험 • 19
2. 두 번째의 기쁨 • 22
3. 지식과 해방 • 25
4. 사라진 불안 • 30
5. 속고 배우고 분별하기 • 34

2부 영적 전쟁의 원리들

1. 악한 영들은 생각을 통해서 들어옵니다 • 43
2. 악한 영들은 두려움을 통해서 역사합니다 • 51
3. 귀신을 쫓는 것은 제자들의 기본적인 사명입니다 • 57
4. 마귀를 대적하는 것과 하나님을 가까이 하는 것 • 65
5. 우리에게 주어진 권세를 사용함 • 73
6. 자유의지의 법칙 • 76
7. 마귀가 있는 곳에는 마비가 있습니다 • 83
8. 회개와 자책을 분별하십시오 • 93
9. 악한 영들은 우리의 입장에서 이야기합니다 • 99
10. 거라사 광인이 보여주는 악한 영의 특성들 • 106
11. 실제적인 영적 전쟁 • 117
12. 악한 영들은 빛 앞에서 드러납니다 • 120
13. 악한 영들은 권능을 두려워합니다 • 130
14. 악한 영들은 파장을 따라 들어옵니다 • 136

15. 쾌락의 영과 징벌의 영 • 144
16. 무리하게 영적 전쟁을 하지 마십시오 • 152
17. 악한 영의 억압과 정신병의 차이는? • 153
18. 악한 영들은 사람의 안에 들어오려고 합니다 • 163
19. 영들의 들어옴 • 167
20. 사람은 영의 통로입니다 • 171
21. 고통과 즐거움의 법칙 • 176
22. 떠돌이 영에 대하여 • 183
23. 제사에 오는 악한 영들 • 187
24. 악한 영들의 힘의 차이 • 192
25. 이 사역에 뛰어드는 것을 조심하십시오 • 198
26. 대적기도는 스스로 하는 것이 좋습니다 • 205
27. 영적 전쟁에 대한 여러 가지 반응들 • 209
28. 영이 들어올 때와 나갈 때의 느낌 • 215
29. 영 분별에 있어서의 어려움들 • 223
30. 민감한 영의 사람은 영을 잘 관리해야 합니다 • 229
31. 악한 영들의 활동과 잠복 • 235
32. 악한 영을 쫓아내는 것과 결박하는 것은 다릅니다 • 242
33. 악한 영들은 시간이 지날수록 강해집니다 • 248
34. 영들의 자리잡음 • 254
35. 선포는 악한 영의 힘을 약화시킵니다 • 260
36. 악한 영의 세계를 통과할 때 하나님의 깊은 임재에 들어갑니다 • 265
37. 땅의 영들과 공중의 영들 • 268

3부 악한 영들의 활동, 원리, 특성

1. 서운함 • 283
2. 흠을 잡는 영 • 287
3. 이간질 • 293
4. 분노 • 299
5. 미움 • 305
6. 우울함과 어두움 • 310
7. 불안과 두려움 • 313
8. 혼자 있게 함 • 318
9. 나쁜 사건들을 일으킴 • 323
10. 원망과 불평 • 330
11. 거스름 • 337
12. 교만 • 340
13. 탐욕 • 346
14. 어두운 눈물 • 349
15. 죄책감 • 353
16. 거짓의 영 • 358
17. 영적 사역을 방해함 • 362
18. 음식에 대한 탐닉 • 369
19. 쇼핑 • 374
20. 악한 영들의 활동 특성 • 378
21. 악한 영들의 활동 원리 • 383
22. 넓은 범위의 활동들 • 389

대적기도 시리즈 2권   대적기도의 적용원리

1부 대적하는 기도의 기본 원리와 방법

1. 아주 중요한 오류들 • 17
2. 명령하는 기도와 대적하는 기도 • 26
3. 두 개의 왕국 • 30
4. 대적하는 기도의 적용 순서 • 42
5 깨달음과 스며들기 • 48
6. 어둠 속의 존재를 드러내기 • 53
7. 이름 부르기 • 56
8. 분리시키기 • 62
9. 대적하기 • 67
10. 악의 근원을 발견하십시오 • 71
11. 구체적으로 대적하십시오 • 80
12. 자신의 안에 어떠한 영이 있습니까? • 83
13. 자기 안에 있는 영들을 표출시키기 • 87
14. 악한 영들이 주는 몸속의 이질감 • 95
15. 악한 영들이 움직이는 느낌 • 102
16. 생활 속에서 속의 느낌을 주의하십시오 • 110
17. 부르짖어서 표출시키기 • 115
18. 호흡기도로 표출시키기 • 121
19. 소리의 중요성 • 127
20. 눈을 강화시키기 • 131
21. 함부로 시인하지 마십시오 • 135
22. 악한 영들에게 먹이를 주지 마십시오 • 141
23. 악한 영들에게 분노하십시오 • 151
24. 대적하는 기도를 드린 후의 증상 • 158
25. 채워짐의 중요성 • 167

2부 개인적인 공격들에 대한 대적기도

1. 우울함을 대적하십시오 • 177
2. 불안감을 대적하십시오 • 181
3. 외로움을 대적하십시오 • 187
4. 분노를 대적하십시오 • 190
5. 슬픔을 대적하십시오 • 202
6. 복수심을 대적하십시오 • 206
7. 과거의 아픈 기억을 처리하십시오 • 210
8. 영의 침투를 당했을 때 • 213
9. 근심을 대적하십시오 • 218
10. 무력감을 대적하십시오 • 224
11. 교만한 영을 대적하십시오 • 227
12. 비판의 영을 대적하십시오 • 236
13. 비난의 영을 대적하십시오 • 241
14. 사소한 짜증을 대적하십시오 • 247
15. 학대당하는 영을 대적하십시오 • 250
16. 잠자기 전을 조심하십시오 • 255
17. 더러운 생각을 대적하십시오 • 259
18. 억울한 마음을 대적하십시오 • 265
19. 죄책감을 대적하십시오 • 270
20. 질병의 증상을 대적하십시오 • 276
21. 갑자기 고통이 시작될 때 주의하십시오 • 280
22. 지나친 피로감을 주의하십시오 • 285
23. 졸음과 혼미함을 대적하십시오 • 287
24. 지나치게 많은 잠은 묶임입니다 • 290
25. 공상의 영을 대적하십시오 • 293

26. 끊임없이 떠오르는 생각을 대적하십시오 • 295
27. 불면증을 대적하십시오 • 300
28. 만성병을 대적하십시오 • 304
29. 신체의 부분적인 연약함이 올 때 • 310
30. 의지를 방해하는 자를 대적하십시오 • 314
31. 가난의 영을 대적하십시오 • 319
32. 채무의 영을 대적하십시오 • 326
33. 무서운 느낌이 들 때 • 333
34. 악몽을 꾸었을 때 • 338
35. 새로운 곳에서 잠을 잘 때 • 344
36. 지나친 그리움을 대적하십시오 • 347
37. 과식의 영을 대적하십시오 • 350
38. 지나친 쇼핑의 영을 대적하십시오 • 356
39. 도박의 영을 대적하십시오 • 358
40. 지나친 승부욕을 대적하십시오 • 362
41. 지나친 애정의 영을 대적하십시오 • 368
42. 수다의 영을 대적하십시오 • 375
43. 취미, 기호, 습관에 주의하십시오 • 379
44. 고집의 영을 대적하십시오 • 384
45. 거스르는 영을 대적하십시오 • 386
46. 폭력과 파괴의 영을 대적하십시오 • 391
47. 혼미케 하는 영을 대적하십시오 • 397
48. 죽음의 영을 대적하십시오 • 402
49. 길이 막혔을 때 대적하십시오 • 407
50. 충격을 받았을 때 • 410
51. 속이는 영을 대적하십시오 • 413
52. 자살의 영을 대적하십시오 • 416
53. 심각한 영적 공격에 대하여 • 419
54. 한계를 느낄 때 대적하십시오 • 422

대적기도 시리즈 4권 대적기도의 근본적인 승리비결

1부 승리를 위한 조언들

1. 악한 영들과 비슷한 파장을 버리십시오 • 19
2. 죄를 미워하십시오 • 26
3. 악성 감정을 버리십시오 • 31
4. 어두운 기질을 버리십시오 • 38
5. 복잡한 것을 좋아하지 마십시오 • 43
6. 꾸미는 것을 좋아하지 마십시오 • 46
7. 세상이 주는 즐거움을 추구하지 마십시오 • 53
8. 외적인 사람은 마귀를 이길 수 없습니다 • 58
9. 낮은 가치관은 마귀에게 속고 있는 것입니다 • 67
10. 사람과의 친밀한 연합을 조심하십시오 • 73
11. 악한 영의 영역에 가지 마십시오 • 80
12. 위험한 영적 영역에 갈 때 조심하십시오 • 86
13. 심각한 영적 상태에 있는 사람을 접할 때 주의하십시오 • 92
14. 점, 운세, 마술, 초능력 등에 접촉하지 마십시오 • 100
15. 신비적 경험을 너무 좋아하지 마십시오 • 109
16. 듣는 기도를 조심하십시오 • 115
17. 바른 하나님 관을 가지십시오 • 122
18. 기질적 약점을 극복하십시오 • 126
19. 체력과 영력을 기르는 훈련들 • 134
20. 무엇보다 중요한 것은 본인 자신의 의지입니다 • 141
21. 반성과 회개는 아주 중요합니다 • 147
22. 영적 전쟁에 있어서의 기도와 금식의 의미 • 155
23. 자신의 안에 터를 잡은 악의 진을 깨뜨리십시오 • 162
24. 은혜와 감동이 있을 때 주의하십시오 • 176
25. 파장과 성질이 영의 통로임을 기억하십시오 • 184

26. 밝은 마음으로 사십시오 • 190
27. 사랑의 고백은 마귀를 깨뜨립니다 • 196
28. 거짓을 미워하고 단순하게 진실을 말하십시오 • 205
29. 자신이 아닌 주님께 집중하십시오 • 216
30. 대적기도의 열매들 • 224
31. 대적기도의 적용이 잘 되지 않는 이들에게 • 230
32. 대적기도의 적용을 확장하십시오 • 237
33. 오직 주님을 구하는 것이 근원입니다 • 246
34. 전쟁을 통한 영혼의 균형과 성장 • 252

2부 대적기도 간증

1부
인간관계에서의
대적기도

악한 영들은 사람을 통해서 일하는 것이 보통이며
그러므로 인간관계는 악한 영들이 역사하는
중요한 통로입니다.
오늘날 적지 않은 사람들이 인간관계를 통해서
상처를 받고 어려움을 겪으며
고통 속에서 살고 있습니다.
그 배후에서 역사하고 있는
악한 영들의 움직임에 대해서 알게 될 때
우리는 인간관계에서의 많은 묶임과 고통에서
벗어나게 될 것이며
자유롭고 풍성한 삶을 누릴 수 있게 될 것입니다.

1. 대인관계를 불편해하는 사람

혼자 있는 것이 편하고 여럿이 있는 것을 불편해하는 사람들이 있습니다. 이들은 대체로 마음이 약하고 영이 예민한 사람들입니다.
생후 5-6 개월 정도가 된 어린아이들은 보통 낯을 가립니다. 그래서 낯선 사람을 보면 두려워하거나 웁니다. 모르는 사람이 안아주려고 하면 입을 비쭉거리고 울음을 터뜨립니다. 그것은 그들의 영이 얇고 예민해서 어른들의 영을 통하여 위압감을 느끼기 때문입니다.

하지만 그러한 어린 시절을 지나 성인이 된 후에는 마음과 영이 강해지며 자신을 방어할 수 있기 때문에 모르는 사람을 보고 두려워하거나 우는 어른들은 없습니다.
그러나 영이 예민하고 약한 사람들은 모르는 이들을 보고 울지는 않지만 왠지 부담감이나 불편함을 느끼게 됩니다. 이러한 이들은 잘 아는 사람들과는 충분히 마음을 나누지만 모르는 사람과 함께 있을 때는 말도 잘 하기 어렵고 행동도 부자연스럽게 됩니다.

이들은 몇 명의 사람들과 대화를 하는 것에는 불편을 느끼지 않지만 많은 사람들의 앞에 서면 아주 긴장하게 됩니다. 많은 사람들의 앞에서 무슨 말을 해야 한다거나 노래를 불러야 한다거나 하는 상황이 되면 긴장이 되어서 입을 벌리는 것조차 힘이 드는 것입니다. 이러한 것은 영이 예민하고 약한 사람들의 일반적인 특성입니다.
이들은 다른 이들과 같이 있을 때 자주 어색함과 불편함을 느끼게 됩니다. 처음 보는 이들을 보면 아주 어색하고 서먹서먹하며 무슨 말을 어떻게 해야 할지 몰라서 불편해하는 것입니다. 이들은 다른 사람의 눈을 쳐다보는 것도 힘들어합니다. 그래서 시선을 어디다 둘지 몰라서 난처하게 여기게 됩니다.

말하고 행동하고 자신을 표현하는 것은 영의 활동입니다. 그런데 이들의 영은 약하고 힘이 없기 때문에 다른 이들의 앞에 있으면 다른 이들의 시선이나 영에 눌려서 그들의 영을 표현하기가 어렵습니다. 그러므로 그들은 영적으로 묶여 있는 상태가 되어 말을 하기도 어렵고 표현과 행동도 어려워져 어색하고 부자연스러워지는 것입니다.

이러한 사람들은 살아가면서 크게 불이익을 당한다고 볼 수는 없지만 아무래도 살아가는 데에 있어서 여러 가지 제약을 받게 됩니다.
이들은 사람을 사귀는 것이 쉽지 않습니다. 모든 사람은 처음 만날 때는 다 모르는 사람이니까요. 그러니 이러한 사람들은 활동 영역이 좁아지게 될 것이며 제한을 받게 되는 것입니다.
이러한 사람들은 심령이 약한 자들입니다. 이렇게 심령이 약한 이들은 대인관계에서 어려움을 겪을 수 있기 때문에 풍성한 삶을 위해서 반드시 심령을 강하게 하는 것을 배우고 경험해야 합니다.

또한 이들은 대적하는 기도에 대해서 배우고 훈련해야 합니다. 왜냐하면 그들이 겪는 고통은 상대방들이 가지고 있는 어두움의 영들을 제압하지 못하고 그 영들에게 눌려서 생기는 것이기 때문입니다.
예를 들어서 이러한 사람들은 분노의 영을 가지고 있는 사람의 옆에 가면 마음이 아주 불안해질 것입니다.
그것은 이 사람의 영이 상대방이 가지고 있는 분노의 영에 쉽게 눌리기 때문입니다. 그 분노의 영은 이 사람의 안에 쉽게 침투하고 공격을 하게 됩니다.
또한 이러한 사람은 강한 지배의 영을 가지고 남들에게 이래라, 저래라 하는 사람을 만나게 되면 꼼짝 못하고 끌려 다닐 것입니다. 자신이 좋아하지 않으면서도 말입니다.

이것도 역시 상대방이 가지고 있는 지배의 영에 의해서 묶임을 당하고 있는 것입니다.

이러한 사람들은 일정한 영성 훈련을 통해서 영을 강하게 해야 합니다. 그리고 대적기도와 결박하는 기도에 대해서 배워야 합니다. 그럴 때 그들은 자유함을 경험하게 될 것입니다. 그들은 분노하는 영과 지배하는 영들을 주의 이름으로 결박하게 되어 그러한 영을 가지고 있는 사람들과 만나도 전혀 눌리거나 묶임이 없이 자연스럽고 편안한 상태를 유지할 수 있게 될 것입니다.

당신의 영이 지나치게 예민하고 약한 편이라면 당신은 당신의 영을 강하게 해야 합니다. 그리고 대적하는 기도를 훈련하여 충분히 사용할 수 있어야 합니다.

그렇게 할 수 있을 때 당신은 대인관계를 더 이상 불편해하지 않을 것입니다. 오히려 사람과의 만남을 즐거워하며 누리게 될 것입니다. 대적기도를 배우고 사용하면서 당신은 풍성한 대인관계를 가질 수 있습니다. 할렐루야.

2. 말을 함부로 하는 사람을 만날 때

말을 함부로 하는 사람들이 있습니다. 그들은 자기의 기분에 따라 공격적이고 날카로운 말을 던지기도 합니다. 그들의 말은 바로 흉기와 같습니다.

그들은 항상 불평이나 원망을 입에 달고 살며 그 자리에 없는 이들에 대한 비난이나 험담을 하기도 합니다. 물론 그러한 의견에 동조하지 않는 사람은 같이 공격을 받게 됩니다.

이들은 남들에게 아픈 말도 거리낌 없이 합니다. 만약 그들이 반대로 자신이 하는 말의 반만 자신이 듣게 된다면 그들은 결코 참지도 않을 것이며 상대방을 용서하지도 않을 것입니다.

마음이 여리고 약한 사람들이라면 이러한 사람에게 상처를 받을 때가 많이 있을 것입니다. 날카롭고 비수와 같은 그들의 말이 가슴에 꽂혀서 고통스러웠던 기억이 많이 있을 것입니다.

언어를 통한 악한 영의 침투는 아주 일반적인 일로써 그것은 사람의 심령에 많은 고통과 충격을 줍니다. 심한 경우는 자살에까지 이르게 할 수도 있습니다.

이러한 사람을 자주 만나야 한다면 그것은 참으로 곤혹스러운 일일 것입니다. 가능하면 이러한 이들과는 접촉을 하지 않는 것이 좋을 것입니다. 가까이 있기만 해도 그러한 사람들이 가지고 있는 나쁜 기운은 묻어 올 수밖에 없기 때문입니다.

하지만 세상의 일이란 것이 우리의 마음대로만 되는 것은 아닙니다. 우리는 이와 같은 사람들을 피할 수 없는 경우가 있을 것입니다. 또한 이러한 사람은 어디서나 쉽게 찾아볼 수 있기 때문에 우리가 세상에 사는 한 이러한 이들을 만나지 않을 수는 없을 것입니다. 그러므로 우리는 이러한 사람과 그들의 말에 대해서 자신을 방어하며 지키는 것이 필요합니다.

그러한 사람을 만나기 전에, 그리고 그러한 사람을 만나고 있을 때 정신을 차리고 악한 영을 대적하시기를 바랍니다.

비난이나 불평이나 날카로운 말은 그 사람의 안에서 악한 영들이 장난하고 있는 것이며 악한 영들이 그 사람의 입을 도구로 사용하는 경우가 많습니다. 그러므로 그 악한 영이 힘을 잃어버리고 약해지도록 대적하고 결박하는 기도를 해야 합니다.

상대방이 말을 하고 있는데 그 앞에서 "이 악한 영아!" 하는 것은 곤란합니다. 그랬다가는 난리가 나겠지요. 그러므로 그들이 말을 하고 있을 때 속으로 그 악한 기운을 대적해야 합니다.

"지금 이 사람을 통해서 말하고 있는 악한 영들아. 내가 예수의 이름으로 너를 결박한다. 너는 잠잠하라!"

마음속에서 그런 식으로 몇 번 기도하고 명령하시기를 바랍니다. 그렇게 하면 그 사람은 멈칫거리거나 말을 더듬게 됩니다. 갑자기 말이 막혀버리기도 합니다.

왜냐하면 그러한 말들은 거의 악한 영들에게서 오는 것이기 때문입니다. 그런데 그렇게 명령을 하면 그것은 악한 영들의 힘을 묶어버리기 때문에 악한 영들은 활동을 할 수 없게 됩니다.

그러므로 그들은 갑자기 비판의 말이나 험담과 같은 악한 말을 할 힘을 잃어버리게 되는 것입니다.

이것은 마음속으로 하는 작은 기도도 악한 영들에게는 아주 실제적인 위협이 된다는 것을 분명하게 입증해줍니다. 이러한 작은 승리의 경험을 하게 되면 당신은 자신감을 가지게 될 것입니다.

대인관계에서의 부담이나 눌림에서 어느 정도 벗어날 수 있게 될 것입니다. 어떤 거칠거나 악한 사람을 만나게 되더라도 이러한 대적기도를 통해서 명령하면 당신은 그 악한 영향에서 벗어날 수 있는 것을 알았기 때문입니다.

또한 당신은 지금까지 알지 못했던 사실을 알게 될 것입니다. 그것은 많은 사람들이 알지 못하고 말하지만 그 말을 하는 것은 그 사람이 아니고 악한 영들이 그 사람의 입을 빌어서 말을 하는 경우가 아주 많이 있다는 사실을 말입니다.

그러므로 당신은 말을 아주 조심해야 한다는 것을 깨닫게 될 것입니다. 기분이나 충동에 따라서 함부로 말을 해서는 안 되며 자신의 안에서 떠오르는 말이 어디에서 온 것인지 분별해야 할 필요를 절실하게 느끼게 될 것입니다.

비난이나 험담, 원망이나 불평과 같은 악한 말은 결코 해서는 안 되며 감사하고 격려하고 덕을 세우는 아름다운 말을 하고 주님의 통로가 되는 말을 할 수 있도록 조심해야 한다는 것을 깨닫게 될 것입니다.

당신이 주 안에서 아름답고 덕을 세우는 말을 할 때 그 공간은 아름답게 될 것이며 대화 가운데 주님의 임재와 기름 부으심과 기쁨이 충만하게 될 것입니다.

대적기도를 하면서 영이 예민해질수록 당신은 그러한 것들에 대하여 점점 더 선명하게 느낄 수 있게 될 것입니다.

3. 남을 지배하려는 사람을 대할 때

다른 사람을 지배하려는 성향을 가지고 있는 사람들이 있습니다. 이들은 항상 자신이 머리가 되고 싶어 합니다. 어떤 모임에서든지 중요한 역할을 맡겨주지 않으면 분노하거나 지도자를 헐뜯기를 좋아합니다. 이들은 다른 사람들의 앞에 나서는 것을 좋아합니다.
친구 관계에서도 이들은 자기주장이 강합니다. 남들이 싫어하는 것도 자기가 원하는 쪽으로만 하려고 합니다.

이러한 성향은 지옥적인 것입니다. 천국에는 결코 남에 대한 강요가 없으며 지옥의 한 특성은 남들이 싫어하는 것을 억지로 시키는 것입니다. 이러한 기질의 사람을 만나는 것은 정말 피곤한 일입니다. 이러한 이들은 자기주장이 강하기 때문에 동조자가 되지 않으면 반대편이 되어 싸워야 합니다. 그러니 그러한 싸움이 피곤한 이들은 이러한 이들의 주장이 마음에 들지 않더라도 대충 넘어가곤 합니다.

하지만 피곤한 것이 싫다고 해서 다른 이들의 노예가 되는 것도 역시 좋지 않은 것입니다. 우리는 좋은 것을 좋다고 말해야 하며 싫은 것을 싫다고 거절해야 합니다. 억지로 하기 싫은 것을 마지못해서 해야한다면 그것은 노예생활이지 자유인의 생활이 아닙니다.
그러한 사람들은 그들의 안에 지배하려는 영을 가지고 있다는 사실을 인식해야 합니다.
그것은 지도자의 영과는 다릅니다. 많은 이들을 리드할 수 있는 지도자의 지혜와 폭넓은 마음은 하나님께서 주시는 것입니다. 그 영의 움직임에는 평안함이 있습니다. 하나님께로부터 오는 지도자의 영을 받은 이들은 자기 고집대로 하지 않고 자신을 높이지 않으며 오직 모든 영광을 하나님께 드리고 싶어 합니다.
그러나 지배의 영은 다릅니다. 그것은 지옥에서 오는 것이며 오직 자신의 마음과 기분에 의해서 움직여지는 것입니다. 그들은 오직 자기를 높이며 자기를 기쁘게 하기 위해서 움직입니다. 그들은 오직 자기의 즐거움을 위해서 다른 이들을 지배하려고 하는 것입니다.

남에게 끌려 다니는 사람들이 있습니다. 그러한 이들은 지배의 영을 가지고 있는 이들의 영적인 힘에 눌려 있는 것입니다.
그것은 어리석은 삶이며 바보와 같은 삶입니다. 주님께서는 결코 그러한 삶을 기뻐하시지 않습니다. 주님은 우리에게 자유를 주시기 원하십니다.
우리는 결코 남에게 끌려 다니는 삶을 살아서는 안 됩니다. 결코 대인관계에서 눌려서는 안 됩니다. 그것은 그 사람의 배후에 있는 악한 영들, 지배하는 영들에게 눌린 것이기 때문입니다.

복음과 천국의 영으로 살지 않는 곳에서는 항상 지배와 피지배의 영들이 역사하고 있습니다. 강한 자는 지배하고 강압하며 약한 자는 지배당하고 눌립니다. 그래서 대부분의 인간관계에는 지배하는 자의 억압과 지배당하는 자의 고통이 항상 존재하는 것이 보통입니다. 우리는 이러한 관계에서 벗어나야 합니다.
천국은 지배와 피지배의 장소가 아닙니다. 그곳은 사랑과 섬김의 공간입니다. 누구든지 높고 발전한 사람은 낮고 어린 위치에 있는 이들을 도우며 섬깁니다. 그러므로 다스리는 자에게도 기쁨이 있으며 다스림을 받고 보호를 받는 이들에게도 기쁨이 있습니다.
그러나 현실세계의 인간관계에서 우리는 이러한 모습을 발견하기 어렵습니다. 우리가 살고 있는 물질적인 사회는 천국의 영계보다는 지옥의 영계에 가깝기 때문입니다.

그리하여 전통적인 인간관계에서는 항상 강자가 약자를 괴롭히는 것이 당연시되어 왔습니다. 시어머니는 며느리를 지배하려고 하며 군대에서는 먼저 입대한 이들이 나중에 들어온 졸병을 괴롭힙니다. 직장 상사는 아랫사람을 억압합니다. 힘있는 자가 약한 힘없는 자를 억압하는 구조는 어디서나 발견할 수 있습니다.

이와 같이 강자가 약자를 누르는 것이 지옥적인 사회의 특성입니다. 그리고 이러한 관계의 눌림 속에서 고통을 당하는 이들이 많이 있습니다. 하지만 이러한 영에 눌려서는 안 됩니다.

이것은 인간적인 문제가 아니라 배후에 개입되어 있는 영적 어두움에 대한 전쟁의 문제입니다. 우리의 영혼은 어떠한 사람이나, 어떠한 영에게도 눌려서는 안 됩니다.

우리는 주의 이름으로 그 배후에 있는 영을 결박해야 합니다. 지배하는 영을 묶어야 합니다. 그 때에 비로소 평안한 삶을 누릴 수 있습니다.

지배하는 영을 가지고 있는 사람은 그들이 있는 모든 곳에서 지배력을 행사하고 싶어 합니다. 그리하여 그들은 결과적으로 가정에서도, 교회에서도 평화를 파괴하는 존재가 됩니다.

자녀들이 결혼을 해서 분가해도 이들은 그 가정에 영향력을 행사하고 싶어 합니다. 그리고 분가를 한 자녀들이 자신의 말을 듣지 않으면 분노하고 괴로워합니다. 그들은 자녀들이 자신을 배신했다고 이를 갈게 됩니다.

그들은 오직 지배욕을 충족시키기를 원합니다. 그것이 그들 삶의 중요한 기쁨이기 때문입니다.

오늘날 남편들 중에는 어리석어서 자신의 아내를 부모로부터 보호해주지 못하는 이들도 많이 있습니다. 그것은 무지한 것입니다. 부모를 사랑하고 섬기는 것과 그들에게 지배되는 것은 전혀 다른 것입니다. 결혼한 가정은 완전히 독립되어야 하며 오직 주님만이 그 가정을 지배하시고 말씀하실 수 있습니다. 그리고 부부의 연합을 깨뜨릴 수 있는 것은 아무 것도 있어서는 안 됩니다. 전통적인 효의 개념은 영적 무지로 인하여 파괴적이고 지배적인 인간관계의 모습을 가져올 수 있는 것입니다.
어떤 자매가 나에게 메일로 하소연을 한 적이 있었습니다. 그녀는 결혼을 하지 않은 미스였는데 결혼을 한 여동생이 자녀를 제대로 키우지 못한다는 것입니다.
그녀는 조카를 너무나 사랑하는데 동생이 조카들을 바르게 양육하지 못하고 있다는 것입니다. 여러 번 이야기를 했는데도 동생이 충고를 듣지 않아서 그것 때문에 여러 번 싸웠다고 하면서 동생이 언니의 영적 권위에 순종하는 것이 당연한 것이 아니냐는 것이었습니다.

그러한 것이 지배의 영과 관련된 것이라고 할 수 있을 것입니다.
나는 그녀에게 답을 해주었습니다. 이것은 권위의 문제가 아니고 책임의 문제라고.. 하나님께서는 아이들의 부모에게 자녀를 양육할 책임을 맡기셨으며 그것은 자매님에게 맡겨진 것이 아니라고. 자매님은 그러한 문제에서 권위를 주장할 수 없다고.. 동생이 자매에게 조언을 구할 때에는 자매가 답변을 할 수 있으나 본인이 원하지 않을 때는 조언을 할 수 없고 그것은 주님께 맡겨야 한다고 나는 대답해주었습니다.

자신의 말이 아무리 옳고 맞는 것같이 느껴지고 또 그것이 사실이라고 하더라도 그것을 들을 것인지 말 것인지는 상대방에게 달려있는 것입니다. 그러므로 상대방에게 자신의 의견을 강요해서는 안 되며 자신의 말을 듣지 않는다고 화를 내거나 상대방을 미워해서는 안 됩니다. 바로 그러한 것이 지배의 영인 것입니다.
주님께 속한 사람은 자신이 남을 가르치거나 지배하려고 하지 않으며 주님께서 인도하시고 보내신 사람만을 겸손하게 도울 뿐입니다. 남들이 자신을 알아주지 않으며 듣지 않는다고 하더라도 이러한 사람은 주님 앞에서 잠잠할 뿐입니다.
그러므로 자기의 옳은 말과 지혜를 듣지 않는다고 남을 판단하는 이들은 주님 중심이 아니고 자기중심인 것이며 곧 지배의 영을 가지고 있는 것입니다. 그것은 지옥으로부터 옵니다. 우리는 이 차이에 대해서 잘 알아야 합니다.

당신은 어떠한 사람들이 지배의 영을 가지고 있는지, 그래서 남을 가르치고 다스리며 지배하려고 하는지 쉽게 알 수 있을 것입니다.

그러한 이들이 사랑과 평안을 가지고 있으며 상대방의 의사를 존중해주는 사람이라면 그것은 괜찮습니다. 그러나 그렇지 않고 단순히 지배하고 강요하며 자신이 원하는 것만을 주장하는 사람이라면 당신은 그가 지배의 영을 가지고 있는 것을 알고 그 영을 대적해야 합니다. 결코 그들의 노예 생활을 해서는 안 됩니다.

이러한 이들은 남들에게 고통을 주기 마련입니다. 영이 예민한 이들은 이러한 사람을 만나게 되면 그러한 사람의 근처에만 있어도 심장이 뛰고 힘들어집니다. 심지어는 생각만 해도 마음이 불안해지기도 합니다. 이들이 그렇게 고통을 받는 것은 지배의 영을 가지고 있는 사람이 지옥에 속해 있으며 지옥의 악한 기운을 가지고 있기 때문입니다.

교회에도 그러한 사람들이 있습니다. 그들은 반드시 자신의 뜻대로 교회가 움직여져야 한다고 주장하며 자신의 뜻을 절대시합니다. 그것이 성경적이고 옳다고 주장합니다.

그러한 이들은 열심도 많으며 열정적으로 신앙생활을 하고 있기 때문에 사람들로부터 인정을 받는 경우가 많지만 그러한 이들은 천국의 영을 가지고 있는 자들이 아닙니다. 그들은 사람들에게 고통과 어두움을 줍니다. 그러나 천국에 속한 자들은 항상 아름다움과 사랑과 섬김의 영을 가지고 있습니다. 교회의 지도자급의 사람들이 항상 겸손하고 온유하며 섬김의 영을 가지고 있을 때 비로소 교회에 하나님의 임재와 천국의 풍성함이 드러나게 되는 것입니다.

지배의 영을 가지고 있는 이들을 만날 때, 만나기 전에 그 영들을 결박하십시오. 분명하게 말하십시오.

"**에게서 역사하는 지배의 영들아. 나는 주의 이름으로 너를 결박한다. 나는 너를 대적한다. 너는 나를 더 이상 괴롭힐 수 없을 것이다. 나는 주 안에서 자유인이다. 주님이 나를 구속하셨다. 그러므로 너는 잠잠할지어다!"

그렇게 반복적으로 기도하고 명령할 때 당신은 더 이상 그 사람에게 눌리거나 끌려 다니지 않게 될 것입니다.

그렇게 기도한 후에 그 사람이 무엇인가를 요구한다면 당신이 원하지 않는 것을 분명하게 싫다고 거부해야 합니다. 화를 낼 필요는 없지만 분명하게 싫은 것을 싫다고 표현해야 합니다. 그렇게 할 때 당신은 점점 더 자유로워질 수 있을 것입니다.

당신이 오랫동안 지배의 영을 가지고 있는 이들에게 끌려 다녔다면 당신은 이제 분명하게 자유를 선택해야 합니다.

어떤 이들에게 있어서 그것은 쉽지 않은 일일 것입니다. 거절하는 것이 두려울지도 모릅니다. 하지만 기억하십시오. 이것은 사람과의 전쟁이 아닙니다. 이것은 영적 싸움입니다. 당신은 사람에게 묶여있는 것이 아니라 악한 영들에게 묶여 있었던 것입니다.

그러므로 그 영에게서 벗어나십시오. 당신이 주님의 영을 가지고 있다면 당신은 그 영을 대적하여 이길 수 있으며 당신은 자유를 찾을 수 있습니다.

두려워하지 마십시오. 그리고 그 지배의 영을 대적하고 쫓아내십시오. 지속적으로 당신이 싸울 때 당신은 분명히 자유롭게 될 것입니다.

악한 영들은 결코 강한 존재가 아닙니다.

부디 지배의 영에게서 벗어나십시오. 끌려 다니는 인간관계를 청산하십시오. 남들의 강요에 의해서 원하지 않는 것을 하지 마십시오.

자유롭고 당당하게 사십시오. 당신은 새장에서 벗어난 새처럼 자유롭게 창공을 날아다닐 수 있게 될 것입니다. 할렐루야.

4. 분노하는 사람의 영을 결박하십시오

화가 잔뜩 나 있는 사람을 볼 때가 있습니다. 이 때는 주의가 필요합니다. 그러한 사람은 그 순간에는 악한 영에 사로잡혀 있기 때문입니다. 그러한 상태에 있는 사람의 옆에 공연히 어른거리다보면 피해를 입을 수가 있습니다.

흥분하고 분노하고 싸우는 이들을 보는 것은 그리 어려운 일이 아닙니다. 한국 사람은 쉽게 흥분하고 쉽게 화를 내는 경향이 있기 때문에 우리는 어디서나 싸우는 사람을 만날 수 있습니다. 처음에는 사소한 문제로 언쟁을 벌이다가 나중에는 서로 감정이 상해서 엉뚱하게 싸움이 커지기도 합니다.

그렇게 화를 내고 싸울 때 그 싸우려고 하는 기운은 악한 영으로부터 오는 것입니다. 속에서 욱! 하고 끓어오르는 기운은 자신으로부터 오는 것이 아닙니다. 그것은 지옥에서 나오는 능력입니다.

그렇기 때문에 평소에는 힘이 없는 사람이라도 그 순간에는 아주 힘이 세어지게 됩니다.

언젠가 나의 집회에 참석하여 예수 이름의 권능과 결박하는 기도의 권능에 대해서 들었던 전도사가 길에서 흥분하여 싸우던 사람들을 보고 멀리서 예수의 이름으로 그 영들을 결박하자, 한 사람이 쓰러지면서 그 싸움이 끝났었다는 이야기를 1권 2부에서 예로 들었던 것을 기억하실 것입니다.

그러한 결박기도는 나도 별로 시도해보지는 않았지만 효과가 있을 것이라고 생각합니다. 분노와 싸움의 영이 악한 영으로부터 온 것이 확실하다면 그들을 결박할 때 그 기도의 힘과 능력은 역사하게 될 것입니다.

분노의 영이 활동하고 있을 때에는 폭력과 파괴의 영이 같이 역사하기도 합니다. 누구나 제 정신을 가지고는 사람을 때릴 수 없습니다. 그것은 악한 영에 사로잡혀야 가능합니다. 사람을 때리는 이들의 눈을 보면 바른 영과 정신을 가지고 있지 않은 것을 알 수 있을 것입니다.
파괴의 영도 마찬가지입니다. 기물을 부수고 폭발하는 사람을 보면 그들은 제 정신이 아닙니다.
그러므로 그렇게 흥분한 사람을 물리적으로 제압하려고 하는 것은 좋지 않습니다. 그것은 영적인 싸움이기 때문에 기도로 그 영을 대적하고 결박해야 합니다. 조용히 그들의 안에서 역사하는 영들을 대적하고 결박할 때 그 영들은 잠잠하게 됩니다.

화가 나 있는 사람의 옆에 있다면 그 때 당신은 같이 흥분해서는 안 됩니다. 화가 난 사람의 옆에서 같이 흥분하고 긴장하는 것은 불에 기름을 끼얹는 것과 같은 것입니다. 그것은 마귀의 힘을 강하게 합니다. 마귀는 흥분하고 긴장된 상태에서 더 강해질 수 있기 때문입니다.
그러므로 분노하는 사람의 옆에서는 고요함과 잔잔함을 유지해야 합니다. 또한 직접적으로 상대방의 눈을 보면서 "귀신아, 나가라!" 하는 식으로 대하는 것은 좋지 않습니다.
그것은 다른 경우입니다. 기도를 받는 사람이 축귀 사역을 요청한다면 그렇게 해야 할 때가 있을 것입니다. 하지만 대부분의 경우 그런 태도는 오히려 사람을 더 화나게 합니다. 상대방을 그런 식으로 마귀 취급하는 것은 좋지 않습니다. 대부분의 경우 상대방은 "그래! 나 마귀다!" 하고 더 분노를 터뜨릴 것입니다.
악한 영을 결박하는 것은 속으로 조용히 하는 것이 좋습니다. 마음속으로 조용히 "내가 예수의 이름으로 이 분노와 싸움의 영을 결박한다. 너는 잠잠해지거라." 그렇게 명령하는 것이 좋습니다.
어떤 경우에는 효과가 없는 듯이 느껴질지도 모릅니다. 그것은 아마 그러한 기도와 명령을 하는 사람이 확신이 부족하거나 아니면 영적인 힘이 너무나 약하기 때문일 것입니다. 평소에 거의 기도생활을 하지 않으며 소리를 내서 기도를 해본 적이 없다면 그러한 이들은 영적인 능력을 사용하는 데에 어려움을 겪을 것입니다.

이러한 대적기도는 갑자기 준비 없이 사용하는 것보다는 평소에 충분히 준비하고 경험하는 것이 좋습니다. 일상에서 대적기도를 자주 시도하고 훈련하여 승리의 경험을 쌓는 것이 좋은 준비가 될 것입니다.

어느 정도 기도의 훈련이 되었다면 대체로 두려워하지 않고 마음을 조용히 가라앉히고 분노의 영을 계속 결박하기만 해도 당신은 그 영을 제압하고 결박할 수 있을 것입니다. 그리하여 그 영으로 인한 피해를 입지 않게 될 것입니다.

만약 대적기도를 할 때나 하기 전에 당신에게 두려움이 임한다면 당신은 그 영에게 진 것입니다. 그러나 기도의 결과 당신의 마음에 고요함과 평안함이 임한다면 당신은 그 영에게 이긴 것입니다. 당신은 그 영들을 다룰 수 있으며 결박하여 무력화시킬 수 있습니다.

흥분하고 분노하고 파괴하는 영들은 고요함과 침착함 속에서 그 힘을 잃어버린다는 것을 꼭 기억해두시기 바랍니다. 분노와 파괴와 폭력의 영들은 상대방이 흥분할 때 강해집니다. 그러나 심령의 고요와 평안을 유지하는 사람 앞에서 그들은 약해지며 힘을 잃어버립니다.

세상에는 쉽게 화를 터뜨리고 분노를 폭발하는 사람들이 많이 있습니다. 그러한 이들을 두려워해서는 안 됩니다. 또한 아무 생각이나 처방이 없이 지나가서도 안 됩니다.

고요하고 잔잔한 마음으로 그 영들을 결박하며 당신에게 주어진 예수 이름의 권세를 사용해보십시오. 속으로는 악한 영을 대적하되 겉에서는 조용한 태도를 유지하는 것이 좋습니다. 당신은 그 기도의 힘이 나타나는 것을 느끼고 확인할 수 있게 될 것입니다. 당신은 그 이름의 능력에 대해서 알게 될 것입니다. 그리하여 대인관계에서 점점 더 두려움 없이 담대하고 편안하게 자유로움을 누릴 수 있게 될 것입니다.

5. 위압감을 주는 사람에 대하여

이상하게도 위압감이 느껴지는 사람이 있습니다. 그 사람의 앞에만 가게 되면 긴장이 되고 말이 안 나오고 움츠러들게 되는 것입니다. 당황해서 엉뚱한 실수를 하기도 합니다. 이것은 이 사람의 영이 그 사람의 영 앞에서 제압된 것입니다.

만약 어떤 사람이 모든 사람들의 앞에 설 때마다 위압을 느낀다면 이것은 이 사람 자신의 문제입니다. 즉 그의 영이 너무나 약한 것입니다. 이러한 이들은 잘 아는 몇 사람 외의 다른 사람들 앞에서는 아주 불안해하고 두려워합니다. 이것은 이 사람의 문제이고 그 영의 연약함의 문제이기 때문에 발성기도 등을 통해서 영을 강화시켜야 합니다.
그러나 다른 사람 앞에서는 괜찮은데 어떤 특정한 사람의 앞에 가기만 하면 왠지 위축되고 자유롭지 않다면 이것은 상대방이 어떤 기운을 가지고 있는 것입니다. 그럴 때는 거기에 대한 분별이 필요합니다.

우리에게 위압감을 준다고 해서 그 사람이 무조건 잘못되었다고 할 수는 없습니다. 그 사람은 강한 카리스마와 리더십을 가지고 있는 사람일 수도 있습니다.
아마 예수님이 그러하셨을 것입니다. 주님은 초라한 옷차림을 하고 계셨으나 사람을 압도하는 힘이 있었습니다. 빌라도의 보고서를 보면 그가 유대 지방을 다스리는 총독이며 예수님을 심문하는 입장에 있었음에도 불구하고 주님 앞에서 압도되어 벌벌 떨었다는 기록이 있습니다. 그것은 주님이 가지고 계신 영적인 능력과 권세를 보여주는 것입니다.
그러한 권세와 힘은 천국에서 오는 것이며 그러한 권세에 압도되는 것은 당연한 것입니다. 빌라도는 주님을 대적하는 위치에 있었기 때문에 주님의 권세에 의해서 더욱 더 압도되는 것을 느꼈을 것입니다.

어떠한 권위와 능력이 천국으로부터, 주님의 영으로부터 오는 것일 경우에 그러한 권위는 사람들에게 악한 영향을 주지 않습니다. 그것은 경건한 두려움을 일으킵니다. 그것은 그를 대적하는 사람에게만 압도하는 힘을 느끼게 할 뿐입니다.

이것을 기억해두십시오. 어떤 사람이 천국에 속한 사람이며 천국의 영을 가지고 있다면 그가 강한 사람이라고 해도 그 앞에서 두려움이나 공포감을 느끼게 되지는 않습니다. 왜냐하면 천국의 영은 강하면서도 부드럽고 사람들에게 편안함을 주기 때문입니다.

그러나 지옥의 영은 다릅니다. 그것은 사람들에게 불편함이나 불안감을 줍니다. 그것은 강할 뿐만 아니라 뭔가 사람을 부자유하게 하고 억압하는 요소를 가지고 있는 것입니다.

그러므로 우리가 어떤 사람에게서 위압감을 느낄 때 그러한 위압감이 경건한 두려움이 아닌 일종의 묶임이나 부자유함과 같은 느낌이라면 우리는 그 느낌을 분별해 보아야 합니다. 그것은 바르지 않은 영일 가능성이 많이 있기 때문입니다.

다른 사람 앞에서 위압감을 느끼며 말을 더듬게 되거나 부자연스러움을 느낀다면 일반적으로 그것은 좋지 않은 것입니다. 그것은 대체로 우리의 영혼을 억압하는 느낌입니다. 그러므로 우리는 그러한 억압의 느낌을 대적하고 결박해야 합니다.

그러한 억압의 느낌은 대체로 상대방이 가지고 있는 권위적인 영이나 지배적인 태도와 관련이 있을 수가 있습니다. 또한 그 사람이 다른 사람에 대해서 무시하는 태도를 가지거나 다른 사람을 잘 믿지 않고 의심하거나 다른 사람에게 강한 태도로 대해야 한다는 마음을 가지고 있는 지도 모릅니다.

그러한 그 사람의 의식이 그러한 영을 불러들여서 다른 사람의 영혼을 알게 모르게 억압하고 있을 수 있는 것입니다.
그러므로 우리는 우리에게 그러한 불편함을 주는 사람과 만나게 된다면 그 만남에 앞서서 먼저 그 영을 결박하고 대적하는 것이 필요합니다.
그 사람이 가지고 있는 영과 기운이 우리의 영혼을 억압하지 않도록 방어를 위한 기도를 해야 하는 것입니다.

위압적인 사람의 배후에 있는 영을 대적하고 결박하고 나면 우리는 이상하게 그 사람 앞에서 더 이상 긴장하거나 눌리지 않게 됩니다. 그저 편안한 마음으로 대할 수 있고 자연스럽게 말을 할 수 있는 것입니다. 물론 그렇다고 해서 무시하거나 예의가 없는 태도로 상대방을 대해서는 안 될 것입니다.
나는 어떤 사람이 다른 사람을 제압하기 위해서 또는 강한 사람으로 보이기 위해서 일부로 근엄한 표정을 짓고 날카로운 모습을 하고 있는 것을 더러 본 적이 있습니다.
그것은 자연스러운 것이 아닙니다. 그리고 우리의 영적 전쟁은 그런 식으로 인위적으로 하는 것이 아닙니다.

대적하고 결박하는 기도는 쉽고 자연스러운 것입니다. 단순하게 주의 이름으로 상대방이 가지고 있는 위압적인 영을 결박하면 됩니다.
그것은 쉽고 단순한 기도입니다. 이런 식으로 잠깐만 기도해도 충분합니다.
"나는 그 사람의 앞에서도 전혀 어색하거나 불편하지 않을 것이다. 주님이 나와 함께 하시며 내 영혼을 보호하신다. 나는 주의 이름으로 그가 가지고 있는 위압적인 영들을 결박한다. 악한 영아. 너는 주의 이름으로 잠잠해질지어다."
이것은 간단한 기도이지만 이 기도는 효과가 있습니다.
다른 사람들에게 제압이 되는 것은 아주 좋지 않은 것입니다. 그것은 긴장과 부자유의 시작입니다. 세상에는 괜히 높은 사람이나 힘을 가지고 있는 사람의 앞에 가기만 하면 주눅이 들고 제압이 되어서 어쩔 줄을 모르는 사람들이 많이 있습니다. 그것도 일종의 묶여져 있는 상태입니다. 우리가 대적기도에 대해서 충분히 경험하고 사용하게 된다면 우리는 그러한 사람을 만나게 되더라도 더 이상 그렇게 제압되지 않게 될 것입니다.

부디 그 영을 결박하는 기도에 대해서 배우십시오.
쓸데없이 억압되고 제압되지 않도록 그 위압적인 영을 결박하십시오.
당신은 더 이상 눌리고 묶이지 않게 될 것입니다.
결박기도는 당신의 영에 어떤 사람의 앞에 있게 되든지 자연스럽고 침착하게 대할 수 있는 여유와 힘을 줄 것입니다.

6. 괴롭히는 이들의 영을 대적하십시오

우리는 살아가면서 이유 없이 우리를 괴롭히고 힘들게 하는 사람을 만날 때가 있습니다.
우리는 이러한 일을 겪을 때 일단 우리 자신의 행동이나 자세를 반성하고 돌아보아야 할 필요가 있습니다. 그러나 아무리 돌이켜 보아도 우리가 특별하게 잘못한 것을 발견할 수 없는데도 불구하고 일방적으로 우리에게 악의를 가지고 공격하는 사람이 있을 수 있습니다.

그것은 아주 힘든 일입니다. 가정에서건 학교에서건 직장에서건 이러한 고통스러운 관계가 있다면, 그리고 그러한 만남이나 관계가 피할 수 없는 것이라면 그것은 우리의 삶을 아주 피곤하게 만들 것입니다.
자아의 깨어짐과 같은 신앙을 좋아하는 사람들은 이 경우에 끝없이 참고 참고 또 참아야 한다고 생각합니다. 그렇게 함으로써 자신의 자아를 십자가에 못박아야 한다고 생각합니다. 그러한 인내는 가상하지만 그것은 정말 비참한 삶입니다.

언젠가 이런 메일을 받은 적이 있습니다. 어떤 선교단체에 속한 자매가 그녀를 개인적으로 도와주는 언니로 인하여 오랫동안 심한 고통을 당하고 있다는 것입니다.
그 언니라는 자매는 이 자매를 만날 때마다 자매의 잘못에 대하여 심하게 질책을 하였고 사소한 모든 일에 항상 공격적이어서 자매는 그녀의 말 때문에 많은 상처를 입고 있었습니다.
하지만 그럼에도 불구하고 그녀는 그 언니라는 자매를 떠날 수 없었고 그러한 만남의 관계를 단절할 수도 없었는데 그것은 고통을 피하여 도망가면 자신의 자아가 깨어지지 않는다는 믿음 때문이었습니다. 그러다가 그녀는 도저히 더 이상 견딜 수 없는 지경에 이르러 내게 도움을 요청했던 것입니다.

참 어리석고 안타까운 일이었지만 나는 이와 비슷한 상황에 있는 이들을 많이 보았습니다. 물론 그러한 관계를 유지하는 것은 정말 바보와 같은 일입니다. 사람이란 꾸짖고 야단을 치는 것을 통해서 변화되고 성장하는 것이 아닙니다. 그것은 오히려 사람의 영혼을 억압하고 침체에 빠지게 하는 것입니다.

영적 양육이란 만남 자체에 사랑과 기쁨이 있어야 하며 잘못에 대한 지적도 사랑의 분위기 속에서 이루어져야 하는 것입니다.

이 경우에 그녀를 돕는 자매는 자기의 공격과 지적이 그녀의 영혼에 도움이 되리라고 생각했을 것입니다. 그러나 그것은 어리석은 착각입니다. 고의적인 악이 있을 때 바른 주의 영으로 인한 꾸짖음은 악의 영을 약화시키기도 합니다.

그러나 그녀가 항상 꾸짖는 사람이라면 그녀의 영은 별로 바르다고 볼 수 없습니다. 그녀는 본의 아니게 상대방의 영을 소성시키는 도구가 아니라 억압하는 도구로 쓰인 것입니다.

아무튼 그러한 경우는 일단 상대방을 도우려는 목적으로 상대의 영을 찌른 것입니다. 하지만 이 세상에서는 악의를 가지고 우리를 공격하는 사람들이 많이 있습니다. 상대방을 쓰러뜨려야 내가 산다는 가치관을 가지고 있는 이들이 많이 있기 때문입니다.

그러므로 사람들은 다양한 방법으로 우리를 괴롭힐 수 있습니다. 날카롭고 공격적인 말투, 무례한 태도, 은근하게 비꼬는 것, 직접적으로 말로 찌르는 것, 정당하지 않은 요구 등 갖은 방법으로 우리를 힘들게 할 수 있는 것입니다.

이런 식으로 남에게 미움을 받고 공격을 받고 있다면 그것은 작은 문제가 아닙니다. 그것은 삶 자체를 무겁고 힘들게 하며 삶의 기쁨을 잃어버리게 합니다. 마음과 영이 약한 이들은 학교에서나 군대에서나 직장에서 이와 같은 일을 반복적으로 겪게 될 때 심한 경우 삶을 포기하고 싶은 충동에까지 이를 수 있습니다.

이러한 공격은 과연 어디서 오는 것일까요? 그것은 자연적이고 인간적인 것일까요? 그렇지 않습니다.

많은 경우 사람들에게서 오는 그러한 공격들은 악한 영들로부터 오는 것입니다. 그러므로 그러한 공격을 그대로 당하고 참고 있는 것은 우리의 영혼을 질식시키는 것입니다. 우리는 우리의 영을 보호해야 합니다.

다른 사람에게 일방적으로 공격을 받고 당하고 있는 것은 성숙한 것이 아니고 영이 눌린 것입니다. 그것은 천국에 속한 삶이 아닙니다. 애매하게 미움을 받는 것은 저주에 가까우며 지옥에 가까운 것입니다. 그러한 공격으로부터 자신의 영을 방어할 수 없으면 그는 풍성한 삶을 살 수 없습니다.

그러한 경우 우리는 그 배후에 악한 영이 있다는 것을 알아야 합니다. 그리하여 대적기도로 그 악한 영들의 세력을 깨뜨려야 하며 그렇게 함으로서 우리의 영혼을 자유롭게 풀어주어야 합니다.

다윗이 기록한 시편에 보면 그는 자신을 괴롭히고 공격하는 이들에 대해서 하나님의 도우심과 대적의 깨어짐을 간절하게 구한 것을 볼 수 있습니다. 그는 결코 자기 자아의 깨어짐을 위해서 참고 인내하지 않았습니다.

그가 침상이 눈물바다가 될 정도로 회개하고 낮아진 적이 있었는데 그것은 대적의 문제가 아니라 자신이 부하의 아내를 범하고 부하를 죽이는 범죄를 저질렀을 때입니다. 그 때는 정말 낮아지고 울고 회개해야 하는 상황이었습니다.

그러나 그렇지 않고 애매한 미움을 받고 공격을 받았을 때 그는 하나님께 울고 하소연하였으며 대적들이 무너질 것을 간절하게 구하였습니다. 그것은 자연스러운 기도입니다.

우리가 미움을 받거나 공격을 받을 때 우리는 그것이 우리가 잘못한 어떤 문제에 대해서 주님께서 경고하시는 것인지 기도해볼 필요가 있습니다. 그리고 양심에 어떤 가책이 떠오른다면 그것을 주님께 고백하고 내려놓아야 합니다.

하지만 이 경우에도 회개할 것은 회개하면서 우리에 대한 공격에 대하여 대적할 것은 대적해야 합니다.

악한 영들은 사람을 통하여 역사합니다. 그러므로 악한 영들을 가지고 있는 이들은 공연히 자기의 마음과 취향에 따라 사람들을 좋아하기도 하고 미워하기도 합니다. 우리도 그렇게 미움을 받을 수 있습니다.

이 때 우리는 상대방을 통하여 악한 영들에게 공격을 받는 것입니다. 이 경우에 우리는 지나치게 무시를 당하거나 낮은 자세로 비굴하게 살 필요는 없습니다.

상대방이 우리보다 지위가 높거나 우위에 있는 사람일 경우에는 처신이 어려울 수도 있습니다. 그러나 그 경우에도 우리는 겸손하면서 또한 당당한 자세로 행동해야 합니다. 그것은 기도로 영의 싸움을 싸워 이길 때 충분히 가능한 일입니다.

우리의 삶은 주님께 지배를 받아야 합니다. 주님의 통치는 천국의 통치이며 사랑의 통치입니다.

우리의 삶이 주님께 속하고 그에게 사로잡힐수록 우리에게는 자유함이 있습니다. 그러나 악한 영들에게 공격을 당하게 되면 우리는 결코 자유함을 누릴 수 없습니다.

공격을 당할 때 우리는 우리의 양심을 돌아보아야 하지만 만약 양심이 깨끗하다면 우리는 그 공격의 영을 물리쳐야 합니다.

주님은 억압당하는 자를 풀어주시는 분이십니다. 이스라엘이 애굽에서 바로에게 노예 생활을 할 때 주님은 모세를 보내어 그들을 구출해주셨습니다. 억압당하고 눌리는 것은 주님이 원하시는 것이 아닙니다.
마음이 여리고 내성적인 이들은 쉽게 사람들에게 미움을 받을 수 있습니다. 그들은 세상에 적응이 느리고 자신의 권리를 잘 주장하지 못합니다.
세상은 그러한 이들을 지배하고 괴롭히려고 합니다. 그리스도에게 속했다는 이유로 괴롭힘을 당할 때도 있습니다. 우리는 그러한 경우에 악한 영의 세력을 결박해야 합니다.

특별한 이유 없이 직장이나 학교에서 왕따를 당하는 이들이 있습니다. 그러한 경우에 그러한 왕따를 주도하는 사람에게 속한 영을 결박해야 합니다.
조용히 혼자 있을 때에 당신을 괴롭히는 사람을 생각하며 그의 배후에 있는 영들을 대적하시기를 바랍니다. 주의 이름으로 그 배후에 있는 영들을 결박하십시오. 그것은 악한 영들입니다.
나는 대인관계에서 고통을 겪으며 이유 없이 미움을 받고 괴롭힘을 받는 이들에게 이 대적하는 기도에 대해서 가르쳐주었습니다. 그리고 그들이 그러한 기도를 사용하기 시작하자 더 이상 다른 이들이 그들에게 함부로 하지 못하게 되었다는 간증을 여러 번 들었습니다. 사람 안에서 역사하는 악한 영들을 결박하고 대적할 때 그 기도는 아주 실제적으로 역사하는 것입니다.

군대시절에 나를 심하게 괴롭히는 두 사람이 있었습니다. 그들은 아무 이유 없이 나를 미워하고 사소한 것으로 시비를 걸고 모욕을 주었습니다. 하지만 그들은 나의 상급자였기 때문에 나는 그들에게 일방적으로 당할 수밖에 없었습니다. 군대라는 체제는 철저하게 상명하복이기 때문입니다.
하루는 그것이 너무 심하여 나는 대적하는 기도를 하였습니다. 두 사람의 배후에 있는 괴롭히는 악한 영들을 주의 이름으로 묶는 기도를 하였습니다. 잠시 기도한 후에 나는 내가 기도한 사실을 잊어버렸습니다.

그런데 두 주일 후에 갑자기 사건이 터지고 말았습니다. 나를 괴롭히던 한 사병은 갑자기 위장에 탈이 생겨서 쓰러졌습니다. 그리고 병원에 후송되어서 부대를 떠났습니다.

다른 사병은 교통사고가 났습니다. 도저히 사고가 생길 수 없는 상황에서 사고가 난 것입니다. 그는 가만히 서 있는 차에 들어가 장난을 치고 있다가 갑자기 액셀러레이터를 밟아서 차가 급하게 돌진하는 바람에 벼랑에서 차가 떨어져 심하게 다쳤습니다. 그는 심하게 다쳐서 바로 병원에 실려 갔으며 내가 제대할 때까지 퇴원을 하지 못했습니다.

나는 심히 놀랐고 무서웠습니다. 나는 죄책감에 한동안 휩싸이게 되었습니다. 나는 내가 그들을 저주한 것이 아닌가 하고 오랫동안 고통스러웠습니다.

잠시 한 번 기도했을 뿐인데 그것으로 그렇게 엄청난 일이 생기는 것일까.. 생각하며 나는 놀랐습니다. 그 후에 나는 대적기도를 감히 사용할 생각을 하지 못했습니다.

하지만 나는 많은 시간이 흐른 후에 그것이 대적기도이며 그리스도인들을 악한 영들로부터 보호하시는 주님의 능력인 것을 알게 되었습니다. 그리고 비로소 죄책감에서 벗어날 수 있었습니다.

우리는 사람들을 심하게 미워하거나 증오하거나 저주를 해서는 안 됩니다. 그것은 또한 악한 영들에게 속는 것입니다. 그것은 증오심과 분노를 우리 안에 받아들인 것입니다.

하지만 대적하는 기도는 증오하며 분노하는 것이 아닙니다. 그것은 주의 이름으로 악한 영들의 세력을 결박하는 것이며 의로운 재판장이신 주님의 손에 심판을 맡기는 것입니다.

또한 어떤 사람이 개인적으로 억울하다고 마구 대적을 한다고 해서 그러한 기도와 선포가 다 이루어지는 것은 아닙니다. 그것은 주님께서 보시고 판단하실 것입니다.

우리는 사람들을 저주할 수 없습니다. 다만 악한 영들이 역사하고 이유 없이 우리를 괴롭힐 때 그들의 움직임을 결박할 수 있을 뿐입니다. 하지만 그러한 기도만으로도 그것은 충분한 능력을 발휘하게 됩니다.

사람들이 미워하고 공격할 때 그 에너지는 악한 영들로부터 오는 것이 많기 때문에 그 배후에 있는 악한 영들의 세력을 결박했을 때 그들은 힘을 잃어버리게 됩니다.

그들은 이상하게 우리를 보고 두려워하게 됩니다. 더 이상 우리를 미워하거나 공격하지 못합니다. 그것은 그들의 안에서 움직였던 악한 영들이 우리를 두려워하기 때문입니다.

이 기도를 남용하는 것은 좋지 않을 것입니다. 개인적으로 잘못한 것을 반성하지도 않고 무조건 자신에게 좋지 않게 대하는 모든 사람을 마귀 취급해서는 안 됩니다. 그것은 오히려 자신에게 해롭습니다.

하지만 우리에게 이러한 권세와 능력이 있는 것을 알아야 하고 필요할 때에 사용할 수 있어야 합니다.

주님은 우리에게 풍성한 삶과 자유로운 삶을 약속하셨습니다. 그런데 다른 사람들에게 미움 받고 억압을 당하는 것은 결코 천국적이고 풍성한 삶이 아닙니다. 그러므로 우리는 대적기도를 통하여 이러한 억압을 떨쳐버려야 합니다.

필요할 때 이 기도를 사용하십시오. 사람의 종이 되지 말고 사람을 두려워하지 말고 자유롭고 편안하십시오.

오직 주님만이 우리를 통치하시게 하십시오. 우리가 주님의 사람이 되고 더욱 더 주님께 속하면 할수록 우리는 편안함과 행복감을 누릴 수 있게 될 것입니다.

7. 억울한 일을 겪었을 때

대적기도 시리즈 2권에서 억울한 영에 대한 언급을 잠시 한 바가 있습니다. 그것은 자신이 잘못한 일에 대해서 반성하지 않고 자꾸 억울하다는 마음에 사로잡히는 것에 대한 언급이었습니다. 그러한 마음이 자꾸 올라오는 것은 억울한 영이 들어온 것이기 때문에 그 영을 대적하고 자유함을 얻어야 한다고 하였습니다.

그런데 정말 억울한 일을 겪을 때가 있습니다. 하지도 않은 일을 하였다고 꾸지람을 듣는다든지, 아니면 이유 없이 다른 사람의 화풀이 대상이 되는 것입니다. 이런 식으로 본인이 잘못하지 않았는데도 나쁜 대우를 받게 되면 억울한 것이 당연할 것입니다.

사람은 기본적으로 공평과 정의에 대한 감각이 있습니다. 그렇기 때문에 잘못한 부분에 대해서 꾸지람을 듣거나 지적을 받으면 다소 마음이 상할 수는 있지만 이에 대해서 깊은 상처를 받거나 억울하다는 느낌을 갖게 되지는 않는 것이 보통입니다. 하지만 억울한 꾸지람이나 비난을 받게 되면 쉽게 상처를 받게 됩니다.

어린 아이들도 마찬가지입니다. 유치원에 다니는 아이라 하더라도 잘못한 것에 대해서 혼을 내면 울거나 잠시 삐질 수는 있지만 대체로 그러한 것으로는 상처가 남지 않습니다. 그러나 아이가 잘못하지 않은 부분에 대해서 야단을 맞으면 아이는 몹시 억울해하고 분노를 표시하며 그러한 상처와 울분은 아이의 속에 깊이 가라앉게 됩니다.

사형수의 경우에도 본인이 정말 범죄를 저지른 사람은 죽음에 이르기 전에 자신의 삶을 반성하고 참회하는 것이 보통입니다. 그러나 억울한 누명을 쓴 이들은 죽기 직전까지 억울함을 호소하다가 죽는다고 합니다. 사람은 억울함을 견딜 수 없기 때문입니다.
언젠가 이런 글을 읽은 적이 있습니다. 한 여자 고등학교에서 도난 사건이 발생했는데 어떤 무죄한 학생이 억울하게도 범인으로 몰리게 되었습니다. 담임선생님이 그녀를 의심하고 덮어씌웠던 것입니다.
사건은 그럭저럭 지나갔지만 그녀는 그 때의 억울함과 울분을 견딜 수가 없었습니다.

그녀는 계속 그 억울한 마음을 가슴에 품고 살다가 나중에 결혼을 하고 아이를 가지게 되어 아이를 낳게 되었습니다.
그런데 그녀는 진통을 하면서 극심한 고통 속에 갑자기 여고시절의 그 억울했던 상황과 그 때의 분노가 떠오르게 되어 이를 갈고 소리를 지르면서 아이를 출산하게 되었고 그 분노의 감정 때문에 아이를 낳는 통증을 잊어버리게 되었다는 이야기였습니다.
이 글을 읽고 나는 소름이 끼쳤습니다. 이 이야기는 사람이 억울한 대접을 받고 그 억울함을 속에 담아두고 있다는 것이 얼마나 무서운 일인지를 잘 보여주는 사례라고 할 수 있을 것입니다. 이처럼 억울한 대접은 마음속에 깊은 상처를 남깁니다.

한국 사람은 대체로 분노의 감정을 많이 가지고 있습니다. 웃으면서 말을 할 때는 그렇지 않지만 말을 하지 않고 가만히 있을 때는 꼭 화가 난 것처럼 보이는 사람이 많이 있습니다.
그것은 우리의 조상들이 과거 5천년 동안 억울한 고통을 많이 겪었던 경험과도 무관하지 않을 것입니다. 그러한 조상들의 경험은 우리 안에 간접적으로 잠재되어 있기 때문입니다.
우리나라 사람들은 마음속에 억울함과 눌림을 많이 가지고 있을 뿐 아니라 대부분 마음이 약하고 여려서 자신의 마음을 잘 표현하지 못합니다. 또한 강한 자들, 어른들은 약자와 어린 사람들의 인격을 잘 존중하지 않고 억압하는 경향이 있습니다. 부모들은 자녀들과 같이 어리고 약한 이들에게 자신의 억울함을 많이 쏟아내고 표현하곤 합니다.

그래서 어린 자녀들은 영이 억압되고 억울하여 분노가 쌓여진 채로 자라는 경우가 많이 있습니다. 별로 억압이 없는 서구 문화권에서 자라는 백인 아이들은 어릴 때부터 표정이 밝고 자연스러운 편인데, 그에 비해서 우리나라의 어린이들은 표정이 없고 어색한 것이 보통입니다. 억압은 사람의 생각이나 감정을 부자연스럽게 만들기 때문입니다.

억울한 느낌은 우리 영혼을 억압하는 대표적인 감정입니다.

이와 같은 억울한 느낌을 마음속에 쌓아두는 것은 정말 좋지 않은 것입니다. 그것은 우리가 살고 있는 집안에 쓰레기를 쌓아두는 것보다 더 나쁩니다. 쓰레기는 단순히 환경을 더럽힐 뿐이지만 마음속의 울분은 영혼을 깨뜨리고 파괴하기 때문입니다.

그렇게 쌓여진 억울함과 울분의 기운은 우리에게 재앙을 가져옵니다. 암과 같은 질병으로 발전할 수도 있습니다. 사고나 재난이 일어날 수도 있습니다. 몸과 마음이 항상 아픈 상태로 살 수도 있습니다.

더 억울한 것은 한번 억울한 일을 겪고 그것을 마음속에 담아두고 있으면 그 영들이 번식을 하기 때문에 계속적으로 억울한 일을 당하게 된다는 것입니다. 나중에는 가는 곳마다 억울한 일을 겪게 됩니다. 한번 억울한 사람은 계속적으로 억울한 상황을 경험하게 되는 것입니다.

그러므로 이러한 악성 감정을 해결하는 것은 풍성하고 자유로운 삶을 위하여 너무나 중요하고 시급한 일인 것입니다.

흔히 억울한 일을 겪었을 때 사람들은 용서에 대한 이야기를 많이 합니다. 상대방을 용서해야 한다고, 상대방을 축복하며 기도해야 한다고 이야기합니다.

그것은 맞는 말입니다. 그리고 좋은 이야기입니다. 우리에게 상처를 준 이들에 대한 용서는 마귀와 지옥의 세력에 빌미를 주지 않게 되며 그러한 용서가 가능하다면 그것은 진정한 승리라고 할 수 있습니다. 다만 그 순서에 대해서 주의해야할 것이 있습니다. 용서는 최종의 목표이며 승리의 산물이지 처음부터 한쪽이 용서를 한다고 해서 모든 것이 끝나는 것은 아니라는 사실입니다.

용서에 대해서 반드시 이해해야 할 것은 용서의 행위가 상호적인 것이라는 사실입니다. 이것을 분명히 이해해야 합니다.

용서가 우리가 혼자서 할 수 있는 것이 아닙니다. 사랑도 혼자서 하는 것이 아니고 서로 같이 해야 하는 것처럼 용서도 한 사람의 마음만으로는 이루어질 수가 없습니다.

용서가 온전히 이루어지려면 두 사람의 동의가 필요합니다.

용서는 한 쪽이 용서를 구하고 다른 한쪽이 그것을 받아들일 때 비로소 이루어지고 완성되는 것입니다. 가해자가 전혀 사과할 마음이 없고 반성할 마음이 없는 상태라면, 약자의 입장에 있는 한쪽에서 일방적으로 용서를 선언한다고 해도 상대방은 그저 비웃을 뿐 진정한 용서가 이루어지지 않는 것입니다.

용서는 강자가 되었을 때 의미가 있는 것입니다.

보디발의 아내에게 유혹을 당하고 그것을 거절한 결과 감옥에 갇히게 되었던 요셉은 그녀에게 분노를 품었을 것입니다.

그러나 감옥에 있었을 때 요셉이 그녀를 용서한다고 해도 그것은 그녀에게 별로 의미가 없는 일일 것입니다. 그녀는 그저 비웃을 것입니다. 그녀는 요셉을 곤경에 빠뜨렸지만 거기에 대해서 전혀 미안하게 생각하고 있지 않으며 따라서 그에게 용서를 빌 마음이 전혀 없기 때문입니다. 그러나 요셉이 총리가 되었을 때 그가 그녀를 용서한다는 것은 그녀에게 큰 은총일 것입니다. 그녀는 아마 눈물을 흘리며 고마워할 것입니다. 까딱하면 그녀의 목숨을 잃어버릴 수도 있는 것이니까요.

이 부분에 대해서 오해를 하지는 말기를 바랍니다. 상대방이 용서를 구하지 않는다고 해서 상대방을 용서할 필요가 없으며 상대에 대한 억울함과 분노를 계속 가지고 있으라는 말은 아닙니다. 다만 용서는 강자가 되었을 때 효력이 나타나는 것이며 만약 마음속에 아직 울분과 억울함이 남아있다면 그 때는 용서를 할 수 있는 상황과 영이 아니라는 것입니다.

요셉을 팔았던 그의 형들은 나중에 요셉에게 와서 용서를 빌었습니다. 그리고 요셉은 눈물을 흘리며 그들을 용서했습니다. 그처럼 용서는 강자가 되었을 때 진정으로 이루어지는 것입니다.

그러므로 용서 이전에 먼저 해야 할 것이 있습니다. 그것은 가해자, 그리고 가해자의 영들을 먼저 초토화시키는 것입니다.

그것은 사람의 문제가 아니고 영의 문제입니다. 그러므로 억울한 대접을 받고 참고 속에 쌓아두고 있는 것은 자신의 마음만 쓰레기통으로 만드는 것이며 영혼에 해로운 것입니다.

마음속에 억울함이 있을 때, 마음속에 억울한 대접에 따른 울분이 있을 때 우리는 그것을 쏟아서 소멸시켜야 합니다. 우리에게 그러한 고통을 준 영에 대해서 대적해야 합니다.

사람에 대해서 증오하고 미워하는 것은 좋지 않습니다. 그러나 그 사람의 배후에 있는 악한 영에 대해서 분노하고 대적하고 결박하는 것은 필요합니다. 그것은 마귀에게 분노를 쏟아 붓는 것입니다.

이것은 놀라운 기도입니다. 마귀에게 화풀이를 마음껏 하는 이들은 그것이 얼마나 시원한 일이며 우리의 마음 깊은 곳을 깨끗하게 청소하는지 알고 느끼게 됩니다.

마음이 여리고 약하여 항상 억울한 일을 당하면서도 항의도 하지 못하고 평생을 눌려 사는 이들이 있습니다. 이러한 이들은 마음 속 깊은 곳에 울분이 쌓일 수밖에 없습니다.

그러나 이러한 이들이 마귀를 대적하며 그들의 억울함을 쏟아 놓게 되면 놀라운 자유함을 느끼게 됩니다. 심령은 후련해지며 평화로워집니다. 가슴의 답답함이 사라지게 되며 달콤한 기쁨을 회복하게 됩니다. 그것은 그들의 영혼을 누르고 들어왔던 악한 영들, 악한 기운들이 그러한 분노에 쫓겨서 도망하기 때문입니다.

당신이 이 기도를 사용해보면 그 능력과 효과에 대해서 알게 됩니다. 당신은 더 이상 상대방에 대해서 화가 나지 않습니다. 쌓인 것을 다 풀었기 때문입니다.

당신의 안에 있던 억울함과 분노는 다 사라져 버렸습니다. 그러므로 당신은 더 이상 상대방에 대해서 억울하고 미운 마음이 들지 않게 됩니다. 당신이 충분히 대적기도와 결박기도를 하였다면 당신은 상대방에 대해서 불쌍하게 여기는 마음이 들게 될 것입니다.

아직 그러한 마음이 들지 않고 후련한 마음도 없다면 당신은 아직 대적기도가 부족한 것입니다. 당신은 좀 더 마귀를 두들겨 패는 기도를 해야 합니다. 그 대적기도는 마귀에게 고통을 줍니다.

당신의 안에 아직도 억울하고 고통스러운 부분이 남아있으며 악한 기운이 아직 남아있다면 그것은 아직 마귀를 좀 덜 팬 것입니다. 대적기도를 통하여 좀 더 그들을 두드려 패면 그들은 결국 도망가게 됩니다. 주 예수의 이름으로 지속적으로 그들을 공격할 때 그 불화살을 견딜 수 있는 마귀는 없습니다. 그리고 나면 우리는 깊은 속에서 후련함과 시원함이 임하는 것을 느끼게 됩니다.

부디 당신의 마음속에 있는 억울한 느낌을 대적기도를 통하여 소멸하십시오. 나중에 좀 더 언급하겠지만 이러한 대적기도를 사용할 때 악한 영들의 도구가 되어서 우리를 괴롭힌 이들은 대체로 고통을 경험하게 됩니다. 그들의 몸은 비록 멀리 있다고 하더라도 영의 세계는 서로 통하기 때문에 그러한 일이 생길 수 있습니다.

우리는 상대방이 고통을 겪기를 바랄 필요는 없습니다. 다만 우리의 마음이 자유롭고 후련하다면 이제 영적인 막힘이 풀린 것이며 영계에서 억울한 일들이 바르게 심판되고 처리되고 있음을 알 수 있는 것입니다. 그렇게 충분히 우리 마음이 회복되고 자유롭게 되었을 때 우리는 용서를 선언하고 선포할 수 있습니다. 그것은 상황에 따라 겉으로 할 수도 있고 혼자서 마음속으로 할 수도 있습니다.
이러한 과정을 통해서 마음의 억울함은 회복되고 용서는 이루어지게 되는 것입니다.

오늘날 마음이 여리고 약하여 갖은 억울한 일을 겪으면서 그 원통함으로 평생을 비참하게 보내는 이들이 많이 있습니다. 그것은 영이 약하기 때문이며 또한 영적으로 무지하기 때문입니다. 이제 더 이상 그러한 고통 속에 머물러 있지 마십시오. 우리에게는 영적 권세가 있습니다. 우리는 마귀에게 시달리고 눌리며 살 필요가 없습니다.

부디 당신에게 주어진 권세를 사용하십시오.
용서를 위하여 억울함을 풀기 위하여 이 순서를 잘 기억하십시오.
먼저 그들을 대적하고 깨뜨리십시오.
그들은 도망갈 것입니다.
마음을 후련하게 하며 심령의 평화를 경험하십시오.
그 모든 울분과 억울함이 사라지게 될 때 당신은 비로소 마음속에 사랑과 기쁨이 솟아나는 것을 느끼게 될 것입니다. 사람들을 향하여 닫혀졌던 마음과 피해의식이 사라지고 영혼들이 참으로 아름답게 보이는 것을 느낄 수 있게 될 것입니다.
마귀를 대적하고 부수며 억울함을 해소함으로 온전한 용서로 나아가십시오. 그리하여 사랑하고 섬기며 감사함으로 사십시오.
바른 대적기도를 발견하고 사용하여 심령의 묶임을 떨쳐버린 이들은 모두 다 그러한 행복 속에서 살아갈 수 있게 될 것입니다. 할렐루야.

8. 사람과 악한 영을 분리하십시오

우리가 악한 영들과 대적하고 싸울 때 중요한 것은 사람과 악한 영의 존재를 구별하는 것입니다. 그 두 존재를 반드시 분리시켜야 우리는 전쟁에서 승리할 수 있습니다.
자신의 안에 숨어서 자신을 공격하고 속이는 영들에 대해서도 마찬가지입니다.
혈기의 영이나 미움의 영, 음란의 영이 자기 자신이라고 생각하는 이들은 그 영들을 쫓아낼 수가 없습니다. 이들은 그 영들이 자신이라고 생각하기 때문에 그들이 주는 생각이나 감정이나 행동을 합리화하거나 변명하거나 죄책감에 빠지게 됩니다.

그러므로 자신과 그 영들을 분리시키지 않는 이들은 그 영들을 쫓아내고 자유롭게 될 수 없는 것입니다.
변명을 하거나 죄책감에 빠지는 것은 악한 영들이 주는 행동이나 증상을 자기의 것으로 인정하는 것이기 때문에 악한 영들은 나가지 않고 계속 머무르게 됩니다.

남을 비판하거나 원망하는 말을 입에 달고 사는 이들에게 그러한 언어는 좋지 않다고 말하면 그들은 화를 냅니다. 그들은 비판이나 원망이란 악한 영들이 그들의 안에서 장난치고 있는 것이라는 사실을 알지 못하고 그것을 자신이라고 생각하기 때문입니다.
그렇기 때문에 그들은 그것을 버리라고 하면 그것이 자신에 대한 공격이라고 생각하고 자신을 방어하는 것입니다. 그러나 그러한 태도는 영적으로 성숙되지도 않은 것이며 또한 무지에서 나온 태도이기 때문에 그들은 자유함과 변화의 세계로 나아갈 수가 없습니다. 어떠한 악이 자신에게서 나온 것이 아니고 악한 영으로부터 온 것이며 그것은 자신이 아니라는 것을 분명하게 분리시켜서 이해할 수 있을 때 비로소 자유와 승리의 길이 열리기 시작합니다. 그것은 자신 안에서의 전쟁과 마찬가지로 다른 사람들 가운데서 역사하는 영을 결박하고 싸울 때도 마찬가지입니다.

우리는 사람과 싸우는 것이 아닙니다. 우리는 어떤 대상을 미워하거나 그 사람에 대해서 분노해서는 안 됩니다. 우리가 싸워야 할 분노와 미움의 대상은 그 사람의 배후에 있는 악한 영들입니다. 이것이 분명해야 합니다.
물론 그 사람도 악한 영들에게 동조를 하여 악한 영들의 도구가 되고 있는 것이기 때문에 그들의 책임이 없다고 할 수는 없습니다. 그러나 그들은 무지로 인하여 속는 것이기 때문에 악의 근원이 아닌 그들에게 분노와 미움을 쏟아서는 안 됩니다.
그래서는 진정한 승리를 할 수 없습니다. 졸개를 치지 말고 대장을 쳐야 승리를 하게 되는 것입니다. 그러므로 우리는 사람과 마귀를 구분하여 생각해야 합니다.

우리가 깨달음과 지식이 분명하지 않다면 우리는 우리를 괴롭힌 사람 자체에 대하여 불쾌감이나 분노를 가지게 됩니다. 그렇다면 그것은 아직 대적을 확실히 알지 못하고 있는 것이기 때문에 우리의 무기는 강력하지 않습니다. 우리의 무기는 대적을 향하지도 않고 있습니다. 그러므로 대적은 별로 피해를 입지 않을 것입니다.
우리가 우리에게 고통을 준 상대방을 생각할 때 마음이 불쾌해지고 기분이 상하게 되었다고 합시다. 상대방이 꼴 보기 싫어지고 평안이 깨어졌다면, 그것은 우리가 진 것입니다. 이미 악한 영들이 파송한 분노와 미움의 기운이 우리 안에 침투한 것입니다. 이것은 혈과 육이 아닌 영적 전쟁을 혈과 육의 싸움으로 혼동하고 있는 것이며 악한 영에게 눌려서 포로가 된 것입니다.
그러한 상태에서는 기도를 해도 별로 효과가 없습니다. 아무리 좋은 무기를 가지고 있어도 그 무기를 사용해야할 대상에 대해서 알지 못하여 엉뚱한 데 무기를 사용하면 효과가 없을 것은 당연한 일입니다.

우리는 마귀와 그의 부하들인 악령에 대해서 분노해야 합니다. 그러나 사람에 대해서는 불쌍하게 여겨야 합니다. 그들은 알지 못하고 속고 있기 때문입니다.
우리가 악한 영들을 대적하고 결박하여 그들의 힘을 약화시키면 악한 영들의 도구로 쓰이던 사람들은 정신이 돌아오게 됩니다.
강퍅하던 사람이 부드러워지며 교만하던 사람이 낮아지게 됩니다. 그 때 우리는 낮아지고 부드러워진 사람에게 친절하고 부드럽게 대함으로 그들이 영혼의 눈을 뜰 수 있도록 도와야 합니다.
이렇게 마귀에게는 분노하고 사람은 불쌍하게 여김으로써 우리는 영적 전쟁에서 승리할 수가 있습니다. 마귀에 대해서는 알지 못하고 분노하지 않으며 사람들에게는 미워하고 분노할 때 그는 이미 영적 무지로 인하여 지고 있는 것입니다.

당신이 아직 영적 전쟁과 인간적인 전쟁의 차이점을 잘 모른다면 당신은 아직 마귀와 싸울 준비가 되지 않은 것입니다. 인간적으로 서운하고 자기에게 잘 대해주지 않은 사람들에 대해서 분노하고.. 억울해하고.. 하는 것은 영적인 세계를 모르는 세상의 모든 사람이 하는 일입니다.
어떤 이들은 자신의 마음에 들지 않거나 자신을 힘들게 한 사람은 무조건 마귀 취급을 하고 대적하려고 합니다.
그것은 바른 영적 전쟁이 아니며 영적 세계를 제대로 알고 있는 것이 아닙니다.
그것은 개인적인 기분이나 취향에 불과한 것입니다. 그러한 분노는 마귀가 무서워하지 않습니다. 그것은 인간적인 혈기에 지나지 않습니다. 거기에는 능력이 없습니다.
그렇게 성질을 내면서 싸워서는 마귀의 진을 초토화시킬 수 없습니다. 우리는 주님의 군사로서, 주님의 이름과 주님의 영으로 싸워야 강력한 힘을 사용할 수 있는 것이며 개인적인 취향에 따라서 기도하고 분노한다면 거기에는 별로 능력이 나타나지 않게 되는 것입니다.

부디 이것을 볼 수 있는 깨달음의 눈이 분명하게 열리기를 바랍니다.
인간적인 분노가 일어난다면 대적기도를 하지 마십시오. 조용히 주님 앞에 나아가 당신의 영이 잔잔해지며 지혜와 깨달음으로 채워지도록 기도하고 구하십시오.
만약 흥분한 상태라면 먼저 긴장을 풀고 마음이 고요해지는 것이 필요합니다.
먼저 자신의 안에 침투한 흥분과 분노의 기운을 대적하고 내보내십시오. 그 후에야 당신은 상대방의 안에 있는 기운을 공격할 수 있을 것입니다.
자기가 화가 나서 대적기도를 한다면 그것은 그저 인간적으로 분노하는 것이지 기도가 아닙니다. 그것은 마귀에게 속는 것입니다.

지혜와 깨달음의 영을 구하십시오. 영적인 전투를 주님 안에서 깨어있는 밝고 맑은 영으로 하십시오. 당신이 바르게 깨닫고 바르게 적을 분별할 수 있을 때 당신은 진정한 승리에 가까이 나아갈 수 있게 될 것입니다.

9. 우리는 상대방의 영을 결박하는 것이지 쫓아내는 것이 아닙니다

앞부분에서 악한 영을 결박하는 것은 정식으로 축귀 사역을 하는 것과 다르다는 것을 이야기하였습니다. 축귀 사역은 상대방이 자신의 안에 악한 영이 있다는 것을 알고 그것을 쫓아내는 기도사역을 해줄 것을 부탁할 때 하는 것입니다. 이것은 보통 자신이 섬기는 성도님들이 원할 때 사역자가 하는 사역입니다.

물론 가장 바람직한 것은 사역자의 도움을 받지 않고 스스로 악한 영을 대적하고 쫓아내는 것입니다.

그러나 대인관계에서 우리가 하는 대적기도와 결박은 악한 영들을 완전히 쫓아내는 것이 아니라 일시적으로 악한 영들을 잠시 묶어놓는 것입니다.

불신자들, 아직 거듭나지 않고 주님을 영접하지 않은 이들은 사탄의 왕국에 속해 있기 때문에 귀신들은 합법적으로 그들을 지배하고 다스리며 들어와서 살 수 있습니다. 원하기만 하면 언제든지 얼마든지 귀신들은 그들을 사용할 수 있습니다.

그들은 겉으로 보기에는 인격적으로 보이기도 하고 도덕적으로 보이기도 하지만 악한 영들은 그들을 통해서 얼마든지 움직일 수 있습니다.

그러므로 겉으로 선하게 보이는 이들도 여러 가지 증상과 악한 영들을 가지고 있습니다.

그들은 자신을 선하게 보는 자기 의를 가지고 있다든지, 전통과 윤리에 지나치게 매이고 집착한다든지, 남에게 옳게 보이기 위한 집착을 가지고 있다든지, 완벽주의적인 증상이나 혈연 중심적인 집착을 보이기도 합니다. 그러한 모든 것들의 배후에는 악한 영들의 작용이 있는 것입니다.

그러므로 주님을 알지 못하는 불신자들에게서 악한 영의 세력을 완전히 제거하는 것은 불가능합니다. 그들은 축귀 사역 이전에 먼저 주님을 받아들여야 하기 때문입니다.

하지만 그렇다고 해서 그들의 안에서 악한 영이 역사하는 것을 그대로 내버려 둘 수는 없습니다. 그들은 우리에게 직접적인 영향을 끼치기 때문입니다.

그들이 가지고 있는 영들은 알지 못하는 사이에 우리의 영을 억압하며 좋지 않은 영향을 줍니다. 그러므로 우리는 그들의 안에서 역사하는 영들을 제어해야 합니다.

그것이 바로 결박기도입니다. 우리는 그들의 안에서 움직이는 영을 대적하면서 결박해야 하는 것입니다. 그렇게 할 때 그들의 안에서 역사하는 영들은 우리에게 나쁜 영향을 주지 못합니다. 그들이 악한 영들의 지배에서 벗어나게 되는 것은 아니지만 그들의 안에 있는 악한 영들이 우리를 건드리지는 못하게 되는 것입니다.

하지만 그들은 우리 앞에서는 악한 영들이 결박되어 잠잠해질 수 있지만 혼자 있거나 같은 불신자의 그룹에 있을 때는 또 다시 악한 영들의 충동과 인도에 따라 움직이게 될 것입니다. 우리는 그것까지 막을 수는 없습니다.

그것은 개인의 자유에 속한 것이며 다른 사람의 인생에 대해서 하루 종일 기도하며 24시간 내내 그의 안에서 역사하는 악한 영들을 결박하고 있을 수는 없기 때문입니다.

그러므로 우리는 결박하는 기도의 용도와 한계에 대해서 알고 있어야 합니다. 이 기도가 무제한의 능력을 발휘하는 것이 아님을 알아야 합니다. 이 우주 안에서 각 사람의 의지를 억제할 수 있는 것은 없습니다. 어떤 이가 무엇을 간절하게 원할 때 그것을 말릴 수 있는 사람은 아무도 없는 것입니다.

우리는 주위에 있는 사람이 악한 영을 가지고 우리에게 해를 끼칠 때 우리가 가지고 있는 능력과 권세로 그 영들을 대적하고 결박하여 무력화시킬 수 있습니다.
그러나 그것이 그들을 근본적으로 구원받게 하는 것은 아니기 때문에 우리는 그들이 구원을 받을 수 있도록 기도해야 할 것입니다. 오직 주님을 영접하여 구원을 받고 주님께 속한 사람이 되는 것만이 마귀에게서 근본적으로 벗어나는 길입니다.

결박기도에 이와 같은 한계가 있다고 하더라도 이 기도는 당신에게 자유와 힘을 줄 것입니다.
대적과 결박기도는 비록 일시적이기는 하지만 악한 영들의 세력을 묶어 놓고 주님의 풍성함이 나타나게 하며 천국의 능력과 실상을 보여주는 도구인 것입니다.

10. 이간질의 영을 대적하십시오

절친하게 지내는 사람들이 있습니다. 그들은 많은 시간을 같이 보내며 교제를 하고 많은 것들을 서로 나눕니다.
그런데 이상하게 어느 순간에 벽이 생겨버립니다. 이상하게 서로 얼굴을 보면 어색합니다. 언제부터인지 모르게 같이 있으면 불편합니다.
대화를 나누어도 전에처럼 그냥 들려지지 않고 다른 의도가 있는 것은 아닌지 생각하게 됩니다. 이것이 무엇일까요? 영적으로 무엇인가 담이 생겨버린 것입니다.

대체로 이러한 것은 이간질의 영들이 활동한 결과입니다. 이간질의 영들은 좋은 관계를 파괴하는 영입니다.
서로 간에 오해를 가져오며 미워하게 합니다. 이 영은 처음부터 서로 싫어하는 관계를 만드는 것이 아니라 사이가 좋은 관계를 깨뜨리는 일을 합니다.

마귀는 에덴에서 사람과 하나님의 관계를 깨뜨렸습니다. 이간질을 시킨 것입니다. 그리고 아담과 하와의 관계를 깨뜨렸습니다. 역시 이간질을 한 것입니다. 그들은 항상 자신이 해놓고 시치미를 뗍니다. 그리고 상대방을 의심하게 하고 정죄하게 만듭니다. 이런 식으로 관계를 깨뜨리는 것입니다.
이간질의 영들은 보통 이간질의 영을 가지고 있는 사람을 사용합니다. 그러한 사람을 우리는 쉽게 발견할 수 있습니다.
이간질의 영을 가지고 있는 사람은 기본적으로 말이 많은 사람입니다. 이들은 남들의 이야기를 하는 것을 좋아하며 소문을 퍼뜨리는 것을 좋아합니다. 이들은 다른 사람들이 알지 못하는 이야기를 해주면서 자신이 대단한 존재인 것처럼 보여지는 것을 좋아합니다.
뭔가 충격적인 이야기를 함으로써 사람들의 관심을 끄는 것을 좋아합니다.
자존감이 부족하고 열등감이 많은 이들이 이러한 도구가 됩니다.
이러한 사람들은 자신의 말에 과장을 하거나 항상 무엇인가를 보태는 것이 보통입니다. 그들은 그러한 말에 상대방들이 놀라고 충격을 받는 것을 보고 즐거움을 느낍니다.

이들은 정확하지도 않고 자신이 잘 모르는 것에 대해서도 확신을 가지고 이야기하는 경향이 있습니다. 너무나도 당당하게 상식과 다른 이야기를 하며 그것을 듣고 상대방이 놀라면 아직도 그것을 모르냐며 힐난하기도 합니다.
그들은 관계를 깨뜨리는 것을 좋아합니다. 상대방이 너에게 이런 좋지 않은 이야기를 했다고 전달합니다. 그리고 참지 말라고 권유합니다. 지금 참으면 바보가 될 것이라고 친절하게 가르쳐줍니다.

좋은 친구 사이에 사소한 균열이 있을 때, 그리고 부부사이에 위기가 있을 때 이것을 다시 회복시키려 하는 이들도 있지만 오히려 그 관계가 완전히 깨어지도록 한쪽에 일방적인 응원을 하는 이들도 있습니다. 그들은 상대방을 비난합니다. 결과적으로 그들은 이간질의 역사를 일으키고 있는 것입니다.
가정이든 교회든 이러한 이간질의 영을 가지고 있는 이들은 아름다운 공동체를 순식간에 파괴해버립니다. 그것은 실로 무서운 일입니다. 이러한 이간질의 영을 가지고 있는 이들은 언어에 힘이 있으며 사람을 끌어당기는 매력적인 요소도 가지고 있기 때문에 사람들은 쉽게 그들의 손에 들어가게 됩니다.
또한 이간질의 영은 사람을 사용하지 않고 직접 생각을 통해서 활동하기도 합니다. 그는 상대방이 얼마나 많은 잘못을 저질렀는지, 너를 무시했는지, 그것을 상세하게 보여주고 생각나게 하며 의심을 일으키고 분노를 일으킵니다.
하루 종일 우울한 기분으로 어둡고 조용한 곳에 혼자 있으면서 마귀가 넣어주는 그러한 생각을 받아들이고 있으면 거기에서 빠져나갈 수 있는 사람은 그리 많지 않습니다.

얼마나 많은 좋은 관계가 이 영에 의해서 깨어지는지요! 한 때 사랑했고 한 때 서로 그리워했던 아름다운 관계들이 이간질의 영에 의해서 벽이 생기고 서로 원수가 됩니다. 사람들의 가슴은 파괴되고 무너지며 오직 마귀만이 기쁨의 웃음을 터뜨리게 되는 것입니다.
좋은 관계가 막히기 시작할 때 우리는 이간질의 영을 의심해보아야 합니다. 어두운 영들의 움직임에 대해서 알지 못하면 우리는 결코 그 속임에서 벗어날 수 없습니다.
의심이 생길 때, 상대방에 대한 불쾌감이나 판단이 생길 때 그 생각과 영이 어디에서 오는지 조용히 분별해보십시오.

간단한 것은 이 영을 대적하는 것입니다. 그러한 느낌이나 생각이 떠오를 때 "이 귀신아!" 하고 큰 소리로 외치는 것입니다. 물론 속으로 외쳐도 무방합니다.
이간질의 영이 역사하고 있는 경우 갑자기 정신이 번쩍 하고 들것입니다. 아이고.. 내가 지금 왜 이러고 있지? 하는 마음이 들 것입니다. 그것은 이간질의 영이 달아났기 때문입니다.
그리고 나서 상대방을 생각하게 되면 이상하게도 불쾌한 느낌이나 벽이 있었던 것 같은 느낌이 사라지게 됩니다. 맑고 자연스럽고 편안한 느낌이 다시 생기게 되는 것입니다. 그것은 이간질의 영이 사라져버렸을 때 나타나는 현상입니다.

부디 이간질의 영을 대적하십시오. 이것은 셰익스피어의 작품에 등장했을 정도로 일반적인 현상이며 인류의 역사만큼이나 오래된 주제입니다. 좋은 관계에는 반드시 그것을 깨뜨리려고 찾아오는 영이 있습니다. 서로에 대한 깊은 애정과 사랑으로 시작되는 결혼이 왜 그렇게 많이 파탄으로 끝이 나겠습니까? 그것은 좋은 관계를 깨뜨리고 방해하는 영들이 있기 때문입니다.

사랑하는 연인, 사랑하는 가족, 사랑하는 친구들은 이 이간질의 영에 대해서 알아야 합니다. 그리고 속지 말아야 합니다. 이상하게 불편한 마음이 생길 때마다 서로 간에 작은 벽이 생길 때마다 이 영들을 대적해야 합니다. 그들이 그렇게 깨어있고 속지 않을 때 사랑과 우정의 좋은 관계들은 깨어지지 않을 것입니다.

주님은 우리를 사랑하십니다. 그분은 우리를 위해서 죽으셨습니다. 그 정도로 우리를 사랑하셨습니다.

그러나 오늘날 하나님의 사랑을 의심하며 심지어 분노하고 오해하는 이들은 얼마나 많이 있는지 모릅니다. 그 이유는 무엇일까요? 그것은 중간에 서서 오해하게 하고 속이며 이간질하는 존재가 있기 때문입니다.

부디 깨어서 그 이간질의 영을 대적하십시오.
이간질을 일으키는 사람의 배후에 있는 영들을 결박하고 대적하십시오. 모든 관계는 다시 회복될 것이며 우리의 사랑과 우정은 아름답게 유지될 것입니다.

11. 강요하는 영을 대적하십시오

다른 사람이 싫어하는 것을 자꾸 요구하는 사람이 있습니다. 그러한 이들은 강요하는 영을 가지고 있는 것입니다. 이 영은 지배의 영과 비슷한 성격을 가지고 있습니다.
그러한 이들은 남들이 싫다고 하는 것을 받아들이지 않습니다. 자신들의 요구가 이루어질 때까지 끝까지 다른 사람들에게 자신의 뜻을 계속 요구하고 고집합니다. 이것은 바른 인격이 아닙니다.

어린아이 때부터 부모에게 무조건 조르고 강요하며 자신의 뜻이 관철될 때까지 억지를 쓰는 아이가 있습니다. 부모들은 처음에는 거절을 하다가 나중에는 귀찮기도 해서 그냥 넘어가 주는 경우가 많이 있습니다. 또한 어떤 부모들은 아이가 이렇게 고집이 있는 것이 좋다고 생각하기도 합니다.
하지만 그것은 좋지 않은 것입니다. 어린 시절부터 이렇게 남의 의지를 무시하고 고집하는 습관을 가지게 되면 이들은 평생을 남을 무시하고 자기 고집대로 남에게 강요하며 살게 될 것입니다.

스토커와 같은 행위도 비슷한 영으로부터 나오는 것입니다. 그것을 사랑이라고 생각하는 사람도 있지만 그것은 사랑이 아닙니다.
그러한 이들은 자기의 취향을 사랑하는 것뿐이며 상대방의 마음이나 고통에는 아무런 관심도 없습니다. 그들은 다른 이들에게 고통을 줄 뿐입니다.
이러한 영을 가지고 있는 남자들은 대체로 여성을 좋아할 때 상대방이 싫어한다고 말해도 그저 내숭을 떠는 것뿐이라고 생각하는 경향이 있습니다. 열 번 찍어서 넘어가지 않는 나무는 없다고 말하면서 싫다는 이에게 계속 접근을 시도합니다.
여성들은 소극적인 성품을 가지고 있는 이들이 많아서 그러한 남성의 적극적인 공세에 마음이 열리는 경우도 있습니다. 하지만 그렇게 강요에 의해서 움직여지는 것은 별로 바람직한 것이라고 할 수는 없습니다.

'나는 싫은데 상대방이 하도 저러니까 어떡하겠니..' 하는 식으로 대응하는 것은 진정한 사랑이라고 할 수 없습니다. 그것은 어리석은 태도이며 너무나 피동적인 자세입니다. 누구나 자기의 의지와 자기의 선택을 통해서 좋아하는 것과 싫어하는 것을 명백하게 표현하는 것이 좋습니다. 그것은 여성들도 마찬가지입니다.
물론 남성이라면 어느 정도 적극적인 애정 표현을 하는 것이 필요할 것입니다. 상대방의 인격과 의지를 존중하는 적절한 애정 공세라면 그것은 좋은 것입니다. 좋지 않은 것은 상대방의 의지를 무시하는 혼자만의 집착입니다. 그러한 것은 스토커의 영이며 강요의 영인 것입니다.

이 세상에는 많은 종류의 강요가 있습니다. 그 어떤 것이든지 강요는 사람의 의지를 억압합니다. 그리고 그렇게 의지를 억압하는 것은 곧 영혼을 억압하는 것이며 무기력하게 만드는 것입니다.
강요를 하는 이들은 남의 의지를 무시하는 것을 죄로 여기지 않습니다. 그저 자신이 원하는 것만 이루어지면 좋다고 생각합니다. 이들은 남을 괴롭히고 강요하면서도 자신은 남들에게 은혜를 끼쳤다고 생각하는 경향이 있습니다. 그것은 그들이 상대방의 속마음을 전혀 알지 못하기 때문입니다.
이러한 이들은 그러한 강한 고집과 추진력으로 인하여 겉으로 보기에는 세상에서 성공을 하는 것처럼 보입니다. 그러나 그들은 결국은 망하게 됩니다. 사람들은 겉으로는 그가 힘이 있고 강해서 할 수 없이 따라올지 모르지만 언젠가는 그를 대적하거나 배반하고 떠나게 될 것입니다.

가까운 사람이나 부하직원을 대할 때 그들의 의지를 존중하지 않고 자신의 원하는 대로만 하는 사람이 있습니다. 그런데 막상 그가 어려운 상황에 봉착하자 오랫동안 그의 밑에 있었던 사람이 배신을 하고 떠난다면, 그들은 분노하며 원망할 것입니다.

자기가 상대방에게 그렇게 오랫동안 잘 해주었는데 어떻게 그럴 수가 있느냐고 여태껏 키워준 은혜를 원수로 갚는다며 분노할 것입니다. 그동안 상대방이 겉으로는 굴복했으나 속으로는 계속 참고 있었다는 사실을 그들은 모르는 것입니다.

나는 그러한 경우를 많이 보았습니다. 남의 마음을 알지 못하고 권위적인 자세를 가지고 있거나 자신이 원하는 것을 강요하기만 하는 사람은 언젠가는 그러한 일을 당하게 됩니다. 누구나 늙고 힘과 권세가 약해질 때가 오기 때문입니다.

어떠한 것이든 강요는 좋지 않습니다. 그것은 전도에 있어서도 마찬가지입니다. 나중에 좀 더 자세하게 이야기를 할 때가 오겠지만, 전도에 대해서만큼은 사람들은 강요하는 것이 좋다고 생각하고 있는 것 같습니다.

하지만 준비되지 않은 영혼에게 억지로 강요한다고 해서 신앙이 생기지는 않습니다. 억지로 교회에 데리고 오고 억지로 외적인 신앙의 행위를 강요할 수는 있을지 모르지만 그 마음까지 주님께 드리게 할 수는 없습니다. 그것은 오히려 많은 부작용이 일어나게 합니다.

누구든지 영적인 굶주림을 경험하기 전까지는 주님과 복음의 영광을 체험하고 누릴 수 없습니다. 주님은 보화이시기 때문입니다. 그분은 가치를 아는 자에게만 임하시는 분입니다.

대부분의 강요는 지옥에서 오는 것입니다. 그것은 사람의 영혼을 질식시킵니다. 강요로 인하여 하는 행위라면 그것이 아무리 좋은 행위라고 하더라도 거기에는 생명이 없습니다. 그것은 외형만 번지르르하고 속은 비어있는 것입니다.

남편이 아내에게 자신이 좋아하는 것만을 강요하면서 그 가정이 행복하기를 기대하는 것은 착각입니다. 부모도 함부로 자녀에게 강요를 해서는 안 됩니다. 이렇게 하는 것이 다 너를 위한 것이라고 말을 해도 그것은 옳은 것이 아닙니다.

천국의 영은 존중의 영입니다. 사랑이란 상대방의 원하는 것을 섬기는 것입니다.
친구관계에 있어서, 연인관계에 있어서 상대방이 강요를 하는 속성을 가지고 있다면 그 관계를 재고해보는 것이 좋습니다. 그러한 만남은 행복하기 어렵습니다.
당신은 남에게 강요를 해서는 안 됩니다. 또한 남들에게 강요를 당하는 것도 좋지 않습니다.
당신이 현재 상황에서 어쩔 수 없이 만날 수밖에 없는 사람이 당신이 싫어하는 것을 계속 강요한다면 그 영을 기도함으로 결박하십시오. 강요의 영을 대적하고 결박하십시오. 당신은 자유롭게 될 것입니다.
분쟁이 피곤하다고 그들의 요구를 한 번 두 번 들어주다 보면 당신은 점점 더 묶이게 될 것입니다. 기도로 결박하여 더 이상 끌려 다니지 않도록 하십시오.

세상에는 강요하는 사람들이 얼마나 많은지 모릅니다. 싫다는데도 계속적으로 요구하는 사람, 심지어 하나님의 뜻까지 들먹이면서 자기와 결혼하자는 사람, 자기가 다니는 교회에 오라는 사람, 자기가 속한 영적 단체가 정말 너무나 영적이기 때문에 꼭 와야 한다는 사람, 어느 곳에 꼭 가입하라는 사람, 이것을 꼭 사야한다는 사람.. 그러한 사람들이 세상에는 너무나 많이 있습니다.
분명히 기억하십시오. 당신은 싫은 것을 거절해야 합니다. 한숨을 쉬면서 할 수 없이 끌려가서는 안 됩니다.
당신이 원치 않는 것에 할 수 없이 끌려가게 될 때 당신은 그 대가를 지불하게 됩니다. 그러므로 당신은 분별없이 함부로 움직여서는 안 되며 분명히 자신의 의사로 자신이 기도해서 좋은 것을 선택해야 합니다.
만약 상대방이 당신의 의사를 존중해주지 않는다면 당신은 그를 피하는 것이 좋은 것입니다.
상대방이 스승이든 부모이든 영적 지도자이든 강요를 하는 사람이라면 그는 주님의 영으로 움직이는 사람이 아닙니다.
아주 명백한 죄에 빠지는 것이 아닌 한 주님께 속한 사람들은 강요하는 것을 좋아하지 않습니다.

오직 상대방을 존중하고 상대방이 원하는 것에 민감한 사람을 만나십시오. 그리고 당신도 그러한 사람이 되십시오. 그것이 바로 천국적인 섬김의 영인 것입니다.
주님은 강요하시는 분이 아니십니다. 그분은 우리의 의지와 인격을 존중해주십니다. 우리가 비록 악할지라도 주님은 우리를 무시하지 않으십니다. 그 주의 영으로 채워지십시오. 어떠한 사람을 만나든지 그가 원하는 것을 도와주고 섬기십시오.

강요의 영에게서 벗어나기 위해서 우리는 강요하는 사람의 배후에 있는 강요의 영을 대적해야 합니다. 당신이 기도하고 대적할 때 사람들은 당신에게 더 이상 강요하지 못할 것입니다.
남에게 강요를 하는 것은 악한 영들로부터 나오는 것입니다. 그러므로 당신이 그 영을 기도로 결박할 때 그 사람들은 이상하게도 당신에게 함부로 할 수 없다고 느끼게 됩니다. 그러므로 거절하는 것을 어려운 일로 생각하지 마십시오. 그 영에 대해서 대적기도를 한 후에는 어렵지 않게 거절을 할 수 있습니다.
상대방이 상사라고 해도 당신보다 우월한 입장이나 위치에 있는 사람이라 할지라도 이상하게 더 이상 당신에게 강요할 수 없다는 것을 느끼게 됩니다. 그 영이 묶여졌기 때문입니다.

전에는 친구나 아는 사람이 이것저것을 강요했는지 모릅니다. 그러나 그들의 배후에 있는 영을 결박하고 나면 이상하게도 더 이상 강요하지 못합니다.
당신은 그들의 요구에 대해서 분명하게 '싫다'고 말하게 되고 상대방은 더 이상 요구하기가 어렵게 됩니다. 전 같으면 거절할수록 더욱 더 집요하게 요구를 해왔을 텐데 이상하게 상대방은 말문이 막힌 듯이 잠잠해지게 됩니다. 그것은 그의 배후에 있는 영이 힘을 잃어버렸기 때문입니다.

강요하는 영을 결박하기 전에는 싫어하는 것을 거절하는 것이 어려우며 화를 내어야만 간신히 거절을 할 수 있었으나, 그 영을 결박하고 나면 이상하게도 거절하는 것이 그리 어렵지 않게 됩니다.
화도 내지 않고 관계도 상하지 않으면서 편안하고 자연스럽게 자신의 의사를 표현하게 됩니다.
악한 영이 결박되었을 때 그처럼 좋은 관계의 열매가 나타나게 되는 것입니다.

부디 그 억압하고 강요하는 영을 결박하십시오.
사람의 배후에 있는 그 영을 묶으십시오.
당신은 승리하게 될 것이며
점점 더 자유로운 사람이 될 수 있을 것입니다.

12. 불경건한 자들과의 교제를 멀리하십시오

사람은 한 사람 한 사람 자체가 하나의 영계입니다. 어떤 사람은 천국에 속해있고 어떤 사람은 지옥에 속해 있습니다. 어떤 사람은 강력한 천국의 빛을 가지고 있고 어떤 사람은 강력한 지옥의 어두움 속에 있습니다. 어떤 사람은 따뜻함과 애정을 가지고 있어서 근처에 있기만 해도 그 온기가 전달됩니다. 어떤 사람은 싸늘한 날카로움을 가지고 있어서 근처에 있기만 해도 그 썰렁함이 전달됩니다.

어떤 이는 말을 할 때 주님에 대한 애정과 그리움이 가득 포함되어 있으며 항상 천국의 기쁨을 구합니다. 어떤 이는 말을 할 때 오직 자신을 드러내며 세상의 영광을 구하고 자기의 만족만을 구합니다.

이렇게 사람은 살아있는 동안에도 천국과 지옥에 속하여 있고 천국의 영으로 살거나 지옥의 영으로 살고 있기 때문에 사람을 만나는 것은 곧 천국을 방문하거나 지옥을 방문하는 것과 같은 것입니다.

어떤 이들은 별로 주의하지 않고 주위에 있는 이들과 가까이 지내지만 그것은 좋지 않습니다.

우리가 천국을 사모하며 영성의 발전을 추구한다면 우리는 지옥의 속성을 가지고 있는 이들과 거리를 두어야 합니다. 그들에게는 지옥의 냄새와 기운이 끝없이 흘러나오기 때문입니다.

그들과 같이 교제하며 삶을 나눌 때 우리는 그들이 가지고 있는 각종 악한 기운을 접하고 받아들이게 됩니다. 불에 손을 가까이 대었을 때 데지 않을 사람은 없습니다.

특히 영력이 약하거나 성품이 약하고 소극적인 사람들은 어두움의 기운을 소멸시킬 수 있는 능력이 부족하기 때문에 더욱 더 악한 영향을 많이 받게 됩니다.

지옥의 더러운 영들을 가지고 있는 이들이 세상에 많이 있습니다. 지옥의 쾌락과 육체의 정욕을 구하는 이들이 세상에 많이 있습니다. 죄를 사랑하며 불경건한 언어를 사용하고 악을 좋아하는 이들이 세상에 많이 있습니다.

그러한 이들의 곁에 있으면서 당신이 지옥의 영향을 받지 않을 것으로 생각한다면 당신은 착각하고 있는 것입니다. 할 수 있는 한 우리는 그들과 교제해서는 안 됩니다. 그들과 계속 교제를 나눈다면 당신의 마음은 점차 주님께 대하여 냉랭해지게 됩니다. 당신의 갈급함은 어느 사이엔가 사라져버리고 당신의 영혼은 병들게 됩니다.

전도를 위해서 그들과 접해야 한다고 생각하는 이들은 오해를 하고 있는 것입니다. 마음이 괴롭고 낮아져서 비워진 상태에 있을 때만 사람은 주님과 복음을 받을 수 있습니다. 그렇지 않은 상태에서는 우리가 아무리 그들 가까이 있고 그들에게 많은 것들을 준다고 하여도 그들의 영혼은 깨어나지 않습니다. 오직 우리의 영혼만 혼탁해질 뿐입니다.

악한 영들에게 시달리기를 원치 않는다면 그러한 교제를 조심하십시오. 외적으로나 업무적으로 만날 수는 있지만 개인적으로 친밀하고 깊은 교제를 나누는 것은 좋지 않습니다.

나는 상대방을 변화시키겠다고 불신자와 같이 교제하다가 죄에 빠지고 타락하게 된 이들을 많이 보았습니다. 그것은 그들이 영적인 법칙을 어겼기 때문입니다. 주님의 인도하심과 허락하심이 있지 않는 한 그리스도인들은 그러한 교제를 피해야 합니다. 삼손의 넘어짐도 그러한 무지에서 비롯된 것이었습니다.

우리는 불경건한 자를 사귀어서는 안 됩니다. 그들을 가까이 하면 그들이 가지고 있는 영이 묻어오는 것을 피할 수 없는 것입니다.

사람의 만남에는 항상 영의 전이가 있습니다. 어떤 사람이 가지고 있는 기운과 에너지는 우리가 느끼든 느끼지 못하든 항상 흘러나오며 우리 안에 들어오는 것입니다. 그러므로 경건하지 않은 이들과 가까이 지내면 그들의 취향과 영들이 그대로 오는 것이 당연합니다. 우리는 할 수 있는 한 그들을 멀리 하고 그들의 영향력에서 벗어나야 합니다. 어쩔 수 없이 가까이 있어야 한다면 자신을 방어하는 기도를 해야 합니다.

어쩔 수 없이 불신자와 많은 시간을 같이 보내야할 때에는 기도함으로 무장하고 그 자리에 가십시오.

당신은 기도로 준비하며 미리 악한 마귀의 영들을 다 결박하고 그 자리에 가야 합니다. 그리고 그 시간에 계속 깨어있으십시오. 주님을 영접하고 자신을 주님께 드려서 주님을 삶의 첫 번째 순위로 삼는 사람이 아닌 모든 사람은 다 위험한 사람들입니다. 그들은 언제나 악한 영의 통로가 될 수 있습니다.

'그 사람은 예수를 믿지 않기는 하지만 아주 착한 사람이에요' 이런 식으로 말을 하는 사람이 있습니다. 그들은 아직 진리가 무엇인지 모르는 사람입니다. 그들은 아직 빛과 어두움이 무엇인지 모르며 천국과 지옥이 어떠한 상태인지를 모르는 것입니다.

예수를 알지 못하는 이들은 그 영혼이 어두움 가운데 있는 이들입니다. 그들은 언제든지 마귀가 사용할 수 있습니다. 그들은 선하게 보일지라도 역시 악한 영들의 통로가 될 수 있는 것입니다.

할 수 있는 한 주를 사모하는 이들과 교제하십시오. 그리고 믿지 않는 자들과 가능하면 거리를 두십시오. 형식적으로 만날 수는 있지만 마음 속의 깊은 것을 나누지 마십시오. 그것은 악한 영들에게 틈을 줍니다.

오직 주님과 가까이 모든 것을 나누고 기도하며 주님을 사랑하는 벗들을 많이 가지십시오.

그것이 당신의 영혼을 아름답게 하고 발전시키며 자유롭고 풍성한 천국의 삶에 가까이 이르게 할 것입니다. 할렐루야.

13. 잘못된 영적 연결을 끊으십시오

사람은 생각을 통하여 영적인 세계와 연결되어 있습니다. 또한 사람은 생각과 영을 통하여 다른 사람들과 영적으로 연결되어 있습니다.
우리는 어떤 사람을 생각할 때 가깝고 친밀한 느낌을 받습니다. 또한 어떤 사람을 생각하면 거리감이 느껴집니다.
그러한 느낌은 단지 물리적인 거리에서 오는 것은 아닙니다. 또한 오랜 시간 동안 접촉을 했다고 해서 오는 것도 아닙니다.
어떠한 이들은 알게 된 지 얼마 되지 않았음에도 친밀함을 느끼게 되며 어떠한 이들은 오래 동안 알고 지냈지만 여전히 거리감을 느끼게 됩니다.

그것은 그 사람들과의 영적 거리를 보여주는 것입니다. 친밀감이 느껴지고 자꾸 생각이 나는 사람은 영적으로 가까운 것이며 별로 보고 싶지 않고 거리감이 느껴지는 사람은 영적으로 먼 거리에 있는 것입니다.
이처럼 영적인 거리는 물리적인 거리에 있지 않고 마음에 있는 것입니다. 마음의 가까움은 영적인 가까움과 같은 것입니다.

사람과 사람 사이는 이처럼 영적으로 미묘하게 연결되어 있습니다. 어떤 관계는 아주 가깝게, 어떤 관계는 멀게 느껴지는 것은 사람의 관계가 영적인 끈으로 서로 연결되어 있기 때문입니다.
그런데 그러한 연결된 끈 중에서 좋지 않은 끈이 있습니다. 그것은 영적으로 잘못 연결되어 있는 끈입니다. 그것은 아주 좋지 않은 것이며 단절해야 하는 끈입니다.
예를 들면 어떤 사람을 생각하기만 하면 마음이 불안해지거나 화가 납니다. 이것은 무엇일까요? 그 사람과 좋지 않은 영적 연결을 가지고 있는 것입니다.
그렇게 연결된 영적인 끈은 고통이나 상처가 계속 흘러 들어올 수 있는 통로가 됩니다.
그러므로 우리는 이러한 좋지 않은 연결을 차단해야 합니다. 이러한 것을 이해하는 사람은 드물지만 이러한 끈에 의해서 나쁜 영향을 받지 않는 사람은 거의 없습니다. 대부분의 사람이 어떤 좋지 않은 영적인 끈에 의해서 고통을 받아들이게 됩니다.

어떤 이를 생각하면 불안해집니다. 어떤 이를 생각하면 화가 납니다. 어떤 이를 생각하면 가슴이 짜안하고 아픕니다.
어떤 이를 생각하면 무서워집니다. 어떤 이를 생각하면 마음에 부담이 되고 자책이 됩니다.
이러한 모든 관계는 그 사람과의 좋지 않은 연결이 있는 것이며 상대방을 통해서 악한 기운이 흘러 들어오고 있는 것입니다.
이러한 연결된 끈으로 인한 결속력이 아주 심각한 피해를 일으키는 경우도 있습니다.

나는 어떤 최면술사가 어떤 사람에게 최면을 건 이후에 멀리서도 그 사람을 조종하는 이야기를 듣고 놀란 적이 있습니다.
그와 같이 어떤 사람들은 다른 사람들에게 조종을 당합니다. 다른 사람의 영향력에서 벗어나지 못하는 것입니다. 그들은 자신을 조종하는 사람들에게서 벗어나서 행동할 수 없습니다. 영적 결속으로 인하여 묶여 있기 때문입니다.
마마보이와 같은 경우도 비슷한 것입니다. 그들은 결혼을 해도 정서적으로 독립하지 못하며 어머니의 지배 가운데 있습니다. 그러한 결속력을 끊어버려야 만이 그 사람은 자유의 몸이 됩니다.
반대로 지나치게 자녀에 의해서 영향을 받는 경우도 있습니다. 창세기에서 야곱의 아들들이 애굽으로 양식을 구하러 가는 장면이 나옵니다. 그 때 애굽의 총리인 요셉이 일부러 엄하게 그들을 추궁하며 베냐민을 억류하려고 하자 유다는 요셉에게 눈물의 호소를 합니다. 자신들은 한 아버지의 아들이며 같은 형제들이라고.. 베냐민을 데려가지 않으면 아버지가 죽을 것이라고. 그러면서 '아버지의 생명과 아이의 생명이 서로 하나로 묶여있다'고 말합니다. (창44:30)
아버지가 사는 낙을 오직 자녀인 베냐민에게 두고 있기 때문에 베냐민을 보지 못하면 아버지는 죽게 된다는 것입니다.

이것도 하나의 영적 결속을 보여줍니다. 두 사람이 하나의 끈으로 연결되어 있는 것입니다.
사랑하는 사이에도 이러한 연결과 영적 결속이 있습니다. 한쪽이 아프게 되거나 어떤 충격을 받으면 다른 쪽도 그 영향을 받는 것입니다.
이러한 결속은 선악을 떠나서 하나의 영적 현상이며 원리입니다. 다만 악하고 바르지 않은 영을 가지고 있는 사람과 이러한 결속을 가지고 있을 때 그는 그러한 끈을 통해서 각종 악한 세력에 노출되게 됩니다. 그러므로 우리는 우리가 어떤 사람과 어떤 끈을 가지고 있으며 그것은 우리에게 어떤 영향을 주는지 분별하고 처리해야 합니다.

우리는 이러한 끈을 발견해야 합니다. 그것은 발견하고자 하면 어렵지 않게 발견하고 분별할 수 있습니다.
조용히 혼자 있을 때 사람들과의 관계를 생각해보십시오.
그리고 어떤 사람을 생각했을 때 불안하거나 화가 나거나 불편하거나 고통스러운 느낌이 있으면 그 끈을 단절하십시오.
"예수 이름으로 나는 이 사람과 영적으로 연결된 이 끈을 끊어버린다!" 그렇게 선포하면 됩니다.
어떤 사람과의 관계를 아주 끊을 수는 없으며 나쁜 영향만을 단절하기 원한다면 그렇게 기도하고 선포하면 됩니다. 그 사람과 나와의 관계에서 남아 있는 악한 기운, 불안이나 두려움이나 후회나 슬픔의 기억이나 그러한 것들을 주의 이름으로 대적하고 결박하면 됩니다. 충분히 이 기도에 성공하게 되면 상대방을 생각해도 마음이 편하고 맑아지게 되며 편안한 마음이 됩니다.

부디 이 끈을 단절하십시오. 사람의 기억을 통해서 어떠한 나쁜 기운도 들어오지 못하도록 그것을 결박하고 끊어버리십시오.
잘못된 끈을 가지고 있는 사람은 그 끈을 통해서 주기적으로 악한 영향을 받게 됩니다. 그것을 처리하지 못한다면 이 사람은 그 끈을 가지고 있는 사람과 점점 비슷하게 닮아갈 수 있습니다. 부모를 미워하면서도 부모와 똑같이 닮아가는 사람들이 있는데 이것은 그 미움을 통해서 그 부모가 가지고 있는 악한 기운이 점점 이 사람의 속으로 들어오기 때문입니다.

어떤 사람을 생각하기만 해도 즐거움이 생기고 기쁨이 일어난다면 그것은 좋은 것입니다. 그런 사람, 그런 관계를 많이 가져야 하며 당신 자신도 다른 이들에게 그러한 사람이 되는 것이 좋을 것입니다.
하지만 당신이 어떤 사람을 생각할 때 상대에 대한 과도한 애정과 집착에 빠지게 된다면 그것도 역시 좋은 끈이 아닙니다.
그렇다면 이 끈도 역시 끊고 정리해야할 필요가 있습니다. 그 경우에도 상대방의 기운은 이 사람의 속에 들어와서 이 사람에게 부정적인 영향을 끼칠 수 있기 때문입니다.
사람은 아무도 모든 사람으로부터 완전히 독립되어 살 수는 없으며 어느 정도의 연결된 끈을 가지고 있습니다.
다만 이 연결된 영적인 끈 중에서 좋지 않고 부정적인 끈은 발견하여 차단해야 합니다. 그래야만 사람은 영적으로나 정서적으로 자유롭고 행복할 수 있습니다.
그 무엇보다도 가장 좋은 것은 당신이 주님과 깊이 연결된 영적인 끈을 가지고 있는 것입니다. 당신은 그 줄을 통해서 주님의 임재와 사랑을 쉽게 흡수하고 경험할 수 있기 때문입니다.

당신이 주님을 바라보고 생각할 때 그 주님의 임재와 기쁨으로 가득 차게 된다면 이는 아주 좋은 일입니다. 그것은 당신과 주님이 깊은 사랑의 끈으로 연결되어 있음을 보여주는 것이기 때문입니다.

당신에게 있는 영적인 끈들에는 어떠한 것들이 있는지 살펴보십시오.
그리고 악한 영적인 연결이 있다면 그것을 끊으십시오.
잘못된 결속을 차단하십시오.
악한 기운이 당신에게 들어올 수 있는 길을 처음부터 봉쇄하십시오.
오직 좋은 연결만을 가지고 있으십시오.
아름답고 풍성한 영적 기운을 주는 끈만을 유지하십시오.
당신이 그렇게 영적인 통로를 잘 관리할 수 있을 때 당신의 영혼은 더욱더 맑고 아름답게 발전해갈 수 있을 것입니다.

14. 일방적이고 육적인 애정의 끈을 대적하고 끊으십시오

당신을 괴롭히고 힘들게 하는 사람이 있다면 그러한 영을 대적하고 그러한 사람과의 관계를 차단하는 것은 당연한 일입니다. 또한 좋지 않은 영향을 주는 영적 연결이 있다면 그 연결을 끊어야 합니다.

그런데 얼핏 생각하기에는 그리 해롭지 않아 보이지만 영적으로 아주 좋지 않은 영향을 주고 있어서 반드시 그 관계를 끊어야 하며 연결된 끈을 끊어야 하는 것이 있습니다. 그것은 일방적인 애정입니다.

우리가 싫어하는데도 우리를 좋아하는 사람이 있습니다. 그들은 우리에게 호의를 베풀며 우리의 관심을 얻고 싶어 합니다.

우리가 싫어하는데도 우리에게 잘 해주며 우리를 좋아하는 사람 - 이러한 서로 어긋난 사랑은 어디서나 쉽게 발견할 수 있는 것입니다. 누구든지 그러한 사랑에 빠질 수도 있고 또 그러한 사랑을 받을 수도 있습니다. 그것이 잠시의 해프닝으로 끝난다면 그것으로 좋습니다. 우리는 어떤 사람을 좋아합니다. 그러나 상대방은 싫어합니다. 그것을 확인하고 우리는 그러한 마음을 지워버립니다. 어떤 상대방이 우리를 좋아합니다. 그러나 우리는 그러한 마음이 없다고 표현합니다. 상대방은 아쉬워하지만 그것으로 끝입니다. 그 정도라면 문제가 없습니다.

하지만 우리의 의사와 상관없이 자신의 애정을 포기하지 않는 사람이 있습니다. 계속 자기의 뜻이 이루어질 때까지 포기하지 않고 시도하는 사람이 있습니다.

그것이 바른 애정일까요? 물론 아닙니다. 그것은 상대방의 자유와 의지를 억압하는 것이며 자기의 즐거움과 취향을 위해서 상대방을 이용하고 괴롭히는 것입니다. 어떠한 사람들은 그러한 욕망과 집착이 아주 지나칩니다. 그리고 그 배후에는 악한 영의 역사가 있습니다.

나는 어떤 자매가 우연히 길에서 만난 사람에게 친절을 베풀었다가 그 남자가 시도 때도 없이 전화를 하고 집 앞에까지 찾아와서 무턱대고 기다리는 바람에 공포에 질려있던 것을 본 적이 있습니다. 그녀가 그에게 차갑게 대하자 상대방은 돌변하여 가만 두지 않겠다고 위협을 해왔습니다. 그녀는 한동안 외출조차 할 수 없었습니다.

일방적인 애정 - 그것은 악한 영들의 역사입니다. 그것은 정상적인 사랑이 아닙니다. 어떤 이들은 그러한 애정에 빠지는 이들이 순수하며 지고한 사랑을 한다고 생각합니다. 하지만 그것은 오해입니다. 그것은 어두운 세계에서 오는 집착의 영이고 욕망의 영이며 결코 바른 사랑이 아닙니다.

성경에 등장하는 다윗의 아들 암논도 그러한 사람이었습니다. 그는 이복누이를 짝사랑하여 몸이 파리하게 말라갔지만 나중에 악한 방법으로 그녀를 범한 후에는 그녀를 오히려 증오하기 시작했습니다. 그것이 일방적인 애정의 종말입니다. 그것은 바른 사랑이 아니며 마귀가 심어주는 잘못된 충동이기 때문입니다.

어떤 사람이 당신이 원하지 않는데도 계속 집착하며 지나치게 좋아한다면 여러 번 경고하십시오. 그래도 응하지 않는다면 그러한 이들과 같이 있어서는 안 됩니다.

멀리 있어도 그들의 애정은 당신의 영혼에 끈끈하고 좋지 않은 영향을 줄 수 있습니다. 그러므로 그러한 영을 대적하십시오.

당신은 남이야 무슨 생각을 하든 말든 무슨 상관이냐고 생각할지도 모릅니다. 하지만 가까운 곳에서 어떤 사람이 당신에게 일방적인 애정을 가지고 있으며 그것을 직접 간접적으로 표현하고 싶어한다면 그것은 당신의 영혼에 영향을 줄 수 있습니다. 그것은 당신의 영혼에 해를 끼칩니다. 어떤 좋지 않은 에너지를 전달하게 되는 것입니다. 영적으로 예민한 사람은 이러한 경우에 심한 불쾌감을 느끼게 됩니다. 그의 영혼에 끈적거리는 어떤 기운을 느끼게 되는 것입니다.

인간적인 애정은 대부분 음란성에 가까운 것이며 그것은 끈적거리고 불결한 느낌을 주는 것이 보통입니다.

어떤 여성들은 자신이 여러 남성들에게 인기가 있는 것을 좋아하며 그것을 은근히 즐깁니다. 그러한 것은 그녀의 영적 감각이 마비된 것을 보여줍니다. 그것은 좋지 않은 것입니다. 순수한 여성은 결코 그러한 느낌을 좋아하지 않습니다.

다른 사람이 우리를 좋아하는 것이 반드시 좋은 것이라고 생각하지 마십시오. 중요한 것은 그 사람이 어떤 사람인가 하는 것입니다. 영의 중심이 바르지 않은 이들, 선하지 않은 이들, 정욕적인 이들이 우리를 좋아한다면 그것은 결코 좋은 일이 아닙니다.

육적인 사람이 당신을 좋아한다면 즐거워하지 마십시오. 그것은 당신의 영혼에 도움이 되지 않습니다.

영혼이 맑으며 주님 안에서의 순결한 사랑의 느낌을 아는 이들은 인간적인 애정이나 육적인 애정에 대해서 불쾌감을 느끼게 됩니다. 추하고 끈적거리는 느낌을 가지게 됩니다.

아직 육성으로 충만하며 그러한 인간적인 애정을 즐기는 상태라면 그것은 좋지 않습니다. 그는 좀 더 성장해야 합니다. 영혼이 좀 더 정화되고 맑아진다면 그들의 애정은 천국의 사랑과 같이 아름답고 맑아져서 주 안에서 사랑하고 그의 사랑이 주님께 통제되기를 원하며 자아적이고 육신적인 애정에는 고통을 느끼게 될 것입니다.

당신이 그러한 애정을 싫어하지 않는다면 그것은 어쩔 수 없는 것입니다. 그러나 당신이 싫어하는 애정과 기운이 있다면 그것은 거절해야 하며 대적해야 합니다. 그러한 애정은 상대방이 가지고 있는 영적인 많은 좋지 않은 기운을 당신에게 전염시키기 때문입니다. 그러므로 상대방에게 헛된 소망을 심어주어서는 안 됩니다. 분명하게 당신의 의사를 전달하여 포기를 시켜야 합니다. 또한 상대가 포기하지 않는다면 그러한 영들, 그러한 느낌을 대적하고 소멸해야 합니다.

그 영을 주의 이름으로 대적하고 결박하며 그 애정의 끈을 끊어버리십시오. 당신에게 오는 불쾌한 애정의 기운을 차단하십시오.

그 영들은 사탄에게서 오는 것이며 그 사람이 혼자 독자적으로 움직이는 것이 아니기 때문에 악한 영을 대적하고 결박하면 사라지게 됩니다. 그리하여 상대방은 더 이상 당신을 좋아하지 않게 됩니다. 당신을 바라보는 눈빛이 달라진 것을 당신은 느낄 수 있게 될 것입니다.

우리는 원하지 않는 사랑에 끌려 들어가서는 안 됩니다. 애정은 영의 연합을 이룰 수 있기 때문에 우리는 그 끈을 끊어야 합니다.

상대방이 당신을 얻게 해달라고 주님께 기도할 수도 있습니다. 그러한 기도는 바른 기도가 아니고 정욕으로 드리는 기도이며 정신력을 사용하는 것입니다. 진정한 기도는 주님의 뜻에 자기를 드리는 것입니다.

그러한 경우 당신의 영이 약하다면 당신은 상대방의 정신력에 사로잡히고 약해질 수 있습니다. 그렇게 되면 당신도 상대방에게 일시적으로 호감을 가지게 됩니다. 그러나 당신이 악한 영을 대적하며 그러한 애정의 끈을 끊는다고 선포하면 그 기운은 소멸될 것입니다.

함부로 다른 이들의 애정을 받지 마십시오. 그것은 위험한 것입니다. 함부로 다른 이들의 호의를 받지 마십시오. 그것은 좋지 않은 결속을 가져올 수 있습니다. 다른 사람들이 당신에게 잘 해준다고 해서 그저 기분 좋게 생각하지 마십시오. 그것은 당신이 영의 맑음을 유지하는 데 방해가 될 수 있습니다. 어떠한 사람에게서도 자유하십시오. 묶이지 말며 끌려 다니지 마십시오.

당신에게 집착하는 애정의 영들을 대적하고 끊어버리십시오. 그렇게 할 때 그 영들은 더 이상 활동할 수 없으며 당신은 자유롭게 될 것입니다.

15. 다른 사람들에 대한 사소한 불쾌감을 대적하십시오

다른 사람의 사소한 언행으로 인하여 마음이 상할 때가 있습니다. 아무 것도 아닌 일이지만 마음에 불쾌감이 일어납니다.

아는 사람에게 인사를 했는데 본 척도 하지 않거나 찡그린 모습을 보일 때도 있습니다. 여러 사람이 이야기를 나누고 있다가 우리가 들어갔을 때 갑자기 이야기를 멈출 때도 있습니다. 또한 어떤 사람의 생각 없는 말 한마디가 마음속에 갑자기 꽂히기도 합니다.

이것은 흔하게 생기는 일이기는 하지만 그러한 느낌을 그대로 내버려두는 것은 좋지 않습니다. 우리 마음의 사소한 움직임은 그대로 소멸되는 것이 아니며 생명의 씨앗과 같은 것이기 때문에 그러한 불쾌감을 내버려두는 것은 반드시 악한 열매를 맺거나 파괴적인 영향을 끼치기 때문입니다.

어떤 이유로든 다른 사람에게 불쾌감을 느끼는 것은 악한 영들이 침입하는 통로가 될 수 있습니다. 마귀는 항상 호시탐탐 우리의 영혼을 사로잡기 위해서 기회를 엿보고 있기 때문입니다. 그러므로 그러한 사소한 느낌을 내버려두면 점점 그러한 기운은 확대되고 강해질 수 있습니다. 그렇게 자리를 잡으며 당신을 사로잡게 될 수 있는 것입니다.

특별한 이유 없이 어떤 사람에 대해서 나쁜 인상을 품고 있다가 그것이 그대로 지속되어 그 사람과는 별로 좋지 않은 관계가 되기도 합니다. 이상하게도 상대방에게 좋지 않은 인상을 가지고 있으면 그 사람은 더욱 더 불쾌하게 행동하기 마련입니다. 마음속에 있는 어떤 것은 그러한 현실을 더 끌어당기는 힘이 있기 때문입니다. 마귀가 살며시 심어놓은 그러한 불쾌감은 오해에서 비롯되는 것이 많이 있습니다. 마귀는 사람들에게 오해를 심는 것을 좋아합니다.

당신이 인사한 것을 본 척도 안 하는 사람은 당신을 못 본 것일 수도 있습니다. 또한 평소에 눈이 나빠서 렌즈를 착용하고 다녔는데 그 날은 바빠서 렌즈를 착용하지 못하고 나왔을 수도 있습니다.

또한 당신에게 인상을 찌푸린 것이 아니고 몸의 상태가 좋지 않거나 개인적인 어떤 고민이 있는 것인지도 모릅니다.

그런 식으로 우리는 오해를 많이 합니다. 그러나 나중에 상황을 알게 되어 부끄러워지기도 합니다. 아무튼 오해이든 아니든 불쾌감은 좋지 않습니다. 그리고 그러한 느낌을 받아들여서는 안 됩니다. 우리의 마음은 쓰레기통이 아니기 때문입니다.

아주 간단한 좋은 방법은 그러한 불쾌감이 들어오는 즉시 그 기운을 대적하는 것입니다. 그러한 생각이 마음속에 가라앉도록 내버려두지 말고 예수의 이름을 대적하는 것입니다." 이 악한 영아. 지금 내 기분을 나쁘게 하는 영아. 내가 주의 이름으로 명한다. 너는 당장 사라져라!"

이것은 간단한 기도입니다. 하지만 나는 장담할 수 있습니다. 당신의 기분은 갑자기 바뀌게 될 것입니다. 마음이 편안해지며 순간적으로 그 나빴던 기분은 새로워지게 되는 것입니다.

그것은 당신의 집에 잠깐 틈을 타서 도둑이 들어오려고 하다가 집의 문에 빗장이 분명하게 잠긴 것을 알고 포기하고 가버린 것과 같습니다. 그러므로 당신의 기분은 회복되는 것입니다.

많은 관계들이, 많은 마음들이 악한 영들의 이와 같은 간단한 침투로 인하여 깨어지고 파괴됩니다. 만약 당신이 이처럼 사소한 것에 대해서도 깨어있고 대적기도를 적용하며 마음을 지킬 수 있다면, 당신은 불안과 미움과 싸움과 온갖 혼란이 가득한 이 세상에서도 마음의 기쁨과 행복감을 유지할 수 있게 될 것입니다. 해보십시오. 아주 쉽습니다!

16. 짝사랑과 애정의 영에 대하여

짝사랑이나 애정에 쉽게 빠지는 사람들이 있습니다.
이들은 대체로 그러한 마음을 표현하지 못하고 마음속에 가지고만 있습니다. 그러다가 시간이 지나면서 그러한 감정은 차츰 사라지게 됩니다. 이러한 사람들의 특성은 아주 내성적이라는 것입니다. 그리고 조금 우울한 기질의 사람들입니다.
성격이 밝고 명랑하며 적극적인 사람이 짝사랑에 빠지는 경우는 드뭅니다. 짝사랑은 대체로 정신적이고 영적으로 약한 사람에게서 많이 나타납니다.

마음이 여리고 약하여 자신을 표현하는 데에 서투른 사람은 소극적이기 때문에 사랑을 하는 것이 어렵습니다. 그렇기 때문에 자신에게 친절하게 잘 대해주는 사람에게 마음을 열게 되고 사랑에 빠지기가 쉽습니다. 그러다가 상대방이 자신에게 잘 해주는 것이 자신에게 어떤 특별한 감정이 있는 것이 아니고 다른 사람들에게도 그와 같이 잘 해주는 것을 알게 되면 나중에는 허탈감에 빠지게 됩니다. 심한 배반감에 빠지게 되는 경우도 있습니다. 좀 더 집착이 강한 이들의 경우에 그렇게 될 수 있습니다.

대체로 우울하고 어두운 사람들이 밝고 명랑하며 리더십이 있는 사람에게 끌리는 경향이 있습니다. 이들은 자기가 좋아하는 사람의 그러한 유능한 모습에 매력을 느끼게 되며 애정을 가지는 것입니다.
이러한 짝사랑의 영이나 애정에 대하여 잘 빠지는 경향 그 자체가 나쁜 것이라고 할 수는 없습니다. 그것은 미숙한 사랑입니다. 사랑이 발전하여가는 하나의 과정이라고 할 수도 있습니다. 아직 정신과 영혼이 충분히 성숙하지 않은 상태에서 이루어지는 일방적인 애정인 것입니다.
아직 나이가 어린 편이라면 성장하는 과정에서 짝사랑과 같은 일방적인 애정의 과정을 통과하는 것이 보통입니다.
그러나 성인이 되어서도 비슷한 애정의 성향을 가지고 있다면 그것은 별로 좋은 것이 아닙니다. 그러한 것은 정서적으로, 영적으로 연약한데서 기인하는 것입니다.
바른 애정은 그와 같이 소극적이고 일방적으로 진행되는 것이 아닙니다. 성숙한 사랑은 자연스럽게 표현되는 것이며 상호적인 것입니다.

내성적이고 소극적인 여성들은 짝사랑에 잘 빠지며 애정에 대한 갈망을 많이 가지고 있습니다. 그들은 몹시 외로워합니다. 사랑에 빠진 연인을 보면 그들은 아주 부러워하며 고통을 느낍니다. 그리하여 자신의 외로움을 치유해줄 사람을 기다립니다.
그들은 멋진 사랑을 꿈꾸며 자신을 사랑해줄 사람을 간절하게 기다립니다. 하지만 그러한 기대는 현실 안에서 잘 이루어지지 않기 때문에 상상을 많이 하게 되고 그 과정에서 문학적인 표현으로 발전해가기도 합니다. 애정영화나 애정소설과 같은 것에 탐닉하기도 하는 것입니다.

짝사랑이나 애정에 대한 지나친 결핍감은 정신적 영적 무기력에서 오는 경향이 많습니다. 그것은 강한 개성을 가지고 있는 사람의 에너지에 휩쓸린 것입니다. 다른 이의 매력에 빠진 것입니다.
에너지가 모자라고 자신감이나 확신이 모자랄수록 그러한 상황에 빠지게 됩니다.
애정에 대한 갈망은 상대방에게 예속되는 삶을 가져오기도 합니다. 어떤 이들은 애인이나 그가 좋아하는 사람의 태도에 따라서 마음과 기분이 좌우됩니다. 상대방이 자신에게 잘해주느냐 못해주느냐에 따라서 마음의 상태가 천국이 되기도 하고 지옥이 되기도 하는 것입니다. 그것이 바로 묶임입니다. 그는 노예처럼 예속이 되어 있는 것입니다. 그러한 이들은 상대방에 대한 생각 때문에 하루 종일 아무 일도 하지 못할 때가 많이 있습니다. 상대방은 자신이 그를 좋아하는지 알지도 못하는데 말입니다.

나는 자신이 좋아하는 스타가 어려운 일을 겪는다고 깊이 침체에 빠지며 고통을 겪는 이들을 더러 보았습니다. 그러한 이들은 자신이 좋아하는 스타나 우상들을 자기의 일부로 여기고 있는 것입니다.

그러한 것은 하나의 묶임이고 증상일 뿐이지 진정한 사랑이라고 할 수 없습니다.

기억해야 할 것은 이렇게 애정을 갈구하는 성향, 그리고 짝사랑에 빠지게 하는 것도 영적인 작용이라는 것입니다. 그러한 지나친 짝사랑은 역시 어두움의 영들이 가져다주는 것입니다. 그것은 사랑이라기보다는 욕심이나 욕망에 가깝습니다.

이러한 영에 묶여 있는 이들은 상대방에 대한 생각으로 일이 손에 안 잡히며 상대방의 꼭두각시와 같은 존재가 됩니다. 이 시대에는 스타에 대한 맹목적인 애정을 흔하게 볼 수 있고 팬클럽을 비롯 연예인들을 추종하는 활동들을 많이 접할 수 있습니다. 그러한 일에 지나치게 빠지는 것도 역시 정상적인 영이라고 보기는 어렵습니다. 그것은 이 시대의 흔히 볼 수 있는 보편적인 현상이기도 하지만 영적으로 자유로운 것은 아닙니다.

이러한 경향이나 증상이 그리 문제가 되지 않는다고 생각하고 내버려둔다면 그것은 할 수 없습니다. 하지만 이러한 증상으로부터 벗어나고 싶으면 그 짝사랑의 영을 결박하면 됩니다. 대적하면 됩니다. 지나치게 남의 애정을 갈구하는 것도 좋지 않은 영인데 그것도 대적하면 사라집니다.

이것은 그 영혼이 비워지고 영적인 에너지가 부족하기 때문에 다른 사람의 영적인 기운을 끌어당기는 과정에서 오는 것입니다. 이러한 사람들은 자신감이 없으며 혼자서 무엇인가를 하는 것을 두려워합니다. 그리하여 다른 이들을 의지하려고 하며 누군가가 자기를 도와주어야 자신은 어려움에서 벗어날 수 있다고 생각합니다.

이러한 의식을 가지고 있는 이들은 그 마음을 버리지 않으면 결코 독립되고 강한 영을 가질 수 없습니다. 그러므로 그들은 계속 남들에게 예속된 삶을 살게 됩니다. 그러므로 이 영을 대적하고 쫓아내려는 마음을 가져야 합니다. 영적으로 강하고 충만해져서 다른 이들에게 끌려가는 삶을 살지 않을 것을 결심해야 합니다.

기억하십시오. 과도한 짝사랑과 애정의 영은 어두움에 속한 영입니다. 그것은 꼭두각시의 영이며 다른 사람에게 예속되는 영입니다.
그것은 묶여 있는 삶이며 눌려있는 삶입니다.
부디 그 영에서 벗어나십시오.
어떤 대상에 대해서 계속적인 집착과 애정이 일어날 때 그것을 대적하십시오. 주의 이름으로 꾸짖고 나는 너를 받아들이지 않겠다고 선포하십시오. 그렇게 대적하고 기도하면 가슴이 후련해지면서 전율과 함께 그 기운은 나가게 됩니다. 그렇게 악한 영이 나가면 더 이상 상대방에게 빠지지 않게 됩니다. 그러한 애정을 일으키는 영은 악한 영들이기 때문입니다.

주님께로부터 오는 애정은 맑고 아름답고 밝은 것입니다. 그러한 애정에는 어두움과 끈적거림이 없습니다.
그러나 악한 영이 주는 일방적인 애정에는 불안과 어두움과 불편한 느낌이 따라옵니다. 애정에 깊이 빠질수록 그는 자유롭지 않고 묶여지는 사람이 되는 것입니다. 그러므로 애정의 영을 반드시 분별해야 합니다. 그 애정의 느낌은 당신의 영혼을 혼란시키는 악한 영들의 장난인 것을 당신은 이해해야 합니다.

당신이 어두운 기질의 사람이라면, 그리고 애정에 잘 빠지는 사람이라면 할 수 있는 한 성격을 바꾸려고 노력하십시오.
우울하고 소극적인 상태를 그대로 내버려두지 마십시오.
적극적으로 성품을 바꾸십시오.
충분히 소리를 내어서 발성으로 기도하고 소리 높여 성경을 읽고 찬양을 하면서 자신을 표현하십시오.
그렇게 계속 훈련하면 영이 강해지고 밝아져서 짝사랑에 빠지는 일은 없게 됩니다. 영의 눌림에서 벗어나서 영이 맑고 강해지면 다른 사람이 우리에게 짝사랑에 빠지는 일은 있어도 자신이 다른 사람을 짝사랑하지는 않게 됩니다.

밝고 맑고 자유한 삶을 위하여 이 영을 대적하십시오. 쫓아내십시오.
함부로 사랑에 빠지지 말고 당신의 사랑이 아름답고 맑은 것이 되게 하십시오.
오늘날의 많은 젊은이들의 영이 어두운 상태에 있으며 가슴이 비워지고 허무한 상태에 있습니다. 그래서 그들은 자신의 가슴을 채워줄 사람을 찾으며 쉽게 다른 이들의 매력에 빠져들고 어두움과 정욕의 영들 가운데 잡히곤 합니다. 그런 식으로 어두운 애정을 받아들여 그들은 후회하게 될 사랑에 빠지곤 하는 것입니다.

당신의 사랑이 주님의 빛 가운데서 이루어지게 하십시오.
온전하고 강하고 밝은 영이 되십시오.
그렇게 될 때 당신은 애정을 통한 악한 영들의 느낌을 분별할 수 있을 것이며 거기에 빠지지 않게 될 것입니다.

17. 저주하는 영을 대적하고 멀리하십시오

툭하면 남을 저주하는 사람이 있습니다. 조금만 자기에게 서운하게 하거나 자기의 말을 듣지 않으면 저주하는 사람이 있습니다.
이상하게도 이런 사람들은 자기가 영적인 은사도 많이 체험했다고 주장하며 자신의 신앙이 아주 좋고 하나님의 특별하게 사용하시는 도구라고 주장합니다.
그러므로 그들을 함부로 대하는 것은 하나님을 대적하는 것이라고 주장하곤 합니다. 자기를 몰라주는 목회자는 다 사탄에 속하여 자기를 핍박하는 것이며 하나님이 곧 그를 치실 것이라고 합니다.

의외로 이런 어처구니없는 주장을 하는 사람이 많습니다. 또한 그러한 이야기에 넘어가는 사람들도 많이 있습니다. 그것은 정말 바보 같은 일입니다.
이들은 그들이 다니는 영적인 단체를 떠나면 저주를 받는다고 흔히 말합니다. 그들이 다니는 교회를 떠나도 저주를 받는다고 합니다. 또한 어느 곳에 가도 저주를 받으며 심지어 그들에게 돈을 제대로 가져오지 않으면 저주가 임한다고 말하기도 합니다. 그러한 돈은 선지자를 섬기고 하나님과 약속을 한 것이기 때문에 내지 않으면 저주가 임한다고 말하기도 합니다.

문제는 이러한 사람의 이야기를 많은 이들이 순진하게 믿으며 그러한 이들이 그들의 주장대로 정말 하나님의 선지자라고 생각하는 것입니다. 정말 너무나 많은 그리스도인들이 분별력이 부족합니다.
그들은 약간의 신비한 체험에 대한 이야기를 듣기만 하면 그것이 영적인 것이며 그러한 경험을 하는 사람은 신령한 사람이라고 생각합니다. 하지만 그렇게 말하는 이들의 삶을 보면 그들이 주님께 속하지 않았다는 것은 금방 알 수 있습니다. 그들의 삶에는 욕심이 있고 혈기가 있으며 그들의 언행을 보면 낮고 천박한 그들의 삶과 인격이 그대로 드러나기 때문입니다.

어떤 사이트에서 자신이 깊은 종교적인 진리를 깨달았다고 열심히 글을 올리는 사람을 본 적이 있습니다. 얼핏 보기에 그것은 그럴듯한 이야기로 보였습니다.
그러나 그 사람의 다른 글도 보게 되었는데 거기에서 그 사람의 삶의 수준을 곧 알 수 있었습니다. 노트북 컴퓨터를 하나 구입하였는데 거기에 문제가 많다고 계속 제조사에 대한 욕을 해대며 불평과 원망을 터뜨리는 것입니다.
문제는 컴퓨터 자체보다 컴퓨터에 대한 본인의 무지에 있는 것이었고 또 그곳은 제조사와 아무 상관도 없는 사이트였는데도 말입니다. 이처럼 어떤 사람이 자신을 아무리 영적인 사람이라고 주장한다고 해도 그의 인격과 행동이 그의 주장을 뒷받침해주지 못한다면 그는 결코 바른 사람이라고 할 수 없는 것입니다.

함부로 저주하는 사람은 주님께 속한 사람이 아닙니다. 주님께 속한 사람은 결코 사람을 저주하지 않습니다.
마음이 여리고 약한 사람들은 그러한 저주를 두려워하지만 하나님께서는 그러한 저주가 이루어지도록 하시지 않습니다.
그러니 두려워할 필요가 없습니다. 하나님은 우리의 아버지이시며 우리의 연약함을 알면서도 사랑하시고 우리를 위하여 목숨까지 버리신 분이십니다.
함부로 저주하며 남을 위협하는 사람들은 지옥에 속한 사람들입니다. 그들은 파괴하고 죽이는 영을 가지고 있습니다. 그러므로 우리는 그러한 저주를 통해서 마귀가 역사하지 못하도록 그 악한 영들을 대적하고 결박해야 합니다.

마귀는 두려움을 통해서 역사하기 때문에 우리는 그러한 이들을 두려워해서는 안 됩니다. 우리는 믿음을 굳게 해서 그 영들을 대적해야 합니다.

그러한 지옥에 속한 사람을 멀리 하십시오. 그들의 저주를 두려워하지도 말며 할 수 있는 한 그들과 멀어지십시오.

어떤 이들은 두려워하면서도 마치 점쟁이를 찾듯이 그러한 사람을 찾으며 조언을 들으려고 합니다. 그것은 어리석은 일입니다.

기억하십시오.

주님의 사람은 축복의 사람입니다. 저주는 마귀에게 속한 이들이 하는 것입니다.

저주를 두려워하지 마십시오. 저주의 영을 결박하고 깨뜨리십시오.

주님께서 당신을 보호하시고 함께 하실 것이며 당신의 몸과 영혼을 안전하고 아름답게 지켜주실 것입니다. 할렐루야.

18. 간교한 영을 가지고 있는 이들을 멀리 하십시오

간교한 영을 가지고 있는 사람이 있습니다. 이러한 사람은 피하는 것이 좋으며 같이 있을 수밖에 없는 상황이라면 조심해야 하고 그 영을 결박해야 합니다. 그렇지 않으면 부정적인 영향을 받으며 상대방의 지배 가운데에 들어가게 됩니다.
이삭은 에서에게 말하기를 '네 동생 야곱이 간교하게 속이고 너의 복을 빼앗아갔다'고 하였습니다. (창27:35)

그것이 간교한 사람의 특징입니다. 그들은 자기가 원하는 것을 얻기 위하여 항상 속이고 술수를 사용합니다.
간교한 사람은 필요에 따라서 쉽게 거짓말을 합니다. 그리고 별로 양심의 가책을 받지 않습니다. 영혼의 감각이 마비되어 있기 때문입니다.
야곱은 형 에서가 사냥을 하러 나간 사이에 어머니 리브가가 만들어 준 별미를 가지고 아버지에게 축복을 받으러 들어갑니다.
이삭이 놀라서 어떻게 이렇게 빨리 사냥을 했느냐고 묻자 야곱은 대답합니다.

"아버지의 하나님 여호와께서 나로 순조롭게 만나게 하셨음이니이다" (창27:20)

이것이 간교한 영을 가지고 있는 사람들의 특징입니다. 그들은 상황에 따라서 어떤 거짓말이라도 할 수 있습니다. 하나님의 이름도 팔 수 있는 것입니다.
야곱은 신앙을 아주 중히 여기는 그의 아버지 이삭에게 하나님이 도우셨다고 말하면 그를 쉽게 속일 수 있을 것이라고 생각했을 것입니다.

그것은 어머니 리브가가 가르쳐준 지혜가 아닙니다. 야곱은 본능적으로 어떠한 말을 할 때 그것이 상대방에게 먹혀들어 가는지를 알고 있는 것입니다. 이렇게 눈치가 빠르고 상대방을 마음대로 속일 수 있는 것이 간교한 사람의 특징입니다.

간교한 사람은 힘이 세지 않습니다. 기가 센 편이 아닙니다. 그러므로 그들은 정면 승부에는 자신이 없습니다. 어떤 사람과 큰 소리로 싸우고 하는 것을 그들은 싫어합니다. 야곱도 힘으로는 에서와 싸울 엄두를 내지 못했습니다. 그래서 항상 꾀를 꾸밉니다.

그와 같이 간교한 사람들은 항상 뒤에서 말과 지혜로 사람을 움직입니다. 그들은 작전을 세우고 계략을 꾸밉니다. 그리하여 사람을 설득합니다. 그들은 머리가 좋습니다. 그러므로 말을 잘 합니다.

그들은 인간관계에서 필요에 따라 입장에 따라 쉽게 거짓말을 합니다. 그들은 속이는 영을 가지고 있습니다. 자신이 원하는 어떤 것이 있어도 그들은 '나는 싫은데.. 다른 사람들이 하도 그러니까..' 하는 식으로 이야기를 하는 경향이 있습니다.

그들은 항상 직접적으로 말을 하지 않고 은근히 돌려서 말을 하는 것을 좋아합니다.

그들은 영리하므로 언어를 통해서 다른 이들을 설득할 수 있는 능력을 가지고 있습니다. 자기가 잘못한 것인데도 교묘한 언변을 통해 오히려 상대방이 잘못한 것으로 만들어 버립니다.

삼손을 유혹했던 들릴라의 모습에서 그러한 것을 발견할 수가 있습니다. 그녀는 자기의 유익을 위해서 삼손의 비밀을 캐내서 삼손을 잡으려고 합니다. 하지만 그녀의 시도는 여러 번 실패했습니다. 삼손이 그녀에게 거짓말을 했기 때문입니다.

그러나 웃기는 것은 그 다음의 상황입니다. 들릴라가 삼손의 말을 믿고 불레셋 군사를 매복시켰을 때 삼손은 알았을 것입니다. 이 여인은 정말 자기를 사랑하는 것이 아니라 돈에 눈이 멀어서 자기를 고발하고 블레셋 군대에 넘기려고 한다는 것을..
이러한 상황이라면 삼손은 당연히 분노하며 이 여인을 죽이거나 아니면 죽이지는 않는다고 하더라도 그 여인을 떠났어야 했을 것입니다. 마음을 주고 사랑했던 여인이 자기를 배신하고 속인 것에 대해서 분노하는 것이 마땅했을 것입니다.

그러나 상황을 보면 정반대입니다. 오히려 삼손을 배신한 들릴라가 삼손에게 거짓말을 한다고 큰 소리를 치고 삼손은 설설 깁니다. 참으로 어처구니없는 상황이 아닐 수 없습니다.
여인은 '내가 당신의 목숨을 빼앗으려고 하는데 왜 당신은 거짓말을 하고 그래요?' 하고 공격하고 삼손은 '아. 알았어요. 알았어.. 나중에.. 다음에 알려줄게요..'
하는 식인 것입니다. 그런데 이것이 간교한 영을 가지고 있는 사람의 특성입니다.
그들은 현란한 말을 통해서 오히려 상황이 역전되게 합니다. 자신에게 불리한 상황, 자기가 잘못한 것이 분명한 상황에서도 교묘한 몇 마디의 말로 모든 것을 자기에게 유리하도록 바꾸어버리는 것입니다.

하지만 그렇게 해서 간교한 사람이 행복하다고 할 수는 없습니다. 그들은 열심히 머리를 굴려서 연구하고 작전을 꾸미지만 단순한 사람보다 오히려 인생을 더 복잡하게 삽니다.
야곱은 간교한 사람이어서 자신이 원하는 것을 얻기 위해 속임수를 썼지만 그 때문에 평생을 고생하게 되었습니다.
자신이 원하는 사랑을 얻지 못했고 사랑하는 라헬도 일찍 잃었고 사랑하는 아들 요셉도 일찍 잃어버렸으며 유일하게 남은 베냐민에게까지도 자꾸 위험이 오고 있었습니다.
온갖 고생을 하면서 모은 재산도 에서에게 많이 빼앗겨 버립니다.

이처럼 간교한 사람은 열심히 꾀를 부리지만 결국 자기 꾀에 넘어가서 오히려 피곤하고 복잡한 인생을 살게 되는 것입니다.

이렇게 간교한 사람이 있을 때 그로 인하여 인간관계에 간격이 생기고 어려움이 생기는 경우가 흔히 있습니다. 그것은 간교한 사람이 자기의 유익을 위해서 이간질도 서슴지 않고 시키기 때문입니다.

그들은 어떤 매력을 가지고 있습니다. 그래서 사람들은 그들의 이야기에 끌려들어 갑니다.

특히 단순한 사람들은 자신들은 전혀 그런 식으로는 생각하지 않기 때문에 그러한 사람들의 이야기를 그대로 믿어버립니다. 그래서 간교한 사람은 많은 사람을 자기의 사람으로 만들려고 시도하며 실제로 만들게 됩니다.

순수한 사람들은 할 수 있는 한 이러한 영을 가지고 있는 사람을 분별하며 멀리해야 합니다. 마음에 없는 이야기를 하고 없는 이야기를 꾸며대는 사람들을 멀리해야 합니다. 처음에는 재미가 있어서 그러한 이야기에 끌려 들어갔다 하더라도 나중에 그러한 말들이 사실이 아닌 것을 알게 된다면 그러한 이들과는 거리를 두어야 합니다. 그것은 간교한 영이기 때문입니다.

어떤 상황에서 진실을 이야기하지 않고 항상 꾸며대는 사람이 있다면 그들에게서 멀리 떨어져야 합니다. 그러한 이들은 거짓을 퍼뜨리기 때문입니다.

거짓을 말하고 나중에 말을 바꾸는 이들을 조심해야 합니다. 처음의 이야기와 나중의 이야기가 같지 않다면 그 사람은 바른 사람이 아닙니다. 말을 할 때 항상 논리 자체는 맞는 것 같은데 들을 때 마음이 편하지 않고 개운하지 않다면 조심할 필요가 있습니다.

논리란 진실을 가지고 있는 사람이 이기는 것이 아니라 영리한 사람이 이기는 것이 보통입니다.

그러므로 거짓을 가지고 있는 사람이라도 영리하게 이야기하면 단순한 사람은 그것을 분별하고 제압하지 못합니다. '뭔가 이상하다'고 생각은 하면서도 그저 끄덕거리게 됩니다. 교회도 단체도 이러한 영을 가지고 있는 이들을 통해서 분열되고 갈라지는 것이 보통입니다. 그러므로 그리스도인들은 이러한 사람과 가까이하지 않는 것이 좋습니다. 어쩔 수 없이 같이 있어야 하는 상황이라면 그 영을 대적하고 결박해야 합니다. 그 사람의 안에 역사하는 영을 대적하고 결박해야 합니다.

간교한 영을 가지고 있는 이들은 영이 강하지 않습니다. 그들은 오직 속일 수 있을 뿐입니다.
그러므로 그들의 배후에 있는 영들을 대적할 때 그들은 쉽게 정체가 드러나 무너지고 약해질 수 있습니다.
어느 정도 영적인 힘이 있는 이들이 그들을 향해서 대적기도를 한다면 그들은 곧 아프게 됩니다. 그리고 힘을 쓰지 못하게 됩니다. 그것은 그들의 배후에 있는 영들이 무력해졌기 때문입니다.

순진한 사람들은 다른 이들을 잘 의심하지 않습니다. 자기가 다른 이들을 속이는 것을 좋아하지 않기 때문에 다른 사람들도 다 자기와 같다고 생각합니다. 하지만 알아야 합니다. 세상에는 자기와 같은 사람만 있는 것이 아니라는 사실을 말입니다. 어떤 이들은 남을 속이는 것을 좋아하며 습관적으로 속이기도 합니다.
그러므로 사람들을 함부로 믿는 것은 위험한 일입니다. 우리는 오직 주님만을 신뢰해야 합니다. 그리고 순결한 마음으로 주님을 사랑하는 사람을 신뢰해야 합니다.
어떤 사람이 항상 자기의 입장에서 말하고 무엇 때문에 자기는 서운하고 억울하고. 이러한 이야기를 한다면 그들은 주님의 사람은 아닙니다. 그는 자기에게 속한 사람입니다. 그러므로 그러한 이들을 신뢰하는 것은 좋지 않습니다.

이 세상에는 속이는 영, 간교한 영을 가지고 있는 이들이 적지 않습니다. 단순한 사람들은 그러한 이들을 잘 분별하지 못하며 그들의 생각을 읽지 못합니다.
그러므로 그러한 이들을 가능하면 멀리해야 합니다. 그렇지 않으면 그러한 사람들에게 끌려 다니게 될 것이며 이용당하게 될 것입니다. 그리고 그러한 과정에서 영적 에너지를 많이 상실하게 될 것입니다.

그러므로 사람을 조심하고 깨어있으십시오. 함부로 믿지 마십시오.
말을 잘 하고 매력적인 사람이라고 해서 함부로 믿지 마십시오.
거짓을 말하고 간교한 영을 가지고 있으며 말을 잘 하고 자기변호를 잘 하는 이들을 멀리 하십시오. 그러한 이들은 주님의 사람이 아니기 때문입니다.

소박하고 순수한 이들을 사귀십시오.
간교한 이들을 멀리 하십시오.
그러한 조심이 당신의 영혼을 안전하게 보호하여 줄 것입니다.

19. 미움의 영을 대적하십시오

누구나 미워하는 대상이 있습니다. 누구나 싫어하는 사람이 있습니다. 그것은 너무나 흔한 일이기 때문에 자연스럽고 당연한 일이라고 생각하지만 대부분 그것은 미움의 영이 일으키는 것입니다. 미움의 영을 대적하여 물리치면 더 이상 상대방이 미워지지 않게 됩니다.

어떤 자매가 있었습니다. 그녀는 아버지에 대한 미움의 감정을 오래 동안 가지고 있었습니다. 그녀의 아버지는 폭력적은 아니었지만 무능한 쪽에 가까웠습니다. 그녀의 가정은 어머니가 일을 해서 꾸려나가고 있었습니다. 그녀의 아버지는 평소에는 심약한 편이었지만 술을 마시고 나면 주사가 있는 편이었습니다.
그럴 때면 아버지는 그녀에게 기독교에 대한 비난과 조롱을 퍼부었습니다. 자매는 아버지를 두려워하지는 않았지만 아버지에 대한 분노가 있었습니다. 그녀는 아버지가 가까이 접근하거나 말을 걸면 차갑고 냉정하게 대하였습니다.

그녀는 영적 전쟁에 대해서 배우게 되었습니다. 그리고 술을 마시게 하는 것이나 주사를 하는 것, 그리고 기독교에 대한 비난이나 공격, 그런 것들의 배후에 악한 영들이 개입되어 있는 것을 알게 되었습니다. 그녀는 주의 이름으로 악한 영들을 대적하기 시작했고 그러자 아버지가 술에 취하는 것이나 기독교에 대한 비난이나 조롱이 현저하게 줄어드는 것을 경험하게 되었습니다. 그녀는 주의 이름의 권세가 아주 실제적인 것을 알게 되었습니다.
하지만 대적기도의 결과 그녀에 대한 아버지의 태도는 좋아졌지만 문제는 그녀가 여전히 아버지를 싫어한다는 것이었습니다. 그녀는 아버지가 그녀에게 말을 걸거나 친밀하게 대하려고 하기만 하면 오히려 짜증이 일어났습니다. 그녀는 자신의 안에 있는 그러한 미움도 악한 영이 심어준 것이라는 것을 알게 되었습니다. 악한 영은 아버지 안에서만 일하는 것이 아니고 자신의 안에서도 역시 움직이고 있었던 것입니다.

그녀는 미움의 영을 대적하고 결박하였습니다. 그리고 놀라게 되었습니다. 아버지에 대한 미움의 마음이 많이 사라졌던 것입니다. 그녀는 아버지가 갑자기 측은하게 느껴졌습니다. 그리고 따뜻한 말을 해주고 싶은 마음이 생겼습니다.

그녀는 정말 오랜만에, 아니 거의 처음으로 아버지와 따뜻한 대화를 나눌 수 있게 되었습니다. 그녀는 자신의 이러한 변화에 몹시 놀라서 내게 메일을 보내왔습니다.

이러한 경험을 하게 되면 그것은 정말 놀라운 일일 것입니다. 누구나 어떤 감정에 사로잡히게 되면 그것이 자신이라고 생각하지 악한 영들이 들어와서 장난을 치는 것이라고는 생각지 못합니다.

하지만 여러 번 언급했듯이 그러한 느낌이나 감정이 자신이라고 생각하게 되면 아무리 마음을 바꾸려고 노력하고 변화되려고 애를 써도 잘 되지 않습니다.

그 감정이 나와 분리된 객체라고 생각하면 그것을 바꾸거나 내보내거나 변화시키려는 시도를 할 수 있지만, 나의 존재 자체라고 여기게 되면 무력감이나 죄책감에 빠지거나 아니면 그러한 악에 대해서 합리화를 하고 변명을 하게 되기 때문입니다. 그래서 결국 자포자기를 하거나 위선에 빠지거나 할 수밖에 없지요. 그러나 그 정체의 근원을 바르게 파악하고 나면 곧 쉽게 자유로워질 수 있는 것입니다.

미움의 감정에 잡혀있을 때는 그러한 감정이 아주 강렬한 것이기 때문에 그러한 감정이 사라지고 반대로 상대방이 좋게 보이리라고는 상상할 수도 없습니다.

그러나 막상 그것이 이루어지면 그것은 아주 쉽게 느껴집니다. '내가 왜 이렇게 좋은 사람을 싫어했지?' 하는 마음이 들 정도지요. 사랑에 빠진 사람은 자신이 나중에 상대방을 미워하리라고는 생각도 못합니다. 하지만 감정은 얼마든지 바뀌어 질 수 있으며 그 사랑의 감정만큼 증오할 수도 있는 것입니다.

미움의 마귀를 대적하고 그 영이 나간 후에 가장 먼저 찾아오는 느낌은 상대방에 대해 불쌍하고 측은하게 느끼는 마음입니다. 갑자기 강렬한 사랑이 찾아오는 것이 아닙니다. 대부분 연민이 찾아옵니다. 그리고 연민은 사랑의 감정이 찾아오기 전에 오는 감정입니다. 많은 경우 애정은 연민, 불쌍히 여김으로부터 시작됩니다.

우리는 사고의 변화를 가져야 합니다. 항상 미움이 생길 때는 상대방이 문제라고 생각하고 저런 사람을 미워하는 것이 당연하다고 느끼는 것이 보통 사람의 사고입니다.

그러나 미움은 내 속에서 일어나는 것이며 그러므로 그 영을 대적하면 미워하지 않을 수 있다는 것을 깨닫는 것이 필요합니다. 문제는 항상 내 안에 있는 것이며 상대방에게 있는 것이 아닙니다. 그러므로 똑같은 사람을 어떤 사람은 미워하고 어떤 사람은 불쌍하게 여기며 어떤 사람은 사랑하기도 하는 것입니다. 그것은 각 사람이 가지고 있는 영이 다르기 때문입니다.

이상하게 내 자식이라도 꼴 보기 싫은 자식이 있습니다. 그것은 보편적인 일입니다. 대체로 아이가 한 집안에 둘이면 부모는 한 아이를 사랑하고 다른 아이는 싫어하는 경향이 있습니다. 나는 그런 모습을 많이 보았습니다. 성경에 나타난 야곱의 가정도 아버지 이삭은 에서를 좋아했으며 어머니 라헬은 야곱을 좋아했습니다. 이러한 것은 아주 흔한 모습입니다. 누구나 자기의 기질에 맞는 대상이 있기 때문입니다.

많은 부모들이 한 자녀로부터는 위로와 기쁨을 얻으며 한 자녀로부터는 마음을 썩이며 근심과 고통을 겪습니다. 그 경우 그러한 고통을 주는 자녀를 순간적으로 미워하는 것은 흔한 일입니다. 그래서 어머니들은 그러한 자녀에게 '너는 내 속을 뒤집어 놓으려고 태어났니?' 라는 식의 폭언을 하기도 합니다.
하지만 적지 않은 경우 그러한 미움은 그 어머니의 마음속에 숨어있는 미움의 영으로부터 오는 것입니다. 그녀의 눈에 악한 기운이 덮여있기 때문에 더 미워지는 것입니다. 그러한 경우에 미움의 영을 강력하게 대적하면 속에서 토할 것 같고, 미식거리는 느낌이 듭니다. 그리고 그렇게 토하거나 트림을 하고 나면 마음이 새로워지게 됩니다. 조금 전까지 밉게 보였던 아이가 다시 예쁘게 보이는 것입니다.
이러한 경험을 반복해서 하다보면 정말 변화되어야 할 것은 자기 자신이라는 것을 깨닫게 됩니다.

부디 미움의 영을 대적하십시오. 사람들이 미워질 때 그 미움의 기운이 속에서 일어날 때 이것이 주님께로부터 온 것인지, 바른 것인지, 내가 속고 있는 것은 아닌지 주의 깊게 분별해보십시오. 바깥을 살피는 것보다 자기 자신의 마음속을 살피고 분별하는 것이 더욱 중요하고 아름다운 일입니다.
우리가 주의 영 가운데 있을 때 우리는 사람을 함부로 미워하지 않습니다. 악을 미워하기는 하지만 악의 도구인 사람 자체를 미워하지는 않게 됩니다. 사람에 대해서는 불쌍하게 여기게 됩니다.
미워하게 되면 우리도 같이 마귀에게 사로잡히게 됩니다. 그러나 악을 싫어하고 미워하면서도 또한 악인에 대한 증오나 판단이나 미움에 빠지지 않으면 우리의 영혼은 안전할 수 있습니다. 같이 미워하고 분노하면 우리도 마귀에게 잡히게 되며 그에게 속하게 됩니다.
미움의 영을 대적하십시오. 미움의 마음이 일어날 때 마귀를 대적하고 주를 보십시오. 당신의 마음에 사랑과 평안이 가득하도록 항상 마음을 주의하여 지키십시오. 그렇게 할 때 당신은 항상 천국과 주의 임재를 잃어버리지 않게 될 것입니다. 할렐루야.

20. 미움을 끌어당기는 영을 대적하십시오

이상하게 별 이유도 없이 보기가 싫은 사람들이 있습니다. 그들을 볼 때 별로 가까이 하고 싶지 않고 심지어 불쾌감이 느껴지기도 합니다.
사람을 보고 나쁘게 평가하거나 미워하는 것은 물론 잘못된 일입니다. 그런데 이렇게 이유 없이 어떤 사람들에 대해서 좋지 않는 느낌을 가지게 될 때 그것은 오직 우리만의 책임일까요?
그렇지는 않습니다. 문제는 우리 안에도 있지만 상대방의 안에도 있습니다. 그러므로 우리 안의 문제도 해결해야 하지만 상대방의 안에 있는 문제도 해결할 수 있으면 하는 것이 좋습니다.

미움을 끌어당기는 영이 있습니다. 그러한 영을 가지고 있는 사람은 어느 곳에 가든지 항상 미움을 받습니다. 그리고 미움받을 짓을 합니다. 미움받을 말과 행동을 하게 됩니다. 이유 없이 다른 사람들에게 미움을 받고 좋지 않은 인상을 주는 이들은 바로 이 미움을 끌어당기는 영을 가지고 있는 것입니다.

그것은 뭐라 이름을 붙여야할 지 모르겠습니다. 나는 일종의 '천덕꾸러기'와 같은 영이 아닌가 생각합니다. 어쩌면 '바보 같은 영' 혹은 '멍청함의 영'이라고 이름을 붙여야 할지도 모릅니다. 이러한 영을 가지고 있는 사람은 상황에 맞지 않는 어리석고 바보 같은 말과 행동을 하기 때문입니다.
그것은 단순히 머리가 나쁘거나 지혜가 부족해서라고 할 수는 없습니다. 기질적인 문제라고 단정할 수도 없습니다. 그것은 영적인 문제이기 때문입니다. 예를 들어서 이러한 사람들도 영적으로 좋은 상태에서는 그러한 언행을 하지 않습니다. 그러나 영적으로 나쁠 때는 그러한 언행이 심해집니다. 그것은 영의 문제입니다.
영이 예민한 사람들은 그러한 영을 가지고 있는 이들의 혼미하고 개운치 않은 영의 느낌을 감지합니다. 그러한 기운이 그 사람의 머리 위에 덮여있는 것을 느끼게 되는 것입니다. 그러한 영이 빠져나가게 되면 그들은 맑은 상태와 느낌을 가지게 됩니다.

아무튼 그러한 영을 가지고 있는 이들은 불행합니다. 그들 본인의 입장에서는 억울할 것입니다. 그들은 가는 곳마다 왕따를 당합니다. 많은 사람들이 그를 싫어합니다.
그러한 이들은 대체로 악한 이들이 아닙니다. 이들은 대체로 선량합니다. 다만 눈치가 없을 뿐입니다. 악의를 가지고 있는 것은 아니지만 바보 같은 말을 하고 멍청한 행동을 합니다. 그래서 다른 사람들의 마음을 상하게 합니다. 자신은 나쁜 의도가 아니며 오히려 다른 이들에게 좋게 해주려고 하는 의도를 가지고 있지만 결과적으로 다른 이들을 불쾌하게 만듭니다.

이러한 사람의 주위에 있는 사람들은 인내가 필요합니다. 이 사람의 행동을 보면 화가 나기 때문입니다. 그들은 참으려고 애를 써도 결국에는 폭발하게 됩니다. 미움을 일으키는 영들은 다른 사람에게 분노를 촉발시킵니다. 분노가 일어나게 합니다.
왜 그들은 이러한 영을 가지게 되었을까요?
이러한 이들은 대체로 비난하는 부모 밑에서 자란 것이 보통입니다. 부모가 완벽주의적인 기질을 가지고 있고 지배적이며 요구를 많이 하는 성격을 가지고 있을 때 머리가 별로 영리하지 않은 이들은 그러한 부모의 요구를 잘 수용하지 못합니다. 그 결과 부모에게 야단과 비난을 많이 당하게 되고 열등감이나 죄책감을 가지게 됩니다. 그러한 여건이 형성되면 천덕꾸러기의 영이 들어오게 됩니다.

그렇게 되면 이들은 더욱 야단맞을 짓을 하며 다른 이들의 마음을 상하게 하는 언행을 하게 됩니다. 야단을 자주 맞는 이들은 야단을 맞는 데에 익숙해져서 야단맞을 짓을 더 많이 하게 됩니다.

그것은 칭찬을 자주 받는 이들이 칭찬을 끌어당기는 영을 가지게 되어서 항상 칭찬을 받는 행동을 하게 되는 것과 비슷합니다. 칭찬이든 비난이든 그것은 받는 사람의 안에 하나의 틀을 만들며 그 틀은 그 사람에게 비슷한 것을 끌어당기게 되는 것입니다.

천덕꾸러기의 영, 항상 다른 사람에게 무시를 당하고 멸시를 끌어당기는 영을 가지고 있는 사람은 그 영을 소멸시키지 않으면 평생을 비참하게 살 수 밖에 없습니다. 이것은 부모가 자녀에게 용기와 힘을 심어주고, 못하는 것을 나무라는 것보다 잘하는 것을 칭찬하는 것이 얼마나 중요한지 잘 보여주는 것입니다.

어떻게 이러한 이들을 대해야 할까요?

우리의 주위에 이러한 사람이 있다면 우리는 화가 나게 됩니다. 그 사람의 영혼이 불쌍한 것은 나중 문제이고 당장은 그러한 사람이 하는 말과 행동을 통해서 분노가 일어나는 것이 문제입니다. 그 영은 어리석고 답답한 언행을 일으키기 때문입니다.

화를 참는 것은 좋지 않습니다. 그러나 그렇다고 해도 그러한 사람을 꾸짖는 것은 더욱 더 좋지 않습니다. 그것은 거의 효과가 없습니다.

그러면 어떻게 해야 할까요?

그 방법은 간단합니다.

상대방의 안에 있는 어리석은 영, 천덕꾸러기의 영을 대적하고 결박하는 것입니다. 그 사람이 분노를 일으킬 때 그 자리에서 그것을 표현하지 말고 조용히 돌아서서 그 영을 결박하는 것입니다.

그렇게 몇 번 대적하고 나면 마음속에 일어났던 불쾌한 느낌이 사라지게 됩니다.

그 영들은 보통 머리 위에 머물러서 장난을 치고 있는 것이 보통이기 때문에 대적을 할 때는 상대방의 머리를 주목하면서 대적하고 결박하는 것이 좋습니다.
기도하는 중에 상상을 통해서 상대방의 머리에 빛을 보내는 것도 좋은 방법입니다.

그 영을 가지고 있는 이들이 가족이거나 직장 등에서 자주 보게 되는 사람일 경우, 부딪칠 때마다 그 영을 대적하고 결박해야 합니다.
이 기도의 효과는 놀라운 것입니다. 점차로 상대방의 안에서 역사하고 있는 어리석고 혼미한 영은 사라지게 됩니다. 그리고 멍청하고 바보 같은 언행도 차츰 사라지게 됩니다.
이러한 자녀를 두고 있는 부모들은 이 영을 결박하는 기도를 날마다 해야 합니다. 또한 함부로 주님의 인도 없이 자녀를 꾸짖은 것에 대한 반성과 회개가 필요합니다. 그렇게 지속적으로 기도할 때 자녀가 변화되는 것을 볼 수 있을 것입니다.

천덕꾸러기의 영을 대적하고 결박하십시오.
그렇게 할 때 그 사람도 변화될 것이며 당신의 영혼도 해를 입지 않고 편안하게 될 것입니다.

21. 어린아이의 영을 결박하십시오

나이에 비해서 어린아이와 같은 행동을 하는 이들이 있습니다. 어린아이처럼 고집을 부리거나 삐치거나 투정을 하거나 남을 귀찮게 하거나 하는 것입니다.

그러한 모습을 보게 되면 사람들은 그 사람이 인격적으로 성숙이 덜 된 것이라고 흔히 생각합니다. 그리고 사실 그런 면도 있습니다. 하지만 적지 않은 경우 그것은 어린아이의 영이 그 속에 있어서 장난을 치는 것입니다.

그 영을 가지고 있다고 해서 무슨 큰 피해가 있는 것은 아닙니다. 하지만 그 영을 대적하여 쫓아내고 나면 좀 더 지혜롭고 넓고 성숙하고 자유로운 사람이 될 수 있습니다. 그러므로 할 수 있는 한 그 영을 발견해서 대적하고 소멸시켜야 합니다.

영화로도 제작되었던 소설 〈양철북〉의 주인공처럼 어렸을 때의 충격으로 성장을 거부할 때 이 어린아이의 영이 들어오기도 합니다.

또한 어린 동생이 부모님의 사랑을 받는 것을 보고 어린아이를 흉내내는 퇴행을 통해서도 어린아이의 영이 들어올 수 있습니다. 나이가 들면 그에 따른 책임을 져야 하기 때문에 그러한 책임이 두려워서 성장을 거부할 때 어린아이의 영이 들어와 자리를 잡기도 합니다. 시험 등에 대한 두려움으로 성장하기를 싫어하는 마음이 생길 수도 있습니다. 그러한 것도 이러한 영들에게 틈을 줍니다.

이 영에 대해서 언급할 때 어린아이의 영이라고 표현하는 것이 적절한지는 모르겠습니다. 이것은 어린 사람의 영이라는 뜻이 아니라 어린 행동을 하도록 만드는 영이라는 의미입니다. 이 영을 가진 사람은 행동도 어리고 말투도 어리며 외모도 어린아이와 같은 이미지를 가지고 있습니다. 어린아이와 같다는 의미는 반드시 나쁘다고 할 수는 없습니다. 주님은 어린아이와 같이 되어야 천국에 들어갈 것이라고 말씀하시며 어린아이와 같이 자기를 낮추어야 한다고 제자들에게 가르치셨습니다. (마 18:3,4)
그러한 어린아이의 이미지는 순수하고 천진난만한 이미지입니다. 외식하거나 자기를 꾸미지 않는 겸손한 이미지입니다.

그러나 악한 영이 주는 어린아이의 분위기와 행동은 그것과 다릅니다. 그것은 미숙하고 이기적이며 어두움과 악함에 가까운 것입니다.
이러한 영을 가지고 있는 이들은 겉으로 순진해 보이지만 속으로는 교활하게 계산하고 있는 경우가 많습니다. 일종의 어린 연기를 하는 것입니다. 본인도 그것을 잘 알고 있는 것이 보통입니다.
이러한 어린아이의 영은 조금씩은 다 가지고 있다고 할 수 있습니다. 어른이 되어서도 부분적으로 유아적인 태도를 보이는 이들이 많이 있습니다. 다만 그것을 감출 뿐입니다.
그러나 가까이에 있는 사람들, 가족과 같은 사람들은 생활 속에서 그들의 그러한 모습을 쉽게 발견하게 됩니다.
흔히 아내들은 남편을 보고 '아들을 키운다' 고 말을 하기도 합니다. 장성한 어른이지만 어린아이와 같은 모습을 많이 볼 수 있기 때문입니다. 반대로 남편이 아내를 보면서 '딸을 키운다' 고 말하기도 합니다. 비슷한 이유로 말입니다.

그러한 모습들은 애교스럽기도 하며 그다지 해로운 것도 아닙니다. 하지만 어린아이의 영이 역사함으로 마음이 상하거나 불편하게 되는 경우도 많이 있습니다.
어떤 이들은 너무나 짓궂게 행동합니다. 상대방이 싫어하는 행동을 억지로 반복하여 하면서 그것을 즐거워합니다. 그 모습은 개구쟁이 소년과 똑같습니다. 그러한 것이 어린아이의 영이 하는 짓입니다. 어떤 이들은 자기만을 위해달라고 합니다. 조금만 관심을 기울여주지 않으면 삐치고 마음이 상해서 투정을 부립니다.
그것은 어린아이가 배가 고파서 울 때에 엄마가 피곤하든 말든 무조건 울어 재끼는 것과 똑 같습니다. 그것은 죄라고 할 수는 없지만 사람을 피곤하게 만듭니다.

치매란 일종의 어린아이의 영입니다. 육체가 건강하거나 머리가 잘 움직일 때는 그 영이 드러나지 않습니다. 젊고 이성이 있었을 때는 자신의 어린아이 같은 마음을 감출 수 있습니다. 그러나 나이가 들고 자기 절제가 약해지면 자신의 속에 숨어있던 본성이 나오는 것입니다. 그래서 사소한 것에 떼를 쓰고 고집을 부립니다. 그것은 늙어서 치매에 걸리는 것이 아니라 원래 있었던 상태가 드러나게 된 것입니다. 그것은 그 사람의 영적 발전수준을 보여줍니다.
영적 발전수준은 지적인 수준과 아무런 상관이 없기 때문에 지적으로 뛰어난 사람도 늙어서 몸이 약해지고 머리의 기억력이 혼미해지면 치매가 올 수 있습니다. 어린아이의 영을 소멸시키지 않고 내버려두면 그러한 상황이 올 수도 있는 것입니다.

어린아이의 영은 영혼의 성장에 많은 장애를 가져옵니다. 그러므로 반드시 대적하고 소멸시켜야 합니다.
먼저 자신의 안에 그러한 영이 있는지를 분별하고 발견해서 쫓아내야 합니다. 쓸데없는 고집이라든지, 다른 이들에 대한 지나친 의존이라든지, 이기적이고 일방적인 주장을 한다든지, 사소한 것에 삐친다든지, 다른 이들을 피곤하고 귀찮게 하는.. 그런 어린아이와 같은 요소가 자기 안에 없는지 분별해야 합니다. 그런 성향이나 충동이 있으면 그것을 대적해야 합니다. 그것을 대적하고 쫓아내는 기도를 하면 몸이 시원하고 개운해지는 느낌이 들게 됩니다.

영들이 발견되고 그리고 그것을 대적한 후에 나타나는 증상은 그 영의 종류와 상관없이 거의 비슷합니다.
먼저 전율이 오고 어떤 기운이 나가는 느낌이 듭니다. 그리고 나면 부분적으로 시원하고 편한 느낌이 듭니다.
또한 그 영이 오래 동안 자리를 잡고 있었던 경우에는 이 기운이 나간 후에 몸이 쑤시고 아프게 됩니다. 그리고 얼마 동안 앓게 됩니다. 그리고 나서 조금 후에 회복이 되면 전에 가졌던 그러한 현상이나 느낌, 증상이 사라져 있습니다.
어린아이의 영을 대적하여 쫓아낸 경우에는 어린아이의 분위기와 언행이 사라져버리게 됩니다. 그래서 다른 사람들이 '요즘 좀 달라진 것 같네요?' 하고 말하게 됩니다.

우리는 자신의 안에 있는 어린이의 영을 대적하고 쫓아내야 하며 또한 직장에서나 가정에서 가까이 있는 사람이 이러한 영을 가지고 있다면 역시 대적하고 결박해야 합니다.
다만 자신의 안에 있는 영들은 좀더 확실하게 제거할 수 있지만 다른 사람의 안에 있는 영들은 완전히 제거하기는 어렵습니다. 다만 결박기도를 통하여 일시적으로 무력화시킬 수 있습니다.

할 수 있다면 대화와 권면을 통하여 상대방이 어린아이의 상태에 머물러 있지 않고 성장해갈 수 있도록 도와야 합니다.
어린아이의 영을 가지고 있는 이들은 사고의 수준도 어린아이와 같기 때문에 대인관계도 단순합니다. 좋아하는 사람은 아주 좋아하고 싫어하는 사람은 너무 싫어합니다. 그들은 싫어하는 사람은 아무 이유 없이 무조건 미워합니다.
그리고 싫어하는 일은 절대로 하려고 하지 않습니다. 그냥 싫기 때문입니다. 그들은 정말 어린아이와 똑 같습니다. 이러한 사람의 옆에 있으면 고생을 많이 하게 됩니다. 이것저것을 다 챙겨주어야 하기 때문입니다.

하지만 그런 식으로 다 도와주는 것은 그 영을 깨우는 데 별로 도움이 되지 않습니다.
할 수 있는 한 그들의 성장을 도와주어야 합니다. 대적기도를 하고 결박기도를 해서 그 영을 묶어 놓은 후 조금씩 그들이 성장할 수 있도록 도와야 합니다.
물론 상대방이 그것을 원치 않으면 당신은 그를 도울 수 없습니다. 그렇게 상대방이 원하지 않는 경우에는 가급적이면 관계에 거리를 두어야 합니다.

어린아이의 영에 잡혀 있는 이들이 오늘날 아주 많이 있습니다. 오늘날 사람들은 지식에 있어서 자라가고 기술에 있어서 자라가지만 인격과 영혼의 수준은 잘 자라지 않고 어린아이의 수준에 머물러 있는 경우가 많이 있습니다.
그 영혼의 수준이 어리게 되면 더 쉽게 어린아이의 영이 들어오고 자리를 잡을 수 있는 것입니다. 그러한 이들은 겉보기에는 성숙한 것 같지만 가까이 생활하는 사람들에게는 그의 어린아이와 같은 모습을 그대로 드러냅니다. 이들은 자신의 문제점이 무엇인지 알아야 하며 자신의 안에 있는 그러한 기운을 소멸시켜야 합니다.

이 영을 대적하십시오. 이 영은 영혼의 성장을 방해합니다. 당신의 안에 이러한 충동이나 성향이 자리잡고 있는지 주의 깊게 자신을 관찰해보십시오. 그러한 성향이 있다면 그것이 언제부터 시작되었는지 살펴보십시오. 그리고 한 가지씩 차분하게 그 영을 대적하며 내보내십시오. 당신이 그들을 원하지 않을 때 그들은 사라지게 됩니다.
영적 성장을 사모하고 추구하며 계속 이 영을 쫓아내십시오.
당신이 사모하고 구할 때 주님은 당신의 영혼이 어리고 낮은 상태에서 벗어나 아름답고 성숙하게 자랄 수 있도록 도우실 것입니다. 할렐루야.

22. 충격을 받을 때에 대적하십시오

사람들을 만날 때, 대화를 할 때 충격을 받을 때가 있습니다. 상대방이 하는 말이 비수같이 가슴에 꽂히기도 하고 마음에 상처가 되고 화가 나기도 합니다. 윗사람에게 심한 꾸지람이나 모욕적인 말을 듣는 순간 가슴에 충격이 되기도 합니다.
메일을 읽거나 채팅을 할 때도 충격을 받을 수 있습니다. 또한 티브이에서 뉴스나 드라마, 영화와 같은 것을 볼 때도 갑자기 충격을 받을 수 있습니다.
부정적인 뉴스를 보면서 두려움이나 불안이 생기기도 하고 드라마에서 주인공이 억울한 일을 당할 때 화가 나기도 합니다.

어떤 식으로든 우리는 살아가면서 충격을 많이 받습니다. 그럴 때는 머리가 아프기도 하지만 대체로 가슴이 꽉 막힌 것 같은 느낌이 들거나 주먹으로 한 대 맞은 것처럼 가슴이 저리거나 얼얼하기도 합니다.
그것은 단순히 정신적인 것이 아닙니다. 그것은 실제적인 영의 충격입니다.

우리는 사람을 접할 때 단순히 그의 몸을 접촉하는 것이 아닙니다. 상대방의 영혼을 접하는 것이며 그 영혼에 붙어있는 영들도 같이 만나는 것입니다. 그러므로 그러한 영들의 접촉 과정에서 충격이 있을 수 있습니다.
왜냐하면 주님께 깊이 사로잡히고 천국을 소유하고 있는 사람이 아니라면 대부분의 사람들은 악하고 어두운 기운을 많이 가지고 있기 때문입니다.

우리는 도처에서 화가 난 사람을 발견합니다. 미워하는 사람, 짜증을 내는 사람, 비난하는 사람을 볼 수 있습니다. 우리가 그러한 사람을 만나고 대화하고 함께 있을 때 우리는 그들을 통해서 충격을 받을 가능성이 많이 있는 것입니다.

특히 어떤 이들은 입에서 나오는 말들이 거의 흉기와 같습니다. 그러므로 그러한 이들과 같이 있을 때는 조심하지 않으면 많은 충격을 받을 수 있습니다.

충격을 받는다는 것은 무엇을 의미할까요? 간단하게 말하자면 당신의 안에 당신이 아닌 다른 영이 들어오는 것입니다. 주로 악한 영이 들어오는 것입니다.

선한 충격도 있습니다. 집회에서 성령의 능력이 강력하게 운행할 때 우리는 그 영에 사로잡히게 됩니다. 그것은 아름다운 충격이며 그러한 경로를 통해서 우리는 영적인 변화를 경험하게 됩니다.

그러나 우리가 현실의 삶에서 사람들을 접촉하면서 경험하는 많은 충격들은 어두움의 영들이 당신의 안에 들어오는 통로가 됩니다.

집회에서 주님의 우리에게 임하실 때 우리는 그 경험을 아주 행복하고 즐겁게 느끼게 됩니다. 인간은 주님의 영을 접촉할 때 만족을 느끼도록 설계되었기 때문입니다.

그러나 사람들에게서 충격을 받을 때 우리는 본능적으로 그것이 나쁜 경험인 것을 알 수 있습니다. 질병에 걸리거나 다쳤을 때 본능적으로 고통을 느끼는 것처럼 말입니다.

어처구니없는 대우를 받고 화가 난다는 것, 그것은 충격입니다. 속에서 불같은 느낌이 일어나게 됩니다. 가만히 놔두면 몸 전체가 열을 받고 식식거리게 됩니다. 악한 기운이 전신에 퍼지는 것입니다.

무슨 이야기를 듣고 갑자기 불안해지고 걱정이 생기는 것.. 그것도 충격입니다. 온 몸에 싸늘한 기운이 퍼지게 됩니다.

분명한 것은 이러한 충격은 악한 영이 들어온 것이며 그 영은 당신의 안에서 자리를 잡고 당신을 사로잡으려고 한다는 것입니다. 그것을 깨달아야 합니다. 그리고 대적하고 소멸시켜야 합니다.

어떤 이들은 충격을 받거나 상처를 받았을 때 잠시 화를 내기도 하지만 곧 그것을 잊어버립니다. 또한 어떤 이들은 반대로 그것을 잘 표현하지 않지만 잘 잊어버리지 않습니다. 그것들은 그 사람의 깊은 속으로 잠수합니다.
하지만 어느 쪽이든 좋지 않는 것은 마찬가지입니다. 나쁜 충격을 받았을 때 그것을 표현하면 그 나쁜 영에 사로잡히게 되며 다른 이들에게 피해를 주게 됩니다. 화가 났을 때 화를 낸다고 해서 그 화가 사라지는 것은 아닙니다.
그리고 잠시 후에 잊어버린 것 같지만 그의 기억 속에서 사라졌을 뿐 그것은 그의 마음 깊은 곳으로 내려가게 됩니다.
또한 그것을 표현하지 않고 가지고 있는 사색적인 이들은 더 깊이 그 영에 사로잡히게 됩니다. 그들은 표면에서 볼 때는 온유하고 부드럽고 평화스러워 보이지만 그 마음속은 고통으로 가득 차있는 경우가 많습니다. 그의 마음은 전쟁터와 같습니다. 그 안에 쌓여져 있는 충격 때문입니다.

그러한 충격들은 악한 영들의 침입이며, 바깥으로 표현해도 좋지 않고 속에 쌓아두어도 좋지 않다는 것을 부디 기억하시기를 바랍니다.
그러면 충격을 받았을 때 어떻게 대처해야 할까요? 역시 그 대처 방법도 간단한 것입니다.
마음속에 일어난 충격, 그 느낌에 대해서 대적하십시오. 절대로 충격을 일으킨 그 대상에 대해서 집중하시지 말기를 바랍니다. 중요한 것은 당신의 반응입니다. 당신의 안에서 일어난 반응입니다. 그 반응을 소멸해야 합니다.

상처란 항상 환경이 문제가 아니며 본인이 방어를 하지 않고 있다가 충격을 받아들인 것이 문제가 되는 것입니다.
그러므로 그 충격에 사로잡히지 말고 냉정하게 객관적으로 자신의 반응을 살펴야 합니다.

어떤 사람이 마구 흥분하면서 화를 냈다고 합시다. 어떤 사람이 당신에게 마구 욕을 하고 있습니다.
그 때 당신이 깨어있어서 마음의 빗장을 잘 닫고 있다면, 그 사람의 입에서 나오는 악한 기운은 당신에게 들어오지 못할 것입니다. 이런 경우에 당신은 대적기도를 할 필요가 없습니다.
그러나 당신이 무심코 대화를 하다가 상대방의 말에 한방을 맞았습니다. 그러자 당신은 화가 치밀어 오릅니다. 속에 불쾌감이 가득해집니다. 이것은 이미 당신의 안에 그 악한 영이 침투한 것입니다. 당신은 이미 방어에 실패한 것입니다. 적군은 이미 당신의 안에 침입했습니다.

바로 이럴 때 당신의 반응을 대적하고 당신의 안에 들어온 그 느낌과 영들을 쫓아내야 하는 것입니다. 즉 당신의 마음이 평안한 상태라면 아무 것도 쫓아낼 것이 없습니다. 그러나 당신이 방어에 실패해서 분노가 일어나고 근심이 생기고 짜증이 일어난다면 이미 악한 영들이 당신의 안에 들어왔기 때문에 그 느낌이 사라질 때까지 대적기도를 해야 하는 것입니다.
충격을 받고 화가 나서 마음이 답답해질 때, 가슴이 방망이처럼 뛸 때, 흥분이 되었을 때, 갑자기 슬픔과 절망이 밀려올 때.. 그러한 당신의 느낌을 대적하십시오.
'이 귀신아! 귀신아! 귀신아!' 이런 식으로 계속 소리를 내서 마음속으로 부르기만 해도 됩니다. 그 순간 마음속의 충격과 고통은 사라지기 시작합니다. 그것은 분명한 사실입니다. 시도해보면 확실하게 느낄 수 있을 것입니다.

계속 대적기도를 할 때 당신은 당신의 가슴속에서 일어났던 분노가, 근심이, 가슴이 예리하게 아픈 느낌이, 가슴에 무엇인가 막혀 있던 것이 점점 더 뚫리고 시원해지는 것을 느끼게 됩니다.
아마 충격을 받는 순간부터 대적기도를 시작하면 대부분 5분 안에 끝나게 될 것입니다.
하지만 멍청하고 영의 감각이 둔해서 악한 기운이 자기 안에 들어온 지 한참 지나서야 조금 느끼는 이들도 적지 않습니다. 그렇게 일단 들어온 지 오래 된 것은 뽑아내는 데에 좀 더 시간이 걸리게 됩니다. 심하면 몇 시간이 걸릴 수도 있습니다.

이 기본원리만은 꼭 기억해두십시오.
사람은 영혼이며 영계에 속해 있어서 좋지 않은 영을 가지고 있는 이들을 만날 때 악한 영향이 올 수 있다는 것, 그리고 충격이 올 수 있다는 것을 기억하십시오.
그리고 충격이 온 것은 악한 기운이 들어온 것이기 때문에 예수의 이름으로 대적하면 나간다는 것을 기억해두십시오.

우리는 평생에 악한 영들의 공격을 받을 것이며 방어하지 않고 무심코 있다가 충격을 받을 때가 있을 것입니다. 그러나 그 때마다 우리가 가지고 있는 예수 이름의 권세를 사용하여 대적하는 기도를 사용한다면 우리는 곧 회복되고 치유될 수 있을 것입니다.
주님은 언제 어디서나 우리의 능력이며 힘이 되는 분이십니다.
할렐루야.

23. 음란한 영을 대적하십시오

대인관계에서 가장 흔하게 작용할 수 있는 영적 문제들은 첫째로는 미움과 분노입니다. 그것은 서로 공격하고 밀어내는 성질을 가지고 있습니다.
두 번째의 문제는 음란의 문제입니다. 그것은 서로 끌어당기고 달라붙는 성질을 가지고 있습니다.
자석이 S극과 N극으로 되어 있듯이 사람은 남성과 여성으로 구분됩니다. 그리고 자석이 같은 극끼리 밀어내고 다른 극끼리 서로 끌어당기듯이 사람도 같은 극끼리 밀어내는 작용이 있는데 그 밀어내는 작용이 변질된 것이 미움과 혈기이며 다른 극끼리 끌어당기는 작용이 변질된 것이 음란인 것입니다.

밀어내는 작용은 사람이 악과 죄를 거부하고 밀어내라고 사람의 영혼에게 주어진 기능입니다. 그러나 인간이 타락했을 때 이 기능은 자기에게 불리한 것을 미워하고 혈기를 부리는 증상으로 변질되었습니다.
받아들이는 작용은 아름다움과 선과 지혜를 받아들여서 영혼이 성장하도록 주어진 기능입니다. 그러나 악과 더러움을 받아들이는 음란의 기능으로 타락하게 되었습니다.
그러므로 혈기는 의로움의 타락이며 음란은 사랑의 타락입니다.
음란과 이성에 대한 잘못된 매혹은 육체가 살아있는 한 항상 존재하는 유혹입니다. 성경에 등장한 많은 하나님의 사람들도 이 유혹에 넘어져서 실족을 하였습니다.
어떤 이들은 진리를 깨달으면 죄를 짓지 않으며 영적으로 어떤 단계에 이르면 이성의 유혹을 전혀 받지 않는다고 하는 분들도 있지만 그것은 어리석은 생각입니다. 오늘날 세계적으로 알려진 사역자들 중에도 음란의 문제로 실족하는 사례들이 드물지 않게 전해집니다. 성경에서나 현실에서나 이 유혹은 사탄의 중대한 무기이며 우리는 그것을 결코 가볍게 생각해서는 안 됩니다.
어떤 유명하신 목사님이 사모 세미나에서 이와 같은 이야기를 들려주신 일이 있었습니다.
연세가 많은 목사님이 어느 교회에서 시무하고 있었습니다.
그 교회에 연세가 많으신 권사님이 계셨습니다.
권사님은 항상 기도에 열심이시고 여러 가지 봉사에도 열심이신 분입니다. 새벽기도에도 빠지지 않았습니다.
연세가 많으신 할머니지만 그렇게 열심히 헌신하고 봉사하면 목사님의 입장에서는 딸처럼 귀엽게 느껴지게 됩니다.
하루는 목사님이 새벽기도회의 인도를 마치고 조용히 사무실에서 쉬고 있는데 권사님이 사무실로 들어오셨습니다. 그 시간에는 사무실에 아무도 없었습니다.
권사님은 목사님께 말을 걸었습니다.
"저 목사님을 참 사랑해요.."
거기까지는 가볍게 할 수 있는 이야기일 것입니다. 그러나 그 다음의 말이 문제였습니다.
"저 한번 안아주세요."

이 이야기를 하시면서 그 목사님은 강조하였습니다. 남녀 관계는 나이와 상황과 상관없이 얼마든지 사탄이 역사할 수 있으니 일체 가까이 하지 말고 틈을 주지 않는 것이 가장 좋은 일이라고..
나도 그것이 옳다고 생각합니다. 우리는 연약한 육을 가진 인간이며 언제든지 시험을 받을 수 있습니다. 나이가 들면 몸은 시들어 가지만 그렇다고 마음과 성향 자체가 바뀌는 것은 아닙니다. 그러므로 시험거리는 멀리 하는 것이 가장 좋은 것입니다.

남녀가 호젓한 곳에서 일대일로 같이 있는 것은 좋지 않은 것입니다. 그것은 사탄이 일할 수 있는 여건을 허용합니다.

남녀가 가까이 있으면서 자신들은 영적이기 때문에 시험에 들지 않는다고 생각하는 사람들도 있지만 그러한 이들은 더욱 위험합니다.

부부가 아닌 남녀가 둘이서 같이 한 팀이 되어 영적인 사역을 한다면 그것은 건강하지 않은 것입니다. 그것은 위험하며 바람직하지 않습니다.

남자는 자신의 아내와 딸 외에는 여성과 일대일로 있는 것이 좋지 않습니다. 할 수 있는 한 그러한 상황을 피해야 합니다.

다른 여성과 개인적으로 만날 일이 있으면 가급적이면 아내와 같이 동행하는 것이 좋습니다.

그것은 단순히 성적 타락의 위험 때문만은 아닙니다. 성적인 접촉이 없다고 하더라도 정신적으로 가까워질 수 있습니다. 마음을 빼앗기게 되면 그것은 이미 간음이나 마찬가지입니다.

배우자보다 더 친밀한 이성 친구를 가지고 있으며 배우자와 나누지 못하는 이야기를 다른 이성과 같이 나누는 이들도 있습니다. 그러한 이들은 성적인 접촉이 있느냐 없느냐, 서로에 대한 이성적인 애정의 마음이 있느냐 없느냐에 상관없이 이미 바른 영을 가지고 있는 것이 아닙니다.

한 교회의 사역자에게 정신적으로 애정을 느끼며 그에게 좀 더 많은 관심과 사랑을 받으려고 경쟁하는 여성들이 있습니다. 그러한 이들 중에 남편보다 목사님을 더 좋아하는 이들도 있습니다. 그러한 이들은 이미 영이 바르지 않은 것입니다. 그것은 음란한 영이며 결코 순수한 것이 아닙니다. 그러한 감정은 악한 영들이 일으키는 것입니다.

사역자에 대한 바른 애정은 그 사람의 영혼을 발전시키며 더욱 더 주님을 사랑하고 주님께로 가까워지게 합니다.

그러나 개인적인 애정을 얻기 원하는 이들은 사역자의 사랑을 독차지하려고 합니다. 그리하여 사역자가 다른 이에게 따뜻하게 대해주면 분노하고 시기합니다. 그것은 그러한 애정이 지옥에서부터 왔음을 잘 보여주는 것입니다.

오늘날 이 시대에 사람들은 음란에 대해서 아주 둔감합니다. 배우자 외의 다른 이성에게 마음이 끌리는 것을 죄라고 생각하지 않습니다. 배우자 외에 애인이 있기 때문에 삶에 활력이 된다고 하는 어리석은 이들도 있습니다.

그렇기 때문에 불륜을 다루는 드라마가 아주 인기를 끕니다. 더러운 이야기를 많이 만들어내고 연기할수록 인기 작가가 되고 인기 스타가 됩니다. 하지만 그들은 사악한 영을 퍼뜨리는 악의 도구에 지나지 않습니다. 그것은 명백하게 죄입니다.

자신의 배우자가 아닌 다른 이성에게 마음을 두고 있는 이들은 결코 주님과 깊이 연합할 수 없습니다. 단지 마음속에 잠시만 그러한 상상을 한다고 해도 그것은 그 영혼이 주님께 나아가는 데에 방해가 됩니다.

영적인 세계에서는 상상으로만 죄를 지어도 그것은 실제적인 행동과 똑같이 영혼을 더럽힙니다. 그것은 실제로 악한 행동을 한 것과 별로 다를 것이 없습니다. 생각과 상상 속에서 순결하지 못하면 그것은 순결이 아닙니다.

내성적이고 소극적인 사람일수록 상상이 많습니다. 그들은 현실에서 이루지 못한 애정의 소원을 상상의 세계에서 경험합니다.

정서적으로 예민하고 애정에 대하여 굶주린 여성이 따뜻하고 자상하지 않은 배우자와 살고 있을 때 소설이나 드라마에서 나오는 주인공과 상상 속에서 연애를 하고 사랑을 하는 것은 흔한 일입니다. 그러나 그렇게 해롭지 않아 보이는 그러한 상상도 영혼을 주님과 천국에서 멀어지게 하며 어두운 지옥으로 떨어뜨립니다. 그러한 상상과 충동은 악한 영들의 장난이기 때문입니다.

그리스도인들은 이러한 유혹에서 벗어나야 합니다. 잠시라도 마귀에게 틈을 주어서는 안 됩니다. 마음이 순결하고 순수한 상태에 있을수록 그는 주님과 깊이 연합할 수 있는 것입니다. 단순한 상상이 이럴진대 실제적인 육체의 타락과 성적 접촉이 얼마나 무섭고 위험한지는 말할 필요도 없습니다.

성적 연합은 단순히 몸의 결합으로 끝나는 것이 아닙니다. 그것은 영혼의 연합과 교류를 가져옵니다. 성경은 명백하게 이렇게 가르칩니다.

"너희 몸이 그리스도의 지체인 줄을 알지 못하느냐 내가 그리스도의 지체를 가지고 창녀의 지체를 만들겠느냐 결코 그럴 수 없느니라
창기와 합하는 자는 그와 한 몸인 줄을 알지 못하느냐 일렀으되 둘이 한 육체가 된다 하셨나니 주와 합하는 자는 한 영이니라
음행을 피하라 사람이 범하는 죄마다 몸 밖에 있거니와 음행하는 자는 자기 몸에게 죄를 범하느니라" (고전 6:15-18)

음란죄는 몸 안으로 들어오는 것입니다. 모든 죄는 바깥에 있으나 음란의 죄는 몸 안에 있습니다. 창기와 음란한 짓을 하는 이들은 한 번의 행위로 끝나는 것이 아니라 창기의 영과 연합을 하는 것입니다. 창기들에게는 그녀와 관계를 가진 수많은 사람들의 영들이 붙어 있습니다.

그러므로 창기와 관계를 가진 이들은 창기의 영이 들어오며 한 번의 관계가 이미 수천, 수만의 사람들과 관계를 한 것이나 마찬가지입니다. 그것은 영혼을 더럽고 어둡게 만듭니다.

성적 연합은 두 사람의 영이 깊이 결속되게 합니다. 경건하고 순수한 영혼이 난잡한 성생활을 즐기는 이와 결혼한 후에 비슷하게 되어 버리는 경우가 많이 있습니다. 그것은 성적 연합이 상대방이 가지고 있는 영과의 깊은 일치를 가져오기 때문입니다.

성적 접촉을 할 때 한 사람은 다른 사람의 영향에서 벗어나기 어렵습니다. 상대방이 악한 사람이라는 것을 잘 알면서도 일단 성적인 접촉을 하게 되면 그에게서 벗어나지 못하는 이들이 많이 있습니다. 그것은 성적

접촉이 깊은 연합과 끌림을 가져오기 때문입니다. 그러므로 그것을 단절하지 않는 한 그 조종에서 자유롭게 벗어날 수가 없는 것입니다.

어떤 여성도님이 성적 유혹에 넘어질 것 같다고 메일을 보내온 적이 있었습니다. 나는 비슷한 내용의 상담 요청을 많이 받는 편입니다. 어떤 여성은 몹시 외롭다고 하면서 실수할지도 모르겠다고 어떻게 하면 좋으냐고 메일을 보내왔습니다.

나는 이렇게 답을 보냈습니다. 주님께 당신의 생명을 거두어 가시라고 기도하라고.. 그렇게 살 바에는 살지 않는 것이 나을 것이라고 대답했습니다. 그녀는 몹시 충격을 받았는지 시험을 극복한 것 같았습니다.

나는 지나간 문제에 대해서는 언급하지 않습니다. 이미 지나간 것에 대해서는 회개하고 주님의 용서를 받아들여야 합니다.

그러나 아직 일어나지 않은 것이라면 순결을 목숨보다 더 중요하게 여겨야 합니다. 순결하지 않으면 우리는 주님과 연합할 수 없습니다. 우리는 주님의 피로 구속되었으며 주님의 신부입니다. 그런데 그 신부된 몸을 가지고 창기의 지체로 만들 수는 없습니다. 배우자가 아닌 다른 이와 관계를 가지는 것은 남자든 여자든 자신을 창기로 만드는 것입니다. 그것은 주님을 욕되게 하는 것입니다.

지나간 날에 순결하지 않았던 이들은 '이미 버린 몸인데' 하는 생각을 할 수 있습니다. 그러나 그것은 오해입니다.

지난 시절에 몇 백 번의 범죄를 했다고 하더라도 주님께 그것을 고백하고 회개한 후에 용서를 얻으면 그 사람은 이제 순결해진 것입니다. 그러므로 그 사람은 그 때부터 순결을 지켜야 합니다. 지난 것은 이미 끝난 것이기 때문에 그는 그 때부터 죽을 때까지 순결을 지켜야 합니다. 이미 더럽혀졌다고 생각하는 것은 잘못입니다. 그 때부터 몸과 마음의 순결을 지킬 때 주님은 천국에서 그를 순결한 사람으로 맞이하실 것입니다.

여러 가지의 색을 덧칠할수록 색은 어두워지고 마침내는 새까만 색이 됩니다. 그와 같이 한 사람이 아닌 다른 이성과 관계를 하는 이들은 점점 더 영혼이 더러워지고 어두워져 시커멓게 됩니다. 그들의 영감은 점점 더 혼탁해지고 마비되어 영적 혼합의 고통을 느끼지 못하며 오히려 죄의 즐거움에 빠지게 됩니다. 그것은 지옥의 쾌락이며 거기에는 대가의 지불이 있습니다.

몸이 실제로 범죄하지 않았다고 마음의 순수함을 지키지 못하면서도 자신이 순결한 것으로 생각하는 것은 착각입니다. 몸은 깨끗할지 모르지만 마음이 더러운 이들도 많이 있습니다.

그러한 이들은 오히려 남들을 더 정죄합니다. 남들의 성적인 타락에 대해서 비난하고 정죄합니다. 그러나 그들은 정죄할 자격이 없습니다. 그들은 마음의 중심을 보시는 주님을 두려워해야 합니다.

다른 이성에 대해 성적 충동이나 매력을 느끼게 하는 것은 악령들이 하는 짓입니다. 주님과의 깊은 내적인 연합에 대하여 알지 못하는 이들은 대부분 그러한 충동에 잡히게 됩니다. 연예인 스타에게 매력을 느끼고 많은 팬들이 따르는 것에도 이러한 음란의 영이 많이 개입되어 있습니다. 음란한 영을 받으면 상대방이 아주 멋지고 아름답게 보이게 됩니다. 남성들은 술집이나 음란한 장소에서 접대하는 여성들을 보면 아주 예쁘게 보입니다. 술을 마시고 그 공간에 있는 악한 영들에게 사로잡혀 있는 상태이기 때문에 그녀들이 아름답게 보이는 것입니다. 그러나 나중에 제 정신이 돌아오면 그녀들이 더럽고 추하게 보이게 됩니다.

음란한 영은 더러운 영과 같은 성격을 가지고 있습니다.
더러운 영을 가지고 있는 이들은 같은 더러운 영을 가지고 있는 이들에게 끌립니다. 그러나 정결한 영을 가지고 있는 이들은 그러한 여성이나 그러한 분위기를 싫어합니다. 그러한 여성들을 보고 구토를 느끼며 불쾌감을 느낍니다. 그것은 영이 다르기 때문입니다.

어떤 여성들은 '섹시하다' 라는 말을 들으면 그것을 칭찬으로 여깁니다.

어리석은 남성들은 그런 말을 칭찬으로 여기고 하기도 합니다. 그러나 그러한 말은 남성이나 여성이나 부끄러운 것입니다. 자신을 보고 성적 충동을 느낀다는 말을 듣고 그것을 칭찬으로 여긴다면 그 여성은 창기와 다를 것이 없습니다.

이 시대에 흔히 사용하는 말인 '섹스심벌'이라는 말은 그 사람이 성적인 충동을 일으킨다는 말입니다. 그것은 그 사람이 다른 많은 사람의 영혼을 유혹하며 파괴한다는 의미입니다. 하지만 이 시대는 그것을 칭찬으로 생각합니다.

이 시대는 좀 더 많은 영혼을 타락시키고 지옥으로 떨어뜨릴수록 스타가 되고 부자가 됩니다. 그러나 그 대가는 영원한 곳에서 영원토록 지불하게 될 것입니다.

대중스타에게 성적인 충동을 느끼는 이들이 많이 있습니다. 그것은 순결하지 않은 것입니다. 그것을 스타에 대한 애정으로 여기는 이들도 있으며 스타는 그것을 팬의 애정이라고 생각하기도 합니다. 그것은 어리석고 무지한 것입니다. 그러한 충동은 악한 영들이 일으키는 것입니다.

나는 어떤 남성이 미모의 여사역자를 몹시 좋아하는 것을 본 적이 있습니다. 그녀가 강단에 서기만 하면 그는 아주 즐거워하고 행복해했습니다. 그는 자신이 은혜를 많이 받은 것으로 착각하고 있었지만 내가 보기에는 그가 인간적이고 정욕적인 영에 사로잡힌 것에 불과한 것이었습니다.

여성들도 남성 사역자에 대해서 비슷한 애정을 얼마든지 가질 수 있습니다. 그것은 사탄이 즐겨 사용하는 무기입니다.

나는 교회에서 몸을 드러내는 짧은 옷이나 달라붙는 옷을 입고 다니는 여성들을 많이 보았습니다. 그러한 이들은 음란한 여성이거나 아니면 멍청한 여성들입니다. 그들은 좋든 싫든 육적인 기운을 교회에 퍼뜨리게 됩니다. 그리고 그것은 주님의 임재를 소멸시키는 것입니다.

여성사역자가 야한 분위기의 옷차림을 하는 것을 본 적도 있습니다. 그것은 정말 무지한 것입니다. 사역자는 외적인 매력이 아니라 영적인 매력을 풍겨야 하며 성숙되고 아름다운 인품을 통해서 사람들에게 도움을 주어야 합니다. 외모가 뛰어난 여성은 세상에 얼마든지 있습니다. 그리고 그러한 외적 매력은 영혼을 천국으로 이끄는데 그리 도움이 되는 것이 아닙니다. 오히려 방해가 될 뿐입니다.

영적인 성장을 위해서 거룩하고 경건한 분위기는 아주 중요합니다. 육적이고 세속적인 분위기는 영성을 망가뜨립니다. 우리는 경건한 삶을 사모하고 추구해야 합니다. 우리는 음란을 두려워해야 합니다.
나는 그리스도인이라고 자처하는 이들이 음란하고 더러운 농담을 하며 그러한 것을 즐기는 것을 많이 보았습니다.
그것은 잘못된 것입니다. 그것은 바른 영이 아닙니다. 그러한 언어를 통해서 즐거움을 느끼고 고통을 느끼지 않는다면 그것은 영의 감각이 마비된 것입니다.

내성적이고 사색적인 사람들은 몸으로 직접 음란죄를 저지르는 경우는 많지 않습니다. 그들은 두려움이 많아서 악이 그들의 속에 있다 하더라도 그것을 행동에 옮기는 것은 두려워하기 때문입니다. 그러나 그들의 마음은 음란한 영에 잡히기가 쉽습니다. 그렇게 되면 하루 종일 음란한 생각이나 상상이 떠오르게 됩니다.
그러므로 그러한 이들은 성품을 밝고 건강하게 만들기 위해서 노력해야 합니다. 마음속에 무엇을 품어두지 말고 자꾸 표현해야 합니다.
성적 에너지가 왕성한 청소년의 때에도 운동을 좋아한다든지 하면 음란한 영에 잘 잡히지 않습니다. 그것은 운동을 통해서 에너지가 배출되기 때문입니다. 그러나 청소년 시절에 조용하고 움직이는 것을 싫어하는 이들은 음란한 영에 잡히기가 쉽습니다.
게으르고 더러운 것을 좋아하는 사람도 음란한 영에 잡히기가 쉽습니다.

방이 더러운데도 잘 청소하지 않으며 몸도 잘 씻지 않는 이들은 음란한 영에 잡히기 쉽습니다. 음란한 영은 더러운 영이며 게으르고 더러운 사람에게 잘 들어갑니다. 깔끔하고 부지런한 사람은 혈기와 미움의 영에 잡히기는 쉽지만 음란한 영에는 잘 잡히지 않습니다. 누구든지 자신의 약점에 따른 영들의 공격을 받게 되는 것입니다.

오늘날 이 시대는 너무나 악하고 음란한 세대입니다. 그렇기 때문에 오늘날의 그리스도인들은 주님과의 깊은 연합의 행복과 즐거움을 잘 알지 못합니다. 그것은 정결하지 않고는 주님과의 깊은 연합이 불가능하기 때문입니다.

어떠한 이들은 마음의 순결을 지키는 것이 몹시 어렵다고 생각할 것입니다. TV나 동영상에서 음란한 영들을 공급하는 매체가 워낙 많아졌기 때문입니다.

그러나 그러한 영을 대적해보면 그것을 이기는 것은 그리 어렵지 않다는 것을 알게 될 것입니다. 음란한 영을 대적해보십시오. 그러면 그들은 사라집니다. 음란한 영을 대적하는 기도를 하면 전율과 함께 불쾌한 느낌의 기운이 밖으로 나가는 것을 느끼게 됩니다.

계속 대적기도를 하면 가래와 더러운 오물과 같은 것이 속에서 나오게 됩니다.

음란한 영도 마귀에게 속한 존재이므로 계속 대적을 하면 그들은 나갈 수밖에 없습니다. 그들은 대적하면 피하는 존재입니다.

다만 진정한 승리를 위해서 음란한 죄를 싫어하고 미워해야 합니다. 당신이 은밀하게 그것을 즐기고 있다면 그들은 결코 나가지 않습니다. 잠시 피하기는 하겠지만 그들은 다시 돌아올 것입니다.

그러므로 진정으로 그들을 싫어하고 미워하고 대적해야 하며 그들이 들어올 수 있는 일체의 통로를 단절해야 합니다.

더러운 그림을 보지 말아야 하며 더러운 영상을 접해서는 안 되며 더러운 말을 금해야 하며 듣지도 말아야 합니다. 그러한 것들을 통해서 음란한 영들이 사람의 안에 침투하는 것이기 때문에 그것을 끊지 않으면 아무리 대적을 해도 소용이 없는 것입니다.

승리를 위하여 당신의 기질을 바꾸십시오. 그리고 주변 환경을 바꾸십시오.

부지런하게 살며 밝게 살고 깨끗한 것을 좋아하십시오. 깨끗한 집에는 더러운 것들이 들어오지 못합니다.

더러운 집에는 더러운 영이 들어와도 그것을 구분하기 어렵습니다. 조용하고 내성적이며 어둡고 더러운 곳에서 혼자 가만히 있는 사람은 음란한 영들이 가까이 다가가서 장난을 치기 좋은 여건이 됩니다. 그들은 기질을 바꾸지 않으면 빠져나가기 어렵습니다. 그러므로 체질을 바꾸어야 하는 것입니다.

음란한 영을 대적하고 쫓아낼수록 사람은 정결하게 됩니다. 마음속에 순결한 기쁨이 많아지게 됩니다.

몸과 마음이 점점 더 맑아집니다. 영혼이 어린아이처럼 맑고 순수하게 됩니다.

그리고 더러운 것에 대하여 고통을 느끼게 됩니다. 더러운 농담을 싫어하고 더러운 그림을 싫어하고 더러운 영상을 싫어하게 됩니다. 그러한 것을 좋아하고 즐기는 이들은 이미 음란한 영을 많이 가지고 있기 때문입니다.

사람과 사람이 만날 때 음란의 영이 들어올 수 있음을 기억하십시오. 그러므로 조심하십시오. 배우자가 아닌 이성의 매력에 빠지지 말며 그것을 대적하고 거부하십시오.

오직 순결한 영을 간절하게 구하고 사모하십시오. 그와 비례하여 당신은 주님과 깊고도 아름다운 연합을 이루어갈 수 있게 될 것입니다. 할렐루야.

24. 조종하는 영을 대적하십시오

조종하는 영이 있습니다. 이것은 지배하는 영과 비슷한 성질의 영입니다. 다만 지배하는 영은 남성적인 영인데 비하여 조종하는 영은 여성적인 영입니다. 주로 여성들이 이 영을 가지고 있습니다.
지배하는 영을 가지고 있는 이들은 항상 남을 지배하려고 합니다. 그들은 남들을 가르치고 군림하며 남들의 위에 서고 싶어합니다.
조종하는 영은 비슷한 성향을 가지고 있으나 직접적으로 지배하려고 하지 않고 뒤에 숨어서 움직입니다. 은밀하게 조종하려는 것입니다. 이것은 여성적인 영의 특성입니다.

그리스도인들은 다른 사람을 지배하는 것도 좋지 않으며 다른 사람에게 지배를 당하는 것도 좋지 않습니다. 오직 주님만이 우리의 지배자이시기 때문입니다.
또한 그리스도인들은 다른 이들을 조종하는 것도 좋지 않으며 다른 사람의 조종을 받는 것도 좋지 않습니다. 우리는 오직 주님이 우리를 이끌고 인도하시도록 해야 합니다. 주님께서 사람을 사용하셔서 사람을 인도하고 다스릴 수 있습니다. 그러나 어떤 사람이 주님을 벗어나서 독자적으로 다른 이들을 지배하고 조종하려고 해서는 안 됩니다.

그것은 비슷한 것 같지만 엄청난 차이가 있습니다. 주님의 도구가 되어서 다른 이들을 이끌려고 하는 사람은 항상 주님의 원하심과 인도하심에 대해서 예민하며 그것에 집중합니다. 그러나 자기 스스로가 남을 지배하고 조종하려고 하는 사람은 오직 자신의 의견과 자기의 입장과 기분을 중시할 뿐입니다.

조종하는 영은 다른 이들을 지배하기를 원하지만 명분상으로 어려움이 있어서 숨어서 은밀하게 지배하게 만드는 영을 말합니다. 이것은 이스라엘의 왕 아합의 아내인 이세벨이 가지고 있던 영이었습니다.

그녀는 직접 이스라엘을 지배하고 다스리고 영향력을 행사하고 싶었습니다. 그러나 그녀는 왕이 아니었기 때문에 영향력을 행사할 수 없었습니다. 그래서 그녀는 여러 가지 꾀를 부려서 남편인 왕을 교묘하게 지배하였고 아합은 그녀의 말을 그대로 들었습니다.

그 결과 표면적으로는 아합이 왕이었지만 실제적인 힘은 이세벨이 가지고 행사하게 되었던 것입니다. 이것이 조종하는 영의 특성입니다. 즉 직접 지배하는 것은 아니지만 은밀하게 뒤에서 영향력을 행사하는 것입니다. 성경은 이러한 상황을 분명하게 언급합니다.

"예로부터 아합과 같이 그 자신을 팔아 여호와 앞에서 악을 행한 자가 없음은 그를 그의 아내 이세벨이 충동하였음이라" (왕상 21:25)

아합이 행했던 모든 악행의 배후에는 이세벨의 충동질과 조종이 있었습니다. 그는 비교적 선량한 부분도 있는 왕이었으나 아내의 모든 말에 바보처럼 끌려 다녔습니다. 이러한 것이 조종을 당하는 이들의 비극입니다.

여성들은 직접적으로 지배하지 않고 뒤에서 조종하는 것을 좋아하는 성향이 있습니다. 자녀에게 하고 싶은 이야기를 할 때도 '아버지가 안 된다고 하셔!' 하는 것을 좋아합니다.

또한 자녀를 위해서 남편을 옆에서 조용조용 설득하는 것을 좋아합니다. 그러면 처음에 남편이 자녀에게 '안 된다' 고 했다가도 나중에는 아내의 설득에 넘어가게 됩니다.

이것을 문자적으로 받아들여서 여성은 무조건 조종을 원하며 남성은 지배를 원한다고 이해할 필요는 없습니다. 남성도 여성적인 성품을 가지고 있는 이들이 있고 여성도 남성적인 성품을 가지고 있는 이들이 있기 때문입니다. 그러므로 이것은 일반적인 원리가 그렇다는 것입니다. 예를 들어서 어떤 남성이 여성적인 성품을 가지고 있다면 그는 겉으로 강하게 지배하는 것을 원하지 않습니다. 뒤에서 살짝 조종하려고 하는 성향을 가지게 됩니다. 그러한 이들은 정면으로 승부하고 대결하는 것을 싫어하기 때문입니다.

여성들은 기질적으로 사랑에 대하여 민감합니다. 그들은 사랑을 받고 싶어합니다. 비워진 느낌, 외로운 느낌이 있기 때문에 자신을 많이 사랑해주고 채워줄 사람을 원합니다.
그러나 마음에 드는 사람이 있어도 직접 그것을 표현하는 것은 어렵습니다. 그래서 짝사랑에 그칠 때가 많이 있습니다.
어떤 여성들은 자기가 좋아하는 사람이 있을 때 그 사람이 자기를 좋아하게 해달라고 주님께 기도합니다. 그리고 이러한 기도를 하는 것이 당연한 것이며 나쁘지 않다고 생각하는 이들이 많이 있습니다.
하지만 그것은 잘못된 것입니다. 그것이 바로 조종하는 영입니다.
어떤 이들은 상대방이 자기를 좋아하도록 정신력을 작용하려고 하는 이들도 있습니다. 그것은 바로 주술입니다. 그것은 일종의 마법에 해당하는 것입니다.

상대방이 나를 좋아해 주기를 원하는 것, 그것이 왜 잘못된 것일까요? 그것은 그러한 마음과 정신의 작용이 상대방의 의지를 제한할 수 있기 때문입니다.
자, 여기에 강한 정신력을 가지고 있는 한 여성이 있다고 합시다. 그녀는 어떤 남성을 아주 좋아합니다. 그녀는 강한 정신력으로 그 남자는 자신을 좋아하게 될 것이라고 믿습니다. 그리고 그렇게 고백하고 기도합니다. 아주 간절하게 기도합니다.
만약 하나님께서 그 남성을 자기에게 주신다면 평생을 주를 위해서 일하겠다든지, 아무튼 그러한 거래를 합니다. 이때의 그 기도와 소망은 과연 사랑일까요?

아닙니다. 그것은 욕망입니다. 자기애와 육체의 욕망입니다. 그리고 그녀가 그러한 강력한 정신력을 사용할 때 어떤 영이 역사하기 시작합니다. 그녀가 사랑하는 그 남성이 그녀에게 관심을 보이기 시작합니다. 그녀는 기도의 응답을 받았다고 생각합니다.

과연 그럴까요? 아닙니다. 어떤 영의 능력이 그 남성에게 들어간 것입니다. 그리고 주의하십시오. 그 영은 주님의 영이 아니고 귀신의 능력입니다. 그 남성은 이 여성을 좋아하고 끌리게 되지만 그것은 그 사람의 자연스러운 사랑이 아니라 일종의 주술적인 힘에 끌려서 최면술에 걸리듯이 영향을 받은 것입니다.

언젠가 그는 최면에서 깨어나게 됩니다. 그리고 자신의 선택을 후회하고 분노하며 무기력하게 살게 될 것입니다. 그리고 그 여성은 어두운 영계의 힘을 빌린 것의 대가를 지불하게 되는 것입니다.

나는 이와 같은 이야기를 많이 들었습니다. 한 여성이 자기가 좋아하는 남성을 일방적으로 사랑하다가 여러 가지 작전을 꾸미며 결국 결혼에 성공합니다. 그러한 과정에서 어떤 이들은 우리의 결혼이 하나님의 뜻이라고 주장하기도 하고 상황이 결혼을 해야만 다른 사람들에게 피해를 주지 않는다고 설득을 하기도 합니다.

아무튼 그렇게 결혼은 이루어졌는데 나중에 정신을 차린 남성은 자신이 속아서 사랑이 없는 결혼을 하게 되었다고 생각합니다. 그렇게 되면 무덤덤한 남편에 대해서 아내는 분노하며 억울하다고 원망을 하게 되는 것입니다.

이것이 사람을 조종하며 자기의 뜻대로 하기를 원하는 이들이 얻는 열매입니다. 그러한 사람들은 자기가 사랑하는 사람을 얻기만 하면 행복해질 것으로 생각하지만 그것은 오해입니다.

억지로 하는 것은 일시적으로 사람의 마음을 잡을 수는 있지만 결코 오래 가지 않습니다.
그러므로 주님께 속한 사람들은 결코 자기의 일방적인 소원을 따라 기도하지 않으며 '저 사람을 내게 주지 않으면 차라리 죽음을 달라' 는 식으로 주님께 구하지 않습니다. 그러한 기도는 정욕의 기도이며 이루어져도 불행해지기 때문입니다.
그러므로 주님께 속한 사람은 자신의 뜻을 세우고 그것을 이루려고 애를 태우지 않으며 모든 것을 주님의 원하심과 인도하심에 맡기게 되는 것입니다.

자기의 뜻을 이루기 위하여 상대방에게 정신력을 사용하는 이들이 있습니다. 이들은 상대방의 뜻을 존중하지 않으며 오직 자신의 뜻이 이루어지기를 원합니다. 상대가 자신을 좋아하도록 간절한 염원을 쏘아 올립니다.
그것이 바로 조종하는 영이며 주술적인 에너지를 보내는 것입니다. 그런데 자기도 모르는 사이에 이러한 주술적인 힘을 사용하는 여성들이 많이 있습니다. 그것은 아주 무서운 일입니다.

이러한 사례가 있습니다. 어떤 여성이 한 남성을 좋아하게 되었습니다. 그러나 그 남성은 그녀에게 별로 관심이 없었습니다. 잠시 사귀는 듯 했다가 사소한 다툼으로 헤어지게 되었습니다. 그녀는 그를 잊을 수 없었지만 그는 전혀 관심을 보이지 않았습니다. 그녀에게 정이 떨어진 것 같았습니다.
참다못해서 그녀는 정신능력을 연구하는 사람을 찾아갔습니다. 그는 초능력을 가지고 있다고 알려진 일종의 마법사와 같은 사람이었습니다. 그녀는 그 사람의 도움을 요청했습니다. 그녀가 좋아하는 남자가 그녀를 생각하고 사랑하는 마음을 가지게 해달라고 부탁을 했습니다.
그 사람은 깊은 밤에 깨어 일어났습니다. 그리고 여자가 부탁하고 맡겨

준 남자의 사진에 정신을 집중했습니다. 그리고 사진을 강하게 쏘아보면서 그 남자에게 말했습니다. 그 여자에게 전화를 걸라고 말입니다.

그 다음날 그 여자는 전화를 받게 되었습니다. 자기가 사랑하는 남자에게서 말입니다. 그녀는 자기를 도와서 정신력을 보내준 사람에게 눈물을 흘리며 감사하고 기뻐했습니다.

이것이 무엇일까요? 바로 주술의 힘입니다. 하지만 그리스도인들 중에도 기도라는 형식을 통해서 이러한 주술을 사용하는 이들이 많이 있습니다. 그들은 목표에 집중하고 꿈이 이루어지면 그것이 기도의 능력이라고 생각합니다. 그것은 오해입니다.

그 주술의 힘을 사용한 여성은 과연 행복하게 되었을까요? 나는 그렇지 않을 것이라고 생각합니다. 그녀는 반드시 비참한 결과를 가지게 되었을 것입니다. 그러한 힘을 사용하는 것은 당장은 자기의 소원을 이루어서 좋을 것 같지만 그 마지막은 반드시 비참하게 끝이 나게 됩니다. 왜냐하면 거기에는 악한 영들의 개입이 있기 때문입니다.

그녀의 그와 같은 애정은 바른 사랑이 아닙니다. 진정한 사랑은 그렇게 일방적인 것이 아닙니다. 그리고 상대방의 의지를 자기 마음대로 억압하려고 하지 않습니다. 자기가 싫다는 사람에게 조종과 주술을 가해서 억지로 자신을 사랑하게 하려고 하지 않습니다.

그것은 사랑이 아니며 상대방을 자기의 즐거움을 위해서 이용하는 것에 지나지 않는 것입니다. 그것은 반드시 나중에 후유증을 일으키며 후회를 낳게 하는 것입니다.

참된 그리스도인들은 자기의 감정과 애정을 주님께 드립니다. 그러므로 그들은 오직 주님의 원하심과 인도하심을 구합니다.

상대방에 대해서 좋게 느낀다고 해서 그 사람을 사로잡으려고 하지 않습니다. 주님의 인도하심을 구하며 상대방의 마음에도 동일한 감동이 일어나기까지 기다리는 것입니다. 주님께서 자연스러운 인도하심을 허락하지 않으신다면 그들은 그 애정을 조용히 내려놓습니다. 그들은 상대방이 자신을 사랑해주면 감사합니다. 그러나 그렇지 않다면 그 감정을 내려놓으며 억지로 자신을 좋아하도록 만들려고 집착하지 않습니다. 그것이 천국에 속한 사람의 자유함입니다.

그러나 상대방의 의사나 주님의 뜻과 상관없이 어떻게 해서든지 그 사람을 얻어야 하겠다고 생각하는 것은 사랑이 아니고 집착이며 욕망입니다. 그런 사람들은 자신이 원하는 대로 되지 않고 상대방이 떠나게 되면 분노하며 하나님을 원망합니다. 자기의 마음을 아시는 하나님이 왜 그 사람을 자기에게 주지 않으셨느냐고, 왜 자기의 기도에 응답하지 않으셨느냐고 원망합니다.

그러한 이들은 주님을 섬기는 것이 아니고 자신의 감정과 욕망을 섬기는 것입니다. 그들은 자신이 주님이며 자신의 욕망이나 소원이 하나님인 것입니다. 그들은 천국의 빛 가운데 있지 않습니다.

내성적인 여성일수록 사랑에 대한 환상을 가지며 이러한 주술적인 힘을 사용하고 싶어합니다. 그래서 멋진 남성의 사랑을 받고 싶어합니다.
그들은 그것이 악한 영들을 불러들이는 통로가 될 수 있음을 알지 못합니다.
사랑을 얻고 결혼을 한 후에도 여성들은 남성들을 조종하고 싶어합니다. 성경은 순복을 가르치고 있지만 오늘날 이 시대의 아내들은 살며시 남편을 설득하고 조종하여 움직이려고 합니다. 그것은 자신과 남편을 같이 파괴하는 것을 알지 못합니다. 거기에는 주님의 영이 아닌 어둠의 영이 침투하기 때문입니다.

결혼을 하여 분가한 자녀들의 가정에도 영향력을 행사하고 계속 조종하려고 하는 영이 많은 부모들에게 역사합니다. 그들은 자녀들이 자신의 말을 듣지 않는다고 실망하고 분노합니다.
그것이 곧 조종의 영이며 곧 흑암의 세력입니다. 남들이 자기의 말을 듣지 않는다고 화를 낸다면 그는 어두움에 속한 사람입니다. 오늘날 교회에도 가정에도 모든 인간관계에 이 조종의 영을 가지고 있는 이들이 많이 있습니다. 그 때문에 가정도 교회도 인간관계도 삶도 파괴되는 것입니다.

젊은이들이 재미 삼아 하는 게임 중에 노예 헌팅과 같은 것이 있습니다. 그 게임에서 노예가 된 사람은 무엇이든지 주인님이 시키는 대로 해야 합니다. 이것은 단지 우스개 게임 같지만 사람들의 숨겨진 욕망을 그대로 보여주는 것입니다. 즉 상대방을 내 마음대로 조종하고 부리고 싶어 하는 그러한 욕망을 말입니다.

그러한 것이 바로 조종의 영이며 지옥으로부터 오는 악한 영들의 세력인 것입니다. 그렇게 남들을 부리고 조종하는 것 - 그것은 즐겁고 행복한 것 같지만 착각입니다. 남들을 내 마음대로 부릴 때 우리는 결코 행복하지 않습니다.

우리는 이 조종의 영을 거부해야 합니다. 남을 내 마음대로 조종하려고 하는 마음을 버려야 합니다. 그 마음은 지옥에서 오는 것이며 결코, 절대로 천국에서 오지 않습니다.

천국에서 오는 것은 조종이 아니고 섬김입니다. 상대방이 내 마음대로 움직여주는 것이 아니라 우리가 상대방의 기쁨과 행복을 원하며 즐거운 마음으로 섬기는 것입니다. 자신이 힘들고 어려워도 상대방의 행복을 위해서 즐겁게 섬기며 아무런 보상 없이 그 자체로 즐거워하는 것이 천국의 영이며 사랑입니다.

신혼 시절부터 싸우는 부부가 있습니다. 그것은 서로 자신이 옳다고 생각하며 상대방을 지배하고 조종하려고 하기 때문입니다. 그것은 진정한 사랑이 아니며 아직까지 지옥의 영들을 많이 가지고 있는 것입니다. 지옥의 악취가 있는 곳에는 결코 기쁨과 행복이 있을 수 없습니다.

남을 조종하려는 성향을 주의 이름으로 대적하십시오.

당신에게도 그와 같은 마음이 있을 것입니다. 부디 그러한 성향을 찾아내서 끄집어내어 대적하십시오. 그 영들은 가만히 조용히 숨어있는 영들입니다. 그 영들이 당신의 안에서 소멸될수록 당신은 자유롭게 되며 지옥의 기운에서 벗어나게 됩니다.

누군가가 당신의 뜻대로 움직여지지 않는다고 화가 날 때 귀신을 대적하십시오. 이렇게 말하십시오.

"사탄아. 물러가라! 조종하는 영들아! 물러가라. 나는 아무도 조종하지 않는다. 나는 오직 섬기고 사랑할 것이다. 나는 오직 주님의 기쁨과 다른 사람의 기쁨을 구한다!"

그렇게 지속적으로 조종의 영을 대적하십시오. 그것이 얼마나 무서운 죄인 줄 알게 되면 당신은 그 영을 대적하며 두려워할 것입니다.

지옥의 귀신들은 항상 인간을 노예처럼 부리고 싶어합니다. 그러므로 지옥의 귀신을 많이 가지고 있는 사람은 남이 자기 말대로 했을 때 아주 즐거워합니다. 그래서 부부싸움을 하는 것이며 친한 친구들 사이에서도 싸움이 있는 것입니다.

그러나 천국의 영들은 결코 압제하지 않습니다. 상대방에게 억압하지 않고 부리지 않고 요구하지 않습니다. 천국의 영들은 항상 말합니다.

"무엇을 도와드릴까요? 제가 어떻게 섬길 수 있을까요?"

그렇게 아무도 부리지 않으며 상대방을 기쁘고 즐겁게 하는 데에서 기쁨과 만족을 얻는 것입니다. 그것이 천국입니다.

조종의 영을 대적하십시오.
자기의 기쁨보다 오직 주님의 기쁨을 구하십시오.
상대방의 기쁨을 구하십시오. 그것을 위하여 섬기십시오.
상대방의 원함에 즐거이 자신을 굴복시켜 상대방에게 기쁨을 주십시오. 우리가 여기에 좀 더 익숙해질수록 우리는 천국의 영광과 기쁨을 좀 더 맛볼 수 있게 될 것입니다. 할렐루야.

25. 억지를 부리는 상대방의 영을 결박하십시오

억지를 부리는 상대를 만날 때가 있습니다. 대화도 통하지 않고 상대방이 막무가내로 자기주장을 펼치는 바람에 아주 곤란할 때가 있습니다. 이럴 때는 어떻게 해야 할까요?
중요한 것은 그러한 억지의 배후에 악한 영이 개입되어 있을 때가 많다는 것입니다.
그러한 상황에서는 말로 설득하는 것이 어렵습니다. 상대방 자신도 자기도 모르게 억지를 부릴 때가 많으니까요. 그러한 경우에 대적기도와 결박기도를 통해서 비로소 상대방의 억지가 사라지고 상황이 잘 해결될 수 있는 것입니다.

이런 이야기를 들은 적이 있습니다.
어떤 분이 교통사고를 내었습니다. 상대방은 현장에서 사망했고 그는 이 사고에 대한 보상을 해주어야 했습니다. 다행스러운 것은 피해를 입은 쪽과 그는 가까운 사이였습니다.
하지만 사건의 충격이 컸던지 미망인은 그에게 합의를 해주지 않았습니다. 상식적으로 납득하기 어려운 금액을 요구했습니다. 평소의 그녀는 분별 있는 여성이었으며 그전에는 전혀 이러한 행동을 예상할 수 없는 분이었습니다.

안면이 있는 여러 사람들이 그녀에게 찾아가 권면을 하고 금액을 낮추어 줄 것을 요청하였으나 그녀는 요지부동이었습니다.
그는 알고 있는 어느 목회자에게 도움을 요청했습니다. 그러자 그 목회자는 결박하는 기도에 대하여 가르쳐주었습니다. 평소에 하지 않던 지나친 행동을 하는 것은 충격으로 인하여 악한 영이 역사하는 경우가 많으니 사람에게 설득을 하기 전에 먼저 그 안에서 움직이고 있는 영을 결박하는 기도를 드려야 한다고 권면했습니다. 그리고 자신이 결박하는 기도를 드릴 터이니 다시 한번 찾아가 보라고 했습니다.

그날 저녁 다시 그녀를 찾아간 그는 놀랐습니다. 미망인은 어느새 달라져 있었습니다. 그녀는 평소의 분별력 있고 경우 있는 모습으로 돌아갔습니다.

그녀는 자신이 충격으로 제정신이 아니었었다고 말하며 무리한 요구를 취소했습니다. 그리하여 합의는 잘 이루어졌고 장례식도 무사히 드릴 수 있게 되었습니다.

사람들은 배후에 있는 영적인 세계를 잘 이해하지 못하기 때문에 모든 일을 합리적으로만 생각하고 불합리한 주장을 하는 사람이 있으면 그들을 논리적으로 설명하고 설득하려고 합니다.

하지만 악한 영이 개입되어 있는 상황이라면 논리적인 설득은 아무런 소용이 없습니다. 이쪽에서 아무리 합리적이고 타당성이 있는 이야기를 해도 상대방에게는 전혀 통하지 않습니다. 마치 무슨 벽이 있는 것 같이 대화가 안 되고 답답함을 느끼게 됩니다. 그 때에는 배후에 있는 억지를 부리는 영을 주의 이름으로 결박해야 합니다.

이러한 일은 인간관계에서 아주 많이 일어나는 일입니다. 그래서 경우에 합당하지 않은 일을 직접 당한 사람은 화도 나고 억울하기도 해서 하소연도 하고 분통을 터뜨리기도 합니다. 하지만 통하지 않습니다.

그럴 때에 배후에서 장난치고 있는 영을 대적하고 결박하면 이상하게도 문제가 쉽게 풀리기 시작합니다.

조금 전까지 막무가내이던 사람의 태도가 갑자기 친절해진다든지, 타협의 여지를 보인다든지 하여 변화되어 있는 것입니다. 그것은 배후에서 장난치던 영들이 잠잠해졌기 때문입니다.

이처럼 먼저 장난치는 영을 조용히 시킨 다음에 일과 대화를 추진하면 대화가 잘 이루어지게 됩니다.
그러면 어떻게 그것이 그 사람의 단순한 억지인지, 아니면 악한 영이 속이고 억압하는 것인지 알 수 있을까요?
그것은 실제적으로 적용하고 시도하기를 반복하여 경험이 쌓일수록 분별력이 증가될 수 있을 것입니다.

다만 상대방이 말도 안 되는 억지를 계속 부리는 것을 경험하게 되면 이 기도를 시도해보시기 바랍니다. 그러면 적지 않은 경우에 실제적인 효과를 경험할 수 있을 것입니다.
별로 화가 날 상황이 아닌데 상대방이 극도로 흥분했거나 화를 내는 경우, 평소와 다르게 예민하고 신경질적으로 반응하는 경우 등이라면 그것은 악한 영이 개입되어 있을 가능성이 많이 있습니다.

이 결박기도는 상대방의 마음을 결박하여 내 마음대로 상황이 진전되도록 하기 위한 것이 아닙니다.
그것은 상대방이 악한 영에게 잡혀서 정상적이고 합리적인 판단을 내리지 못하고 있을 때 그 방해하는 영을 결박해서 바른 판단을 할 수 있도록 도와주는 것입니다. 그것은 우리에게도 유익이 되지만 상대방에게도 도움이 될 것입니다.
살아가면서 우리는 이러한 상황에 많이 접하게 될 것입니다. 그 때 억울해하지 말고 속상해하지 말고 조용히 기도하며 결박하십시오. 우리는 주의 이름의 능력과 기도의 힘에 대해서 다시 한 번 분명히 체험하게 될 것입니다. 할렐루야.

26. 대적기도를 하고 나면
일시적으로 아플 수 있습니다

대인관계에서 우리는 상대방으로 인하여 고통을 겪을 때가 많이 있습니다. 그리고 많은 경우에 우리에게도 문제가 있지만 상대방의 안에서 악한 영들이 역사하는 경우가 많다는 것을 알게 됩니다.
우리는 우리 안에서 장난치고 역사하는 영들도 대적하고 내어 쫓아야 합니다. 또한 상대방을 통해서 역사하는 악한 영들도 대적하고 결박해야 합니다.

다만 여기서 알아야 할 부분이 있습니다. 어떠한 영을 대적할 때 그 사람이 몹시 아플 수가 있다는 것입니다. 우리가 우리 안에서 역사하는 영을 대적할 때도 그렇습니다.
우리는 속에서 구토를 느끼기도 하고 어지럽기도 하고 몸살이 난 것처럼 아프기도 합니다. 어떨 때는 하루 종일 누워있어야 합니다. 그럴 때 약을 먹는 것은 좋지 않습니다. 그것은 악한 영이 나가는 과정에서 일어나는 현상이기 때문입니다.

그런데 상대방에게 붙어 있는 악한 영을 대적하고 결박할 때도 마찬가지입니다. 상대방이 우리를 심하게 괴롭히거나 지배하려고 하거나 이간질을 하거나 인격적으로 모욕을 하거나 이유 없이 미워하거나 할 때 우리는 자유를 얻기 위해서 할 수 없이 그들의 배후에 있는 영들을 결박하게 됩니다.
그런데 문제가 있습니다. 그렇게 대적기도를 한 후에 상대방이 시름시름 아플 수 있다는 것입니다. 이것은 항상 그렇다는 것은 아닙니다. 그릴 수도 있다는 것입니다. 또한 상대방을 미워하는 마음으로 상대방이 아프거나 쓰러지기를 기대하는 마음으로 대적기도를 해서는 안 됩니다. 그것은 이미 마귀에게 속고 있는 것입니다. 미워하는 마음은 주님이 주시는 마음이 아니기 때문입니다.

어떤 부부가 있습니다. 이들은 시어머니를 모시고 살았는데 그분은 지배욕이 강한 사람이었습니다. 그래서 끊임없이 잔소리를 하고 간섭을 하며 사람을 괴롭혔습니다.

시어머니는 이단에 빠져 있는데다가 며느리의 신앙 문제에 대해서도 공격을 쉬지 않았습니다. 며느리인 자매는 그 때문에 삶의 의욕을 잃어버릴 정도였습니다.

자매는 그렇게 눌려 사는 것이 주님의 원하심이 아닌 것을 깨닫게 되었고 그러한 억압의 배후에는 악한 영의 개입이 있는 것을 알게 되었습니다.

그래서 그녀는 시어머니의 배후에 있는 악한 영을 결박하기 시작했습니다. 그런데 그 기도를 시작하자마자 시어머니는 거의 쓰러지다시피 하셨고 심하게 앓기 시작했습니다.

자매는 놀라서 기도를 중단했습니다. 이러다가 어머니가 돌아가시는 것이 아닐까 생각했던 것입니다. 그녀는 그 후로 무서워서 더 이상 그러한 기도를 할 수 없었습니다.

이와 같은 일은 혼하게 많이 있는 일입니다. 우리를 괴롭히는 상대방의 배후에 있는 영을 결박하는 기도를 할 때 상대방이 쓰러져버리거나 아프게 되는 것입니다. 그들은 일시적으로 많이 앓게 됩니다. 도대체 왜 그렇게 되는 것일까요?

그것은 악한 영이 들어올 때는 살며시 들어오지만 나갈 때는 사람을 거의 죽게 하다시피 하고 나가는 성질이 있기 때문입니다. 그들은 들어와 있을 때는 살짝 숨어있는 것을 좋아하지만 일단 정체가 나타나면 최대한 사람을 괴롭히고 고통을 주는 것을 좋아합니다. 그러므로 나갈 때는 그러한 고통을 주고 떠나는 것입니다. 성경에도 이러한 사례를 언급하고 있습니다.

"귀신이 소리 지르며 아이로 심히 경련을 일으키게 하고 나가니 그 아이가 죽은 것 같이 되어 많은 사람이 말하기를 죽었다 하나" (막9:26)

그러므로 대적기도를 한 후에 상대방이 앓는 것은 상대방이 악한 영으로부터 해방되는 과정을 보여주는 것입니다. 그것은 일시적으로는 안쓰럽게 보이지만 결국은 그 사람에게 복이 되는 것입니다. 막상 그러한 일을 당하는 사람은 놀라게 되지만 그것을 통과할 때 자신도 상대방도 자유와 행복이 시작됩니다.

악한 영을 대적한 후에 사람이 아픈 정도는 어느 정도의 수준일까요? 그것은 그 사람이 얼마나 악한 영들에게 사용되었는지, 악한 영들과 얼마나 연합되었는지에 따라 다릅니다.
어떤 이가 악한 영들에게 가끔 사용되기도 하지만 그 정도가 약하고 조금이라면 그 사람은 악한 영이 나가는 것도 잘 느끼지 못할 것입니다. 그 정도가 심하지 않기 때문입니다. 그는 약간 어지럽거나 온 몸이 묵직해지거나 가벼운 몸살 기운과 같은 것을 느끼는 정도입니다. 그는 아마 자신이 감기나 몸살에 걸렸다고 생각할 것입니다.

그러나 악한 영에게 오랫동안 많이 사용되었으며 사로잡히는 정도가 심한 사람은 그것이 간단하지 않습니다. 예를 들어서 자주 불과 같이 화를 내며 성질이 극도로 난폭하며 남을 미워하고 저주하고 비난하는 사람들은 약간의 대적기도만 하더라도 거의 일어나기가 어려울 정도로 드러눕게 됩니다.
이들은 일상의 삶을 거의 귀신에게 의지하여 살아왔기 때문에 그 영이 빠져나가게 되면 집의 기둥이 무너진 것과 같은 허탈감과 무기력감에 빠지게 됩니다. 심한 경우에는 우리는 대적하는 기도를 절제해야 합니다. 잘못하면 그 대상이 회복이 불가능할 정도로 앓게 될 수도 있기 때문입니다.

그러한 경우에 우리는 악한 영을 조금씩 제거하는 것이 좋으며 한꺼번에 다 없애려고 해서는 안 됩니다. 다만 모든 이들의 생사화복에는 주님의 허락하심이 있음을 신뢰해야 하며 지나치게 두려워할 필요는 없을 것입니다.

오늘날 그리스도인이라고 해도 대부분의 사람들은 형식적으로 입으로만 예수를 믿고 있는 것일 뿐 실제로 주님의 영으로 살아가는 이들은 그리 많지 않습니다. 많은 이들이 실제로는 악한 영의 힘으로 삽니다. 그렇기 때문에 삶 속에서 미워하고 짜증을 내고 근심 걱정을 하며 살아가고 있는 것입니다.

그러한 근심과 짜증과 두려움과 같은 것은 지옥에서 오는 영입니다. 그런데 그렇게 몇 십 년 동안을 지옥의 힘으로 살고 있는데 그 힘의 근원을 갑자기 다 제거해버리면 그 사람은 살 수가 없는 것입니다. 그러므로 너무 무리하지 않게 조금씩 그 영들을 쫓아내고 조금씩 주님의 영, 천국의 영을 실제적으로 누리고 경험하면서 바꾸어나가야 하는 것입니다.

영적 성장이란 하루아침에, 1년, 2년에 되는 것이 아닙니다. 어린아이가 어른이 되는 것은 순식간에 되는 것이 아닙니다. 산에 올라가서 간절하게 기도를 해서 은사를 몇 가지 받을 수는 있겠지만 그것은 단지 은사일 뿐이며 영적 성숙과는 다른 것입니다. 그러므로 조급한 마음을 가져서는 안 됩니다. 모든 마귀를 순식간에 다 없애버리려고 하는 것은 쉽지 않은 일입니다.

그러므로 대적기도를 한 후에 부분적으로 아프고 앓는 것을 두려워해서는 안 됩니다. 그렇게 앓고 있을 때는 일시적으로 악한 영이 빠져나가서 사람이 부드러워진 상태에 있게 됩니다. 그러므로 그 때에 사랑과 따뜻함으로 친절하게 대해주면 그들은 마음을 열게 됩니다.
하지만 일시적으로 그렇게 아프고 힘이 빠졌다고 해서 안심할 것은 없습니다. 악한 영들이 일시적으로 나가고 힘이 빠진 그 시기에 회개하고 자기반성을 하지 않는 이들에게는 악한 영이 다시 돌아오기 때문입니다. 그러므로 우리는 우리 자신을 변화시킬 수는 있지만 다른 이들을 변화시킬 수는 없는 것입니다. 그것은 그 상대방의 의지에 달려 있기 때문입니다.

다만 상대방이 아프고 약할 때, 그 때는 내적인 변화를 경험할 수 있는 좋은 기회입니다. 평소 같으면 전혀 먹혀 들어가지 않을 복음에 대한 대화나 그런 권면들이 그 때는 조금 통하게 됩니다. 그것은 방해하는 영들이 잠시 떠나서 휴업을 하고 있기 때문입니다. 그러므로 그것은 좋은 기회가 되는 것입니다.

이러한 영적 원리를 알게 되면 악한 자들, 악한 영들에게 속한 이들이 세상에서 복을 받고 부유하고 성공하고 잘 되는 일이 결코 복이 아닌 것을 알게 될 것입니다. 그들은 복음과 주님을 받아들이기 어렵습니다. 그들은 지금 배가 부르기 때문입니다. 그들은 악한 영들에게 복을 받고 있는 것입니다.
오늘날 사람들은 악한 영들이 저주만을 가져다주는 것으로 압니다. 하지만 그것은 오해입니다. 악한 영들도, 귀신들도 복을 줍니다. 물질을 줍니다. 세상의 명예와 영광을 줄 수 있습니다. 대신에 그들은 영혼을 빼앗는 것입니다.
오늘날 세상에서 스타라고 불리며 아름다움과 유명세와 인기를 가지고 있는 이들은 마귀들이 그들에게 능력과 기름을 부은 경우가 많습니다. 그러한 이들은 지금은 성공한 듯이 보이지만 그들의 말로는 비참하게 될 것입니다. 마귀는 항상 사람을 실컷 사용한 후에 버리기 때문입니다.

그러므로 그들의 최후는 술이나 마약 등으로 허무한 가슴을 달래다가 죽어가게 되는 것입니다.

마귀는 그들의 체제를 선전하기 위해 많은 그러한 스타들을 만들어 내고 능력을 줍니다. 그들은 대중의 환호를 받으며 자신의 영혼을 마귀에게 넘깁니다. 그들은 나중에는 멸망하겠지만 일시적으로는 자신이 성공했다고 생각할 것입니다.

마귀가 주는 복을 받고 있는 동안에 사람은 결코 주님을 영접할 수 없습니다. 그들은 마귀가 떠나고 비참해진 상태에서 비로소 낮아지고 울면서 주님을 받아들일 수 있는 것입니다.

오늘날 주님을 모르고 우상을 섬기면서 사회에서 성공하고 건강하고 잘 되는 이들이 많이 있습니다. 그 복은 하나님께서 주셨을까요? 아닙니다. 그것은 마귀가 준 복입니다.

어떤 사람이 그러한 사람을 위해서 중보기도를 한다고 합시다.

자신의 가족이나 친지가 세상의 명예와 성공과 쾌락에 빠져서 전혀 복음을 받아들이지 않습니다. 그래서 이 사람은 그를 위해서 간절하게 기도를 합니다. 그러면 어떠한 일이 일어나는지 아십니까?

만약에 이 사람이 영적인 기도에 대해서 아는 사람이라면, 영적 전쟁과 영의 세계에 대해서 알고 기도하는 사람이라면, 그래서 그가 기도를 할 때 영적인 힘과 능력이 나오는 사람이라면, 그가 기도를 드리기 시작하면서 그 사람의 사업이 내리막길을 걷게 되기 시작합니다.

그 사람의 건강이 엉망이 되기 시작합니다. 그 사람의 명예가 무너지기 시작합니다. 그 사람이 평생 쌓아놓았다고 생각하는 것이 무너지기 시작하는 것입니다.

왜 그런 일이 생길까요?

기도하는 사람이 그를 저주한 것일까요?

아닙니다. 그 이유는 간단합니다. 먼저 그에게 물질과 성공과 명예와 부를 준 것은 마귀였기 때문입니다. 마귀는 그를 사용해서 지옥의 세계를 많은 이들에게 퍼뜨리려고 그를 선택했던 것입니다.
마귀의 왕국에는 항상 노예만 있는 것이 아닙니다. 그 체제를 선전하기 위해서 선택된 특권층도 있습니다.
북한에는 굶주려 죽어 가는 백성만 있는 것이 아닙니다. 북한 지도체제에 가까운 특권층도 있습니다. 그들은 엄청난 특권을 누리며 다른 이들의 고통 위에서 군림하면서 잘 삽니다. 지도체제가 그들에게 그러한 특권을 주는 것입니다.
마찬가지로 이러한 사람의 성공과 복은 마귀가 준 것입니다. 그런데 어떤 사람이 그를 위해서 기도를 시작하자 그에게 복을 주는 마귀가 이를 갈면서 떠납니다. 그렇게 되면 마귀가 그에게 주었던 복도 같이 무너지는 것입니다.

불교를 믿는 아주 잘 사는 집안이 있습니다. 그런데 이런 말이 있습니다. '예수 믿는 며느리가 들어오면 집안이 망한다' 는 것입니다. '한 집안에 종교가 둘이면 망한다' 는 말도 합니다.
그 말은 사실입니다. 그것은 실제로 영계에서 일어나는 일입니다.
믿음이 좋은 여성이 그런 집에 시집을 갈 리가 없겠지만, 만약 그런 일이 있다면 사실 그 집안은 망하게 됩니다.

그 며느리가 기도하는 사람이며 영적인 기도를 알고 영적인 세계의 전쟁을 아는 사람이라면 그녀가 기도할 때 그 집안에 있는 마귀들이 무너지게 됩니다. 도망가게 되는 것입니다.
그리고 그렇게 되면서 마귀가 그동안 주었던 모든 물질도 명예도 다 망하게 되는 것입니다.
물질이나 명예에도 생명이 있습니다. 그런데 그것에게 생명을 주고 있던 악령들이 사라지게 되면 그것도 역시 생명을 잃게 되어 무너져 버리는 것입니다.

자, 이것은 불행일까요? 일시적으로 명예도 부도 다 사라지고 건강도 사라지는 것, 이것은 불행일까요?

일시적으로 보기에는 그럴지도 모릅니다. 그러나 분명하게 알아야할 것이 있습니다. 마귀에게 복을 받은 사람, 마귀에게 은총을 입은 사람은 결코 구원에 이를 수 없다는 것을 말입니다. 자, 그런데도 그것이 복이 되겠습니까?

예수님에게 마귀는 온 세상의 영광을 보여주며 한 번만 경배하면 그 모든 것을 주겠다고 유혹했습니다. 하나님이신 예수님에게도 겁도 없이 그렇게 유혹했던 자가 우리 보통의 평범한 인간에게는 그러한 유혹을 하지 않으리라고 생각하십니까?

마귀는 인간에게 복을 주려고 합니다. 복을 주는 척 하려고 합니다. 그렇기 때문에 어리석은 인간들은 그 유혹에 빠져서 영혼을 잃어버리는 것입니다.

마귀의 복을 거절해야 합니다. 마귀가 주는 모든 이익을 다 버려야 합니다. 다 토해야 합니다. 그 때 비로소 주님을 가까이 경험하고 천국의 시민이 될 수 있습니다.

인도네시아에 복음이 들어갔을 때 이러한 일이 있었습니다.

어떤 섬에는 주술적인 문화가 많이 있었습니다.

현대적인 병원이나 의약이 거의 없었습니다. 그래서 그들은 몸이 아플 때에 주술사에게 가서 기도를 받았습니다. 주술사들은 주문을 외웠고 그러면 병이 나았습니다. 그것은 그들의 일상적인 문화였습니다.

선교사들이 가서 복음을 전할 때 그것은 마귀에게 속한 것이라고 그들에게 가르쳤습니다.

그러자 그들은 과거에 주술사에게 가서 병을 고쳤던 것을 회개하였습니다. 그런데 그렇게 하자 어떤 사람이 병이 재발되었습니다.

어렸을 때 걸린 병인데 주술사에게 기도를 받고 나은 병이었습니다. 그런데 치유를 통해서 들어온 귀신이 나가자 다시 그 병이 생긴 것입니다. 사람들은 귀신이 병을 가지고 오기만 한다고 생각합니다. 하지만 이렇게 악한 영들은 병을 치유하기도 합니다. 그런데 그렇게 치유를 하면서 그 사람의 안에 들어오는 것입니다. 그것은 무당이 굿을 하면서 작은 귀신을 쫓아내고 큰 귀신이 들어와 자리를 잡는 것과 같습니다.

그렇다면 주님을 영접하자 다시 병이 돌아온 것은 결과적으로 나쁜 일이었을까요? 예수님을 영접하고 병이 걸렸으니 다시 거절하고 옛날의 주술사에게 가는 것이 나을까요?
아닙니다. 주님의 능력으로 다시 병이 나을 수 있으면 그것은 좋은 일입니다. 그러나 설사 병이 낫지 않고 계속 아픈 가운데 있다고 하더라도 예수 믿고 아픈 것이 좋지 예수를 버리고 병이 없어지는 것은 더 무서운 일인 것입니다.

마귀는 사람에게 복도 줍니다. 그렇기 때문에 사람들은 마귀에게 복을 받으려고 점쟁이를 찾아가고 무당을 찾아가 자기의 영혼을 파는 것입니다. 그들은 어떻게 하면 부자가 될 수 있으며 어떻게 하면 남편의 바람기가 사라지며 어떻게 하면 자녀가 좋은 대학에 가게 되느냐고 부탁하면서 귀신의 영을 그들의 삶에 받아들이고 자신의 영혼을 지옥에 입적시킵니다. 그것은 복이 아니고 비극입니다.
만약 그렇게 받은 복이 있다면 그것은 다 토해내야 하는 것입니다.
마귀를 대적할 때 왜 아픈 것일까요? 왜 힘이 빠지고 무기력해지는 것일까요?
그것은 마귀와 그에 속한 모든 것을 다 토해내는 과정인 것입니다.
그러므로 그것은 행복입니다. 그 때 비록 아프고 힘이 빠지고 오래 동안 앓는다고 해도 그것은 행복한 일입니다.
그 과정에서 그의 삶을 지배하고 있었던 모든 악령과 그 저주들은 사라지고 그의 안에서 새롭고도 아름다운 창조와 건설이 이루어지고 있기 때문입니다. 그러니 그것이 얼마나 복인지 모르는 것입니다. 우리는 마귀에게 받은 이익을 동전 하나 남기면 안 됩니다. 사람들은 외로울 때 마귀에게 위로를 받으려고 합니다. 힘이 들 때 마귀를 의지합니다. 그래서 게임에 빠지고 잘못된 연애에 빠지고 술에 빠집니다. 그러한 것이 마귀에게 힘과 위로를 얻는 것입니다. 하지만 거기에는 공짜가 없으며 반드시 대가를 지불해야 합니다.

대적기도를 통하여 결박기도를 통하여 마귀와의 모든 거래를 중단시키십시오. 그들에게 받은 모든 즐거움을 다 토해버리십시오. 그것이 진정한 행복으로 가는 길입니다.
대적할 때 일시적으로 아프고 힘이 들 수 있습니다.
그러나 타협하지 마십시오. 걸음을 멈추지 마십시오.
분리에는 고통이 따릅니다. 두려워하지 마십시오.
대적기도를 할 때 상대방이 아픈 것은 그 분리의 과정인 것입니다.
그런 대가를 치러야만 상대방은 깨어나고 자유롭게 됩니다.
그러니 너무 가슴 아파하지 마십시오.
그래야 상대방은 자유롭게 됩니다. 마귀는 결코 쉽게 고통 없이 나가지 않습니다.

그러므로 지혜롭게, 조심하면서 계속 싸우십시오.
또한 나중에 토하지 않도록
아무리 어려운 상황이라도 마귀의 유혹에 넘어가지 마십시오.
사람에게 기대지 마십시오.
힘들고 외롭고 어렵고 낙심될 때 오직 주님을 의지하십시오.
천국에서 오는 힘과 은총으로 사십시오.
주님만이 우리의 위로와 힘과 능력이 되어야 합니다.
그것이 천국에 속한 이들의 삶이며
그렇게 우리는 주님과 깊이 연합되어 가는 것입니다. 할렐루야.

2부
가정에서의
대적기도

가정은 하나님께서 제정하신 것이며
삶의 안식처이자 행복의 공간이며
작은 천국의 모형입니다.
그러나 오늘날 이러한 천국을 누리고 있는 가정은
거의 찾기 어렵습니다.
그것은 악한 영들이 가정을 파괴하기 위해서
분주하게 일하고 있기 때문입니다.
우리가 가정에서 역사하고 있는 그들의 전략을
알고 대적하여 쫓아낸다면
우리는 가정의 행복과 기쁨을
다시 회복할 수 있게 될 것입니다.

1. 우리의 대적은 배우자가 아니고 마귀입니다

가정을 천국으로 만드는 방법은 아주 간단합니다.
첫째는 주님을 진정으로 사랑하는 것이며 주님을 가정의 모든 영역에서 주인으로 모시는 것입니다. 남편도, 아내도 가정의 주인이 아니며 오직 주님이 주인이 되도록 하는 것입니다. 물질의 사용도 자녀의 교육도, 모든 것의 우선순위에 주님을 두고 주님의 인도를 구하는 것입니다.
둘째는 남편과 아내가 서로 사랑하는 것입니다. 자신을 버리고 상대방을 진심으로 사랑하고 섬기는 것입니다.

오늘날 천국 가정을 찾기가 어렵고 지옥으로 가득한 가정을 어디서나 볼 수 있는 것은 이 간단한 두 가지 방법을 실천하지 않기 때문입니다.
즉 사람들은 첫째로 주님이 아닌 자신이 가정의 주인이 되고 주도권을 잡으려고 합니다.
둘째로 상대방을 사랑하는 것보다는 상대방에게 사랑을 받으려고 합니다. 그래서 서로 요구하고 또 요구합니다.

사랑하기를 원하는 이들은 천국을 만들지만 사랑 받기를 원하는 이들은 지옥을 만들게 됩니다. "당신은 사랑 받기 위해 태어난 사람"이라는 말을 사람들은 아주 좋아합니다. 하지만 "당신은 사랑하기 위해서 태어난 사람"이라는 말은 별로 좋아하지 않습니다.
그래서 각 사람은 사랑을 받기 위해서 노력하고 상대방에게 사랑해줄 것을 요구합니다. 그렇기 때문에 온 세상은 지옥과 같은 가정으로 가득한 것입니다.
이렇게 우선순위가 거꾸로 되어서 서로 미워하고 원망하고 서운해 하며 가정이 고통과 절망으로 가득하게 하는 배후에는 악한 영들의 끊임없는 활동이 있습니다.
그들의 중요한 임무는 가정을 파괴하는 것입니다. 인간을 파괴하는 것이 그들의 주목표이며 이를 위해서는 가정의 파괴가 무엇보다도 더 중요한 것이라는 사실을 그들은 잘 알고 있습니다.

태초의 에덴동산에서부터 사탄의 가정 파괴는 시작되었습니다.
첫 번째 부부인 아담과 하와의 관계를 깨뜨리기 위해서 그는 움직였던 것입니다. 먼저 그는 유혹의 시작을 아담이 아니라 하와에게로 돌렸습니다.
남자들은 단순한 존재입니다. 그들은 머리 중심의 사람들입니다. 만약 사탄이 남자에게 찾아와 하나님의 말씀을 왜곡해서 유혹을 하였다면 아담은 대답했을 것입니다.
"멍청한 놈. 말씀을 제대로 암기도 못하고 있군. 그것은 그런 뜻이 아니잖아.."
하지만 여성은 감성적인 존재입니다. 사탄이 그녀의 호기심을 자극하여 유혹하자 그녀는 별로 갈등 없이 그 유혹에 넘어갑니다. 아내를 사랑하던 아담은 같은 유혹에 빠집니다.
남자는 외부의 침입자에게는 강합니다. 그러나 내부의 유혹에는 견뎌내지 못합니다. 남자는 강한 것보다 부드러운 것에 굴복하는 존재입니다. 사탄은 이것을 이용했던 것입니다.

아무튼 그 결과 인류는 함께 타락했지만 동시에 그 가정도 깨어지고 말았습니다. 하나님께서 찾아와 추궁하셨을 때 아담과 하와는 서로 책임을 전가했던 것입니다.
아담은 하와에게 책임을 돌렸으며 하와는 또한 그러한 남편에 대해서 원망의 마음이 생겼을 것입니다.
표면적으로 그들은 계속 부부관계를 유지했습니다. 성경에 그들이 이혼

했다는 말은 나오지 않습니다. 하기야 이혼을 하고 싶어도 할 수 없었을 것입니다.
세상에 달랑 두 사람뿐이니 둘이서 같이 갈 가정 법원도 없었을 것이고 판사도 없었을 것이며 또 이혼해봤자 다른 배우자감도 없는데 무슨 대책이 있었겠습니까?
그러니 어쩔 수 없이 계속 같이 살기는 살지만 이미 그들의 마음속에 서로를 향한 깊은 골이 패였을 것입니다.
우스개 이야기로는 아담이 외출을 하고 돌아올 때마다 하와가 아담의 갈비뼈의 숫자를 세어보곤 했다고 합니다. 혹시 다른 여자가 생긴 것은 아닌가 해서라고 합니다. 물론 우스개로 하는 이야기지요.

에덴에서부터 가정의 파괴를 시작한 사탄은 지금도 마찬가지로 가정의 파괴를 위해서 분주하게 일하고 있습니다. 이 기본적인 사실을 이해하지 않으면 안 됩니다.
오늘날 가정의 회복을 위해서 마귀를 대적하지 않고 사람을 미워하는 이들이 많이 있습니다. 사람을 원망하며 사람에게 책임을 돌립니다. '저 인간 때문에 내 인생을 망쳤다'고 원망하는 이들을 나는 수없이 많이 보았습니다.

하지만 상대방이 자신의 인생을 망쳤다면 자신도 상대방의 인생을 망쳤다는 것을 인정해야 합니다.
그 어느 누구도 한 사람이 다른 사람에게 일방적으로 피해를 입지는 않습니다.
인간은 혼자서 태어나는 것이 아니고 아버지와 어머니 두 사람이 필요한 것처럼 재앙이나 어려움도 한 사람만의 작품은 아닙니다.
상대방만을 원망하고 자신을 반성하지 않는 사람은 결코 해방을 얻을 수 없습니다.

마귀는 가정을 파괴하려고 애쓰며 사람을 그 도구로 사용합니다. 이 사실을 분명하게 깨달아야 합니다.
그러므로 영적 지식이나 경험이 부족한 이들이 가정의 행복을 지키는 것은 어려운 일일 것입니다. 그러나 깨어있어서 기도하며 마귀의 전략을 아는 사람은 가정의 천국을 지킬 수 있습니다.

우리의 대적은 남편이나 아내가 아니라 마귀입니다. 우리의 대적은 시어머니나 다른 가족들이나 연적과 같은 사람이 아니라 마귀입니다. 우리의 대적은 바로 영적 무지입니다.
우리의 무기는 원망이나 푸념이 아니라 예수의 이름이며 그 권세이며 영적 지식입니다.

우리의 진정한 대적을 발견하고 첨단 무기로 무장하여 그 무기를 사용할 때 우리는 진정한 승리를 얻을 수 있을 것입니다. 우리는 천국 가정을 얻을 수 있습니다. 그리고 그 길은 그리 어려운 길이 아닙니다.

2. 부부사이에 역사하는 악령을 대적하십시오

사람이 평생 살아가면서 가장 오래 함께 하는 관계가 바로 부부관계입니다. 특별하게 일찍 죽지 않는 한 대체로 부모와 함께 하는 시간보다 배우자와 같이 지내는 세월이 더 많을 것입니다.
부모와의 관계가 평생의 대인관계를 결정짓는 중요한 배경 요인이 되는 것은 사실입니다.
그러나 부모와의 관계는 자신의 선택이 아니라 주어진 것이며 피동적인 관계이며 나중에 성장을 하면 부모를 떠나게 되기 때문에 그의 평생의 삶을 결정짓는 요인이 되는 것은 아닙니다.

부부관계는 자신의 선택이며 자신의 적극적인 의지가 개입되기 때문에 이 관계에 성공하지 못한다면 그것은 실패한 인생이 됩니다. 그러므로 어떤 인간관계보다도 배우자와 좋은 관계를 형성하는 것이 중요한 것입니다.
세상이 우리를 괴롭혀도 배우자가 우리편이라면, 그리고 우리에게 위로와 힘이 된다면 우리는 능히 삶을 견뎌낼 수 있습니다.
그러나 우리가 세상에서 성공하고 알아주는 사람이 되었더라도 배우자와 좋은 관계를 맺지 못하고 무시를 당한다면 우리의 삶은 비참할 것입니다.

배우자와의 관계는 이와 같이 중요한 것입니다. 하지만 그럼에도 불구하고 가장 경시되고 있는 것이 현실입니다.
자신의 배우자와 좋은 관계를 맺기 위해서 기도하고 노력하는 이들은 그리 많이 보기 어렵습니다.

외부적으로 좋은 평가를 받고 있는 이들이 배우자와 좋은 관계를 맺지 못하는 경우가 많이 있습니다. 밖에서는 훌륭한 남성, 훌륭한 여성이지만 가정에서는 미숙한 남편이며 미숙한 아내인 사람을 많이 볼 수 있습니다.

가정에서는 마스크를 쓰는 것이 불가능합니다. 그렇기 때문에 자신의 모습이 그대로 드러납니다. 그러므로 내면의 영혼이 발전하지 않은 이들은 가정의 행복을 누리기가 어려울 것입니다.

바깥세상은 물질적인 영역의 세계이기 때문에 머리가 좋고 기능이 발전한 사람이 성공할 수 있습니다. 그러나 가정은 마음과 영혼이 드러나는 곳이기 때문에 영혼이 발전하지 못한 미숙한 사람은 결코 행복을 누릴 수 없습니다.

성경에 나타나는 바리새인들은 사회에서 인정받는 종교지도자였습니다. 그러나 그들의 가정생활은 별로 행복하지 않았을 것입니다. 그들은 지식도 많고 경건한 사람들이었지만 그들의 내면은 욕심과 거짓, 위선과 교만으로 가득 차 있었기 때문입니다.

가정에서는 그러한 모습이 그대로 드러나므로 좋은 인간관계를 맺을 수 없고 미움과 분노와 상처를 주고받는 관계만을 형성했을 것입니다.

영혼이 미숙하고 발전하지 않은 사람의 마음은 악령이 마음껏 뛰놀 수 있는 놀이터와 같습니다. 그러한 이들은 상대방의 잘못에 대해서 이해하지 않으며 용서하지 않습니다.

그들은 오직 자신의 마음과 기분과 입장에 대해서만 민감하며 상대방의 마음에 대해서는 전혀 알지 못합니다.

그들은 상대방이 정말 이상한 사람이라고 생각합니다. 도저히 이해를 할 수 없다고 생각합니다. 도대체 생각이나 하고 사는 사람일까 생각합니다.

정통적인 신앙생활을 하고 그러한 분위기 속에서 살아온 사람은 가정생활을 잘 할 것 같지만 그렇지 않은 경우가 많이 있습니다. 신앙적인 분위기의 가정에서 살아온 사람이 실제적인 영혼의 발전에 대해서 알지 못한다면, 그러한 사람은 오직 자신과 맞지 않는 사람을 정죄할 뿐입니다.

그들은 융통성이 부족하며 관용도 부족합니다. 그들은 오직 상대방에게 강요하고 설교할 뿐이며 자기 말을 듣지 않으면 다 마귀 취급합니다. 그러므로 가정이 제대로 꾸려질 리가 없는 것입니다.

영혼이 발전하고 진정으로 주를 아는 사람은 다른 이들을 미워하지 않습니다. 자신과 의견이 다르며 종교가 다르고 죄를 짓는 사람이라고 해도 미워하거나 판단하지 않습니다.

그들은 주님의 시선으로 사람을 보며 주님의 인도를 따라 기도하며 그들을 불쌍히 여길 뿐입니다.

그러나 결혼을 시작하는 시점에서 그 정도 수준의 영적 성숙을 이룬 사람은 거의 없습니다. 그렇기 때문에 그들은 사람의 마음을 모르며 배우자의 마음을 모릅니다.

남편은 아내의 마음이나 상태에 대해서 무지하며 아내도 역시 그러합니다. 그들은 서로에 대해서 외계인과 같습니다. 그래서 그들은 서로에 대해서 알지 못하며 서로에 대해서 반복하여 상처를 주고받습니다.

영혼이 어느 정도 발전하게 되면 여성은 남성의 마음에 대해서 알게 됩니다. 남성은 여성의 마음에 대해서 알게 됩니다.

내성적인 사람은 외향적인 사람의 스타일에 대해서 알게 됩니다. 외향적인 사람은 내면적인 사람의 마음에 대해서 알게 됩니다.

정리를 좋아하는 사람은 지저분한 사람의 상태와 심리를 알게 되며 게으른 사람은 마음이 바쁜 사람의 상태와 심리에 대해서 알게 됩니다. 영혼이 발전할수록 사람은 상대방을 알 수 있기 때문에 싸울 일이 없으며 미워할 일도 없습니다.

그러나 대부분의 사람들은 영혼이 어리고 영혼의 지식이나 감각이 아주 유치한 상태에 있기 때문에 오직 자신만이 옳다고 생각합니다. 그리고 자신과 다른 사람은 이상한 사람이라고 생각합니다. 자기의 말을 듣지 않는 상대방을 도무지 이해할 수가 없습니다. 그래서 남을 비난하며 상대방을 변화시키려고 애를 쓰며 싸우게 됩니다.
그들은 상대방에게 많은 상처를 주지만 그 사실은 전혀 깨닫지 못하고 자신이 받은 상처만 가지고 울면서 주님께 나아갑니다.

이러한 모든 문제는 결국 어느 정도 영혼이 성장해야 해결될 수 있는 문제입니다. 이것은 어린아이들은 항상 장난감이나 사소한 것을 가지고 싸우지만 어른이 되면 더 이상 싸우지 않고 서로를 배려하는 것과 같은 것입니다.
악령들은 영혼이 어린 이들에게 끊임없이 장난을 칩니다.
그들은 배우자에 대해서 이를 갈게 합니다.
섭섭한 마음을 일으킵니다.
서로에 대해서 비난하게 만듭니다.
상대방의 실수를 가슴 깊이 간직하게 합니다.
자신의 잘못은 합리화하거나 잊어버리게 합니다.

우리는 평생 성장해가야 합니다.
그 이전까지는 인간관계, 배우자와의 갈등이나 문제가 끊이지 않을 것입니다.
그러나 가장 기본적인 이 부분에 대해서 인식하고 있어야 합니다.
마귀는 끊임없이 배우자의 결점을 우리에게 보여준다는 것입니다.
마귀는 끊임없이 배우자와의 관계를 파괴하려고 한다는 것입니다.
그들은 참지 말고 이혼하라고 부추깁니다.
그리고 그들의 말을 듣고 이혼하면 그 다음에는 후회의 마음을 계속적으로 넣어줄 것입니다.

그들의 소원은 오직 우리를 파괴하고 괴롭히는 것입니다. 그것이 그들의 목적입니다.

마귀가 서운한 마음을 넣어줄 때, 억울한 마음을 넣어줄 때, 용서할 수 없다는 강한 증오의 마음을 넣어줄 때, 의심의 마음을 넣어줄 때.. 그러할 때 분명히 인식하십시오.

그 마음을 넣어주고 있는 것은 악령들입니다. 그들의 이야기를 듣고 있으면 당신은 결코 행복할 수 없습니다.

사랑과 희망으로 시작된 신혼.. 누구나 즐거움과 기대로 가득 차서 신혼여행을 떠납니다. 하지만 그렇게 시작한 결혼생활이 왜 점점 따분해지며 부부관계는 벌어지며 수많은 가정들이 이혼과 미움과 아픈 추억으로 끝나는 것일까요?

그것은 관계를 파괴하는 마귀 때문입니다.

우리는 성장해가야 합니다. 성장할수록 상대방을 알며 용서하며 사랑할 수 있게 될 것입니다.

우리는 또한 대적을 해야 합니다. 관계를 파괴하는 마귀를 부수어야 합니다. 그럴 때 우리는 아름다운 관계를 유지하고 행복한 가정을 만들 수 있습니다.

부부관계를 파괴하는 악령을 발견하고 대적하십시오.

서로에 대한 오해와 비난을 만들어내고 심는 마귀를 쫓아내십시오.

우리는 그렇게 가정의 행복을 지키기 위한 싸움을 시작해야 하는 것입니다.

3. 절대로 앙금을 쌓아두지 마십시오

오랜 세월을 같이 해왔던 부부가 그 함께 보내온 세월의 무게만큼 더 깊이 사랑하고 친밀한 관계로 지내는 경우를 보는 것은 어려운 일입니다. 훨씬 더 많은 관계들이 습관적으로 부부관계를 유지하고 있으며 첫사랑의 감동을 잃어버린 상태에 있습니다.

그러한 모습은 대체로 당연한 현상으로 여겨지고 있습니다. 누구나 신혼 시절의 부부를 보면 '좋을 때' 라고 이야기합니다. 시간이 지나게 되면 그저 참고 살며 포기하고 사는 것이라고 이야기합니다.

특별한 일이 있어서 오래 동안 서로 보지 못하며 헤어져 있는 경우를 제외하고는 중년의 부부가 서로 그리워하고 사랑하며 연인처럼 느끼면서 사는 경우는 드문 것 같습니다.

대부분의 사람들은 서로에 대해서 그저 무덤덤하고 무관심한 상태에 있으며 그것에 대해서 별로 이상하게 여기지 않습니다.

어떤 이들은 서로 거의 대화를 하지 않는데 그 이유는 서로 싸우기가 싫어서라고 말합니다. 그들은 이미 오래 살아왔기 때문에 서로는 변화되지 않으며 자기의 주장을 하는 것은 서로 피곤할 뿐이라고 여기고 있기 때문입니다.

왜 오래 동안 같이 있었던 부부들은 이렇게 무덤덤한 관계가 되는 것일까요? 왜 처음에는 서로에 대해서 신선한 느낌을 가지다가 시간이 지날수록 그러한 느낌은 사라져 가는 것일까요? 그것은 당연히 그렇게 되어야 하는 일일까요?

아닙니다. 그렇지 않습니다. 그것은 그들이 영적인 전쟁에서 패배했기 때문입니다. 배우자에 대한 신선한 사랑과 신선한 감동을 계속적으로 유지하지 못하는 것은 이 사랑을 깨뜨리려고 하는 악한 영들의 장난을 분별하고 쫓아내지 못하고 거기에 말려들었기 때문인 것입니다.

부부는 서로가 전혀 다른 사람들입니다. 서로가 사랑을 느꼈다면 그것은 서로가 다른 사람이기 때문입니다. 만약 서로 같은 사람이었다면 그들은 서로에게 끌리지 않았을 것입니다.

모든 사물은 근본적으로 같은 성분에 대해서 끌리지 않습니다. 그렇게 되면 발전할 수 없기 때문입니다.

남자는 여자에게 끌리며 조용한 사람은 활동적인 사람에게 끌립니다. 강한 사람은 부드러운 사람에게 끌립니다. 부지런한 사람은 느긋하여 게으름에 가까운 기질을 가지고 있는 사람에게 끌리며 정확한 사람은 대강대강 사는 사람에게 끌립니다.

그런데 이렇게 서로 다른 차이점이 결혼 전에는 매력이 되지만 결혼을 한 이후에는 분쟁의 원인이 됩니다. 다르기 때문에 만나고 사랑하던 사람들이 다르기 때문에 서로 상처를 받고 싸우게 되는 것입니다. 그렇기 때문에 더 많이 사랑하고 매력을 느끼고 끌리는 사람일수록 결혼을 하고 나면 많은 분쟁을 가지게 됩니다.

이것은 하나의 아이러니입니다. 결혼 전에는 매력적으로 보이던 부분들이 결혼을 한 후에는 아주 싫게 느껴지는 것입니다. 이혼하는 부부들이 흔히 헤어지는 이유로 성격차이라는 말을 합니다. 그런데 그들은 사실 그 성격의 차이 때문에 매력을 느끼고 사랑하여 결혼을 하게 되었던 것입니다.

부부는 성격이 다르고 기질이 다르며 삶의 방식이 다릅니다. 그리고 그렇게 서로 달라야만 서로 연합할 수 있으며 서로를 보완하고 온전한 사람으로 자라가게 되는 것입니다. 그것이 자연의 이치입니다.

서로 다른 남자와 여자가 만나야 아이를 생산할 수 있는 것이며 같은 성끼리는 열매를 생산할 수 없는 것입니다. 그러나 아직 충분히 영혼이 성장되지 않은 이들은 첫사랑의 감격이 잠시 후에 사라지면 자기와 다른 상대방의 기질에 대해서 이상하게 느끼기 시작합니다. 그리고 자기가 좋아하는 것을 좋아하지 않는 배우자를 이상하게 느끼며 자기가 싫어하는 것을 좋아하는 배우자를 이상하게 느끼게 됩니다.

그들은 자신이 기뻐하고 감동하는 어떤 것에 대해서 상대방이 전혀 감동하지 않는 것을 보고 도무지 상대를 이해할 수 없습니다. 그리고 아무것도 아닌 시시한 것에 기뻐하고 만족하는 상대방을 도대체 이해할 수가 없습니다.

여성들은 스포츠나 뉴스를 좋아하는 남성이 이해가 되지 않고 남성들은 왜 자기의 아내가 드라마를 보면서 눈물을 흘리는지 그것이 참으로 신기합니다.
여성들은 왜 남편이 자다가 깨어서 새벽에 일어나 눈을 부비면서 축구시합을 시청하는지 이해할 수 없습니다.
남성들은 드라마에 나오는 많은 인간들의 복잡한 인간관계를 꿰뚫고 그들의 행동에 일희일비하는 아내에 대해서 도무지 이해할 수 없습니다.
한쪽은 이 음악을 듣고 감격을 하지 않는다면 그건 정말 이상한 사람이라고 생각합니다.
한 쪽은 이 영화를 보고 울지 않는다면 그건 정말 사람이 아니라고 생각합니다.
한쪽은 행동을 좋아하며 한쪽은 책을 좋아합니다. 한쪽은 상대방을 답답한 사람이라고 생각하며 한쪽은 상대방을 무식하고 교양이 없는 사람이라고 생각합니다.

부부들은 차츰 자신의 성향과 마음을 상대방과 나눌 수 없는 것을 깨닫기 시작합니다. 그들은 너무나 다른 것이 많은 것입니다.
아직 충분히 자라지 않았기 때문에 부부들은 자신이 옳고 상대방은 틀렸다고 생각합니다. 그래서 상대방을 변화시키려고 노력하게 됩니다. 바가지를 긁기도 하고 침묵시위를 하기도 합니다. 공격적인 언어나 폭력을 사용하는 어리석은 사람들도 있습니다.

상대를 변화시키려는 오래된 시도는 항상 실패로 끝이 나기 마련이며 그 다음에는 상대방에 대한 정죄와 판단, 그리고 나중에는 포기와 무관심으로 이어지게 됩니다. 이것이 많은 부부들이 가는 길입니다.

이러한 비극들은 근본적으로 사람을 알지 못하며 사람의 마음을 알지 못하는 영적 무지와 어림에서 나오는 것입니다. 결국 영적인 미숙이 불행하고 피곤한 가정의 근본적인 문제가 되는 것입니다.

그것은 결코 대상이 잘못되었거나 환경적인 데에 문제가 있는 것이 아닙니다. 깨달을수록, 영적인 눈이 열릴수록 사람은 행복해질 수 있습니다.

배우자는 결혼을 한 순간부터 상대방에게 사랑을 받기를 기대합니다. 하지만 그러한 기대는 깨지는 것이 보통입니다. 그리고 자신이 기대하는 것을 상대방이 채워주지 않을 때 그들은 상대방에 대해서 실망하고 분노합니다.

서로 섬기기보다는 서로에게 기대하고 요구하며 서로를 이용하려고 합니다. 그리고 그 과정에서 서로가 상처를 받습니다.

서로 부딪치고 실패할 때마다 자신을 반성하는 사람은 발전할 수 있습니다. 그러나 자기가 옳다고 생각하는 이들은 반성하지 않으며 그렇기 때문에 발전하지 못합니다.

그들은 상대방의 잘못을 용서하지 않으며 문제는 자기가 잘못된 사람을 만난 것이라고 생각합니다. 상대방을 알지 못하며 상대방을 이해하지도 못하면서 짝을 잘못 맞추었다고 생각하는 것입니다.

용기가 있는 사람은 실제로 이혼을 하고 짝을 바꿉니다. 하지만 짝을 바꾸어도 문제는 사라지지 않습니다. 그들은 여전히 불행합니다. 그런 식으로 실패를 반복하고 나면 문제는 남에게 있는 것이 아니라 자신에게 있는 것임을 알게 됩니다. 환경을 바꾸고 짝을 바꾸어도 자신이 변화되지 않는 한 세상에 행복은 없다는 것을 깨닫게 되는 것입니다. 아니, 죽기 전까지 깨달을 수 있다면 그것은 그나마 행복입니다. 남은 삶을 반성하고 발전해갈 수 있기 때문입니다. 깨닫지 못하면 죽을 때까지 원망만 하다가 세상을 떠날 것입니다.

내성적이며 용기가 부족한 이들은 자신의 욕망을 실제로 옮기지는 못하고 환상과 꿈속에서 삽니다. 짝을 바꾸고 싶은 마음은 굴뚝같지만 상황이 여의치 않거나 종교적 신념이라든지 다른 사람들의 시선이라든지 하는 여러 장애물들 때문에 행동에 옮기지 못합니다.
그래서 그들은 어쩔 수 없는 현실 속에서 그저 드라마나 소설의 주인공들을 부러워하면서 삽니다. 이러한 상태는 외적으로는 가정을 이루고 있는 것으로 보이지만 내면적으로는 가정이 파괴된 것이나 마찬가지입니다.

사람은 한 사람 한 사람이 하나의 영계입니다. 한 사람이 한 사람을 만날 때 그것은 영계의 충돌입니다. 거기에는 수많은 영들이 개입되어 있습니다.
어떤 이를 사랑하며 함께 하며 좋은 관계를 유지한다는 것은 곧 수많은 영적인 전쟁에서 승리하는 것을 의미합니다.
마귀는 이간질의 영, 미움의 영, 복수의 영, 분노의 영, 판단의 영, 지배하려는 영.. 등 수많은 영을 그 관계 사이에 집어넣습니다. 그 부부관계를 깨뜨리려고 그러한 영들을 파견합니다. 부부의 마음속에 그러한 생각과 감정을 집어넣는 것입니다.
영혼이 성장하여 실제적으로 주를 아는 이들은 그것을 분별하고 처리할 수 있습니다.
하지만 그렇게 영적으로 성숙하고 민감하여 그 영들을 분별하고 처리할 수 있는 이들이 별로 없다는 데에 문제가 있는 것입니다. 그것이 대부분의 가정 비극의 원인입니다.

평생을 신앙적인 분위기 속에서 살아왔으며 입만 열면 기도하고 전도하는 이들도 실제적으로 천국의 영으로 사는 이들은 많지 않습니다. 그들도 역시 분노의 영, 판단의 마음, 자기 연민, 교활함 등 갖은 어두운 영을 가지고 있으며 부분적으로는 그 지옥의 영으로 살고 있는 것입니다.

그러므로 항상 설교하고 항상 전도하고 항상 기도하는 것보다 훨씬 더 어려운 것이 아름다운 인간관계를 가지는 것입니다.

기도하고 설교하고 전도하는 것은 쉬운 일입니다. 그러나 사랑하고 용납하며 넓은 마음을 가지고 용서하고 감사하고 섬기는 것은 결코 쉬운 일이 아닙니다. 그것은 영혼이 성장해야 가능한 것입니다.

무덤덤한 관계는 이미 오랜 세월에 쌓여진 앙금 때문입니다.

서로에 대해서 식어버린 애정은 이미 오랜 세월 동안 받아들인 억울함과 분노와 앙금과 판단들.. 그 많은 것들이 이미 마음 속 깊은 곳에 자리를 잡아버렸기 때문입니다. 이미 악한 영들에게 마음의 침입을 오랫동안 허용해왔던 결과로 그러한 냉랭함이 형성된 것입니다. 그들은 영적 무지로 인하여 그들의 마음, 그들의 안방을 마귀에게 오래 동안 내주었던 것입니다.

무엇보다 중요한 것은 이것입니다.

주님을 사모하며 영적 발전을 추구하는 그리스도인들은 결코 어떤 경우에도 앙금을 마음속에 남겨두어서는 안 됩니다. 서운함과 억울함을 결코 마음속에 내버려두어서는 안 됩니다. 그것은 부부관계와 가정을 깨뜨리기 위해서 마귀가 마음속에 뿌리는 씨앗이기 때문입니다.

배우자가 원망스러울 때, 서운할 때, 억울할 때, 미울 때, 그것을 결코 내버려두어서는 안 됩니다. 그것을 놔 둔 채로 잠자리에 들어가서는 안 됩니다.

밤이 지나기 전에 그 악령을 대적하여 쫓아내야 합니다. 가슴속에 있는 답답한 느낌을 아침이 오기 전에 주의 이름으로 쫓아내야 합니다.
가슴속의 답답한 느낌은 이미 악령이 속으로 침투한 것입니다. 그것은 상대방의 일방적인 잘못이 아니라 당신이 상대방을 용서하지 않고 판단하고 미워하는 마음을 받아들였기 때문입니다. 그러므로 그 기운을 대적하여 그것이 나가도록 해야 합니다. 상대방에 대해서 서운한 마음을 버리지 않는 이들은 주님께도 용서를 받을 수 없습니다. 그들은 지속적으로 귀신들에게 괴롭힘을 당하게 됩니다.

살다보면 반드시 서운한 일이 생길 수 있습니다. 그것에 대해서 서운함을 느끼는 것은 당신이 아직 어리기 때문입니다. 영이 조금 자란 사람은 오직 자신의 생명과 피를 상대방을 위해서 주기를 원할 뿐 상대방에 대해서 서운해 하지 않습니다.
깨달은 사람은 상대방에 대해서 요구하지 않습니다. 기대도 하지 않습니다. 그들은 상대방의 잘못으로 보이는 것에 대해서도 정죄하지 않습니다. 그 모든 것 가운데는 하나님의 프로그램이 있으며 상대방이 자기와 다른 것은 자신의 성숙과 온전함을 위한 하나님의 배려임을 깨닫게 되기 때문입니다.

영이 충분히 성장해야 이런 식으로 마귀에게 틈을 주는 것을 벗어날 수 있을 것입니다. 그러나 영적으로 어린 상태에서는 자신만이 옳으며 자신만이 억울하다고 생각하며 끊임없이 상대방이 하는 짓이 마음에 안 들고 판단이 되고 미운 마음이 일어나며 상대방에게 상처를 주고 싶습니다. 그것은 악령들이 그의 마음속에 쉽게 들락날락거릴 수 있도록 그의 마음이 마귀에 대해서 개방된 상태이기 때문입니다.
그러한 상념들이 마귀에게서 온다는 것을 깨달아야 합니다.
그리고 일시적으로 그렇게 마귀에게 속아서 넘어질 수 있다고 하더라도 그 서운하고 억울한 마음을 가지고 절대로 밤을 넘기지 말아야 합니다.

반드시 밤에 잠을 잘 때는 가슴이 후련한 상태에서 잠을 자야 합니다. 비록 상대방과 대화가 통하지 않을지도 모릅니다. 그러나 마귀를 대적하고 가슴에 있는 답답함을 다 대적하고 결박하면 반드시 가슴이 시원해지게 됩니다.

그렇게 악한 영이 나가고 나면 상대방이 이상하게도 불쌍하게 보이고 밉지 않게 됩니다. 기도 후의 그러한 변화를 경험하면 부부사이를 이간질하는 것이 정말 귀신인 것을 확실하게 알게 됩니다.

어디서나 볼 수 있는 무덤덤하고 지루한 부부관계 때문에 사람들은 그것을 당연하게 여깁니다. 그러나 실제로 대적기도를 적용해보면 전혀 그렇지 않다는 것을 경험하게 될 것입니다.

날마다 부부사이를 벌려놓는 마귀를 대적하며 조금이라도 마음에 서운함이나 앙금이 있으면 그것을 날마다 대적하여 소멸하는 가정은 바로 천국의 실제를 경험할 수 있습니다.

그들은 애정은 청년 시절의 연애감정과 비교할 바가 못 됩니다.

그들의 부부 사랑은 세월이 흐를수록 더욱 더 아름다워지고 깊어지며 신선함과 거룩함으로 충만하게 됩니다. 그것은 그들의 영혼이 자라가면서 미숙한 육체의 사랑이 아닌 영혼의 사랑, 천국의 향취와 생명으로 가득한 사랑을 하게 되기 때문입니다.

어떤 이들은 사이좋게 지내는 부부를 보면 팔자가 좋고 운이 좋아서 좋은 배우자를 만났기 때문에 그들이 행복하게 사는 것이라고 생각합니다. 그러나 그것은 오해입니다. 자신의 영혼이 발전하지 않고 자신의 성품이 변화되지 않은 이들은 어느 누구와 같이 살아도 여전히 지옥입니다. 지금 살고 있는 이와 행복하지 않은 이들은 배우자가 바뀐다고 하여도 달라질 것은 없을 것입니다.

사이가 좋고 처음 만날 때보다 더 깊이 사랑하고 연합된 부부는 하루 아침에 그대로 이루어진 것이 아닙니다. 그들은 수많은 마귀와의 전쟁에서 승리했기 때문에 그러한 아름다운 관계가 가능한 것입니다. 실망과 순간적인 미움, 억울함, 상처.. 등 관계를 깨뜨리기 위한 마귀의 공격은 이루 헤아릴 수 없이 많습니다. 자기중심적이고 육신적인 사람은 그러한 공격을 분별하고 물리칠 수 없으며 쉽게 넘어져서 배우자를 미워하고 판단하게 됩니다. 그리고 자신을 억울한 피해자인양 생각하게 되는 것입니다.

그러한 많은 마귀들의 공격에 대해서 물리치고 승리한 사람만이 배우자와 아름답고 사랑스러운 관계를 유지할 수 있습니다. 그리고 그러한 승리의 분량만큼 그들은 주님과 깊이 연합할 수 있게 됩니다. 깨달을수록, 영혼이 아름답게 성장할수록 그들은 행복한 부부관계를 가질 수 있습니다.
그러한 승리의 삶, 배우자와의 아름다운 사랑의 관계는 날마다의 영적 투쟁으로 인하여 가능한 것입니다. 사소한 서운함과 앙금이 올라올 때마다, 원망과 불평을 터뜨리고 싶을 때마다 그것을 거절하고 마귀를 대적하며 싸워나갈 때 그들은 조금씩 승리를 향하여 나아갈 수 있는 것입니다.

하루 밤이라도 마음속에 상대방에 대한 앙금을 남겨두지 마십시오.
그것을 대적하여 소멸하십시오.
절대로 앙금을 쌓아두지 마십시오. 그것은 마귀의 에너지가 됩니다. 그것은 잊혀진 것 같지만 언젠가는 표면으로 나오게 됩니다.
아니, 표면에 나오지 않더라도 그렇게 쌓인 앙금이 서서히 무덤덤하고 형식적인 관계를 만들어가게 되는 것입니다.
앙금을 쌓아두지 마십시오.
감사하고 사랑하는 마음을 날마다 유지하십시오. 그렇게 날마다 마귀와 싸우면서 우리는 영혼이 성숙하게 자라가며 행복한 관계, 행복한 가정을 건설해가게 되는 것입니다. 할렐루야.

4. 상대방이 가지고 있는
　지옥의 영들을 대적하십시오

행복한 가정을 이루기 위해서는 문제가 상대방에 있는 것이 아니며 자기 자신의 안에 있다는 인식이 필요합니다. 그러므로 자기 자신에 대한 반성과 회개가 필요합니다.
그러나 그것은 오직 자신만 변화되면 되며 상대방에게는 아무런 문제와 책임이 없다는 것은 아닙니다.
우리는 자신의 안에 있는 악한 영, 악한 기운을 대적하고 소멸해야 합니다. 또한 상대방의 안에 있는 악한 영, 악한 세력도 역시 대적하고 결박하여 소멸시켜야 합니다.

가정이 천국이 되려면 그 공간이 주님을 찬양하고 높이며 감사하고 사랑하고 섬기는 천국의 영으로 가득해야 하는 것입니다.
그리고 이와 반대되는 지옥의 영들은 제거되어야 합니다. 지옥의 영들이 운행하는 곳에 천국이 임할 수는 없기 때문입니다.
그러므로 가정의 정화는 나의 정화와 함께 배우자의 영적인 정화도 필요한 것입니다. 그러기 위해서 배우자에게 어떠한 영이 있는지를 알고 대처해야 합니다.

배우자에게 폭력과 강력한 혈기의 영이 있다면 그 배우자의 상대방은 많은 고통을 받을 것입니다. 또한 지배의 영을 가지고 있다면 그 상대방은 고통을 겪을 것입니다.
폭력이나 혈기, 파괴, 지배와 같은 것은 사람이 아니고 그 사람의 안에서 지옥의 영들이 역사하는 것입니다. 누구든지 자신을 주님께 온전하게 드리지 않은 사람들은 자연스럽게 지옥의 영들이 그들의 삶을 지배하게 됩니다.
거듭나고 주님께 드려진 그리스도인이라면 아직 자신을 주님께 드리지 않은 이와 결혼하려고 하지 않을 것입니다.
그것은 성경의 가르침과도 어긋나며 지옥의 영들과 같이 사는 것이나 마찬가지이기 때문입니다.

그러나 비록 자신을 거듭난 그리스도인이라고 여기는 사람들도 그와 같은 악한 영에게 잡혀 있고 그렇게 살면서도 그 사실을 전혀 알지 못하는 이들도 많이 있습니다.
영적인 세계를 이해하지 못하는 이들에게 그것을 말로 설명하는 것은 의미가 없는 일이기 때문에 이런 경우에는 배우자의 배후에 있는 악한 영들을 결박해야 합니다.
비록 상대방에게 한 마디의 말이나 권면을 하지 않더라도 상대방의 안에서 역사하고 있는 영들을 결박할 때 그 영들은 힘을 잃게 됩니다.

배우자가 화가 잔뜩 났을 때 그 영을 결박해 보십시오. 조금 후에는 화가 가라앉고 잠잠해지는 것을 볼 수 있습니다.
폭력적인 사람에게 조용히 뒤에서 그 영을 결박해보십시오. 그도 역시 더 이상 폭력을 사용하지 못하고 잠잠해지게 됩니다. 그들은 악한 영들이 에너지를 주고 있는 것이기 때문에 그 영들을 주의 이름으로 결박하면 악한 영들은 더 이상 에너지를 공급할 수 없습니다. 그러므로 그 사람은 힘이 빠져서 무기력해지게 됩니다.
끊임없이 잔소리를 해대며 상대방의 행동을 통제하려는 것도 지옥에서 오는 영인 것은 마찬가지입니다.
이때도 역시 인간적으로 대응하지 말고 결박하는 기도를 사용하는 것이 좋습니다. 그러면 잠잠해지게 됩니다.
이와 같이 상대방의 안에서 역사하는 많은 영들이 있습니다. 분노의 영,

미움의 영, 지배의 영 등 많은 영들의 장난이 있습니다.
이 부분은 1부의 인간관계에서 역사하는 영을 다루는 것에서 충분히 다루었기 때문에 중복되지 않도록 더 이상 다루지는 않겠습니다.

부부관계도 역시 인간관계이기 때문에 똑같이 적용할 수 있는 것입니다. 영적인 세계를 이해하지 못하는 이들은 그러한 경우 상대방을 말로 설득하면 될 것이라고 생각합니다. 합리적으로 상대방이 이해할 수 있도록 잘 설명하면 되리라고 생각합니다.
그러나 대부분의 경우 그것은 쉽지 않습니다. 불가능에 가까울 때가 많습니다. 어떤 영이 개입되어 있을 때는 그 영을 결박해야 합니다. 그렇지 않고는 대화가 되지 않습니다.
그러나 결박기도를 마치고 나면 이상하게 상대방의 태도가 바뀌게 되며 대화가 술술 풀려나가게 되고 서로 간의 오해도 사라지게 됩니다. 그것은 방해하는 자가 사라졌기 때문입니다.

배우자에게 역사하는 영을 결박하는 기도를 하면서 정말 중요한 것은 상대방을 미워해서는 절대로 안 된다는 것입니다. 그러한 사람은 결코 마귀에게 승리를 할 수 없습니다. 아니, 이미 진 것입니다. 미움은 마귀로부터 온 것이며 그는 아직 상대방과 마귀를 구분하지 못하고 있기 때문입니다. 다시 말하지만 상대방은 무지할 뿐입니다. 마귀가 아닙니다. 무지하고 어리석어서 마귀의 통로가 되고 있을 뿐입니다.
그러므로 상대방에 대해서는 불쌍하고 측은한 마음을 가져야 합니다. 사랑의 마음을 가지고 싸워야 합니다.
상대방을 마귀로부터 벗어나고 자유롭게 한다는 마음을 가지고 싸워야 합니다.
자신에 대해서는 불쌍하게 여기면서 상대방에 대해서는 적개심을 가진다면 그가 아무리 예수의 이름으로 악한 영을 대적해도 별로 효과가 없습니다.

그것은 예수의 이름으로 싸우는 것이 아니라 자기 감정으로 싸우고 있는 것이기 때문입니다.
마귀와의 전쟁에서 패배한 이들의 열매는 어떤 것일까요?
그것은 상처와 분노와 미움입니다. 억울한 마음입니다. 그것이 패잔병의 특징입니다.

그렇다면 승리자는 어떤 열매를 얻게 될까요?
그것은 사랑의 마음입니다. 마귀와의 전쟁에서 그들을 대적하고 결박하여 승리한 이들은 상대방이 사랑스럽고 예쁘게 보입니다. 남들이 보면 이해가 가지 않지만 본인은 배우자와 가족이 사랑스럽습니다.
남들은 묻게 됩니다. '어떻게 저런 사람을 사랑할 수 있어요?'
그러나 본인은 자신의 배우자가 아름답게 느껴집니다. 그것이 바로 승리인 것입니다.

미움과 상처와 분노가 마음속에 자리 잡은 것은 그가 전쟁에 패해서 마귀의 포로가 된 것을 보여주는 것입니다.
미워하는 것은 그의 영혼이 미움의 왕국에 소속된 것을 보여줍니다. 미움의 왕국에 소속되었을 때 미움의 영이 그 사람의 안에서 자유롭게 살면서 활동하게 되는 것입니다.
어떤 사람이 영혼의 정화가 이루어지고 승리하게 되어 미움의 왕국을 떠나게 된다면 그는 더 이상 다른 이들을 미워할 수 없습니다. 미워하는 것이 아주 힘들게 됩니다. 그를 불편하게 하고 속이고 괴롭히는 이들에 대해서도 미워하는 것이 어렵습니다. 그는 다만 상대방들을 불쌍하게 여길 뿐입니다.

마귀와의 전쟁에서 승리를 경험하는 이들이 그리 많지 않기 때문에 많은 사람들이 분노와 미움과 상처 속에서 살고 있습니다. 상처를 치유 받고 해방된다는 것은 그 영혼이 눈을 떠서 미움과 상처의 지옥에서 벗어나 빛과 기쁨과 영광의 세계로 올라가는 것을 의미합니다. 그것은 영적 수준의 성장과 변화로만 가능합니다.
기독교의 교리에 대한, 성경에 대한 이론적인 지식을 가지고 있는 이들은 많지만, 그러한 것들을 가르치고 설교하는 이들은 많이 있지만, 자신이 실제로 마귀와의 싸움에서 승리하고 그 천국의 기쁨 속에서 살고 있는 이들은 많지 않습니다. 그러한 승리와 해방의 기쁨은 실제적인 영성이 개발되고 발전할 때 비로소 찾아오는 것입니다.

천국 가정을 만들기 위하여, 진정한 행복을 경험하기 위하여, 주님이 통치하시는 가정을 세우기 위하여 지옥의 악령들을 대적하십시오.
자신의 안에 있는 악한 영들 대적하여 쫓아내십시오.
상대방의 안에 있는 악한 영들을 대적하여 결박하고 쫓아내십시오.
하지만 사람은 미워하지 말고 악한 영만을 대적하십시오.
사랑의 마음을 가지고 싸우십시오.
당신이 승리할 때 당신은 배우자를 사랑하며 존경하며 결혼에 대해서 가정에 대해서 감사하고 주님을 찬양하게 될 것입니다.

부디 승리하십시오.
바르게, 꾸준히 싸우는 이들은 승리하게 될 것이며
그 승리의 열매를 따먹을 수 있게 될 것입니다.

5. 자주 서운함에 빠지는 사람

자주 서운함에 빠지는 사람이 있습니다. 쉽게 서운함의 영이 침투하는 사람이 있습니다.
그들은 아주 사소한 것으로 상처를 받습니다. 상대방의 작은 배려의 부족함으로 인하여 좌절하고 상처를 입습니다.
상대방이 자기를 조금만 생각해 주었으면 그렇게 말하지 않고 이렇게 말했을 텐데.. 그렇게 행동하지 않고 이렇게 행동했을 텐데.. 그들은 이러한 생각에 수시로 빠집니다.

이들은 당연히 배우자에게도 그러한 애정을 요구하고 기대합니다. 그러다가 배우자가 자신의 기대에 조금이라도 부응하지 못하면 그들은 실망을 하고 상처를 받습니다. 그들은 배우자가 그 무엇보다도 자기에게 지극 정성을 바쳐야 하며 혹시 우선순위에서 자신이 밀린다는 느낌이 있으면 깊은 서운함에 빠져들게 됩니다.
이들은 영적으로 어린아이입니다. 그렇기 때문에 항상 자신의 입장에서 생각하는 데에 익숙합니다. 그들은 좀 더 자신이 사랑을 받고 싶어하고 배려를 받고 싶어합니다. 그렇게 항상 자기중심적인 자세로 살아가고 있기 때문에 쉽게 상처를 받고 온 세상에 자기가 혼자이며 외롭고 슬픈 존재인 것처럼 느끼게 됩니다.

서운함을 일으키는 것은 마귀입니다. 악한 영들은 이러한 사람의 속에 쉽게 침투하여 서운한 마음을 일으키고 억울한 마음을 일으키며 미움과 정죄를 일으킵니다. 그러므로 이러한 마음이 틈탈 때 마귀에게 잡혀서 그의 소유가 되고 싶지 않다면 그러한 감정을 대적하여 싸워야 합니다.

하지만 계속 대적을 한다고 해서 이러한 이들이 근본적으로 승리를 할 수 있는 것은 아닙니다. 이러한 이들의 근본 문제는 그들의 영이 아주 약하며 독립적이지 않다는 데에 있기 때문입니다.

이들은 스스로 혼자서는 자유함과 만족감을 누리지 못합니다. 그러므로 항상 누군가를 통해서 채워지기를 기대합니다.

이들은 영적으로 자립하기가 어려운 사람들입니다. 그래서 상대방에 대한 의존도가 높습니다.

혼자서는 아무 것도 잘 하려고 하지 않습니다. 이들은 혼자 있으면 외로움과 무기력감을 느끼며 같이 있으면 상대방에게 피곤할 정도로 요구사항이 많습니다.

이들은 상대방의 에너지를 취해서 삶을 유지하기 때문에 결국 상대방을 지치게 합니다.

어떤 여성이 한 남성을 사랑하게 되고 상대방을 지나치게 의지하게 되면 남자는 한동안 여성에게 즐거움을 주지만 어느 정도 지나게 되면 마침내 지쳐서 도망 가버리는 사례가 많은데 그것은 대체로 이러한 이유입니다.

이 경우에 여성은 자신의 집착을 사랑이라고 생각합니다. 하지만 그것은 대부분의 경우 남성을 견디지 못하게 만듭니다.

남성들은 기질적으로 자유를 좋아하며 여성들은 기질적으로 묶임을 좋아합니다. 여성들은 그것을 안정이라고 느낍니다. 남성들은 그것을 속박이라고 느낍니다.

남성들이 여성의 심리와 생리를 모르는 것만큼 여성들은 남성들의 심리나 생리를 알지 못합니다. 그들은 자신이 좋은 것은 상대방도 좋아할 것이라고 생각합니다.

온전한 사랑은 지식에서도 자라감으로써 가능한 것입니다. 그리고 그 지식은 지적인 것이 아니라 영혼과 생명에 대한 지식이어야 합니다. 그것은 영혼이 발전할수록 알아가고 느껴가게 되는 것입니다. 영혼이 자라갈수록 사람들은 상대방의 마음을 알게 됩니다.

쉽게 서운함에 빠지는 사람은 영혼의 갈망이 채워지지 않은 것입니다. 그들은 먼저 해결해야 하는 오해는, 사람은 하나님이 아니라는 것입니다. 이 우주 안에 오직 주님 외에는 그 영혼의 갈망을 채워주실 대상은 없습니다.

그러므로 그 영혼의 깊은 곳에 하나님의 영광과 임재를 경험하고 맛보지 못한 이들은 끊임없이 배우자나 사람들이 자신을 채워주기를 갈망하지만 그 꿈은 이루어지지 않습니다.

공상 속에서 수많은 꿈을 꿀 수는 있겠지만 현실에서 그 꿈은 이루어지지 않습니다. 그 꿈을 이루어주시고 그 가슴을 채워주실 분은 오직 주님뿐이십니다.

주님의 임재와 영광을 경험한 이들은 비로소 영혼의 만족을 경험하게 됩니다. 그리고 사람에게서 그다지 기대하지 않게 됩니다. 그들은 만족되고 만족되기 때문에 배우자에게도 별로 기대하지 않습니다. 오히려 상대방을 채워주기 원하며 섬기기를 원하게 되는 것입니다.

쉽게 서운하고 상처를 받는 이들은 영적 에너지가 부족한 사람이며 갈망하는 사람입니다. 그들은 자신에 대해서 알아야 합니다.

그들은 자신을 채워줄 대상이 세상에 없다는 사실을 빨리 깨달아야 합니다.

어떤 이들은 오랜 세월을 보낸 후에 그 사실을 깨닫습니다. 오랜 실망을 거친 후에 그 사실을 발견합니다. 그리고 비로소 주님 앞에 나아와 '오, 주님.. 오직 당신뿐입니다' 라고 말합니다. 좀 더 그 사실을 빨리 깨달을 수 있다면 삶의 많은 세월을 낭비하지 않을 것이며 마음의 고통을 겪지 않아도 될 것입니다.

당신의 마음속에서 서운함이 일어날 때 그 영을 대적하십시오.

상처가 생길 때 그 영을 대적하십시오.
사람에게 자꾸만 받고 싶고 기대고 싶은 마음이 들 때에
사람에게 기대하지 마십시오.
오직 주님이 당신을 채우도록 하십시오.
부부가 서로 기대하는 것은 당연한 것 같지만
그것은 자유한 삶이 아닙니다.
남편을 주님이 채우시고
아내를 주님이 채우실 때
그 부부는 진정한 자유인이며
천사와 같이 아름다운 삶을 살 수 있는 것입니다.
그것이 진정한 행복이며
매임이 없는 삶입니다.

이러한 삶과 이러한 영적 수준에 이르는 이들이 그리 많은 것은 아닙니다. 그렇기 때문에 세상에는 질투와 싸움과 미움과 상처가 많이 있는 것이며 천국 가정을 찾아보기 어려운 것입니다.
악한 영을 대적하십시오.
오직 주를 구하십시오.
그렇게 할 때 당신은 진정 굶주리지 않게 될 것이며
천국의 영광을 당신의 가정에서 경험할 수 있게 될 것입니다.
할렐루야.

6. 절대로 서로 비난하지 마십시오

어떠한 대인관계에서도 마찬가지지만 특히 가정 안에서는 절대로 서로에 대해서 비난을 해서는 안 됩니다. 배우자에게도 자녀들에게도 비난을 해서는 안 됩니다.
그것은 상대방을 파괴하는 것입니다. 그것은 어떠한 긍정적인 결과도 가져오지 않습니다. 그것은 오직 마귀만을 즐겁게 할 뿐입니다. 비난은 상대를 변화시키는 것이 아니라 마귀의 기름부음을 강하게 해서 상대방의 안에 있는 약점을 더욱 더 강하게 만듭니다.

부부가 된다는 것, 가정을 이룬다는 것은 불완전하고 약점이 많고 허물이 많은 사람들이 같이 삶을 나누는 것입니다. 그러므로 함께 살아가기 위해서 가장 필요하고 중요한 것은 상대방을 용서하는 것이며 상대방의 허물을 너그러이 받아주는 것입니다.
그러나 어떤 사람들은 자신의 잘못에 대해서는 너그러우면서도 상대방의 잘못에 대해서는 용서에 인색합니다. 주로 완벽주의적인 기질을 가지고 있는 이들이 그렇습니다. 그들은 항상 자신은 옳고 상대방은 틀렸다고 생각합니다. 이러한 사람은 혼자 사는 것이 좋습니다. 어떤 사람과 같이 살더라도 그들은 불행하게 될 것입니다.

어떤 사람들은 입만 벌리면 다른 이들을 비난하면서도 그것이 비난인 줄을 전혀 깨닫지 못하고 있습니다. 그들은 자신들이 하는 잔소리가 음악소리인 줄로 알고 있습니다. 그들은 남들에게 고통을 주면서도 자신은 마땅히 해야 할 말을 했다고 생각합니다. 이것은 그들의 눈이 가려져 있기 때문입니다. 그들의 영혼은 어두운 곳에 있기 때문에 아무 것도 보지 못합니다. 그들은 자신의 영적인 상태도 인식하지 못합니다. 상대방이 사랑스럽게 보이지 않으며 상대방이 하는 짓이 꼴 보기 싫은 사람은 자신의 입에서 나오는 대부분의 말이 비난인 것을 알아야 합니다. 그것은 의견이 아니고 정죄입니다. 저주입니다. 그것은 듣는 자들을 파괴하는 것입니다.

이와 같은 사람은 사람들이 자기의 말을 듣기 싫어하는 이유가 자신이 신앙적이고 영적이며 바른 소리를 잘 하기 때문이라고 생각합니다. 하지만 사람들이 그들을 싫어하는 이유는 그들이 경건해서가 아니라 누구든지 칼로 찔리면 아프기 때문입니다. 때리고 찌르는데도 그것을 즐거워하거나 가만히 있을 사람은 아무도 없습니다.

비난은 상대방이 한 어떤 행동에다 자신의 불쾌한 감정을 실어서 말하는 것입니다. 간단히 예를 들어서 설명하자면 '당신은 어떻게 그럴 수가 있어요?' 하는 말은 비난입니다. '네가 그러고도 인간이냐?' 라는 말은 비난입니다. 이러한 예를 일일이 들려면 몇 권의 책으로도 부족할 텐데 왜냐하면 사람들이 가정에서 하는 대부분의 대화가 서로에 대한 사랑의 고백과 칭찬과 격려는 거의 없으며 비난과 면박, 공격이기 때문입니다. 그처럼 비난의 말들은 우리의 삶에서 항상 익숙해져 있습니다. 그러므로 우리의 가정들이 흔히 지옥이라고 느껴지는 것은 하나도 이상한 일이 아닙니다.

비난은 반드시 자신에게 돌아옵니다. 우리가 우리의 어떤 말로 상대방에게 상처를 입혔다면 그것은 한 마디도 땅에 떨어지지 않습니다.
이 우주 안에서 그냥 스스로 사라지는 생명은 없습니다. 비난을 하는 것은 하나의 씨앗을 심는 것과 같습니다. 그것은 언젠가 열매를 맺게 됩니다.
그것은 자신에게 돌아옵니다. 한번 입으로 말한 몇 배의 재앙과 고통으로 돌아옵니다. 이 세상에서 그 열매를 맛볼 수도 있고 영원한 곳에서 그 열매를 경험할 수도 있습니다. 할 수 있는 한 이 세상에서 그 말의 대가를 다 경험하는 것이 복일 것입니다. 세상에서 괴로운 것이 영원한 곳에서 고통을 겪는 것보다 낫기 때문입니다. 영원한 곳에서 그 대가를 지불해야 한다면 그것은 비극일 것입니다. 사람들은 구원의 확신이라는 편리한 개념으로 자기가 행하고 심은 모든 악을 잊어버리지만 영적인 세계는 그처럼 단순하지 않습니다. 자기의 고통만 생각하고 자신이 남들에게 준 고통은 기억하지 않는다고 해서 모든 악이 스스로 소멸되지는 않습니다.

자기에게로 돌아오는 것이 싫다면 남들에게 언어로 상처를 주어서는 안 됩니다. 남을 비난하지 않는 자는 비난을 받지 않을 것입니다. 그러나 남을 비난하는 자는 반드시 자신도 비난을 받게 될 것입니다.

비난이 가지고 있는 더 무서운 재앙은 자신이 비난하는 사람을 닮게 되며 상대방이 가지고 있는 그 영을 자신도 받게 된다는 것입니다.
예를 들어서 다른 이들을 더럽고 음란하다고 비난하는 사람에게는 같은 음란의 영이 들어가게 됩니다.
다른 이들을 향하여 그들이 혈기가 많고 못됐다고 비난하는 이들에게는 똑같이 혈기를 부리는 영이 들어갑니다.
남편이 얼마나 못 된 사람인지를 열심히 자녀들에게 설명하고 자녀들이 자기편에 서 주기를 원하는 아내들은 남편이 자신에게 했던 같은 행동을 자녀들에게 하고 있는 것입니다. 그것은 이미 그녀가 남편이 가지고 있는 영을 받았기 때문입니다. 비난하는 자에게는 항상 같은 영이 들어가게 됩니다.

나는 상대방을 습관적으로 비난하는 이들을 많이 보았습니다. 내가 있는 곳에서 남편이나 아내가 배우자에 대해서 함부로 면박을 주고 무례하게 말하는 것을 많이 보았습니다. 특별하게 화가 난 것도 아닌데 그들은 그렇게 일상적으로 비난을 달고 사는 것 같았습니다.

그렇게 서로 항상 찌르고 때리면서 어떻게 삶을 유지할 수 있는 지가 신기했습니다. 그러니 그것은 삶이 아니고 지옥인 것입니다. 아무리 그러한 삶에 익숙해졌더라도 그것은 지옥의 삶입니다.

어떤 이들은 대화를 한다는 것이 한쪽에서는 계속 일방적으로 비난을 퍼붓고 상대방은 들은 척도 하지 않습니다. 그러면 한쪽은 상대방이 반응이 없기 때문에 속이 상해서 더욱 더 비난을 퍼부어 댑니다. 그렇게 퍼붓는 사람은 상대방이 반응이 없기 때문에 아프지 않을 것이라고 생각합니다.

하지만 맞아서 아프지 않는 사람은 없습니다. 그들은 너무 아프기 때문에, 그리고 말이 통하지 않기 때문에 듣지 않는 척할 뿐입니다. 그들도 속으로는 많이 아픕니다. 다만 아픈 척을 하지 않는 것뿐입니다.

그러므로 답답하다고 함부로 비난하지 마십시오. 말을 할 수 없는 이들은 더욱 더 답답합니다.

하지만 비난하는 이들 앞에서 말을 하지 않는다고 다그치면 더욱 더 말을 할 수 없는 것입니다.

이러한 비난의 공간은 바로 지옥이 임하는 공간입니다.

그러한 곳에는 주님이 임하실 수 없습니다. 그렇게 비난을 퍼붓는 자들도 일요일이면 교회에 가서 예배도 드리고 기도도 드리고 찬송도 하지만 그들의 기도와 예배는 하나의 형식이나 습관에 지나지 않는 것이며 그의 영혼은 결코 주님 앞으로 깊이 나아갈 수 없습니다.

사람과의 관계를 잘못하고 있는 사람이 주님과 천국에 가까이 나아가지는 못합니다. 성경은 이것을 명백하게 보여줍니다.

"그러므로 예물을 제단에 드리려다가 거기서 네 형제에게 원망 들을만한 일이 있는 것이 생각나거든 예물을 제단 앞에 두고 먼저 가서 형제와 화목하고 그 후에 와서 예물을 드리라" (마5:23,24)

예배를 중단하고 먼저 가서 사람과 바른 관계를 맺어야 하는 이유는 사람을 미워하고 비난하는 자는 곧 하나님을 미워하고 비난하는 것과 같은 것이기 때문입니다. 사람은 하나님의 작품이며 아무도 이를 비난하거나 욕해서는 안 됩니다. 그러한 상태는 낮고 어두운 상태로써 우리는 그런 상태로 주님께 나아갈 수 없는 것입니다.

어떠한 이들은 날카롭고 좁은 성격으로 인하여 툭하면 사람들과 싸우고 불편한 관계로 지냅니다. 자연히 그러한 사람들은 고독해지게 됩니다. 사람들이 그에게 가까이 오려고 하지 않기 때문입니다.

그런 이들은 주님께 나와서 울면서 '주님, 내게는 당신밖에 없습니다' 혹은 '주님, 당신만이 내 편이십니다' 하고 기도할지 모릅니다. 하지만 그것은 착각입니다. 사람과 바른 관계를 맺지 못하는 이들이 하나님과 바른 관계를 맺기는 어렵습니다. 보이는 형제를 사랑하지 않으면서 보이지 않는 하나님을 사랑한다는 것은 쉬운 일이 아니기 때문입니다.

"누구든지 하나님을 사랑하노라 하고 그 형제를 미워하면 이는 거짓말 하는 자니 보는 바 그 형제를 사랑하지 아니하는 자는 보지 못하는 바 하나님을 사랑할 수 없느니라" (요일 4:20)

비난하고 미워하는 것은 관계를 깨뜨리는 가장 중요한 요소입니다. 그러므로 이것을 거절하지 않으면 그는 결코 다른 사람들과 좋은 관계를 가질 수가 없습니다.

성품이 강한 사람은 상대방의 앞에서 직접 비난을 하는 경향이 있습니다. 또한 성품이 약한 자는 감히 사람의 앞에서는 하지 못하고 뒤에서 비난합니다. 그러나 어느 쪽이든 그는 악한 영의 도구가 되며 악한 영에게 사로잡히게 되는 것입니다.

비난하는 자에게서는 결코 주님의 마음을 찾아볼 수 없습니다. 항상 하나님 앞에서 형제들을 참소하는 마귀의 모습을 발견할 수 있을 뿐입니다. 주님은 우리의 죄를 담당하시고 용서하시며 죄인을 불쌍히 여기시는 분이며 마귀는 오직 죄에 대해서 돌을 던지기만 할 뿐입니다.
비난하는 자는 마귀에게 속는 것이며 마귀에게 속하는 것입니다.
비난하는 것은 이미 마귀에게 진 것입니다. 그는 마귀가 비난의 영을 자신에게 심은 것을 모르고 마귀의 편이 되어서 상대방을 공격하기 때문입니다. 그러므로 그의 가정은 마귀에게 빼앗기게 되며 지옥의 가정이 되는 것입니다.

그러므로 우리는 승리를 위하여, 가정의 아름다움을 지키기 위하여 비난의 영을 결박해야 합니다. 쫓아내야 합니다.
비난하는 사람은 모든 문제가 자신의 안에 있음을 알아야 합니다.
그들은 처음에는 한 사람을 비난하지만 조금 있으면 자신에게 동조하지 않는 다른 사람들도 같이 비난하게 됩니다. 나중에 그는 세상의 모든 이들을 다 비난하게 됩니다.
배우자가 바뀌어도 그는 해방될 수 없습니다. 문제는 자신의 눈이며 죄인을 불쌍하게 여기지 않는 자신의 무서운 시선이기 때문입니다.

어떤 이들은 언제 자기의 원수와 같은 배우자가 죽거나 사라져서 자신이 해방을 얻게 될까 하고 소원합니다. 그러나 자기의 꿈이 이루어져도 자신은 전혀 행복하지 않은 것을 알게 됩니다.
어떤 이들은 결혼만 하면 자신의 모든 갈등과 문제가 해결될 줄 알고 무리하게 결혼을 추진하여 결혼을 합니다. 그러나 얼마 되지 않아서 많은 갈등과 고통을 경험하고 이혼을 한 후에 상처와 분노와 원망만 남기도 합니다. 나는 그런 이들을 많이 보았습니다. 그들은 오직 상대방을 탓하며 자신의 문제가 무엇인지 전혀 모르고 있었습니다.
따뜻한 눈을 가지고 있는 이들은 행복한 사람들입니다. 그들은 상대방의 많은 단점을 보고도 용서할 수 있습니다.
상대방이 자신과 많은 부분에서 달라도 그것을 즐거이 받아들입니다.
그러한 이들은 결혼을 해도 행복하게 살 수 있을 것입니다. 하지만 용서를 싫어하며 용납에 익숙하지 않고 자신이 항상 옳다고 생각하는 이들은 결혼에 적응하기 어렵습니다. 행복하기를 원한다면 이들은 용납을 배워야 합니다.

당신이 잘못을 하는 사람이라면, 당신도 하나님의 용서를 받기 원하는 사람이라면 당신은 다른 사람의 잘못에 대해서 비난을 해서는 안 됩니다.

당신이 비난을 하는 사람이라면 당신은 당신의 잘못에 대해서 하나님의 용서를 기대해서는 안 됩니다. 우리는 우리의 삶으로 영원한 미래를 심는 것이며 하나님은 공평하신 분이기 때문입니다.

비난하는 자에게는 비난이 올 것입니다.
사랑하고 용서하는 자에게는 사랑과 용서가 임하게 될 것입니다.
우리는 누구나 여기에서 예외가 될 수 없습니다.
그러므로 우리는 심판을 피하기 위해서라도 절대로 남을 비난해서는 안 됩니다.

당신의 가정에 마귀가 침입하지 못하도록 이것을 주의하십시오.
절대로 상대방을 비난하지 마십시오. 배우자도 자녀도 비난하지 마십시오.
비난으로 상대방을 교육할 수 있다고 생각하지 마십시오.
비난으로 자녀들이 변화될 수 있다고 생각하지 마십시오.
오직 따뜻한 칭찬과 사랑의 격려만이 사람을 변화시킵니다.
비난하는 사람은 사람의 마음에 대해서 아무 것도 알지 못하는 사람이며 격려하고 사랑하는 사람은 많은 것을 알고 있는 것입니다.

당신의 가정에 비난이 들어오지 못하게 하십시오.
'우리의 가정에는 비난이 없다' 라고 써 붙이십시오.
그리고 그것을 볼 때마다 다시금 결심하십시오.

이런 질문이 떠오를 것입니다.
그러면 상대방이 무슨 잘못을 하더라도
어떤 짓을 하더라도 그저 잘했다고 하란 말인가?
하는 생각이 떠오를 것입니다.
그렇지는 않습니다.
다만 상대방이 미워지고 보기가 싫다면 그 때는 입을 벌리지 않는 것이
좋습니다. 그 때에 하는 모든 말은 악이 되기 때문입니다.
그 때에는 마귀를 대적하는 것이 좋습니다.
그러나 잘못을 저지른 상대방을 향해서 긍휼과 사랑의 마음이 생긴다면
그 때는 권면하십시오.
그것은 상대방에 대한 비난이 아니라
상대방을 죄에서 건지기 위해서 상대방을 염려함으로 하는 권면이기 때문입니다.

비난은 당신이 자기 입장에서 기분이 나빠져서 하는 것이며
그러한 권면은 상대방을 염려하고 사랑해서 하는 것입니다.
어떤 사람이 말을 할 때 정신병자 외에는
그것이 비난인지 사랑인지 구분할 줄 압니다.
그러한 사랑의 권면은 사람의 마음 문을 열며
의견은 다르더라도 그 사랑 안에서 서로 연합할 수 있습니다.

관계를 깨뜨리는 비난의 영을 대적하여
당신의 가정에서 추방하십시오.
당신이 이 대적기도에 성공한다면
당신은 항상 상대방을 사랑의 시선으로 긍휼의 시선으로
볼 수 있을 것입니다.
그것은 바로 주님의 시선이며
당신은 주님의 사랑의 통로가 될 수 있을 것입니다.

7. 자기 의의 영을 결박하십시오

자기 의가 강한 사람이 있습니다. 이것은 자기가 의롭고 옳다고 생각하는 영을 가지고 있는 사람들입니다. 결혼 생활을 하기에 가장 어려운 사람들이 있다면 바로 이러한 사람들입니다. 이들은 결혼을 하기도 어렵고 했다고 해도 행복하게 사는 것이 별로 쉽지 않을 것입니다.

이들은 항상 자기가 옳다고 생각합니다. 자기의 의견이 맞으며 다른 사람들은 틀렸다고 생각합니다. 그러므로 자신을 인정하고 자신에게 동의하는 사람은 좋아하지만 그렇게 하지 않는 이들은 싫어하고 미워하고 정죄합니다. 이것은 가장 무서운 기질입니다.

세리와 창기는 악하고 더러운 사람들이었습니다. 그러나 그들은 자기 의가 없었습니다. 그들은 자기가 악하고 더러운 죄인이라는 것을 잘 알고 있었으며 인정하고 있었습니다.

그러나 바리새인과 서기관들은 외적으로는 모범적인 신앙인들이었으나 내적으로는 자기 의가 충만한 사람들이었습니다. 그들은 항상 자기가 옳다고 생각했으며 제 멋에 빠져서 사는 사람들이었습니다. 그러한 사람들에게 주님은 가까이 가지 않으셨습니다.

이렇게 자기 의가 강한 사람들은 자신을 별로 돌아보지 않으며 반성을 하지 않습니다. 그리고 남의 입장이나 의견을 존중하지 않습니다. 그러므로 이러한 이들이 결혼생활을 하게 되면 그 가정은 지옥이 될 수밖에 없습니다.

이들은 자기를 알아주지 않고 자기의 뜻대로 상대방이 하지 않을 때 그것을 견디지 못합니다. 그러므로 마음속에 항상 분노를 담고 살게 됩니다. 가정생활에 어려움이 있어도 이들은 반성을 하지 않습니다. 오직 상대방의 잘못 때문에 자기의 결혼과 인생을 망쳤다고 생각합니다. 그러므로 세월이 흐를수록 이들의 마음속에는 증오가 자리를 잡게 됩니다. 자기 의를 가지고 있는 이들은 항상 자신이 옳으며 자신은 억울한 피해자라고만 생각하기 때문에 시간이 흐를수록 그들의 마음속에는 분노와 적개심이 가득 차게 됩니다. 자신의 부족함이나 무지로 인한 실수 때문에 어려움이 생겼을 때도 그들은 오직 환경이나 부모나 다른 사람들에 대한 원망으로 마음을 채우기 때문에 마음속이 점점 더 어두움으로 가득 차게 됩니다.

자기 의처럼 무서운 것은 없습니다. 세리와 창기도 구원과 변화의 길에 이를 수 있으나 자기 의로 가득한 사람은 구원받기도 변화되기도 어렵습니다.
자기 의로 가득 찬 사람을 만나서 결혼을 하는 것은 재앙의 불길 속으로 걸어 들어가는 것과 같습니다. 그것은 정말 무서운 일입니다.
하지만 젊은 청년의 시절에 그것을 분별하는 것은 어려운 일일 것입니다. 왜냐하면 자기 의가 많은 사람일수록 외모에 신경을 많이 쓰며 자신을 드러내는 것을 좋아하고 튀기를 좋아하기 때문에 그러한 이들의 겉모습은 대체로 멋지게 보이고 외모는 매력적이며 자신감이 넘치고 의견이 분명한 사람으로서 많은 점수를 받을 수 있기 때문입니다.

하지만 이러한 이들과 잠시 생활을 해보면 그것은 고역입니다. 불과 며칠만 같이 있어도 그러한 이들의 주위에 있는 사람들은 그들의 자기중심적인 삶의 태도로 인하여 고통을 겪기 시작하게 될 것입니다.
자기 의가 강한 사람의 곁에 있는 사람은 쓰러지거나 중병에 걸릴 가능성이 많이 있습니다. 왜냐하면 이러한 사람들은 속으로 분노를 많이 품는데 그것은 남을 죽이는 기운이기 때문입니다.
자기 의가 많은 사람이 남성이라면 차라리 낫습니다. 그들은 지배적인 성향이 강하기 때문에 자기 마음대로 자기가 옳다고 믿는 대로 가정을 이끌어가게 됩니다. 다른 의견을 인정하지 않습니다. 그래서 아내와 자식들은 기가 죽어서 지내게 됩니다. 영이 눌린 상태로 살아가게 됩니다. 그는 아내와 자식에게 완벽한 기준을 제시하고 거기에 넘어서는 것을 용서하지 않습니다. 이 경우에 그 가정은 지옥과 같이 되고 아내와 아이들은 고통스럽겠지만 그럭저럭 살아갈 수 있습니다.

그러나 자기 의가 강한 사람이 여성이라면 문제는 좀 더 복잡해집니다. 그녀는 남편을 돕는 배필이 되고 싶은 마음이 없습니다. 그녀는 지배하고 싶어 합니다. 자기가 옳기 때문입니다.
그러므로 그녀는 남편이 자기의 원하는 대로 해주지 않으면 그것을 참지 못합니다. 그래서 속에서 강한 분노가 쌓이게 됩니다. 그러한 마음은 재앙에너지가 되어, 오래 쌓이면 남편이 쓰러지거나 어려움을 겪게 됩니다. 이와 같이 자기 의에 속한 사람이 가지고 있는 분노 에너지는 사람을 죽일 수도 있는 것입니다.

젊은이들은 배우자를 얻으려 하거나 사랑에 빠질 때 외모와 외적으로 드러나는 능력이나 매력에 치우칠 뿐 내적인 마음의 상태를 잘 보지 못합니다. 그러므로 외적으로 매력이 넘치는 이들이 대체로 자기중심적인 경향이 있으며 희생과 헌신과는 별로 상관이 없다는 것을 알지 못합니다.
대체로 그처럼 매력적이고 멋진 사람에게는 그를 위하여 희생하는 사람이 필요하며 그들도 그러한 희생을 요구합니다. 그들은 보이지 않는 곳에서 희생하는 것을 싫어하며 보이는 곳에서 드러나고 튀는 것을 원하기 때문입니다.
반면에 내면이 아름다운 사람들은 외모가 그리 발달되어 있지 않습니다. 그리고 별로 매력적이지도 않습니다. 그것은 그들의 관심사가 내면에 속해 있으며 외적인 데에 있지 않기 때문입니다. 그러므로 젊은이들은 자기 의가 강한 사람의 매력에 쉽게 빠집니다. 그리고 그것은 너무나 비극적인 일입니다.

그들이 결혼생활을 시작하는 순간부터 그들은 자기 의가 강한 그러한 배우자를 통하여 고통을 겪기 시작하기 때문입니다.

자기 의가 강한 사람은 행복할까요? 그렇지 않습니다. 그들은 자신이 옳고 지혜로우며 영리하다고 생각하지만 내적인 만족은 얻지 못합니다. 그들은 남들을 보고 한심스럽게 여기지만 막상 자신은 별로 행복하지 않습니다.

자기 의의 영을 가지고 있는 사람들은 다른 사람들로부터 사랑을 받지 못합니다. 그들은 다른 이들을 지배하고 있으며 지배하려고 하지만 사랑을 받지 못합니다. 배우자에게도 사랑을 받지 못합니다.

그들의 배우자인 남편이나 아내는 그들의 말을 듣지 않습니다. 그들이 말을 시작하기만 하면 상대방은 그만 하라고 말하며 그들의 말을 듣지 않습니다.

그래서 그들은 화가 나게 됩니다. 자신은 옳은 말을 하고 있는데 상대방이 어리석어서 자기의 말을 듣지 않는다고 생각하니 점점 더 속이 상합니다. 그들은 그리하여 점점 더 사나와지게 됩니다. 화가 나고 억울해서 점점 더 사나와집니다.

그러한 이들이 자기 의의 영을 계속 가지고 있는 한 그들은 사랑을 얻기 어려우며, 그들은 내적인 만족을 얻지 못하므로 더욱 더 자신을 드러내기 원하게 됩니다. 그런 식으로 악순환이 반복되는 것입니다. 이러한 사람은 많은 환란이나 고통을 겪기 전까지는 스스로 변화되는 것이 쉽지 않습니다.

행복한 가정을 꾸미기 원한다면 가능하면 그러한 사람은 배우자로서 피하는 것이 좋습니다. 그러한 이들과 같이 삶을 나눌 때 가정도 파괴되며 건강도 풍성한 삶도 잃을 수 있습니다.

자기 의가 강한 사람은 서서히 상대방의 에너지와 생기를 빼앗아 가며 서서히 파괴로 이끌어가기 때문입니다.

내면의 사람은 항상 상대방에게 생기를 불어 넣어줍니다. 그들은 항상 상대방을 섬기고 싶어하며 상대방을 위해서 희생을 하고 싶어합니다. 그래서 그러한 사람의 곁에 있으면 힘과 생기를 얻게 됩니다. 하지만 젊은 시절에 그러한 이들은 잘 눈에 띄지 않으며 그러한 이들이 가까이 있다고 해도 별로 매력적으로 보이지 않습니다.

그러한 이들은 세월이 흐르고 나이가 먹고 영혼의 기능이 발달되었을 때 비로소 드러나기 시작하며 사람들은 그러한 이들의 아름다움에 대해서 볼 수 있게 되는 것입니다.

할 수만 있다면 자기 의가 강한 사람과 만나지 마십시오. 그러나 이미 그러한 사람과 같이 살고 있다면 당신은 그 영을 대적해야 합니다. 자기가 옳다고 하는 자기 의의 영은 악한 영들이 불어넣고 있는 상념이기 때문입니다. 그것은 지옥에서 온 영이며 가장 강력한 종류의 악령입니다. 그것이 왜 가장 근원적인 지옥의 영인가 하면 자기 의에 속한 악은 일반적인 죄나 악이 아니기 때문입니다. 그것은 도둑질이나 욕심이나 폭력과 같은 일반적인 죄와 다릅니다. 그것은 자기 자신의 지혜와 능력과 아름다움에 몰두하게 하는 악령의 역사입니다.

그것은 주님의 선하심과 주님의 구원과 주님의 은총에서 멀어지게 합니다. 그것은 자기 스스로를 바라보며 자기 자신을 높이며 자기 자신에게 영광을 돌리는 것입니다.

그러므로 이 악은 하늘 문을 닫게 하고 사람을 영계의 어두운 곳으로 떨어뜨리게 하는 근원적인 악인 것입니다. 그러므로 그리스도인들은 절대로 이 자기 의의 악에 떨어져서는 안 됩니다.

자기 의가 많은 사람은 항상 자신이 옳다고 생각하며 자신은 잘못한 것이 없고 아무 문제가 없다고 생각하기 때문에 대화를 통해서 그들을 깨닫게 하는 것은 거의 불가능합니다. 그들은 혼미하고 속이는 악한 영에 사로잡혀 있기 때문입니다. 그러므로 오직 대적기도와 결박기도로 그 영을 깨뜨려야 합니다. 반복적으로 그렇게 할 때 그 영은 약해지고 무기력해집니다.

배우자가 그 영을 대적하고 결박하게 되면 그들은 점점 약해지게 됩니다. 그것은 그들의 안에 있는 악한 영들의 세력이 대적기도로 인하여 고통을 느끼고 소멸되어가기 때문입니다.

계속적으로 그 영을 대적하고 결박하는 기도를 하면 그들은 함부로 남을 정죄하고 비난하지 못하게 되며 자기가 옳다고 주장하는 것이 힘들어지게 됩니다. 그렇게 하면 몸이 아프게 되기 때문입니다.

자기 의에 속한 사람들은 자기의 몸을 끔찍이 아끼는 경향이 있기 때문에 몸이 조금만 아프게 되면 몹시 약해지며 걱정 근심이 가득하게 됩니다.

이와 같이 대적기도를 통하여 이러한 영을 가지고 있는 이들이 약해지게 되면 그들은 조금씩 영의 느낌이 일어나게 됩니다. 자신이 오래 동안 죄악 가운데 있었다는 것을 느끼게 됩니다.

함부로 자신을 높이고 주장하지 못하게 됩니다. 그들은 비로소 겸손을 조금씩 배우게 되며 주님을 높이는 것이 천국의 근원인 것을 느끼게 됩니다.

그들의 자신 있고 당당하게 말하던 태도도 차츰 사라지게 됩니다. 자기 의에 속한 영들이 빠져나가게 되면 이러한 변화들이 일어나기 시작하는 것입니다.

자기가 옳다고 믿으며 훌륭하다고 생각하는 것은 주님을 욕되게 하는 일입니다. 그러므로 그리스도인들은 사람들의 칭찬을 받거나 인정을 받으면 반드시 자신이 아닌 주님을 높여야 합니다.

그리스도인들은 남들이 "당신은 참으로 선한 사람입니다" 하고 칭찬한다면 이렇게 대답해야 합니다."아닙니다. 저는 선하지 않습니다. 오직 주님이 선하십니다." 그리스도인들은 남들이 "당신의 말이 옳습니다." 하고 말한다면 이렇게 대답해야 합니다."아닙니다. 저는 옳지 않습니다. 오직 주님만이 옳으십니다."
그리스도인들은 남들이 "당신은 정말 신앙이 좋고 영적이군요." 하고 말할 때 이렇게 대답해야 합니다."아닙니다. 저는 그렇지 않습니다. 오직 주님이 모든 것이며 모든 것을 주십니다."

오직 모든 것에 주님을 높이고 인정해야 합니다.
모든 선의 근원은 주님이시며 모든 지혜의 근원은 주님이십니다.
그리스도인은 조금이라도 자신이 잘났고 옳다고 생각해서는 안 됩니다.
그 순간 그는 악한 영들에게 사로잡히게 되기 때문입니다.
당신이 조금이라도 자신이 옳고 잘났다고 생각한다면 당신의 영혼은 별로 안전하지 않습니다. 이것을 꼭 기억하여야 합니다.

부디 자기 의의 영에 잡히지 않도록 조심하십시오. 그것은 모든 재앙의 시작입니다. 자기 의에 빠진 이들을 조심하고 멀리하십시오. 거기에서 지옥이 시작됩니다.
당신의 배우자가 그러한 영을 가지고 있다면 간절히 기도하고 대적하고 또 결박하십시오. 당신의 가정에서 사람을 높임이 없이 오직 주님만이 선하시고 높으시다고 고백하십시오. 그 고백을 반복하십시오.
그렇게 할 때 그 악령의 세력들은 사라지게 될 것입니다.
오직 모든 의가 주님으로부터만 나오는 것을 시인하며
오직 주님의 의와 사랑으로만 당신의 가정이 유지된다고 고백하십시오.
그것이 천국의 가정입니다. 그렇게 오직 주님의 의로만 살아가고 움직일 때 당신의 가정에는 사랑과 평안과 기쁨이 영원토록 끊어지지 않게 될 것입니다. 할렐루야.

8. 배우자에 대한 유혹의 영을 대적하십시오

가정이 깨어지고 이혼하는 원인 중에서 가장 많은 비중을 차지하고 있는 것은 언제나 배우자의 불륜입니다. 이것처럼 상대방에게 깊은 상처를 주는 일은 없을 것입니다.

부부는 자신의 순결을 위해서 기도해야 합니다. 또한 자신뿐만 아니라 배우자의 순결을 위해서도 기도하고 주님의 보호를 구해야 합니다.

그것은 이 세상이 악하고 음란하기 때문입니다. 이 세상은 우리의 가정을 파괴하려고 하는 영들로 가득 차 있습니다. 수많은 사람들, 수많은 장치가 가정을 파괴하고 순결을 깨뜨리는 도구로 사용됩니다.

최근에 성매매를 금지하는 법이 국회에서 통과되어 성매매에 대한 경찰의 집중적인 단속이 이루어지기 시작했습니다. 그러자 이에 대해서 생존권을 내걸며 많은 업주들과 성매매에 종사하는 여인들이 항의를 하며 시위를 하였습니다. 그들은 더 이상 가정을 파괴하는 일을 하지 못하는 것에 대해서 분개하였습니다.

그것은 그들의 양심이 마비된 것을 보여주는 것입니다. 그들은 정말 자신의 직업이 자랑스러우며 문제가 없다고 믿고 있는 것일까요? 만약 그들이 나중에 결혼을 하고 그들의 남편이 성을 매매하는 업소에 간다면 그들은 그것을 용납할 수 있을까요?

오늘날 사람들은 음란죄에 대하여 관대하며 둔감합니다. 악하고 더러운 죄를 짓는 것을 즐거움으로 생각합니다. 이것은 순결을 파괴하고 가정을 깨뜨리기 위한 사탄의 역사가 이 사회를 강력하게 지배하고 있다는 것을 보여주고 있는 것입니다.

남자들은 여성에 비해서 좀 더 많은 위험에 노출되어 있습니다. 그것은 대부분의 여성들이 집안에 있는 것에 비해서 남성들은 많은 유혹이 있는 바깥세상에서 일을 하기 때문입니다. 남성들을 노리는 사탄의 덫은 이 세상의 곳곳에 널려 있습니다.

이러한 상황에서 아내들은 남편에 대해서 단지 의심만 하고 걱정만을 해서는 안 됩니다.

남편을 위해서 기도해야 합니다. 남편의 순결을 위해서 유혹에 대한 승리를 위해서 기도해야 합니다. 그러한 아내의 보호하는 기도는 남편의 영과 몸을 지켜줄 것입니다.

어떤 아내가 있었습니다. 이 여성은 경건한 사람이었으며 기도의 사람이었습니다. 그녀의 남편은 건성으로 교회에 가끔 나가기도 했지만 기본적으로 세상의 사람이었으며 육신적인 쾌락과 즐거움을 좋아했습니다.

그는 사업으로 인하여 자주 지방에 출장을 갈 일이 있었습니다. 그래서 집을 비울 때가 많았는데 그는 그 틈을 이용해서 바람을 피우고 있었습니다.

아내는 그 사실을 대충 눈치 채고 있었습니다. 그러나 확실한 증거가 있는 것은 아니었기에 직접적으로 남편에게 말을 할 수 있는 상황도 아니어서 그녀는 주님께 기도를 하였습니다.

그녀는 하나님께 남편의 영적인 눈을 열어줄 것을 기도하였습니다. 그러면서 마귀를 대적하는 기도를 하였습니다. 남편에게 역사하고 있는 음란 마귀가 결박될 것을 기도하고 선포하였습니다.

어느 날 남편은 지방으로 출장을 갔습니다. 그리고 늘 하던 대로 일을 마치고 접대하는 여성과 음란한 일을 하였습니다. 그는 그 상태로 바로 잠이 들었습니다.

그는 잠을 자다가 무서운 꿈을 꾸었습니다. 커다란 구렁이가 그를 물어

죽이려고 하는데 그는 살려달라고 몸부림을 치다가 간신히 잠에서 깨어 났습니다. 잠을 깨 보니 온 몸에 식은땀이 흥건하게 고여 있었습니다. 잠을 깬 그는 꿈이라서 다행이라고 생각하며 한숨을 쉬다가 옆을 보고 갑자기 '으악!' 하고 비명소리를 질렀습니다. 바로 옆에 누워서 자고 있는 여인의 모습을 보니 꿈에서 본 구렁이의 자세와 아주 똑같았던 것입니다.

그의 꿈은 그가 실제로 경험하고 있는 영적인 세계를 잠시 보여준 것이었던 것입니다. 그는 너무나 무서워서 그 자리에서 도망을 치고 말았습니다.

그는 다시는 그러한 행동을 하지 않았으며 나중에 진실한 신앙을 가지게 되었다고 합니다. 이와 같이 남편의 영적인 눈을 열어달라는 그 아내의 기도는 다소 엉뚱한 기도였지만 하나님께서는 그 기도에 응답하셨던 것입니다.

지금 이 세상은 너무나 악하고 음란합니다. 세상은 음란을 죄로 여기지 않습니다. 음란한 짓을 하는 이들은 그것을 자랑스럽게 떠벌리고 다닙니다. 부끄러운 줄을 모릅니다.

가정을 가지고 있으면서도 낭만적인 한 순간의 일탈을 꿈꾸는 것이 순수한 애정으로 묘사되고 미화됩니다.

만약 자신의 아내가 그러한 순수한 애정을 즐긴다면 과연 행복할까요? 그것은 어처구니없는 일입니다.

음란과 불륜이 예술이 되고 미화되는 세상이 되었습니다. 일탈된 내용을 다룰수록 드라마의 시청률은 높아집니다.

그것이 이 세상입니다. 이 세상은 한 가정을 파괴하기 위하여 수많은 장치를 계속하여 만들어냅니다.

남편과 아내는 아름다운 한 팀입니다. 그들은 세상에서 승리하기 위하여, 넘어지지 않기 위하여 좋은 팀워크를 유지해야 합니다.

그들은 서로를 위하여 기도해야 합니다. 남편은 아내를 위하여 대적기도를 해야 하며 아내는 남편을 위하여 대적기도를 해야 합니다. 그들의 기도가 서로를 이 악한 세상에서 보호해줄 것입니다.

밤늦게 들어오지 않고 있는 남편을 생각하며 불안하고 걱정이 되는 아내는 그 시간에 걱정을 하지 말고 악한 영들의 세력을 결박하십시오. 유혹과 음란의 영을 대적하고 결박하십시오.
당신의 기도는 능력이 있으며 그 기도는 악한 영들로부터 남편을 지켜줄 것입니다. 음란한 영이 남편 가까이에 왔더라도 그들은 도망가게 될 것입니다.

남편과 아내들은 서로 싸우지 말고 합력하여 세상과 싸워야 합니다.
그들은 사랑을 깨뜨리고 가정을 깨뜨리고 서로의 관계를 파괴하려는 세상의 영들과 맞서서 대적하고 기도해야 합니다.
가정을 파괴하는 음란의 영을 대적하십시오.
배우자를 유혹하고 파괴하는 음란의 영을 대적하십시오.
그렇게 기도로 서로를 보호할 때 그들의 가정은 아름답고 굳건하게 서갈 수 있을 것입니다.

9. 가정을 지배하려는 지배의 영을 대적하십시오

한 나라가 독립 주권을 가지고 있는 나라라면 그 나라는 외국의 지배와 간섭을 받지 않을 것입니다.
외국과 외교관계를 가지고 문화 경제 등의 다양한 교류를 가질 수는 있지만 내정간섭을 받지는 않을 것입니다. 만약 그렇다면 그 나라는 완전한 주권 국가라고 할 수 없습니다.

가정도 마찬가지입니다. 한 가정은 외부의 간섭과 지배에서 온전히 벗어나야 합니다.
그것이 온전한 가정입니다. 만약 다른 이들에게 지배와 간섭을 받고 있다면 그것은 온전한 가정이라고 할 수 없습니다.
하지만 불행하게도 온전하고 자유로운 가정이 많지 않은 것이 지금의 현실입니다. 많은 가정들의 독립과 주권이 지켜지지 않고 있습니다. 그것은 주로 시댁이나 친정 식구들과 관련된 문제로 인한 것입니다.

한 남자와 여자가 결혼해서 가정을 이루었다면 그들은 시댁과 친정의 지배와 영향권에서 완전하게 벗어나야 합니다. 그래야 온전한 가정을 이룰 수 있습니다. 하지만 현실적으로 시댁과 친정은 가정에 영향력과 지배권을 많이 행사합니다. 그것은 가정의 행복을 파괴하는 중요한 요인 중 하나입니다.
부모들은 적지 않은 경우 자녀들이 결혼을 해서 분가한 후에도 여전히 그 가정에 대해서 발언권이 있다고 생각합니다.
그들은 손자들의 교육에 대해서, 가정의 경제에 대해서, 또는 여러 가지 제반 사항에 대해서 간섭하고 이야기할 권리가 있다고 생각합니다. 그것이 독립된 가정의 주권을 침해하는 것이라고 여기는 이들은 많지 않습니다.

남성들은 결혼을 한 후에도 아내보다 어머니를 중시하는 경향이 있으며 그것을 효도라고 생각합니다. 어떤 남편은 아내에게 어머니의 비위를 맞추어 줄 것을 요구하기도 합니다.

그러나 그러한 남성은 결혼하지 않고 어머니와 계속 같이 사는 것이 낫습니다. 아내는 남편을 사랑하며 남편의 사랑을 받기 위해서 결혼한 것이지 어머니의 비위를 맞추기 위해서 결혼한 것은 아니기 때문입니다.

어떤 아내는 결혼을 한 후에도 여전히 문제가 생기면 친정의 어머니에게 달려가거나 전화를 해서 남편의 흉을 보며 자신의 억울함을 호소하고 자기의 편을 들어줄 것을 요청합니다.

그녀는 아직 독립된 가정을 이룰 준비가 되지 않은 것입니다. 그녀는 너무나 빨리 결혼한 것입니다. 그러한 여성은 결혼하지 않고 어머니와 같이 사는 것이 나을 것입니다.

몇 년 전에 나는 어떤 빌라의 분양 사무실에 간 적이 있었습니다. 집을 구경하려고 간 것입니다. 사무실에는 아주머니 한 분이 있었습니다.

집에 대해서 이것저것 묻고 이야기를 나누다가 이상하게도 아주머니가 자신의 이야기를 하기 시작했습니다.

자기는 집에 들어가는 것이 너무나 싫다는 것입니다. 그래서 아침 일찍 분양 사무실에 나와서 손님이 있든 없든 저녁 늦게까지 있다가 간다고 했습니다.

이유를 묻자 시어머니를 모시고 같이 살고 있는데 그 분의 성격이 너무나 강하고 공격적이며 간섭과 잔소리가 심하다는 것이었습니다.

집안 청소라든지 사소한 삶의 습관에서부터 음식 문제, 먹는 시간에 이르기까지 모든 면에서 너무나 잔소리가 심해서 도저히 견딜 수가 없다는 것이었습니다.

남편에게 도움을 요청하지 않았느냐고 묻자 남편에게 이야기를 하면 화를 낼 뿐이라고 하면서 모든 남자들은 다 어머니의 편이라고, 지치고 힘든 아내의 마음을 알아주는 남편들은 없다는 것이었습니다.

그녀는 어머니를 7년 간 모시면서 자기의 인생은 다 파괴되었다고, 자신은 껍데기만 남아있을 뿐 죽어 있는 시체와 같다고 창백한 얼굴로 말하는 것이었습니다. 그녀의 얼굴은 금방이라도 울음을 터뜨릴 것 같았습니다.

그녀에게 몇 마디 위로의 말을 던지고 사무실에서 나왔지만 오랫동안 그녀의 비참한 모습이 나의 뇌리에서 잘 떠나지 않았습니다.

나는 그와 비슷한 상태에 있는 여성들의 이야기를 많이 들었습니다. 한국 사회는 상대방의 의지와 인격에 대한 배려와 존중이 별로 없습니다. 항상 강자는 약자를 지배하고 억압합니다.

힘이 있고 경제력이 있는 시댁일수록 자식의 가정에 영향력을 행사하려고 합니다. 그것은 여성의 가정도 마찬가지입니다. 사회적 위치가 있고 힘이 있는 가정은 자신의 자녀에게 도움을 주기도 하고 압력을 가하기도 합니다.

그런 면에서 경제력이나 힘이 있는 가정의 사람과 결혼을 한다는 것은 진정한 가정의 독립을 위해서는 많은 시달림과 고통을 예상할 수 있는 것입니다.

가정이 천국이 되려면 그 가정은 오직 주님이 지배하셔야 합니다. 오직 주님을 기쁘시게 하며 그 가정의 주인은 주님이심을 서로 자주 고백하고 그렇게 살아가야 합니다.

남편이든 아내든 서로 지배하려고 해서는 안 됩니다. 그것은 지옥 왕국의 특성입니다. 천국과 주님에 속한 사람은 서로 섬기려 하고 서로를 위해서 희생하려고 하는 것입니다.

그 가정의 안에서도 지배의 영을 대적해야 하지만 특히 가정의 바깥으로부터는 결코 지배를 받아서는 안 됩니다. 남편의 가정이든 아내의 가정이든 부부는 그들의 집으로부터 독립해야 합니다. 경제적으로 정신적으로 온전히 독립해야 합니다.

지혜로운 남성은 어머니가 자신의 가정에 대해서 아내에 대해서 이야기할 때 이렇게 말할 수 있어야 합니다.
"어머니. 제 아내에 대해서 말하지 마십시오. 저도 어머니에게 간섭하지 않는 것처럼 제 아내에게 간섭하지 마시고 그녀의 의견을 존중해주십시오."

지혜로운 여성은 어머니가 남편에 대해서 말할 때 이렇게 이야기해야 합니다.
"어머니. 제 남편에 대해서 나쁘게 말하지 마세요. 그리고 저의 자녀 교육에 대해서 간섭하지 마세요. 그것은 하나님께서 저에게 맡기신 것이지 어머니에게 맡기신 것이 아닙니다."

어떤 이들은 그렇게 말하는 것을 불효라고 생각합니다. 하지만 그것이 성경적인 것이며 옳은 것입니다.
남자는 부모를 떠나서 아내와 한 몸이 되어야 합니다. 경제적으로 정신적으로 온전히 떠나야 합니다.
또한 부모들도 자녀들이 떠나갔으면 그들에 대한 관심을 내려놓고 자신의 삶에 몰두해야 합니다. 자신이 해야 할 일을 찾아야 하며 자신의 사명을 발견해야 하며 거기에서 삶의 의미를 찾아야 합니다.
자녀들이 떠난 후에도 지속적으로 자녀들의 삶에 매달리는 것은 자신의 삶에도 자녀들의 삶에도 좋지 않은 것입니다. 나이가 들어서 노인이 되어도 그들은 자신의 삶과 사명과 의미를 발견해야 합니다. 스스로는 아무 일이 없고 오직 자녀와 손자들을 보는 것을 삶의 유일한 낙으로 생각하는 것은 비참한 삶입니다.

부모들은 떠나간 자녀들의 삶에 결코 개입하거나 간섭해서는 안 됩니다. 다만 예외가 있는데 그것은 자녀들이 조언과 지혜를 구할 때입니다. 부모들이 평생 주님을 사모하고 추구했으며 영적인 발전을 사모하였다면 그들은 인생의 지혜와 사랑과 아름다움과 천국에 속한 많은 열매들을 가지고 있을 것입니다.

그러한 이들이 자녀들에게 존경을 받으며 자녀들이 그들의 이야기를 듣는 것을 기뻐하고 즐거워하며 도움과 지혜를 구하며 그것을 원한다면 그들은 도움을 줄 수 있습니다. 그것은 자녀의 마음에 달려 있는 것입니다. 그것은 독립된 의지를 가지고 있는 자녀들의 부탁이기 때문에 그 때에는 도움을 줄 수 있을 것입니다.

물론 자녀들이 별로 지혜롭지 못하여 결혼을 한 후에도 지나치게 부모를 의지하거나 매사에 조언을 받기 원한다면 지혜로운 부모는 그것을 거절해야 할 것입니다. 그래서는 독립된 가정이 세워질 수 없기 때문입니다.

나는 마마보이와 같은 남성들을 많이 보았습니다. 그들은 사소한 문제가 생길 때마다 어머니에게 물어보았으며 도움을 요청하고 의지했습니다. 그러한 이들은 결혼을 하지 말고 어머니와 같이 사는 것이 낫습니다. 결혼하여 독립을 한 후에는 다른 이들의 조언과 의견을 참고할 수는 있지만 결정을 할 사람은 자신이기 때문입니다.

그러므로 그러한 판단력이나 자신감이 부족한 사람은 독립하는 것이 좋지 않을 것입니다.

많은 어머니들에게 지배와 조종의 영이 있습니다. 그들은 떠나간 자녀들의 삶에 간섭하며 지배하려고 합니다. 배후에서 조종하려고 합니다. 많은 남편들은 이 경우에 아내와 어머니 사이에서 갈등합니다. 어떻게 해야 할지 몰라서 난처해합니다.

성경의 대답은 아주 간단합니다. 남편은 아내 편을 들어야 합니다. 남편은 아내와 한 몸이 되어야 합니다. 남편은 그것을 분명하게 해야 합니다. 그것이 바른 길이며 어머니를 사랑하는 길입니다.

참으로 어리석은 아내들이 있는데 그것은 자주 남편의 잘못된 행동을 자기의 친정 가족들에게 세세하게 이야기하는 아내들입니다.
그들은 자주 남편에 대한 불만을 그들에게 토로하며 하소연합니다. 그리고 자신의 편을 들어주는 친정 식구들을 통하여 힘과 위로를 얻습니다.
이러한 아내들은 결혼 생활의 의미를 아직 모르는 것입니다. 어떤 면에서 그녀는 아직 새로운 가정을 이룬 것이 아닙니다. 그녀는 여전히 옛 가정에서 살고 있는 것입니다. 그 가정을 떠나지 않는 한 그녀는 남편과 연합할 수 없으며 새 가정을 시작할 수 없습니다.
미숙한 아내들은 수시로 친정을 오고 가며 사소한 모든 일에 친정어머니의 의견과 도움을 요청합니다. 스스로는 무엇을 어떻게 해야 하는지 잘 알지 못합니다. 그래서 사소한 모든 것을 의존합니다.
그것은 어리석은 일입니다. 그러한 옛 가정과의 영적인 연결을 끊지 못하면 그 가정은 세워지지 않습니다. 인생의 경험자에게 조언을 구할 수는 있지만 할 수 있는 한 그녀는 독립의 의미를 알아가야 합니다.

남편과의 갈등이나 문제가 있을 때 그녀는 이 문제를 가지고 자신이 반성해야 할 것이 무엇인지, 무엇을 배워야 하며 어떻게 행동해야 하는지에 대해서 주님 앞으로 나아가 기도하며 가르침을 받아야 합니다.
또한 주님 안에서 좀 더 영적으로 성숙하며 경험을 가지고 있는 이들이 있다면 조심스럽게 조언을 구할 수 있습니다.
그러한 경우에 바른 하나님의 사람들은 그녀의 입장에서 그녀의 편을 들어주는 것이 아니라 주님의 관점에서 그녀에게 조언을 해줄 수 있을 것입니다.
하지만 친정 식구들은 다릅니다. 그들은 육신적인 면에서 그녀와 한 편이라고 생각합니다. 그래서 그들은 동지의식을 느끼며 그녀의 편에서 남편을 비난합니다.

아내와 어머니가 친밀한 관계일 때 그것은 마마보이가 어머니를 따르는 것과 비슷한 결과를 낳게 됩니다. 그것은 독립된 가정이 아닌 것입니다. 나는 어떤 아내와 어머니가 한 마음으로 합하여 남편이나 사위를 비난하고 공격하는 것을 보았습니다. 나는 그 남편에게 그런 인사를 한 적이 있습니다. '철부지 아내와 철부지 장모 사이에서 얼마나 고생이 많으신 가요?'

그러한 가정은 독립된 가정이 아닙니다. 하지만 유감스럽게도 그러한 가정을 발견하는 것은 아주 쉬운 일입니다.

남편과 아내 사이에 문제가 있을 때 아내가 친정으로 도피하는 일이 있습니다. 그럴 때 아내의 어머니는 말합니다.

"너, 절대 여기서 물러서지 말아라. 남편이 사과하고 데리러 오기 전에는 여기서 한 발자국도 못 나간다. 지금 그 버릇을 고치지 않으면 너 평생 고생해!"

그리고 나서 덧붙이는 말이 있습니다.

"네 아버지도 그랬다. 내가 그래서 얼마나 고생했는지!"

그러한 어머니는 자신이 한 가정을 파괴하고 있다고는 생각하지 않을 것입니다. 그녀는 자기의 개인적인 울분과 억울함을 딸을 통해서 풀려고 하는 것입니다. 그녀는 자신이 이루지 못한 꿈을 딸을 통해서 이루려고 합니다. 자신이 남편에게 받지 못한 것을 딸을 통해서라도 간접적으로 받고 싶어 합니다.

그것이 진정 딸을 사랑하는 것일까요? 아닙니다. 그것은 사랑이 아닙니다. 그것은 가정을 천국으로 만드는 것이 아닙니다. 천국 가정이란 오직 주님이 높임을 받는 곳입니다.

그렇게 딸을 위해서 훈수하는 어머니는 사위가 딸에게 꼼짝 못하고 딸에게 잘 대해주고 눈치를 보고 지극 정성으로 잘 해주는 것이 딸의 행복이라고 생각하고 있는 것입니다.

그런 식으로 사는 것이 세상 사람들이 추구하는 행복입니다. 하지만 그 결과로 그들이 경험하는 것은 고통과 환멸뿐입니다.

나중에 딸의 마음이 불안해져서 남편을 걱정하면 친정 식구들은 말합니다.

"너, 아직 정신 못 차렸구나.. 그렇게 마음이 약해지면 안 돼!"

아내는 처음에 홧김에 자신의 동조자를 얻기 위해서 친정을 의지했지만 나중에는 문제가 더 커지게 됩니다. 그래서 나중에는 자기 마음대로 화해를 하는 것도 어렵게 됩니다. 이러한 이야기는 저질 드라마에서만 나오는 장면이 아니라 현실에서 흔하게 이루어지는 이야기입니다.

이러한 어머니는 자기 아들에 대해서도 똑같이 여성의 입장에서 훈수할까요? 아닙니다. 그러한 경우에는 또 아들 중심으로 조언을 할 것입니다.

'여자를 그렇게 다루어서는 안 된다. 나는 너의 아버지에게 그렇게 한 적이 없다.' 이런 식으로 조언을 할 것입니다.

이와 같은 사랑은 주님과 진리에 속한 것이 아니며 육적이고 인간적인 애정에서 나오는 것이기 때문에 거기에는 지옥의 요소가 가득 담겨있는 것입니다.

자기의 가족에 대한 그러한 동질의식은 가정의 연합에 도움이 될까요? 아닙니다. 그것은 주님이 중심이 아닌 나 중심의 애정이 역사하는 지옥의 가정을 만들뿐입니다. 가정이 그러한 지배의 영에서 벗어나지 못할 때 거기에는 천국이 임할 수 없습니다.

시어머니나 친정어머니가 자녀들의 가정이나 자녀들에 대해서 나쁜 감정을 가지고 있다고 생각하지 마십시오. 그것은 차라리 낫습니다. 무관심도 차라리 낫습니다.

정말 해가 되는 것은 그들의 애정입니다. 지배욕은 바로 그러한 애정을 통해서 흘러나오는 것입니다. 그것은 천국에서 나오는 애정이 아니며 타락한 아담의 성분에서 나오는 애정입니다.

부모가 영적으로 성숙한 사람이어서 주님의 마음을 가르치고 주님의 법과 지혜를 전할 수 있다면 얼마나 좋을까요!

그러나 그렇지 않은 혈연적인 애정을 따라 여러 가지 이야기를 한다면 그것은 지배의 영에 불과한 것입니다. 가정은 그러한 영으로부터 독립해야 합니다.

가정의 독립을 깨뜨리는 이러한 지배의 영은 한국사회에서 오랫동안 내려오는 악한 전통의 하나입니다. 이러한 전통 때문에 많은 영혼들이 고통과 억압과 절망 속에서 살아왔습니다.

그리스도인들은 전통보다 하나님의 말씀을 더 중요하게 여겨야 합니다. 그리고 그 전통의 배후에 있는 악령들을 결박하고 깨뜨려야 합니다. 그러한 모든 지배에서 벗어나 남편과 아내가 사랑하고 연합하여 주님만을 의뢰하고 섬기는 가정을 세워야 합니다. 그리고 그 시작은 바로 가정의 온전한 독립입니다.

당신의 가정이 온전하게 독립되도록 하십시오.
당신의 가정을 지배하려는 영들을 대적하고 결박하십시오.
당신의 가정은 오직 주님이 지배하시고 다스리셔야 합니다.
당신의 가정은 아무에게도 지배되어서는 안 됩니다.
남편의 가정이든 아내의 가정이든 그들의 부모에게는 권리가 없습니다. 권리를 가지고 있는 것은 남편과 아내입니다.

그들은 바른 결정을 내리든 틀린 결정을 내리든 스스로 결정해야 합니다. 그리고 그 결과에 대해서 책임을 져야 합니다.

그들은 부모나 다른 이들에게 도움을 구하고 조언을 구할 수 있습니다. 그러나 결론은 자신들이 내리고 자신들이 책임을 져야 합니다.

나는 장성한 자녀들이 자신의 말을 듣지 않는다고 우는 여인을 보았습니다. 그것은 바르지 않은 것입니다. 장성한 자녀들은 자신이 자신의 길을 선택해야 합니다. 어머니의 말을 듣든 안 듣든 그것은 자녀들의 자유입니다.
나는 어떤 어머니가 자신의 딸이 자기가 골라준 옷을 입지 않는다고 화를 내며 우는 이야기를 들었습니다. 그러한 것이 지배의 영에 사로잡혀 있는 사람들의 행동입니다. 그리고 그 배후에는 악한 영들이 있습니다. 그것은 사람이 하는 짓이 아닙니다.

천국은 오직 서로 사랑하고 섬기려고 합니다.
지옥은 오직 서로 지배하며 남을 자신이 원하는 대로 하게 하려고 합니다. 지옥을 원치 않는다면 아무도 당신의 가정을 지배하도록 놔두지 마십시오.
당신이 원하지 않을 때 부모님이 어떤 부분에 대해서 이렇게 하라, 저렇게 하라고 말씀하신다면 분명하게 말하십시오.
"어머니, 아버지.. 죄송합니다. 이 가정의 주인은 주님이십니다. 제가 주님께 묻고 기도해서 결정하겠습니다. 더 이상 말씀하지 마십시오."
만약 그들이 주님을 모르는 이라면 이렇게 대답해야 합니다.
"어머니, 아버지. 죄송합니다. 저는 부모님의 자식이지만 이 가정에 대해서는 간섭하지 않으셨으면 좋겠습니다. 저에게 맡겨 두십시오."

그것은 한국적인 분위기에서 쉬운 일은 아닙니다. 하지만 그렇게 하지 않으면 가정에 악한 영이 침투하여 억압하는 것을 막을 수 없습니다.
그것은 쉽지 않은 전쟁입니다. 어떤 어머니들은 심하게 통곡을 할 수도 있습니다. 배반감을 느낄 수도 있습니다.
'내가 너를 어떻게 키웠는데..' 하고 소리를 지를 수도 있습니다. 극도의 분노를 표시할 수도 있습니다.
지배의 영을 가지고 있는 이들은 자녀들이 자신의 수하에서 벗어나는 것을 결코 원하지 않습니다. 그것은 바로가 그에게서 벗어나려고 하는 이스라엘 백성을 죽이려고 군대를 몰고 달려가는 것과 비슷합니다. 물론 그러한 충동과 분노와 억울함의 배후에는 악령들의 장난이 있습니다. 그러므로 가정의 독립을 위해서 부모님과 대화를 나눌 때 온유함과 겸손한 자세를 견지한 채 이야기를 해야 합니다.

하지만 태도는 단호하고 굳건해야 합니다. 말씀대로 살며 오직 주님께만 지배를 받는다는 것은 투쟁의 결과로 얻어지는 것이며 결코 쉬운 일이 아닙니다.

이렇게 독립을 찾는 과정에서 대적을 결박하는 기도가 필요합니다. 악한 영들은 이러한 독립을 결코 원하지 않으며 그러므로 이를 통해서 심각한 방해와 이간질을 하기 때문입니다.

그러므로 악한 영들을 대적하는 기도를 해야 합니다. 충분히 대적기도를 하면 시댁이나 친정과 별 다른 갈등이나 전쟁이나 고통이 없이 가정의 독립을 얻을 수 있습니다.

이렇게 기도하십시오.

"이 가정의 독립을 방해하는 영아. 부모님을 통해서 역사하고 있는 지배의 영들아. 내가 주의 이름으로 너를 대적하고 결박한다. 여기에서 나갈지어다!"

오래 동안 시댁이나 친정의 지배와 간섭 속에 있었다고 하더라도 너무 걱정할 필요는 없습니다. 지속적으로 이렇게 대적기도를 하면 그 가정의 묶임은 곧 풀어지게 됩니다. 그렇게 해서 가정의 자유와 독립을 얻은 이들은 좀 더 천국에 가까워지게 됩니다.

시댁이나 친정의 부모님이 가지고 있는 지배의 영을 통해서 많은 어려움을 겪었다면 그 가정들과 연결된 끈을 기도로 끊어야 합니다. 그 지배와 조종의 영을 결박하고 끊어야 합니다.

그 끈은 아주 실제적인 끈입니다. 그 끈을 대적하여 끊을 때 그 지배의 관계는 끊어집니다. 그렇게 되면 당사자는 일시적으로 앓아누울 수 있습니다. 멀리서 기도한다고 해도 당사자는 자기가 지배하고 영향을 끼쳤던 자녀들이 기도하는 줄을 모르겠지만 그 안에서 역사하는 영들은 그것을 알기 때문입니다.

그들은 자신들이 쫓겨나게 되는 것을 슬퍼하다가 나갑니다. 그렇게 되면 그 영들이 나가면서 평소에 지배의 영이 시키는 대로 살던 부모들은 앓아눕게 됩니다. 일종의 탈진 상태를 경험하게 됩니다.

물론 이것은 일시적인 고통이며 앞에서 언급한 대로 부모님들이 악한 영에게서 벗어나는 과정인 것입니다.

다만 주의하여 기억할 것이 있습니다.

이러한 대적기도는 부모님을 통해서 역사하는 지배의 영에서 벗어나기 위한 것이지 부모님과 불편한 관계를 가지거나 무시하려는 것이 아닌 것을 기억하십시오. 자녀들은 결혼을 한 이후에도 부모님께 감사하며 사랑하며 섬겨야 합니다.

또한 늙고 연약해지신 부모님을 사랑으로 돌보고 섬겨야 합니다.

다만 부모님이 지배의 영을 가지고 있을 때 거기에 끌려가는 것은 일종의 노예생활이며 진정한 섬김이 아닌 것입니다. 참된 사랑과 섬김은 먼저 자유와 독립을 확보한 후에야 가능한 것입니다. 그러므로 우리는 제멋대로 살기 위해서 독립을 하는 것이 아니라 진정으로 주님을 섬기기 위하여, 사람들을 바르게 사랑하고 섬기기 위하여 가정의 주권과 독립을 확보해야 하는 것입니다.

부디 가정을 억압하는 지배의 영과 싸우십시오. 그 영을 대적하여 쫓아내십시오. 오직 주님께만 묻고 가르침을 받으십시오. 당신의 가정이 오직 주님께만 지배되게 하십시오.

그렇게 독립되어 주님만이 당신의 가정을 다스리고 지배하실 때 당신의 가정은 진정한 천국의 행복을 누릴 수 있게 될 것입니다.

10. 부모의 육적 애정의 끈을 분별하십시오

자녀가 자라는 데 있어서 부모의 사랑과 격려를 많이 받고 자라는 것은 아주 중요하고 좋은 것입니다. 이것은 상식적인 이야기입니다. 그러나 영적인 원리의 측면에서 보았을 때 그것은 반드시 그렇다고만 볼 수는 없는 면이 있습니다. 적지 않은 경우에 영성은 상식과 다릅니다.
다윗은 시편 27편 10절에 '내 부모는 나를 버렸으나 여호와는 나를 영접하시리이다' 라고 고백했습니다.
그것은 그의 어린 시절의 상황을 잘 보여줍니다. 즉 그는 부모님의 사랑을 충분히 받고 자란 것은 아니었습니다.

그러니 다윗은 불행한 시절을 보냈으며 그의 삶은 비참해야했을 것입니다. 하지만 그는 비록 고난을 겪으며 어려운 삶을 경험하기는 했지만 결국 훌륭한 하나님의 사람이 되었고 이스라엘의 왕이 되었습니다. 부모의 사랑을 받지 못한 자가 성공하고 주님의 사람이 된 것입니다.
우리는 이와 같은 사례를 현실에서도 많이 발견할 수 있습니다. 부모의 사랑은 많이 받고 기대를 받고 자랐지만 오히려 나중에 삐뚤어진 삶을 살며 부모를 원망하는 이들이 있습니다.

또한 반대로 부모님에게 별로 사랑을 받지 못하고 기대도 받지 못하고 자랐지만 훌륭하게 성장하고 부모님의 은혜를 잊지 못하는 자녀도 있습니다. 우리는 이러한 사례를 흔하게 발견합니다. 그것은 인생의 섭리이기도 합니다. 부모의 애정을 충분히 받고 자라는 것은 좋은 일입니다. 하지만 영적인 측면에서 보았을 때 그것이 무조건 다 좋다고 할 수는 없습니다. 거기에는 몇 가지 전제가 따르는 것입니다.

첫째로 중요한 것은 그 부모님이 어떠한 사람인가 하는 것입니다.
그들이 영적이며 주님을 사랑하는 사람이라면 그러한 이들에게 사랑을 충분히 받는 것은 아주 좋은 일입니다. 그러한 부모의 애정은 그들이 가지고 있는 주님에 속한 사랑과 아름다움과 거룩함을 자녀들에게 공급할 것입니다.
그러나 그 부모가 영적으로 바르지 않은 사람이며 불평하고 우울하고 비관적인 사람이거나 자기 의가 많고 교만한 사람이라면 그러한 부모에게 사랑을 받는 자녀는 오히려 그것이 해가 될 수 있습니다.

둘째로 중요한 것은 그 부모님의 애정이 주님께로부터 온 것인가, 아니면 부모님 자신의 육으로부터 온 것인가 하는 것입니다.
주님께로부터 온 애정은 천국에서 온 것입니다. 그것은 자기의 개인적인 취향에서 사람을 좋아하고 싫어하는 것이 아닙니다. 아이가 잘하고 못하고를 통해서 사랑하고 싫어하는 것이 아닙니다. 그 사랑은 온전한 사랑이며 생명으로 가득한 사랑입니다. 이러한 사랑을 부모가 할 수 있다면 그 애정을 통해서 하늘의 영광이 공급될 것입니다.
그러나 부모님의 애정이 자아적인 데서 오는 애정이라면 그것은 독과 같은 것입니다.

누구나 자기 취향이 있고 자기 마음에 맞는 사람이 있고 자녀가 있습니다. 그러한 취향을 따라 사랑하는 애정이라면 그것은 육신적이며 지옥적인 것입니다. 그러한 사랑은 이 사람은 좋아하고 저 사람은 싫어하게 됩니다. 그것은 개인적인 취향이기 때문입니다.
이 경우에 부모의 사랑을 얻은 자는 교만해지며 자기 의에 빠지게 됩니다. 그리고 부모의 사랑을 받지 못한 자는 어두워지고 원망과 열등감에 빠지게 됩니다. 그것은 둘 다 좋지 않은 것입니다. 현실을 보면 부모가 되어 주님의 관점으로 자녀를 보고 주님의 심장으로 자녀를 사랑하는 수준의 영적 상태가 되는 이들은 그리 많지 않습니다. 그러므로 많은 경우에 부모들의 사랑은 영혼의 성장에 그리 도움이 되지 않습니다.
그러한 부모의 사랑이 왜 영적 성장에 도움이 되지 않을까요?
그것은 애정이 두 사람을 연합시키는 성질을 가지고 있기 때문입니다.
그러므로 부모님의 사랑을 많이 받은 자들은 부모의 어떤 성향을 닮게
됩니다. 그런데 그것이 문제가 됩니다.
부모가 교활한 사람일 경우 그 부모의 미움을 받는 이들에게는 그 교활
한 영이 들어가지 않습니다. 하지만 부모의 사랑을 받고 연합하는 자녀
에게는 비슷한 영이 들어가게 됩니다. 부모의 애정이 그 영이 들어가는
줄기가 되는 것입니다.
부모가 자기 의가 많아서 자기가 옳으며 선하다고 생각하는 이들이라면
이러한 부모에게 사랑을 받는 자는 역시 자신은 옳고 착하며 다른 이들
은 악하다고 생각하게 됩니다. 이 역시 부모의 애정을 통해서 그 기운이
들어오게 된 것입니다.

그러니 어떤 면에서 보면 부모의 애정을 많이 받는 것이 그리 좋은 것이
라고 할 수도 없는 것입니다. 오히려 부모에게 미움을 받고 학대를 받고
자라는 것이 꼭 나쁘다고 할 수도 없을 것입니다. 그들은 다윗처럼 사람
에게 실망하여 주님께로 간절하게 나아갈 수 있기 때문입니다. 물론 부
모가 아닌 다른 사람에게 그가 받지 못한 애정을 채움 받으려고 한다면
역시 비슷한 악순환이 이어지게 될 것입니다. 사람의 중심을 채우실 분
은 오직 주님밖에 없기 때문입니다.

그렇다면 영적이지 않은 부모에게는 오히려 미움을 받는 것이 더 나은
것일까요? 거기에 대해서는 쉽게 말할 수 없을 것입니다. 아무리 인간적
인 애정이라고 하더라도 사랑에는 어느 정도의 순수함이 섞일 수 있기
때문입니다.
다만 이 사실은 분명합니다. 부모님의 인간적인 애정을 많이 받은 이들
은 여러 가지 좋지 않은 증상을 가질 수 있습니다. 성화되지 않은 부모

의 애정을 통하여 좋지 않은 여러 영적인 어두움이 이미 들어와 있는 것입니다. 그 사실을 발견하고 그 영들을 내어보내야 합니다.

부모의 사랑을 많이 받은 이들의 한 특성은 자기 의입니다. 즉 자기는 옳고 선한 사람이라는 것입니다.

대체로 어릴 적에 꾸지람을 많이 받고 자란 사람들은 자신감이 부족하며 주눅이 들어있습니다. 자기는 나쁘고 악한 사람이라고 생각하는 경향이 있으며 자기가 무엇을 결정했더라도 그것이 맞는 것인지 확신을 가지지 못합니다.

그러나 칭찬과 애정을 많이 받고 자란 이들은 자존감이 있고 자신감이 있습니다. 그런데 이런 성향이 자기 의가 되어 자기가 잘난 줄로 알고 자기가 항상 옳다고 생각하는 악한 속성이 자리 잡을 수가 있는 것입니다. 그러니 항상 사랑받고 칭찬을 듣고 자라는 것이 꼭 좋다고 할 수도 없는 것입니다.

이러한 이들은 다른 사람에게 문제가 있지 자기에게는 없다고 생각합니다. 그러므로 잘 반성을 하지 않습니다.

그들은 남의 죄를 잘 보고 지적하기는 하지만 자신의 죄는 잘 보지 못합니다. 누군가가 자신의 잘못을 지적하면 그들은 잘 받아들이지 않습니다. 그들은 자신이 특별한 존재라고 생각합니다. 남보다 낫다고 생각합니다.

또한 이러한 사람들은 대체로 모범생인 경우가 많습니다. 그러므로 그들은 궤도에서 이탈하는 사람, 모범생이 아닌 사람을 잘 이해하지 못합니다. 그런 사람을 보면 참 이상한 사람들이라고 생각하는 것입니다.

그들은 별로 공격을 받아보지 않았기 때문에 비판이나 시련을 잘 견디지 못합니다. 그러므로 쉽게 남을 원망합니다. 어려움이 닥치면 다 남의 탓이라고 생각합니다.

그렇기 때문에 부모님의 사랑을 많이 받고 자란 사람은 부모를 잘 모시기는커녕 오히려 나중에는 부모를 원망하게 되는 경우가 많은 것입니다. 이들은 성인이 된 후에도 자신에게 일방적으로 잘 해주고 사랑해주었던 부모와 같은 역할을 해 줄 사람을 찾습니다. 교회에서는 목회자에게 그러한 역할을 기대합니다.

그렇기 때문에 그렇게 기대하는 이들이 자신의 기대대로 해주지 않을 때 실망과 분노가 일어나게 됩니다.

이와 같은 자기 의와 이기심은 영적 성장에 가장 큰 장애가 되는 것입니다. 이러한 이들은 부모의 사랑을 많이 받은 만큼의 고통과 절망의 대가를 지불하지 않으면 잘 변화되지 않습니다.

거의 평생 신앙생활을 해도 별로 성장하지 못하고 낮은 수준에 있다가 죽는 것이 보통입니다. 이러한 이들은 자신의 상태를 알고 남들보다 배전의 노력을 기울이지 않으면 항상 영의 수준과 상태가 그대로일 것입니다.

왜 사랑은 좋은 것임에도 불구하고 부모의 사랑이 이와 같이 부정적인 결과를 낳게 되는 것일까요?

그것은 앞서 말한 것처럼 육신적인 애정, 개인의 취향에 속한 애정은 지옥적인 것이기 때문입니다. 거기에는 진리가 없습니다. 생명이 없습니다. 오직 타락한 아담의 육적 성분이 있을 뿐입니다.

애정이 주님으로부터 온 것일 경우에 그것은 인간적인 애정과 다릅니다. 그 애정은 거룩한 애정입니다.

그러한 애정을 가지고 있는 부모는 자녀들에게 자기의 기질과 기분에 따른 애정을 주지 않습니다. 하나님의 말씀과 법에 맞는 사랑을 공급하는 것입니다.

그러한 부모는 자녀가 교만하거나 교활하거나 거짓을 가지고 있거나 불순종하는 영을 가지고 있을 때 그것을 징계하고 소멸시킬 것입니다. 그리하여 그 자녀가 오직 주님의 사람이 되고 천국의 사람이 되도록 훈련

할 것입니다. 그러므로 그 부모의 사랑은 자녀를 빛의 세계로 인도하게 되는 것입니다.
그러나 육적이고 인간적인 애정은 그렇지 않습니다.
그들은 자녀에게서 악과 거짓과 고집이 나타나도 그것을 바로잡지 않습니다. 그들은 오직 부모의 비위만을 맞추는 사람으로 자녀를 만들어가게 됩니다.
그러므로 그 자녀는 부모를 즐겁게 하고 부모의 마음에 맞는 부모에 속한 사람이 되어 가는 것이지 하늘의 사람이 되는 것은 아닙니다. 그는 부모와 맞는 사람이지 천국에 맞는 사람은 아닙니다.
주님께 속한 사람이 되어 마음과 생각과 감정이 하늘에 속하게 되면 그는 이 땅에 살면서도 천국의 빛과 영광의 세계를 경험하면서 살 것입니다. 그러나 부모에게 속한 사람은 여전히 겉사람의 본능적인 감정과 생각에 잡혀 있기 때문에 천계의 빛 가운데 거하지 못합니다.

그렇게 어렸을 때 부모의 기쁨과 즐거움이 되었던 자녀는 나중에 충분히 나이가 들고 자라난 후에도 여전히 부모의 기쁨이 될까요?
그렇지 않은 것이 보통입니다. 그는 자라게 되면 언젠가는 부모와 멀어지게 됩니다. 왜냐하면 그에게 해왔던 부모의 역할을 나중에는 배우자나 다른 사람이 하게 되기 때문입니다.
이 경우에 부모는 자신이 자녀에게 가지고 있었던 기대와 지배를 빼앗기지 않으려고 치열하게 싸우며 좌절하게 됩니다. 고부간의 갈등과 같은 것은 이와 같은 연장선에서 일어나는 것이며 곧 지옥의 전쟁인 것입니다.

부모는 자녀가 나쁘게 변했다고 생각합니다. 전에는 저렇지 않았는데 왜 저렇게 되었을까 생각합니다. 그리고는 아마 며느리나 사위 때문일 것이라고 생각하고 분노하고 원망하게 됩니다.
그런 식으로 나이가 들면서 빼앗긴 애정으로 인하여 외로워하고 절망하는 이들이 많이 있습니다. 이것은 근본적으로 그들의 애정이 하늘에 속한 것이 아니었기 때문입니다.

하늘에 속한 애정은 빛과 영광과 생명이 있으며 땅에 속한 애정은 집착과 허무함과 고통이 있습니다.

영적인 애정은 사람을 하늘의 사람으로 만드는 것입니다. 천국의 사람으로, 주님의 사람으로 만듭니다.

그는 천사와 같이 되며 초월하게 되며 모든 묶임에서 벗어난 자유로운 인간이 됩니다.

그러나 육적인 애정은 인간을 개인 소유로 만들며 육적인 인간으로 만들며 지옥의 사람으로 만듭니다. 그는 인간적인 취향과 애정으로 가득하며 정욕과 욕심과 집착과 분노와 갖은 악성으로 고통하며 씨름하면서 일생을 살게 됩니다.

그러므로 성화되지 않은 부모의 사랑을 많이 받고 자라는 것은 영적으로 결코 좋은 일이 아닌 것입니다.

부모의 애정을 많이 받고 자란 이들은 이미 자신의 안에 그러한 육적 애정의 악성이 깊이 들어와 있다는 것을 깨달아야 합니다. 그리고 그러한 악성을 토해내야 합니다.

그리고 깨달은 만큼 이제는 부모와의 애정이 아담에 속한 것이 아닌 하늘에 속한 애정으로 바뀌게 해야 합니다.

자녀에게 인간적인 애정을 많이 쏟은 부모는 자녀에게 깊이 연결된 애정의 끈을 가지고 있습니다.

그것은 육적인 끈입니다. 이제 그 끈은 단절되어야 합니다. 그리고 인간적인 애정이 아닌 주님 안에서의 생명적인 애정으로 서로 새롭게 연결되어야 합니다.

그 천국의 애정은 자녀가 부모를 위하는 종류의 것이 아닌 자녀와 부모 모두 주님을 기쁘시게 하고 영광을 돌리며 주님의 지배 가운데 들어가도록 하는 아름답고 생명이 가득한 애정입니다. 그것은 사람의 영혼을 무한하게 아름답고 풍성하게 하는 것입니다.

당신이 부모의 많은 애정을 받고 자랐다면 이제 당신의 안에 있는 그 연결된 육성의 기운을 끊으십시오. 그것을 토해야 합니다.

그 기운을 대적하십시오. 나가라고 하십시오. 이렇게 말하십시오.

"부모님의 애정을 통해서 들어온 악한 영들아. 내게서 나가라! 나는 너희를 원치 않는다. 나는 오직 주님 안에서만 사랑하고 사랑받을 것이다. 주의 이름으로 명한다. 떠나가라!"

충분히 대적기도를 하면 속에서 구토가 일어나게 됩니다. 아마 많이 토할 지도 모릅니다.

그렇게 하고 나면 많은 변화가 생기게 됩니다.

그 전에 '내가 무슨 죄인인가?', '나는 착하지 않은가?'라고 생각하던 이들은 갑자기 마음이 바뀌게 될 것입니다.

'나는 죄인이다. 나는 악한 사람이다. 주님의 용서를 받아야 한다. 나는 다른 사람보다 나을 것이 없다.'

그런 마음이 일어나게 될 것입니다.

왜 그럴까요? '나는 선하다', '나는 잘났다' 그런 마음은 부모의 인간적인 애정을 통해서 들어온 속이는 영이기 때문입니다.

당신이 받았던 부모의 인간적인 애정을 다 토하게 될 때 당신은 비로소 주님을 갈망하고 낮아지는 영적 가난을 경험하게 될 것입니다.

비로소 당신은 낮은 마음으로 회개하며 주님 앞에 엎드릴 수 있을 것입니다.

부모의 사랑을 많이 받은 자들은 회개하는 흉내를 낼 수는 있지만 깊은 속에서는 자신이 착하고 옳다는 마음을 가지고 있기 때문에 깊은 회개로 나아가지 못합니다.

그들은 남들을 판단하고 미워하지만 죄책감에 빠지는 일은 거의 없습니다. 단지 자신에게 불리한 상황을 걱정할 뿐입니다. 그들은 진정으로 낮아지기 어렵습니다. 부모의 인간적인 애정 때문입니다.

그러니 인간적인 애정이 지옥에 속한 것이며 결국 영혼의 성장에는 별로 도움이 되지 않는다는 것을 이해할 수 있을 것입니다. 그러한 이들은 세상에서 즐겁게 살 수 있을지는 모르지만 영원한 곳에서 영원토록 비참한 처지에 빠질 수 있습니다.

그러므로 당신의 안에 쌓여진 인간적인 애정을 대적하십시오. 그리고 토해내십시오. 그것은 당신의 영혼을 부드럽고 말랑말랑하게 할 것입니다. 당신은 충분히 그 기운을 토해낸 후에야 비로소 깊은 내적인 영이 열리는 것을 경험할 수 있습니다.

다소 매정하게 들릴지는 모르지만 당신이 더 자유를 얻고 싶고 영적으로 성장하고 싶다면 이제 당신은 그러한 애정을 거부해야 합니다.
인간적인 애정은 영적 성장에 방해가 되므로 이제 그것을 거절해야 합니다.
당신에게 애정을 기울인 만큼 부모님은 그것을 돌려받고 싶어 합니다. 물질이 아니라 사랑과 관심을 돌려받고 싶어 합니다.
하지만 그러한 부모님의 요구에 대해서 인간적으로 대응하는 것은 좋지 않습니다. 인간적인 애정은 부모님의 마음을 채울 수 없습니다. 오직 그 애정이 주님의 손에 올려지게 해야 합니다.
주님이 인도하시는 만큼 당신의 애정이 주님의 통제 속에 들어갈 때 비로소 당신의 애정은 부모님에게 영적인 능력을 공급할 수 있습니다.

많은 애정이 육적이고 인간적이기 때문에 거기에는 많은 흑암의 역사가 있습니다.
어떤 부모들은 자녀들에게 대한 근심이나 걱정이 떠나지 않습니다. 그러한 부모는 자녀들에게 온갖 걱정과 근심이 가득한 영으로 많은 이야기를 함으로써 악한 영의 기운과 능력을 공급하게 됩니다.

주님을 통한 애정이 아니고 자기가 그 애정의 끈을 가지고 있기 때문에 그 애정을 통해서 각종 귀신들이 역사하게 되는 것입니다.

육적인 애정이 얼마나 주님의 역사를 방해하며 흑암의 열매를 맺게 하는지, 이것을 볼 수 있고 깨달을 수 있다면 얼마나 좋을까요!

그러나 이것은 말로 설명해서 될 문제는 아닙니다. 영적인 이해는 영이 깨어나야 하는 것이지 100권의 영적인 책을 보았다고 해서 되는 것이 아닙니다. 그것은 영혼의 깨어남의 문제입니다.

부디 육적인 애정의 무서움을 깨달으십시오.

그것은 영혼을 침륜케 합니다. 그것은 아름다워 보이지만 사람을 지옥의 사람으로 만들게 합니다.

오늘날 세상에는 감동적인 사랑, 애정에 대한 멋진 예화들이 참 많이 돌아다닙니다. 그리스도인들도 사역자들도 그러한 이야기를 많이 사용합니다.

하지만 주의하십시오. 인간적인 애정은 그럴듯해 보이지만 영원한 생명을 주지 않습니다. 생명을 자라게 하지 못합니다.

오직 천국에서 오는 사랑만이 우리의 영혼을 자유로움과 빛으로 가득하게 합니다.

육적인 애정을 대적하십시오.

당신의 안에 들어와 있는 그 기운을 대적하고 버리십시오.

당신의 애정을 오직 주님이 지배하시도록 하십시오.

그렇게 할 때 당신은 좀 더 천국에 가까운 사람이 될 수 있을 것입니다.

할렐루야.

11. 가족의 영적 방해를 결박하십시오

주님을 믿는 두 사람이 결혼을 한다면 두 사람은 서로 깊이 사랑하며 같이 주님을 즐겁게 섬길 것이라고 생각할 것입니다. 물론 그러한 가정이 많이 있습니다.

하지만 그렇지 않은 경우도 있습니다. 오히려 신앙의 문제가 두 사람 사이에 걸림돌이 되기도 합니다. 두 사람이 다 믿는 사람인데도 말입니다.

그러한 경우는 대부분 삶의 우선 순위에 관련되어 있는 것입니다. 부부 두 사람이 다 같이 삶의 첫 번째 우선 순위로 주님을 둔다면 그 가정은 천국이 될 수 있습니다. 하지만 모든 믿는 이들이 다 그러한 상태에 있는 것은 아닙니다.

교회에 다닌다고 해서 모두 다 주의 영으로 사는 것은 아닙니다. 모든 것의 우선 순위로 주님을 첫 번째로 두고 싶어하는 어떤 사람이 있습니다. 그러나 그 배우자는 주님을 믿기는 하지만 모든 삶에서 주님을 첫 번째로 두고 싶어하지는 않습니다. 이러한 경우에 두 사람은 신앙으로 인하여 갈등을 빚게 됩니다.

두 사람이 결혼을 하기 전에 데이트를 하면서 서로 고백하기를 "나의 첫 번째 사랑은 주님이십니다. 당신은 두 번째입니다." 라고 고백하고 상대방이 "그건 저도 마찬가지입니다." 하고 고백할 수 있다면 그것은 좋은 시작입니다.

물론 그렇게 고백하고 시작하더라도 삶 속에서 실제적으로 그렇게 이루어지기 위해서는 많은 과정과 실패와 노력이 필요합니다.

하지만 일단 그러한 전제에서 가정을 시작하는 것이 천국을 이루는 기본인 것입니다. 이 부분이 되어 있지 않다면 같이 믿는 사람이라고 하더라도 갈등을 일으킬만한 요인이 아주 많이 있습니다.
두 사람의 영적 열정은 차이가 있게 마련입니다. 한 사람은 주님을 조금 사랑하고 다른 사람은 좀 더 많이 사랑합니다. 그렇게 되면 여기에서 갈등이 시작됩니다.

열정이 덜한 배우자는 상대방에 대해서 질투를 하게 됩니다. 상대방이 자신에게 애정과 관심을 기울이는 것보다 신앙에 더 관심을 보인다고 느낄 때 그는 상대방을 신앙에게 빼앗겼다고 생각하게 되는 것입니다. 그는 속이 상하고 억울한 느낌이 들게 됩니다.
그런 식으로 서운함이 시작되면 나중에는 은근히 상대방의 신앙생활을 폄하하고 딴지를 걸게 됩니다. 그가 결혼을 하기 전에 주님을 열심히 믿는 사람이었다면 자기가 이러한 역할을 하게 될 줄은 상상도 하지 못했을 것입니다.
이것은 신앙의 기초가 잘못되었기 때문에 생기는 일입니다.
그리스도인들의 첫 번째 사랑의 대상은 주님입니다. 이 기초가 없으면 그 가정은 주님이 지배하시기 어렵습니다.

오래 전에 아는 자매가 전도사와 결혼을 전제로 사귀고 있었습니다. 그런데 그 전도사가 자매에게 이런 이야기를 했습니다.
자매가 결혼을 하게 되면 우선 순위에 남편을 사랑하는 것을 첫 번째로 두어야 한다는 것입니다. 그리고 두 번째로 주님을 사랑해야 한다고 하는 것입니다.
그녀가 들은 말을 나에게 전달해주었을 때 나는 어처구니가 없었습니다. 그는 정확하게 거꾸로 알고 있는 것입니다. 그들의 결혼은 우연한 일로 인하여 성사되지 못했는데 나는 그것이 다행이라고 생각합니다. 주님보다 자기가 먼저라는 사람과 결혼한다면 그것은 불행한 일이 될 것입니다.

천국은 주님이 첫째라고 고백하는 이들이 가는 곳이며 지옥은 내가 첫째라고 고백하는 이들이 가는 곳이기 때문입니다.
주님을 매사에 두 번째라고 고백하는 이들은 천국으로 입성하는 것이 그리 쉽지 않을 것입니다. 천국에서 주님은 주인이시며 둘째나 하인이 아니기 때문입니다.
그러므로 그리스도인들은 모든 것의 우선순위로서 주님을 첫 번째로 고백해야 합니다. 이것이 신앙의 기초입니다. 그러한 고백 속에서 마귀는 고통을 받으며 도망하게 되는 것입니다.

그리스도인들의 결혼 생활 속에도 악령들이 개입하여 서로 간에 벽을 만들고 대립하게 하는 일들이 많이 있습니다. 그리스도인들은 깨어서 그 영들의 작전을 알아야 하며 그들을 대적하고 결박해야 합니다.
사람들은 흔히 생각하기를 부부 중의 어느 한 쪽이 은혜를 받고 영적 감동을 얻으며 영적으로 눈을 뜨고 예민해진다면 그 배우자가 아주 좋아할 것이라고 생각합니다. 그래서 가정이 더 천국이 될 것이라고 생각합니다.
하지만 그것은 순진한 생각입니다. 교회에도 주님의 임재가 오고 능력이 나타나면 교회가 부흥이 될 수도 있지만 어려운 내부 갈등이나 시험이 생길 수도 있습니다. 가정도 마찬가지입니다.

오히려 은혜를 받기 전에는 좋았던 부부관계가 이상해질 수도 있습니다. 이상하게도 전혀 그러지 않던 사람이 갑자기 배우자가 기도하는 것을 싫어하고 방해를 하기도 합니다.
나는 그런 이야기를 많이 들었습니다. 전에는 서로 좋은 사이였는데 자신이 기도의 맛을 알게 되고 기도에 힘쓰게 되니까 이상하게 자꾸 상대방이 싫어한다는 것입니다.
이런 사례도 있었습니다. 처음에는 상대방이 열심히 전도를 하고 신앙생활을 권면했는데 나중에는 자신이 더 열심을 내서 입장이 바뀌게 되니까 이제는 오히려 핍박을 한다는 것입니다. 너무 열심히 믿지는 말라는 것이지요.

그것은 이상하게 보이기는 하지만 흔하게 일어나는 일입니다. 부부가 양쪽이 다 대충 형식적으로 믿었을 때는 부부 사이에 별 문제 없이 잘 지내다가 한쪽이 주님의 깊은 은총에 빠지게 되면서 오히려 사이가 벌어지고 문제가 생기고 갈등이 생기며 벽이 생기기도 합니다. 그런 일은 흔하게 일어납니다.

그 이유는 무엇일까요? 그것은 은혜가 있는 곳에 방해하는 영들의 공격이 있기 때문입니다. 한쪽에게 은혜가 임할 때 다른 쪽에서는 그것을 소멸하려는 시도가 시작됩니다.

그렇게 싫어하고 방해하는 배후에는 악한 영들의 장난이 있는 것입니다. 부부든 가족이든 주님께 헌신되어 사로잡히지 않은 이들은 얼마든지 악한 영들의 도구가 될 수 있습니다.

그래서 주님께 깊이 나아감으로 인하여 친하던 친구를 잃게 되고 가족들과도 거리감이 생기며 배우자와도 간격이 생기는 경우를 많이 볼 수 있습니다.

은혜가 없을 때 악한 영들은 숨어서 잠재되어 있지만 은혜가 임할 때 그 영들은 표면에 드러나게 되며 그 때부터 영적 전쟁이 시작되는 것입니다.

어떤 부인들로부터 이러한 고백을 듣기도 했습니다. 이상하게 전에는 남편과 사이가 좋았는데 기도를 하고 주님의 은혜를 체험할수록 남편이 징그럽게 느껴진다는 것입니다.

그 반대의 경우도 있었습니다. 기도를 하고 영이 맑아지면서 아내와 있으면 불편하다는 것입니다.

이러한 고백을 하는 이들이 100% 맞는 것이라고 단언할 수는 없을 것입니다. 그들이 자기 착각에 속을 수도 있는 것이니까요.

그러나 적지 않은 경우에 영이 열리게 되면 상대방의 영들을 느끼게 됩니다. 그래서 같은 영, 같이 주를 사모하고 천국을 사모하는 영을 가지고 있지 않은 이들과 함께 있을 때 맑은 이들은 혼탁한 영혼을 보고 고통을 느끼게 되며 거리감을 가지게 되는 것입니다.

중요한 것은 이러한 상황에서의 자세입니다. 이 때 지혜로운 태도가 필요합니다. 상대방을 마귀 취급하면서 '당신 속에 악령들이 굉장히 많아. 당신은 지금 마귀 노릇을 하고 있는 거야' 한다면 그것은 어리석은 것입니다. 그것은 상대방을 깨어나게 하는 것이 아니라 격앙시킬 것입니다. 주님은 말씀하셨습니다.

"내가 세상에 화평을 주러 온 줄로 생각하지 말라 화평이 아니요 검을 주러 왔노라 내가 온 것은 사람이 그 아버지와, 딸이 어머니와, 며느리가 시어머니와 불화하게 하려 함이니 사람의 원수가 자기 집안 식구리라 아버지나 어머니를 나보다 더 사랑하는 자는 내게 합당하지 아니하고 아들이나 딸을 나보다 더 사랑하는 자도 내게 합당하지 아니하며
또 자기 십자가를 지고 나를 좇지 않는 자도 내게 합당하지 아니하니라" (마 10:34-38)

우리의 영혼이 깨어나지 않았을 때 우리는 반대적인 영을 가지고 있는 사람과도 잘 지낼 수 있습니다. 그러나 우리의 영혼이 깨어나고 눈을 뜬다면 그러한 평화는 사라집니다. 상대방의 속에 있는 영들도 같이 일어나 그 영의 역사를 방해하게 됩니다. 그것은 어두움의 영들이 빛을 싫어하고 두려워하기 때문입니다. 나는 은혜를 방해하고 반대하는 사람들이 자기가 싫어하는 상대에 대해서 '무섭다' 고 말을 하는 것을 많이 보았습니다.
그것은 속에 있는 악한 영들이 그렇게 말하고 두려워하는 것입니다. 빛은 어두움을 괴롭게 합니다.

영이 깨어날수록 우리는 영적 전쟁을 피할 수 없습니다. 진심으로 주를 따르고 추구하는 이들은 가족이나 가까운 사람들에게 얼마든지 공격을 받을 수 있습니다.
그러나 이 싸움은 영적인 전쟁입니다. 여기에는 지혜와 아름다움이 필요합니다. 이것은 세상의 싸움이 아닙니다.
방해하는 영들을 조용히 기도하고 결박하십시오. 하지만 그들을 미워해서는 안 됩니다. 화를 내서도 안 됩니다. 그것은 주님의 방법이 아니며 오히려 상대방의 안에 있는 악한 영들을 강하게 합니다.
오직 상대방을 사랑하면서 조용히 그 배후에 있는 악한 영들을 결박하십시오.

이 기도의 효과는 놀랍습니다. 그것은 오래지 않아 나타나게 됩니다. 상대방이 평소에 헌신되어 있으며 잠시만 악한 영들에게 틈을 준 것이라면 상대방의 태도는 곧 바뀌게 됩니다. 그는 곧 자신의 태도를 후회하며 같이 주님께 나아가게 됩니다.
상대방이 평소에 별로 주님과 신앙에 관심이 없으며 세상의 기운으로 가득 차 있다면 그러한 대적기도를 통해서 상대방은 앓게 되는 것이 보통입니다.

우리가 대적하고 결박하는 기도를 할 때 악령들은 심한 타격을 받으며 그렇게 되면 악한 영의 도구가 되었던 사람도 같이 아프게 됩니다. 그것은 그들이 악한 영으로부터 벗어나는 하나의 과정입니다. 그러므로 당신이 주님을 추구하는 과정에서 여러 어려움들이 생겼다면 그것을 이상하게 여기지 마십시오.
이 땅에는 항상 영적 전쟁이 있습니다. 당신은 그것을 이해하며 깨어있어서 그 전쟁을 분별하고 대처하여 승리해야 합니다. 그것은 당신의 가정이 좀 더 주님께 가까이 나아가고 주님께 드려지는 하나의 아름다운 과정인 것입니다.

아울러 당신은 이것을 이해해야 합니다.
모든 사람의 영적 수준이 같을 수는 없습니다.
모든 사람은 각자가 사모하고 추구하는 것만큼 영혼이 깨어나고 주님께 가까이 나아가며 아름다워지게 됩니다.
하지만 그것은 본인 자신의 의지로 인한 것입니다.
그것은 개인의 선택입니다.
우리는 그것을 강요할 수 없습니다. 천사도 그것을 강요하지 않습니다.

우리는 배우자에게 가족에게 어느 정도 권면할 수 있을 것입니다.
하지만 그것을 강제할 수는 없을 것입니다.
가족도 독립적인 한 영혼이기 때문입니다.

모세의 자녀도 사무엘의 자녀도 별로 영적이지 않았습니다.
그토록 주님을 사모하고 추구했던 다윗의 아들들 중에서도 주님을 간절하게 구하는 자녀는 없었습니다.
그것은 부모도 강제할 수 없습니다. 그것은 개인의 선택입니다.

어떤 이들은 가족들에 대해서 너무 많이 기대합니다.
그래서 안타까이 권면하고 자신이 경험한 주님의 은총과 사랑을 나누고 싶어서 안달합니다.
영성의 길을 같이 걷고 싶어서 안타까워합니다.
하지만 그것은 주님께 맡겨 드려야 합니다.
우리는 주님의 인도하심과 감동에 따라서 기도할 수 있고 중보할 수 있지만 그것은 개인에게 달려 있는 것입니다. 우리는 그것을 내려놓아야 합니다.
우리가 주님께 나아갈수록 우리는 고독해질 수 있습니다.
우리는 우리의 마음 깊은 곳에 있는 것을 나눌 자가 많지 않다는 것을 느끼게 됩니다.

우리는 점점 더 주님의 마음에 이끌려지게 됩니다.
그리고 주님의 마음이 얼마나 고독한 것이었나를 느끼고 깨닫게 됩니다.
그러므로 당신도 가족에 대한 배우자에 대한 그러한 기대에 대해서 주님께 맡기고 내려놓을 필요가 있습니다. 지나친 기대와 집착은 오히려 자유함을 빼앗아가 버리기 때문입니다.

가족을 통한 핍박이나 방해가 있을 때 주의 이름으로 그 배후에 있는 영들을 결박하십시오. 그 영들이 함부로 활동하지 못하도록 그 영들을 대적하십시오.
하지만 그 본인의 의지를 지나치게 강압하지 마십시오. 주님은 각자에게 선택권을 주셨습니다. 우리는 다만 도울 수 있으며 섬길 수 있지 상대방을 지배할 수는 없습니다.
배우자를 통하여 마음속의 깊은 고독이나 여린 부분을 채우려고 하지 마십시오.
주님께 나아갈수록 당신은 세상에서는 당신의 마음을 나눌 사람이 없으며 오직 주님만이 당신을 채우신다는 것을 알게 될 것입니다.

가족으로 인한 영적 방해를 대적함으로 제거하십시오. 그러나 가족들에게 너무 기대하지 마십시오.
오직 당신의 마음을 주님께 두십시오. 주님께 속한 사람은 오직 그것으로 충분하게 만족하고 행복할 수 있는 것입니다. 할렐루야.

12. 아이를 가졌을 때 대적기도와 보호하는 기도를 드리십시오

무서운 영화라든지, 잔혹한 내용을 담은 연극이나 동영상을 보여줄 때는 항상 이런 안내문이 붙습니다.
 '노약자들은 조심하십시오'
여기서 노약자들 중에는 임신한 여성도 포함됩니다.
임신한 여성은 몸이 무리하지 않도록 조심해야 하지만 또한 무섭고 잔혹하거나 과격한 영상이나 그림이나 글을 접촉해서는 안 됩니다. 그것은 상식적으로 잘 알려져 있습니다.

임신한 여성은 왜 그렇게 조심해야 하는 것일까요? 그것은 그 여성 자신보다도 그 여성이 가지고 있는 아가를 보호하기 위한 것입니다.
아이를 가지고 있을 때 아가들은 어머니가 느끼는 감정이나 외부의 자극에 대해서 민감하게 느끼고 반응합니다. 그러므로 어머니가 두려워하거나 상처를 받을 때 아가는 똑같이 두려워하고 상처를 받습니다.
어머니에게 두려움의 영이 들어갈 때 아가에게도 같이 두려움의 영이 들어가게 됩니다.
어머니에게 분노의 영이 들어갈 때 아가에게도 똑같이 분노의 영이 들어가게 됩니다. 그리고 그렇게 침투한 영들은 아이의 평생에 커다란 영향을 주게 됩니다.

그렇기 때문에 아이를 가진 여성은 매사에 말하는 것과 듣는 것과 행하는 것과 마음가짐, 접촉하는 것, 모든 것을 조심해야 하는 것입니다.
가임 여성은 절대로 감기약과 같은 약물을 먹어서는 안 됩니다. 그것은 그녀가 언제 아이를 임신할지 모르기 때문입니다. 모르는 사이에 약물을 복용했다면 그것은 성인에게는 별 문제가 되지 않겠지만 아가에게는 큰 문제가 됩니다.

한 달 된 아가는 배속에서 1센티 정도의 크기에 불과하다고 하는데 그렇게 작은 아기에게 약물이 얼마나 큰 영향을 미칠지 상상할 수 있는 것입니다.

마찬가지로 사소한 분노나 두려움이나 슬픔이나 우울함과 같은 것이 성인에게는 별 문제가 안 될지도 모릅니다. 하지만 아이에게는 그렇지 않습니다. 그것은 아이의 영혼에 중대한 영향을 미치게 합니다.

과거의 기억의 치유라고 알려진 내적 치유 사역을 해보기 전까지 과거의 상처에 대한 기억이 현재의 장애를 만든다는 이야기는 내게 큰 의미를 주지 않았습니다.

그러나 내가 실제로 내적 치유의 사역을 시도해보게 되면서 나는 많이 놀랐습니다. 과거는 우리의 기억 속에서 잊혀진 것 같았지만 그 영향력은 현실에도 생생하게 살아있었던 것입니다.

몇 자매들에게 치유기도를 하면서 나는 그녀들이 과거의 기억으로 돌아가도록 기도하였었습니다.

그녀들은 자신에게 아픔이 되었던 과거의 상태로 가게 되었는데 놀라운 것은 그녀들이 어머니의 뱃속에서 경험했던 감정이나 느낌들을 생생하게 기억하는 것이었습니다.

어떤 자매는 두려워하면서 미친 듯이 울었습니다. 그리고 태어날 때의 느낌과 두려움, 사람들의 반응 등에 대해서 생생하게 기억하고 있었습니다.

어느 자매가 어머니의 뱃속에 있을 때의 기억을 되살리며 죽음의 공포를 느끼면서 자지러지게 아이의 목소리로 우는 것이었습니다. 그녀는 "나를 죽이려고 해요!" 하고 울부짖으며 미친 듯이 울었습니다. 나는 그녀에게 임신한 지 몇 개월째인지를 물었습니다. 그녀는 2개월이라고 대답했습니다.

그녀는 기도가 끝나자 집에 가서 어머니에게 임신 2개월이 되었을 때 무슨 일이 있었느냐고 물어보았습니다.

그러자 어머니는 놀라면서 그 때 아주 힘든 일이 있어서 임신 중절 수술을 하려고 했다고 대답하였습니다. 그녀가 어머니의 뱃속에서 느꼈던 죽음에 대한 공포는 사실이었던 것입니다.

그녀는 기도를 받으면서 자신이 어머니의 뱃속에서 태어나는 장면으로 가게 되었습니다. 그런데 그녀는 태어나는 순간의 느낌에 대해서 이야기하면서 소리를 지르면서 울었습니다.

그녀는 "나를 별로 좋아하지 않아요!" 하고 외치듯이 울부짖었습니다. 그녀는 나중에 그녀가 태어날 때의 상황이 어떠했는지 어머니에게 물어보았는데 그 때에 너무 여유가 없어서 아가의 탄생을 기뻐할 만한 상황이 아니었다는 것을 듣게 되었습니다.

나는 이러한 경험을 하면서 아주 놀랐습니다. 의학자들은 뱃속에서의 아이나 태어난 지 얼마 되지 않은 아주 작은 갓난아이도 많은 것을 알고 있다고 많이 이야기하지만 나는 그것이 그리 실감이 나지 않았던 것입니다.

하지만 이러한 사역을 하면서 나는 어린아이는 너무나 섬세하고 예민한 존재이며 그들은 많은 위험에 노출되어 있는 것을 알게 되었습니다.

어머니는 태아를 보호해야 하는데 그 무엇보다도 더 중요한 것은 태아의 영을 보호해야 하는 것입니다.

어머니가 담배를 피우는 것이나 술을 마시는 것이 태아에게 아주 나쁜 영향을 주는 것은 잘 알려져 있습니다. 그러나 그것 못지않게 어머니가 평화로운 마음을 가지며 밝고 감사하고 사랑하는 마음을 가지는 것이 중요합니다. 태아의 육체에 미치는 영향보다 더 중요한 것은 태아의 정신과 영에 미치는 영향력입니다. 성인에게 악한 영이 들어갈 수 있는 것처럼 태아에게도 악한 영이 들어갈 수 있습니다. 태아는 자기를 방어할 수 없는 피동적인 존재이기 때문에 악한 영이 침입하는 것을 더욱 더 조심해야 합니다.

어머니들은 갓난아이들이 아무런 이유도 없는데 마구 우는 것을 많이 보고 경험합니다. 배가 고픈 것도 아니고 졸음이 와서 잠투정을 하는 것도 아니고 기저귀가 젖어서 불쾌한 것도 아닌데 아이들은 가끔 미친 듯이 웁니다.
그럴 경우에 별로 대책이 없기 때문에 어머니들은 아이를 안아주거나 업어줍니다. 그리고 조금 있으면 아이는 울음을 멈추고 잠이 들거나 합니다.
이러한 경우 대체로 아이들은 영적인 존재를 느끼고 우는 것입니다.
그래서 아이는 불안하고 두려워서 울다가 어머니와의 접촉을 통해서 영적 에너지를 얻고 안정감을 느끼기 때문에 울음을 멈추는 것입니다.
어른들은 둔감하지만 아이들은 영적인 분위기에 아주 예민합니다. 귀신을 보는 아이들은 아주 많습니다.
어른들은 아이가 헛것을 보았다고 생각하지만 아이들은 영이 예민해서 실제로 영적인 존재들을 잘 봅니다. 이성이 자라면서 점차로 영적 감각은 소멸되기 때문에 어른이 되어가면서 그 영적인 능력을 잃어버리는 것뿐입니다.

오래 전에 한국에 유리겔라라는 이스라엘의 초능력자가 방문한 적이 있었습니다. 그의 초능력은 사람들의 관심을 끌었기 때문에 TV에서는 그가 능력을 보이는 것을 방송했습니다.
그의 염력에 의해서 숟가락이 구부러지기도 하고 오래 동안 멈추어 있었던 시계가 움직이기도 했습니다.
그런데 아주 재미있는 보고가 있었습니다. 어른들은 TV를 보면서 그러한 현상에 많은 흥미와 관심을 보였는데 3살 이하의 어린아이가 있는 집안에서는 아기들이 미친 듯이 울었다는 것입니다. 그 이유는 무엇일까요?

그것은 아가들이 영적인 존재와 분위기에 민감하기 때문입니다. 그들은 초능력의 배후에 있는 귀신과 악령의 존재를 느끼고 두려워서 울었던 것입니다. 이처럼 어린 아가들은 영적으로 예민합니다.

그렇기 때문에 어머니들은 특별하게 아가의 영적 보호를 위해서 기도해야 하는 것입니다.

건강을 지키는 것도 중요하지만 아가의 영혼이 천사들의 보호 아래서 행복하고 편안하게 자라는 것도 또한 중요합니다.

아가를 가지고 있는 어머니는 다른 때에도 그렇지만 임신 중에는 특별히 마음을 더 관리해야 합니다. 함부로 화를 내서는 안 되며 함부로 미워해서도 안 됩니다. 두려워해서도 안 되며 판단을 해서도 안 되고 원망 불평을 입 밖에 내어서도 안 됩니다. 그것은 아이에게 바로 영향을 주기 때문입니다.

어머니는 태아의 영적 느낌을 잘 인식해야 합니다. 태아에게 어떠한 공격도 가지 않도록 해야 합니다. 두려움이 느껴질 때 그 기운이 태아에게 가지 않도록 대적하고 결박해야 합니다. 두려움의 영을 대적하고 분노의 영을 대적하고 근심의 영을 대적해서 태아가 안전하게 거하도록 해야 합니다.

어머니가 입덧을 하는 것은 아직 태아의 영혼이 어머니의 영혼과 충분히 조화되지 않았으며 자리를 잡지 않은 것을 보여줍니다.

그러므로 이 때 어머니가 많은 활동을 하는 것은 좋지 않습니다. 그것은 태아를 불안하게 합니다.

그러므로 이 때가 가장 안식과 기도가 필요한 때입니다. 조용히 누워서 쉬면서 주님의 도우심을 구하며 영적으로 충전해야 하는 것입니다. 태아를 위해서 축복기도하며 또한 자신의 영혼에 영적 에너지가 충만하도록 충전과 안식의 기도를 드려야 합니다.

태아를 위해서 아기를 가지고 있는 동안 계속하여 보호의 기도를 드리십시오. 악한 영들이 태아를 공격하거나 들어가지 못하도록 보호하는 기도를 드리십시오.

가능하면 악한 기운이 있는 곳, 싸움과 요란함과 두려움과 불안한 기운이 있는 곳에 가지 마십시오. 태아는 그 모든 것을 아주 예민하게 느끼고 반응하며 두려워합니다.

태아를 위해서 자주 악한 영을 대적하며 대적기도와 결박기도로 태아를 보호해주십시오. 그리고 주님과 천사의 도우심과 보호가 아이의 위에 항상 있도록 기도해주십시오. 그렇게 아이를 배속에서부터 보호할 때 그 영혼은 아름답고 안전하게 주님의 품안에 거할 수 있을 것입니다.

13. 아이가 아플 때 대적기도를 하십시오

초보 부모는 아이에 대해서 모르는 것 투성이 입니다. 그래서 초보 부모들은 모든 것들이 두렵습니다.
엄마는 아이가 울 때 도대체 왜 우는지 몰라서 두려워합니다. 배가 고파서 우는 건지, 잠투정을 하는 건지, 아니면 기저귀가 젖어서 우는 건지 그 이유를 알 수 없으니 답답해합니다. 아이가 어디가 어떻다고 말을 해주면 좋으련만 아이는 그저 무조건 울 뿐입니다. 그럴 때 초보 엄마는 답답하고 두렵습니다.

어느 엄마가 어린 아가를 데리고 버스를 탔습니다. 아이는 버스 안에서 계속 울기 시작했습니다. 엄마는 당황했지만 아이는 울음을 그치지 않았습니다.
엄마는 흔들리는 버스에서 일어나 아이를 업고 위태로운 자세로 아이를 달래고 있었지만 아이는 울음을 그치지 않았습니다.
어쩔 줄 모르고 있는 그 초보 엄마에게 뒷자리에 있던 아주머니가 말했습니다.
"새댁.. 아이가 너무 더워서 그런 거니까 웃옷을 벗겨 주세요."
초보 엄마는 그 말을 듣고 아이의 웃옷을 벗겼습니다. 아이의 등은 땀으로 범벅이 되어 있었습니다. 아이의 옷을 벗겨서 시원하게 해주자 아이는 곧 울음을 그쳤습니다.

이것이 초보 엄마와 고참 엄마의 차이입니다. 고참 엄마는 이제 어느 정도 경험이 있기 때문에 아이의 울음소리만 들어도 문제가 무엇인지 아는 것입니다.

하지만 초보 엄마는 울음의 의미를 이해하지 못합니다. 그러니 엄마도 답답하고 당사자인 아이도 답답한 것은 마찬가지입니다.

나는 언젠가 어떤 초보 아빠로부터 이런 이야기를 들은 적이 있습니다. 아빠가 잠에서 깨어보니 아내가 아가를 안고 울고 있었습니다. 아내는 울면서 아가에게 말을 하고 있었습니다.

"아가야. 도대체 왜 우는 거니.. 말 좀 해봐라. 말 좀.."

조금 지나면 엄마는 아이의 울음소리를 듣고 아이의 요구가 무엇인지 알 수 있습니다. 울음소리가 아주 크고 요란하면 그것은 배가 고픈 것입니다. 울음소리가 조금 약하며 짜증스러우면 그것은 잠투정을 하는 것입니다.

어른들은 '졸리면 자면 되지 왜 아이들은 잠투정을 할까..' 하고 생각하지만 아이들은 잠을 자는 것이 어려울 때가 많이 있습니다.

잠을 자는 것은 아이의 영혼이 영계로 들어가는 것인데 아이의 영혼은 민감하기 때문에 악한 영들이 어른거리고 있으면 불안해서 잠이 들기가 어려운 것입니다. 그래서 두려움을 가라앉히고 편안함을 얻기 위해서 투정을 하고 울게 됩니다.

아무튼 초보 엄마들은 그러한 아이의 언어에 대해서 잘 알지 못하고 경험이 없기 때문에 아이에게 조금만 문제가 생겨도 두려워합니다.

어떤 유머를 읽은 적이 있습니다.

외국 사람의 이야기인데 어느 엄마는 아가에게 주스를 먹이고 있었습니다. 그런데 주스에다 물을 섞어서 먹여야 했었는데 밤중이라 깜빡 졸다가 주스에 물을 섞지 않았습니다.

정신을 차리고 보니 어느새 아이가 물을 섞지 않은 주스를 50cc나 마시고 있었습니다.

놀란 엄마는 가까운 소아과 병원에 전화를 했습니다. 그리고 놀란 목소리로 말했습니다.

"큰일 났어요. 주스를 물과 섞지 않고 50cc나 먹였는데 어떻게 하면 좋지요?"
병원의 의사는 한 밤 중에 자다가 깨어서 전화를 받았지만 유머 감각을 잃지 않았습니다.
"괜찮습니다. 일단 아이에게 물을 50cc 먹여 주세요. 그리고 나서 아이를 조용히 흔들어 주세요."
동서양을 떠나서 초보 엄마들은 이렇게 잘 놀라고 무서워합니다.

이렇게 아이에 대한 사소한 일들도 두려워하기 때문에 초보 부모들은 아이가 갑자기 아프게 되면 아주 놀랍니다.
아이가 심하게 울거나 열이 있거나 사소한 아픈 증상이 보이기만 하면 이들은 무조건 약국이나 병원으로 달려가려고 합니다. 아이가 말을 할 줄을 모르니 어디가 아프냐고 물을 수도 없기 때문입니다. 그래서 한 밤 중이라도 무조건 병원 응급실이라도 가려고 합니다.
다행히 병원에 가서 왔다 갔다 하다보면 아픈 증상은 곧 가라앉는 것이 보통입니다.
하지만 아이가 돌이 되기 전에는 이렇게 사소하게 아픈 일이 많습니다. 그래서 부모들은 자주 병원을 들락거립니다. 병원에 가서 별일 아니라는 이야기를 들으면 비로소 안심하고 집으로 옵니다.

하지만 아이가 아픈 것 같을 때 무조건 두려워하거나 병원으로 직행할 필요는 없습니다. 일단 먼저 기도하는 것이 좋습니다. 특히 대적기도를 하는 것이 좋습니다.
물론 그렇게 해도 증상에 차이가 없으면 당연히 병원에 가야합니다. 잦은 예방 주사나 접종은 물론 당연히 해야 합니다.
하지만 이 사실을 기억할 필요가 있습니다. 아이가 아주 어릴 때 나타나는 사소한 증상은 대체로 악한 영들이 장난을 치는 경우가 많다는 것입니다.

아이들은 아직 영혼이 안정이 되어 있지 않고 약하기 때문에 영적인 공격에 아주 취약합니다.
아이들은 영이 약하고 예민하기 때문에 악한 영들, 악한 기운의 접근에 아주 민감하게 반응합니다.
예를 들어서 분노와 미움의 영을 많이 가지고 있는 사람이 집에 온다거나 화를 잘 내는 사람이나 걱정 근심, 두려움이 많은 사람이 집에 와서 머물다 가면 아이가 그 날 밤에 갑자기 열이 나는 수가 많이 있습니다. 그러한 기운이 아이에게 들어갔기 때문입니다.
아빠가 회사에서 아주 기분 나쁜 일이 생겨서 아내와 그 이야기를 한다면 아이가 아플 수 있습니다. 부부가 싸우는 것은 물론 그 이상으로 아이에게 해를 끼칩니다.

성인들은 영이 어느 정도 형성이 되어 있고 영의 껍질도 두껍기 때문에 외부의 영의 침투에 대해서 어느 정도 자기 방어를 할 수 있습니다. 성인 중에도 영이 얇아서 자신의 영을 잘 방어하지 못하는 이들이 있기는 하지만 일반적인 성인들은 자신을 지킬 수 있습니다.
하지만 아이들은 다릅니다. 아이들은 영적인 에너지에 아주 예민합니다. 그러므로 좋지 않은 영을 가지고 있는 사람이 아이에게 가까이 올 때에 아이들은 그 영향을 쉽게 받으며 정신적이고 영적인 충격을 경험하게 됩니다.

그렇게 되면 그것은 아이의 몸에도 반응을 일으킵니다. 그래서 몸에 열이 나기도 하고 경기를 하기도 하고 설사를 하기도 하며 토하기도 합니다. 쉬지 않고 울기도 합니다.
그렇기 때문에 이러한 경우에 무조건 두려워하거나 병원으로 달려가기 전에 기도를 해서 악한 기운을 쫓아버리고 영적으로도 회복을 하는 것이 좋은 것입니다.
아이가 가지고 있는 증상이 단순히 몸이 아픈 것인지, 아니면 나쁜 영의 전이 때문에 아픈 것인지는 기도하면 곧 알 수 있습니다. 즉 좋지 않은 영적 기운 때문에 아픈 것이라면 그것은 대적기도를 하면 곧 사라집니다.
하지만 단순히 신체적인 것이라면 기도에 그다지 효과가 나타나지 않을 것입니다. 그럴 때는 병원에 가도 좋습니다.

어떻게 기도를 해야 할까요? 그저 단순한 방법으로 하면 됩니다.
조용히 아이에게 손을 얹고 주님의 임재와 평안이 임하기를 기도하는 것입니다.
그리고 악한 영들, 두려움의 영이나 근심의 영과 같은 악한 기운을 대적합니다. 아이가 놀라지 않도록 조용하게 차분한 어조로 악한 영을 결박하고 대적하면 됩니다.
어린 아이를 위해서 기도하면서 큰 소리로 부르짖는 식으로 해서는 안 됩니다.
그런 식으로 잠시 기도하고 나면 아이가 바로 좋아지는 것을 많이 경험할 수 있습니다. 그리고 그렇게 회복이 되면 굳이 병원에 갈 필요는 없을 것입니다.

초보 부모들은 아이가 아프다고 해서 갑자기 두려워하거나 놀랄 필요는 없습니다.
부모가 놀라게 되면 아이는 더 아프게 됩니다. 대체로 영적인 공격을 통해서 아픈 경우가 많은데 부모의 영혼이 안정감을 잃게 되면 아이의 영에 부모의 두려움과 근심의 기운이 덧붙여져서 아이의 몸과 영은 더 약해지는 것입니다.
대체로 별것 아닌 증상도 병원에 가면 회복이 되는 경우가 많은데 그것은 놀란 부모의 마음이 병원에 가서 안정을 얻기 때문입니다.
의사가 '괜찮습니다. 별 것 아니니 걱정하지 마십시오.' 하고 말하면 부모의 놀란 가슴이 안정이 되어 버립니다.

그리고 나면 아이도 부모를 따라서 편안해지고 낫게 되는 것입니다.
아이는 영적으로 아주 예민하다는 사실을 기억하십시오.
그래서 무엇보다도 마음의 평안이 중요하다는 사실을 기억해야 합니다.
그러므로 아이 앞에서는 절대로 화를 내거나 불평을 표현해서는 안 됩니다. 그것은 아이의 안에 나쁜 기운을 바로 집어넣는 것입니다.
아이는 항상 부모가 안아주는 것을 좋아하는데 그것은 안아줌을 통해서 부모에게서 편안함의 에너지를 얻기 때문입니다.

아이가 아플 때 놀라지 마십시오.
아이를 안아주시고 축복해주십시오.
아이에게 올 수 있는 불안과 두려움과 질병의 영을 대적하십시오.
아이에게 주님의 임재와 평안이 임하도록 기도하십시오.
아주 특별한 일이 아니라면 아이는 부모가 편안한 상태에서 기도해 줄 때 곧 회복될 것입니다. 아이는 영적인 존재이므로 그들의 영이 편안함을 느낄 때 그들은 건강하게 자랄 수 있을 것입니다.

14. 아이가 돌이 되면 고집의 영을 대적하십시오

어린아이는 말로 표현이 불가능할 정도로 아름답고 사랑스러운 존재입니다. 아주 작은 어린아이를 보면서 사랑을 느끼지 않는 이들은 거의 없을 것입니다.
아이의 엄마와 아빠는 아무리 세상에서 힘든 일이 있어도 천진난만한 아이의 모습, 잠이 들어있는 아가의 모습을 보면서 힘을 얻고 위로와 용기를 얻습니다. 어린 아가는 너무나 아름다운 존재입니다.

하지만 그렇게 사랑스럽고 아름다운 아이에게도 악한 영들이 들어가며 역사한다는 사실을 기억해야 합니다. 아이들에게 임하고 들어가서 장난치는 영들을 부모는 분별하고 대적하여 쫓아낼 의무가 있습니다. 그것은 부모들의 중요한 사명입니다.
어른들에게는 어른들에게 해당하는 악한 영들이 옵니다. 또한 어린아이들에게는 어린아이들에게 속하는 작은 영들이 장난을 치러 옵니다. 악한 영들은 아무리 사랑스럽고 예쁜 아기라고 해도 그들을 공격하며 사로잡으려고 합니다. 그러므로 이에 대한 주의가 필요합니다.

보통 돌 정도가 되면 아이의 고집이 나타납니다. 나는 돌이 조금 지난 어린아이가 화가 잔뜩 나서 전화기를 두 손으로 잡고 던져서 깨뜨리는 것을 본 적이 있습니다.
그 아가는 정말 성질이 대단했습니다. 주위의 어른들은 그것을 보고 웃고 말았지만 그러한 것을 징계하지 않고 넘어가는 것은 좋지 않습니다. 그것은 아이의 영혼에 해로운 것입니다.
보통 돌 정도가 되면 아이의 고집이 시작되기 때문에 돌을 전후로 해서 아이를 징계하고 가르쳐야 합니다. 돌 정도가 되면 아이는 부모가 야단치고 금지하는 것을 이해할 수 있습니다.
그 전에는 아이를 혼낸다고 해도 그것을 이해하지 못합니다. 아이에 따라 다소 차이가 있으나 대체로 돌을 전후해서 아이들에게는 고집이 나타납니다.
그러므로 이 때 그 고집을 꺾어 주어야 합니다. 돌이 되면 부모는 그것을 금지시킬 수 있고 아이는 그것을 알아들을 수 있습니다.

위대한 영성인들의 부모들은 대체로 한 살 정도에서부터 아이를 교육하기 시작하였습니다.
한 살에서 세 살이 되면 아이의 성품의 상당 부분이 결정되기 때문에 그것은 아주 중요한 일입니다. 우리 속담에 있는 '세 살 버릇이 여든까지 간다' 는 말은 영적으로도 의미가 있는 말입니다.
아이들은 금지하지 않을 경우 그 안에서 자기의 마음대로 하고 싶은 고집이 일어납니다.
그들은 무엇이든지 제 멋대로 하려고 합니다. 그들은 위험한 것이 무엇인지 모르며 나쁜 것이 무엇인지 모릅니다. 손에 잡히는 것은 무엇이든지 입에 집어넣으며 칼과 같이 위험한 것도 만지고 싶어 합니다.

그러한 것을 금지하는 것은 당연한 것입니다. 그러나 그것 못지않게 중요한 것은 제 멋대로 하려는 성향을 금지하는 것입니다. 아이들에게 가장 중요한 것은 제 고집대로 하지 않고 순종하는 것을 가르치는 것입니다. 이 훈련은 한 살부터 해야 합니다.
가만히 내버려 둘 때 아이에게는 고집이 생깁니다. 무엇이든지 자기 기분이 내키는 대로 하려고 합니다. 그리고 그 배후에는 작은 악한 영들이 있습니다. 그들은 고집과 반항의 영입니다. 많은 부모들은 아이들이 이쁘다고 제멋대로 하도록 놓아둡니다. 아이가 고집을 부리고 짜증을 내고 앙탈을 부려도 그대로 내버려둡니다.

하지만 그것은 사랑이 아니라 아이를 망치는 것입니다. 한 살에서 세 살까지 순종을 배우지 못하는 아이들은 평생을 불순종하고 고집부리며 살 가능성이 많이 있습니다.

어떤 아이들은 성질이 아주 강합니다. 그들은 자신이 원하는 것이 이루어질 때까지 악을 쓰고 울어댑니다.

그러한 것은 아주 좋지 않은 것입니다. 그렇게 악을 쓸 때에 악한 영들의 기운이 나오며 그들을 사로잡게 됩니다. 그것을 내버려두면 아이의 안에 집착과 고집과 지배의 영들이 자리를 잡게 됩니다. 그 때는 정말 매가 필요한 때입니다.

아이가 고집을 부릴 때 기도하는 마음으로 아이를 혼내주고 때리는 것은 좋은 것입니다. 그리고 그렇게 아이를 혼내주어 고집을 꺾은 다음에 아이가 울 때에 아이를 안아주고 기도해주어야 합니다.

악을 쓰면서 울 때는 안아주어서는 안 됩니다. 그 때는 나쁜 기운이 역사하고 있기 때문입니다.

그러나 기가 꺾이고 풀이 죽은 상태에서 울 때 안아주는 것은 좋습니다. 그리고 기도하며 축복해줍니다. 그러면 아이의 영은 아주 아름답고 맑아집니다.

아이는 아주 아름답고 사랑스러운 존재입니다. 그러나 가만히 내버려두면 고집의 기운이 아이에게 들어가며, 아이의 눈은 흐려지고 사나워집니다. 그 때 아이를 징계하며 악한 영을 대적하고 기도를 해주면 아이의 눈은 다시 사랑스럽고 맑아집니다. 그것은 고집의 영이 나갔기 때문입니다.

그것을 아이가 고집부리는 것이라고 생각하지 마십시오. 그것은 악한 영이 아이에게 살며시 들어가 장난을 치기 시작하는 것입니다. 그것을 내버려두면 습관적으로 악한 영이 들어가서 움직이게 되며 나중에는 그것이 아이의 성격이 됩니다.

아이 때문에 평생을 고생하고 싶지 않으면 돌이 되었을 때 순종을 가르치고 고집을 꺾는 훈련을 시작하며 고집의 영을 대적하고 결박하는 것을 잊지 마십시오. 이것은 아주 중요한 교육의 시작입니다.

사랑스럽고 아름다운 아이에게 악한 영들이 장난치며 역사하는 것을 분별하고 차단하십시오. 마귀가 그 아이들을 사로잡지 않도록 그들을 지켜주십시오.
그것이 진정한 사랑입니다. 내버려두는 것은 사랑이 아닙니다.
고집의 영을 묶으십시오. 제멋대로 하는 것을 금지하게 하십시오.
그렇게 할 때 아이는 계속 아름답고 사랑스럽고 맑은 영의 상태를 유지하며 지혜롭게 자라갈 수 있을 것입니다.

15. 찡찡거리는 영을 쫓아내십시오

어린아이들은 찡찡거리는 습관이 쉽게 생깁니다. 그것은 찡찡거리게 하는 영이 들어오기 때문입니다.

조카아이가 어렸을 때 우리 집에서 한동안 머물렀던 적이 있었습니다. 그 때 아이는 서너 살 정도였는데 습관적으로 찡찡거리듯이 말을 하곤 했습니다. 물을 달라고 할 때는 '무울 쪼옴 줘~' 하는 식으로 얼굴을 찡그리고 말했습니다.

그래서 나는 대답했습니다.

"그렇게 말을 하면 안 된단다. '물 좀 주세요' 해 봐. 그러면 삼촌이 물을 가져다줄게."

그러자 아이는 얼굴을 펴고 '물 주세요.' 하였습니다. 나는 칭찬을 해주고 물을 가져다 주었습니다.

그렇게 찡찡거리며 말을 할 때는 아이의 말투나 표정이 짜증스럽게 일그러지게 됩니다. 그리고 목소리도 짜증스럽게 들립니다. 하지만 그러한 자세를 정정해주면 아이들은 신기할 정도로 곧 표정도 밝아지고 목소리도 듣기 좋아지게 됩니다.

어린아이들은 단순하기 때문에 그렇게 영적인 전환이 곧 이루어지게 되는 것입니다.

나는 아이들이 흔히 이렇게 짜증스럽게 찡찡거리며 어머니를 조르고 요구하는 영을 가지고 있는 것을 많이 보게 되었습니다. 그것은 아이가 아니고 그 안에서 일하는 짜증의 영인 것입니다.

우리 아이들이 어렸을 때 나는 그들을 위해서 자주 기도해주었고 아이들은 영안이 열리게 되었습니다.

내가 목회를 하고 집회를 하는 동안 주님의 임재와 기름 부으심의 역사가 많이 있었습니다. 이러한 분위기에서 어른들은 잘 되지 않지만 아이들은 영안이 잘 열립니다. 그래서 그들은 천사와 귀신들을 보곤 하였습니다.

우리 아이들도 자주 찡찡거릴 때가 있었기 때문에 나는 그들에게 역사하는 영을 대적하고 쫓아주곤 했습니다. 그 영을 쫓아내고 나면 아이들은 얼굴도 밝아지고 목소리도 밝아졌습니다.
하루는 악한 영들을 쫓아내고 있는데 다섯 살 정도 되었던 딸 예원이가 이렇게 말하는 것이었습니다.
"아빠.. 나는 찡찡거리고 싶지 않은데 검은 옷을 입은 조그만 아이가 나보고 자꾸 찡찡거리라고 해요. 그래서 나도 모르게 찡찡거려요. 그런데 아빠가 그 애들을 쫓아내기 때문에 그 아이들이 아주 슬퍼하고 있어요."

나는 그 이후에 이 영들의 이름을 찡찡이 영이라고 붙이고 이들이 나타날 때마다 그들을 대적하고 쫓아내었습니다. 그리고 나면 아이들은 영과 마음이 아주 맑아졌습니다. 그리고 가슴이 시원하고 후련하다고 아주 즐거워했습니다.
아이들에게 잘 달라붙는 찡찡거리는 영을 처리하고 나면 아이들은 아주 사랑스러운 모습이 됩니다. 하지만 그들을 내버려두면 아이들은 정말 조그만 악마같이 느껴집니다.
아이들을 참으로 좋아했던 어떤 자매가 유치원에서 한동안 일을 하게 되었습니다.
그녀는 일을 시작하면서 아이들은 천사와 같다고 말하며 아주 즐거워했습니다. 그러나 며칠이 지난 후에 그녀는 한숨을 쉬고 머리를 절래절래 흔들며 말했습니다.
"아이들은 천사가 아니었어요. 그들은 모두 조그만 악마 같아요."

영적인 힘을 가지고 있어서 아이들과 그 배후에 있는 영들을 다룰 수 있는 사람에게는 아이들이 천사와 같습니다.

그러나 착하기만 할 뿐 마음이 여리고 영적인 세계도 모르는 이들은 아이들의 밥이 됩니다. 그들은 아이들을 다루려고 하지만 그것이 쉽지 않습니다.

아이들은 말을 듣지 않으며 고집을 부리고 찡찡거립니다. 그러니 교사들은 그들과 씨름하며 탈진하게 되는 것입니다.

영의 세계를 알며 영적인 힘을 얻는 방법을 알고 아이들을 다루는 이들은 즐겁고 쉽게 아이들을 상대할 수 있게 됩니다. 그들은 아이들이 천사의 상태로 머물러 있게 할 수 있으므로 아이들을 계속 천사로 느낄 수 있는 것입니다.

그러나 그가 그러한 영적인 힘을 가지지 못하면 언제든지 아이들은 작은 악마와 같은 말썽꾸러기가 될 수 있습니다.

그러므로 어린이를 다루어야 하는 직업을 가지고 있는 사람은 그 무엇보다도 영적인 힘과 권위를 가지고 있어야 합니다. 그래야 고생을 하지 않고 즐겁게 아이들을 다루고 가르칠 수 있는 것입니다.

어린아이들에게 붙어서 찡찡거리며 끊임없이 이것저것을 요구하며 사람을 피곤하게 하는 것은 찡찡이의 영입니다. 이것을 처리하는 것은 아주 중요합니다. 왜 그런가하면 아이가 자신이 원하는 것을 얻을 때의 방식이 지금부터 결정되기 때문입니다.

아이들은 찡찡거리고 투정을 하며 짜증스럽게 그들의 요구를 관철하는 습관이 되어서는 안 됩니다. 그렇게 되면 그는 나중에 어른이 되어도 그들이 원하는 것을 그런 식으로 얻게 됩니다.

남이 싫어하는 짓을 하면서 관심을 끌려고 하는 사람이 있습니다.

남을 사랑한다고 하면서 스토커와 같은 행동을 하는 사람이 있습니다.

남에게 위협을 하거나 고통을 줌으로써 자신이 원하는 것을 얻으려고 하는 사람이 있습니다. 이러한 사람들의 습관은 다 찡찡이 영으로부터 시작되는 것입니다.

아이들은 자기가 원하는 것이 있을 때 밝고 맑게 웃으면서 그들의 소원을 요구하는 습관이 되어야 합니다. 애교스럽게 웃으면서 '엄마.. 이것 좀 해주세요..' 하고 말하는 것을 배워야 합니다.

그러한 아이는 커서 어른이 된 후에도 그런 식으로 자신의 소원과 뜻을 성취합니다.

그들은 어렸을 때부터 울고 찡찡거릴 때가 아니라 웃고 즐거워할 때 소원이 이루어지는 것을 반복적으로 경험해왔던 이들입니다.

그러므로 자기가 원하는 에너지를 취하는 정상적이고 바람직한 방식을 어린 시절에 배울 수 있다면 그것은 그의 일생에 걸쳐 참으로 귀한 지식과 습관이 될 것입니다.

어떤 사람은 겉으로는 물건을 던지고 폭력을 행사하지만 그 속의 마음은 사랑을 받기 원합니다. 관심을 끌기 위해서 그런 식으로 자기 마음을 표현하는 것입니다. 그러한 사람 역시 어린 시절에 찡찡거리며 자기의 요구를 관철해왔던 사람일 것입니다.

그들은 마음속에 애정이 있고 사랑이 있어도 그것을 거의 잘 표현하지 못합니다. 그저 마음만 있을 뿐 그것을 입으로 내는 것은 너무나 어색하고 쑥스럽습니다. 그것은 그들이 어렸을 적부터 그저 찡찡거리고 불평만을 표현하는 영에 잡혀서 습관이 되었기 때문입니다.

모든 사람들은 사랑 받기를 원하며 사랑을 베풀고 싶어하지만 그것을 잘 표현하는 이들은 많지 않습니다. 하지만 어떤 사람은 자신의 사랑을 아주 자연스럽게 표현합니다.

그들은 부드럽게 미소를 지을 줄 압니다. 다른 사람을 칭찬하는 것을 쉽게 합니다. 어색해하지 않습니다.

그들은 어렸을 때부터 부모에게 안겼을 것입니다. 그리고 뽀뽀를 했을 것입니다. 그리고 찡찡거리지 않고 해맑은 미소를 짓는 것이 어른들에게 사랑을 받는 방법이라는 것을 배웠을 것입니다.
어떤 아이는 찡찡거리면서 자신의 요구를 채웁니다.
어떤 아이는 사랑스럽게 웃으면서 자신의 요구를 관철합니다.
이 두 아이의 인생이 어떻게 다르게 진행되는가 하는 것은 너무나 분명한 일인 것입니다.

아이들에게 자주 붙는 짜증과 찡찡이의 영을 대적하십시오.
그들을 쫓아내어 발을 붙이지 못하게 하십시오.
그것은 아이의 일생에 중요한 영향을 줍니다.
많은 아이들에게 찡찡거리는 영이 붙어있어서 그들은 마치 작은 악마처럼 보일 수도 있습니다.
그러나 당신이 그 영을 대적하고 쫓아버린다면 아이는 다시 천사와 같은 모습으로 돌아갈 수 있을 것입니다.

당신의 아이가 아름답고 사랑스러운 상태로 남아있을 수 있도록 그들의 영을 보호하고 마귀가 접근하지 못하게 하십시오.
그들의 영을 항상 분별하십시오.
아이가 천사가 되는지 작은 악마가 되는지는 당신에게 달려있음을 명심하십시오.
당신이 기도할 때 아이는 아름답고 맑게 자라게 될 것입니다.
항상 천사가 호위하고 돌보는 귀한 아이가 될 수 있을 것입니다.

16. 징계나 대적기도 시에 화를 내서는 안 됩니다

아이에게는 징계가 필요합니다. 또한 아이에게 붙어 있는 악한 영을 대적하고 쫓아내는 것이 필요합니다.
하지만 그것은 아이에게 화를 내는 것과는 전혀 다른 것입니다. 어떤 이들은 아이를 징계하는 것과 아이에게 분노하는 것을 혼동하고 있는 것 같습니다.
아이에게 화를 내는 것은 교육이 아닙니다. 그것은 아이에게 영적으로도 정서적으로도 아무런 유익이 없습니다. 그것은 악한 영들을 쫓아내는 데에도 도움이 되지 않습니다.

우리는 마귀에게 분노해야 합니다. 하지만 아이에게는 분노해서는 안 됩니다. 징계할 때와 대적기도를 할 때는 강함과 단호함이 필요하지만, 그러나 그것은 분노의 상태와는 다릅니다.
분노는 자신이 흥분하고 자신의 감정에 사로잡힌 것입니다. 그리고 그러한 흥분상태에서 우리는 마귀를 이길 수 없습니다.

그것이 분노한 것인지, 아니면 바르게 가르친 것인지 우리는 자신의 양심으로 알 수 있습니다. 아이에게 분노하고 화를 낸 후에는 양심의 가책이 따르게 됩니다. 그 상태에서는 마음이 불편해서 주님께 기도를 드릴 수가 없습니다. 그렇기 때문에 아이를 혼내고 나서 바로 기도할 수 없다면 그것은 영으로 한 것이 아닙니다. 그것은 육으로 흥분하여 한 것입니다.
부모들은 징계를 할 때 아이들이 사랑을 받고 있으며 부모가 그들을 사랑하기 때문에 혼을 내고 있다는 사실을 반복해서 알려주어야 합니다.

그리고 죄와 악이 너무나 나쁜 것이라는 사실을 가르쳐야 합니다. 그럴 때 그들은 죄와 악을 미워하게 됩니다.
하지만 부모가 자기 기분의 상태에 따라 아이를 혼내면 아이들은 기가 죽거나 적개심을 가지게 됩니다.

그러므로 아이들에게 화를 내는 것은 교육이 아니며 오히려 아이들을 저주하는 것이나 같은 것입니다. 그것은 오히려 각종 악을 아이들에게 덮어씌우고 악한 영을 아이들에게 공급하는 것과 같습니다.
징계는 필요합니다. 영적 전쟁도 중요합니다. 그러나 그것은 차분하고 부드럽게 진행되어야 합니다.
화가 난 상태라면 다음으로 미루는 것이 좋습니다. 화가 난 것은 자신이 이미 마귀에게 진 상태이기 때문에 먼저 자신이 마귀와의 싸움에서 승리해야 합니다. 승리가 임하면 분노가 사라지고 마음이 평화로워집니다. 그렇게 되면 징계와 가르침을 시작할 수 있습니다.

부디 대적기도와 화내는 것을 구분하십시오.
아이를 가르치는 것과 분노하는 것을 구별하십시오.
이것을 잘 조절하고 다스릴 수 있을 때 당신은 아이들을 좀 더 잘 교육할 수 있게 될 것입니다.

17. 아이들을 억압하지 마십시오

아이들에게 화를 내는 것 못지않게 아이들을 억압하는 것도 아주 좋지 않은 것입니다. 대체로 어른들은 아이들이 어리다고 함부로 대하는 경향이 있습니다. 그리하여 그들의 인격과 의지를 무시하며 그들과 대화를 하는 것보다 일방적으로 명령하는 것을 좋아합니다.

아이들은 지식과 경험에 있어서 어른들보다 부족하기 때문에 어른들의 말을 들어야 하는 것은 당연합니다. 그러나 지식과 경험은 부족하되 그들이 한 인간으로서 부족한 것은 아닙니다. 그들도 동등한 영혼을 가지고 있습니다. 그러므로 그들의 인격은 존중되어야 합니다.
결코 일방적으로 명령하거나 예의 없는 자세로 말을 해서는 안 됩니다. 아이들도 어른에게 예의 있게 행동해야 하지만 어른들도 아이들을 존중하며 예의 있게 행동해야 합니다.
아이들이 싫어하는 것을 억지로 시키는 것은 아이의 영혼을 억압합니다. 그리고 모든 억압에는 반드시 부작용이 있으며 악한 영들이 침투하기 좋은 상태가 됩니다.

아이들에게 화를 내는 것이 나쁜 중요한 이유도 분노는 억압을 일으키기 때문입니다. 억압은 긴장을 일으키며 그 긴장과 억압 속에서 악한 영이 침투하고 활동할 수 있는 좋은 여건이 형성됩니다.
천국에는 자유가 있으며 상대에 대한 섬김과 존중이 있습니다. 그러나 지옥의 분위기는 반대입니다. 강자는 약자를 억압하고 지배하고 괴롭힙니다. 약자는 학대를 당하며 고통을 겪습니다. 천국은 상대방을 섬기고 행복하게 하면서 기쁨을 느끼지만 악한 영들은 상대방을 억압하고 고문하고 괴롭히면서 즐거움을 느낍니다. 다른 사람의 고통을 보면서 아무 느낌이 없거나 심지어 즐거움을 느끼기까지 하는 이들은 그들의 영혼이 지옥에 가까이 있는 것을 보여줍니다. 천국에 속한 사람은 다른 이들의 고통을 보면 몹시 고통스럽게 여깁니다.

억압은 지옥적인 분위기의 중요한 특성입니다. 상대방이 싫어하는 것을 계속 하는 것, 그것이 지옥의 영입니다.

악한 영들은 지옥에 속한 영들이기 때문에 억압의 분위기 속에서 움직이는 것을 좋아합니다. 지옥에는 항상 억압이 있습니다.

인간은 인격적인 존재이므로 자신이 싫어하는 일을 억지로 시키면 그것이 억압이 되고 그로 인하여 지옥에 가까워지고 악한 영들을 끌어당기게 됩니다. 그러므로 어른들은 아이들에게 무엇을 요구해야 할 일이 있다면 할 수 있는 한 억압하는 자세가 아니라 아이에게 조용하고 차분하게 설득을 해야 합니다. 무엇을 억지로 시키는 것은 전혀 좋은 일이 아닙니다.

설사 그것이 아무리 좋은 일이라도 억지로 시키면 아이는 기계적으로 그것을 할 뿐이므로 좋은 것의 효과가 별로 아이에게 들어가지 않습니다. 사람은 누구나 자기가 즐거워서 하는 것만이 그 영혼 속에 깊이 스며들게 되는 것입니다. 또한 좋은 일이라고 어떤 것을 강요하면 그것을 대항하는 영이 일어나게 됩니다.

그러므로 무엇을 시키든 그것을 하고 싶은 마음이 생기도록 조용히 그 기운을 심어야 합니다. 그것이 바른 교육입니다.

그렇게 좋은 감동과 소원을 일으키는 능력을 가진 사람이 바로 진정한 실력 있는 교육자라고 할 수 있는 것입니다. 모든 부모는 바로 이러한 사람이 되어야 합니다.

억압을 하며 시키는 부모는 아이를 기계로 만들거나 반항적인 아이로 만들게 되며 소원과 감동을 일으키는 부모는 아이를 아름답고 풍성하게 자라게 합니다. 그것은 부모의 태도에 달려있는 것입니다. 인격적인 설득을 통해서 아이의 마음속에 감동을 일으키고 소원을 일으키면 아이가 그것을 좋아하게 되기 때문에 억압이 되지 않고 즐거움이 됩니다.
그렇게 될 때 아이의 영혼도 자유롭게 되며 좋은 심성이 자리를 잡게 됩니다.

영을 공급하는 것은 바로 이런 것입니다. 아이가 게으르고 숙제를 항상 미루며 늦게 하는 습관을 가지고 있다고 합시다. 그 때 아이에게 화를 내면서 한 번 더 그렇게 하면 혼을 내 주겠다고 위협하는 것은 바로 억압과 같은 것입니다. 그것은 두려움을 심기는 하지만 아이에게 부지런한 영을 주지 못합니다.
그러나 부모가 아이를 타이르면서 부지런한 생활을 하고 숙제를 미리 하는 것이 얼마나 마음에 평화를 가져오며 즐거움을 주는지를 아름답고 따뜻한 영으로 가르친다면 그 말하는 어머니의 입 기운을 통해서 아이에게 그러한 기운이 들어가게 됩니다. 그래서 아이는 성실하고 부지런하게 살고 싶은 소원을 가지게 됩니다.
그것이 아름답고 좋은 교육인 것입니다. 즉 바른 기운, 바른 영을 아이에게 나누어주는 것입니다. 그것은 억압이 아니고 공급입니다.

때리고 위협한다고 선이 생기는 것이 아닙니다. 굶주린 자는 때린다고 배부르게 되지 않습니다. 굶주린 자들은 먹여야 합니다. 그와 같이 선과 아름다움을 심고 싶으면 선과 아름다움을 공급해야 하는 것이며 부모가 그 통로가 되어야 하는 것입니다.
다른 모든 덕목과 같이 모든 아름다움과 선은 그것을 가지고 있는 자가 그것을 공급할 때 형성이 되는 것입니다.
이러한 교육은 먼저 부모가 주님을 가까이 알고 그의 영혼이 어느 정도 자라나야 가능한 교육인 것입니다. 부모는 이러한 사람이 될 수 있도록 영적 발전을 간절하게 사모해야 합니다.

당신이 아직 충분히 악과 나쁜 습관과의 싸움에서 승리하지 못하고 있다면 당신이 아무리 아이들에게 강조를 하고 위협을 하고 억압을 해도 아이들은 변화되지 않을 것입니다.
누구든지 자신이 체험하지 못한 것을 남에게 먹일 수 있는 사람은 없습니다.

그러한 경우에 부모는 자녀들에게 엄격한 기준을 적용해서는 안 됩니다. 많은 실패와 연약함을 눈감아주어야 합니다. 그는 자신이 아직 부족한 만큼 아이들에게 지나친 기준을 요구해서는 안 됩니다.
그는 아이들의 상태를 이해해야 하며 낮은 기준을 적용해야 합니다. '너는 아빠처럼, 엄마처럼 되어서는 안 된다' 이런 식으로 가르치는 것은 효과가 없습니다.

자신이 이루지 못한 것은 아이에게 요구하지 마십시오. 아직 미흡한 것이 있더라도 아이에게 지나치게 요구하여 그 영혼을 억압하지 마십시오. 그러한 억압 속에 반드시 많은 부작용이 따른다는 것을 명심하십시오. 아이가 게임에 빠지거나 일탈된 행동을 하는 것들은 대부분 다 억압을 통해서 들어온 영들입니다. 그들은 억압이 고통스럽기 때문에 그런 식으로 탈출구를 찾는 것입니다.
악한 영이 침입하지 않도록 아이들을 자연스럽고 따뜻하게 대해주십시오. 그들을 억압하지 마십시오. 마귀를 대적하며 아이들 자체는 편안하게 대해주십시오.
아이들이 편안하고 행복하게 지낼 수 있을 때 그들은 억압하지 않아도 성실하고 건강하게 자라갈 수 있을 것입니다.
아이가 하는 짓이 답답해도 너무 다그치지 마십시오. 아이들은 서서히 자라가며 부모가 영적으로 승리하고 성장해 가는 만큼 아이들도 점점 더 발전해갈 수 있을 것입니다.

18. 아이들 앞에서 조심하십시오

담배를 피우는 것은 아주 나쁜 일입니다. 담배연기가 지나가는 인체의 모든 부분은 아주 심각하게 훼손됩니다.
담배를 피우는 것은 간접적인 자살행위와 같은 것입니다. 이것은 상식적인 이야기입니다.
그런데 그것은 본인에게만 해로운 것이 아닙니다. 이른바 간접흡연도 아주 해로운 것입니다.
담배를 피우는 사람의 옆에 있는 사람들은 아무 죄도 없이 동일한 피해를 입게 됩니다. 본인이 원하지도 않는 담배 연기를 그저 옆에 있다는 죄 때문에 고스란히 받아들이게 됩니다. 그것은 정말 억울한 일입니다.

이와 비슷한 일이 자녀들과의 관계에서 적용됩니다.
아이들에게 직접적으로 화를 내고 비난하는 것은 물론 당연히 나쁜 것입니다. 그것은 아이의 영을 직접적으로 죽이는 것입니다.
그러나 그렇게 직접적으로 아이에게 공격을 가하지 않더라도, 간접적으로 아이들에게 피해를 줄 수 있습니다. 그것은 아이들의 영이 아주 예민하기 때문입니다.

어머니는 아이를 뱃속에 가지고 나면 아주 조심을 해야 합니다. 그것은 태아가 영적이고 정신적인 충격에 아주 약하기 때문입니다.
그런데 그것은 아이가 태어난 후에도 마찬가지입니다. 아이들의 영은 예민하며 흡수력이 아주 높습니다. 그들은 쉽게 영적인 기운을 받아들입니다. 그것은 아주 접착력이 좋은 풀과도 같습니다. 무엇이든, 어떤 영적인 기운이든 쉽게 그것들은 아이들의 안으로 들어갑니다.

부부가 싸움을 하는 것은 나쁜 일입니다. 그것은 각종 악한 영을 그 가정에 끌어당깁니다. 특히 아이들 앞에서 싸우는 것은 더욱 더 나쁜 것입니다. 그것은 아이들에게 지옥의 영들을 쏟아 붓는 것과 같습니다.

아이들은 부모가 싸울 때 대부분 아주 놀라며 큰 소리로 울게 됩니다. 그들은 본능적으로 두려움에 사로잡히게 됩니다.

나는 20년 가까이 결혼 생활을 하면서 아내와 싸워본 일이 거의 없었습니다. 몇 번 기억나는 일이 있다면 서로에 대해서 기분이 좋지 않아서 몇 시간 정도 대화를 하지 않은 적은 있습니다.

하지만 그렇게 마음속에 상대방에 대해서 잠시만 판단하는 마음을 가지고 있어도 속이 너무 답답하고 고통스럽기 때문에 곧 회개하고 화해를 해서 그러한 갈등의 시간들은 거의 없었습니다. 아내와 대화가 막히면 기도가 되지 않았기 때문입니다.

우리는 아이들이 어렸을 때 장난으로 싸우는 흉내를 낸 적이 있었습니다. 아내가 나에게 마구 화를 내는듯한 연기를 한 적이 있었습니다. 그렇게 장난을 친 것이 몇 번 있었는데 그 때마다 아이들은 울었습니다. 우리는 서둘러서 '아니야. 장난이야. 장난..' 하면서 아이들을 안아주고 그들의 눈물을 닦아주곤 했습니다. 우리는 이것을 통해서 아주 잠시만이라도 부부가 서로 미워한다면 그것은 아이들에게 공포와 재앙이 된다는 것을 깨닫게 되었습니다.

그러므로 정 부부싸움을 하고 싶다면, 해야만 하는 상황이라면 아이들이 없는 곳에서 하는 것이 좋을 것입니다. 부부는 화가 풀리면 그 감정을 어떻게든 추스를 수 있으나 아이들은 피동적인 존재이며 그렇게 들어온 악한 기운들이 그들의 평생을 지배하게 되기 때문입니다.

어떤 부모들은 부부싸움을 하거나 화가 나는 일이 있을 때 아이들에게 화풀이를 하며 분노를 터뜨리기도 합니다. 그것이 얼마나 악한 죄인지는 말로 표현하기조차 어려운 것입니다.

이러한 부모들은 반드시 자녀들에게 사과를 하고 용서를 구해야 합니다. 부모들 스스로가 양심적으로 바르게 살지 않으면 부모의 권위는 무너지게 됩니다.
자녀들에게 사과를 하면 부모의 권위가 무너지지 않을까 생각하는 이들도 있습니다. 그러나 사실은 그 반대입니다. 어린 자녀들은 대부분 순수하고 선하며 부모가 진심으로 용서를 구하면 기꺼이 부모를 용서해줍니다. 그리고 죄와 악이 얼마나 나쁜 것인지 부모의 행동을 보고 배우게 됩니다.

나도 여러 번 자녀들에게 실수를 한 적이 있어서 그 때마다 아이들에게 사과를 하고 용서를 구한 적이 있었는데 그들은 기쁘게 아빠의 잘못을 용서해주었으며 우리는 서로 감동의 눈물을 흘리곤 했습니다. 그것은 마치 천국이 임하는 장면과 같았고 아주 아름다운 순간들이었습니다. 부모가 아이들에게 정직하고 순수하게 대할 때 자녀들도 자연스럽게 그렇게 부모를 대하게 됩니다.
그러나 부모가 마스크를 쓰고 이중적으로 행동한다면 언젠가 자녀들은 장성하게 될 것이며 그 때는 부모를 판단하고 거리를 두며 그들도 마스크를 쓰게 될 것입니다. 그것은 서로에게 불행한 일입니다. 그러므로 어릴 때부터 부모와 자녀는 순수하고 진실한 마음을 나누는 것이 좋은 것입니다.

부부가 아이들 앞에서 근심 어린 대화를 나누는 것도 아이들에게 역시 좋지 않은 것입니다. 그것도 역시 아이들에게 불안과 두려움의 영을 집어넣습니다.
부부가 아이들 앞에서 누군가에 대한 비난을 하는 것도 아주 나쁜 것입니다. 아이들에게 미움과 판단의 영이 들어갑니다.
아이들 앞에서 남편의 욕을 하는 아내들이 있습니다. 그것은 아이의 일생을 망치는 것입니다. 그것은 아이를 직접 저주하는 것과 별로 다를 것이 없습니다. 아버지에 대한 부정적인 감정을 가지고 있는 이들은 평생을 거스르는 자, 대적자로서 살게 됩니다.

목회자나 나라의 권위자에 대한 비판이나 비난을 아이들 앞에서 하는 것도 마찬가지입니다. 그러한 말을 듣고 자라는 아이들에게는 평생 동안 많은 고난과 역경이 기다리고 있습니다. 하는 일마다 실패하게 될 가능성이 많이 있습니다. 그러한 아이들에게는 권위를 대적하는 영이 들어가기 때문에 비뚤어진 삶을 살게 되며 어두움과 재앙을 주는 영들이 따라다니게 되기 때문입니다.

스스로 좋아서 담배를 피우는 사람은 스스로 재앙을 불러들이고 질병을 불러들여도 자신의 선택이기 때문에 억울할 것이 없습니다. 그러나 그러한 사람의 옆에 있다는 이유 때문에 같이 나쁜 연기를 마셔야 하는 사람은 정말 억울한 것입니다.

아이들도 마찬가지입니다. 부모가 자신이 좋아서 지옥에 속한 여러 영들, 분노의 영이나 미움의 영이나 비난과 판단의 영이나 여러 재앙의 영들을 끌어당겨도 그것은 부모의 선택이기 때문에 할 수 없는 것입니다. 그러나 단순히 옆에 있기 때문에 그들이 나누어주는 영을 고스란히 받아가져야 하는 아이들은 정말로 억울한 것입니다.

아이들은 나중에 성인이 되어 자신이 어린 시절에 받았던 영들을 다 쫓아내고 정화시킬 수 있습니다. 그러나 그것을 알게 되기까지는 많은 고통을 경험하게 되며 세월을 낭비하게 됩니다.

부모는 아이들을 낳고 단순히 물질적인 공급만을 하는 존재가 아닙니다. 참된 부모는 우리의 진정한 부모가 되시는 하나님을 보여주는 존재입니다. 하나님은 부모를 통하여 그의 무한한 사랑과 은총을 베푸시기 때문입니다.

그러므로 부모는 아이의 몸에 대한 필요 못지않게 아이들의 영적인 필요를 채워주고 아이의 영혼을 발전시켜서 천국으로 이끄는 안내자가 되어야 합니다. 아이들에게 진정한 사랑의 아름다움과 겸손과 지혜와 거룩함, 경건과 희생과 주를 따르는 행복의 길을 보여주어야 합니다.
부모는 아이들 앞에서 정말 조심해야 합니다. 말과 행동을 아주 주의해야 합니다. 그들에게 악한 영을 공급하는 통로가 되어서는 안 됩니다.

어떤 부모들은 손님들이 있을 때는 언행을 조심합니다. 그러나 손님들이 가버리고 아이들만 남아 있게 되면 함부로 마음속에 있는 이야기를 합니다.
그것은 어리석은 것입니다. 그러한 부모를 보는 아이들은 부모가 위선자라고 생각하게 될 것입니다.
손님이나 외부의 다른 사람에게는 잘 보이고 좋은 인상을 주려고 노력하면서도 가정에서 아이들에게 함부로 하는 이들은 천국과 아주 멀리 있는 것입니다. 삶과 인격의 실제는 멀리 떨어진 사람들에게 나타나는 것이 아니라 가까이 있는 사람들, 가족, 아이들에게 드러나는 것이기 때문입니다.
부모들은 다른 사람들 앞에서는 조심이 부족하다고 하더라도 아이들 앞에서는 행동거지를 조심해야 합니다.
그들을 더 존중해야 합니다. 다른 사람들에게 잘 보이는 것보다 아이들에게 잘 해주고 잘 보일 때 그 영혼이 상승하며 천국에서 대접을 받게 될 것입니다.

영적 상태가 좋지 않을 때 부모는 아이들에게 자신의 그러한 상태가 전염되지 않도록 조심해야 합니다.
슬퍼서 울고 싶으면 아이가 없는 데서 우는 것이 좋습니다. 화를 내고 싶으면 아이가 없는 데서 내는 것이 좋습니다. 정 불평을 하고 싶으면 아이가 있는 데서 해서는 안 됩니다. 자신이 멸망한다고 아이까지 멸망을 시켜서는 안 됩니다.
물론 더 좋은 것은 그러한 나쁜 영이 역사할 때 슬픔의 영을 대적하고 분노의 영을 대적하고 불평의 영을 대적하여 쫓아내는 것입니다. 그렇게 하면 영이 맑아지고 행복해지기 때문에 아이들에게 피해를 줄까봐 도망갈 필요는 없습니다.

아이들에게 피해가 가지 않도록 부디 조심하시기를 바랍니다. 바람직한 것은 아이를 가지기 전에 충분히 영적 전쟁에 대해서 배우고 영적으로 정화되는 것입니다. 마음속에 겸손함과 아름다움과 온유함과 헌신의 천국적인 열매가 가득할 때 아이를 가질 수 있다면 그것은 진정 행복일 것입니다.
아이들에게 잘 대해주는 것은 주님을 영접하며 섬기는 것과 같은 것입니다. 그러므로 우리들은 아이들 앞에서 조심해야 합니다.

당신이 가지고 있는 나쁜 기운이 아이들에게 전염되지 않도록 당신의 영을 잘 관리하고 조심하고 또 조심하십시오.
그렇게 할 때 당신의 가정에서 자라는 아이들은 아름답고 사랑스럽게 자라갈 것입니다. 그리고 당신의 가정은 주님이 지배하시는 천국 가정에 좀 더 가까워지게 될 것입니다. 할렐루야.

19. 미운 짓을 하는 아이에 대하여

자꾸 미운 짓을 하는 아이가 있습니다. 하는 짓마다 부모의 속을 뒤집어 놓고 마음에 들지 않는 말과 행동을 합니다. 대체로 아이가 둘이 있는 가정에서 한 아이는 부모에게 위로가 되며 한 아이는 부모에게 괴로움을 줍니다.

이런 아이는 부모에게 항상 야단을 맞지만 별로 변화되지 않으며 여전히 야단맞을 짓을 합니다. 반면에 사랑을 받고 부모에게 이쁜 짓을 하는 아이들이 있는데 이들은 이쁨을 받을수록 점점 더 이쁜 짓을 합니다.

상대적으로 미움을 받는 아이는 사랑을 받는 형제에 대해서 미움이나 분노를 가지게 됩니다. 첫 번째 아이가 그러한 입장이라면 그 아이는 동생을 귀찮게 하거나 괴롭히게 됩니다.

이러한 모습에 대해서는 아이 자체보다 부모의 책임이 더 크다고 할 수 있습니다. 그것은 편애의 문제이기 때문입니다.

영혼이 눈을 뜨고 주님과 깊이 연합해갈수록 부모는 자신의 기질적인 사랑이 아닌 주님의 사랑, 주님의 마음으로 자녀들을 보게 됩니다. 그것은 공평하고 아름다운 사랑입니다.

그러나 이제 막 부모가 된 30대의 초보 부모들은 아직 그러한 영적 수준에 도달하는 것이 쉽지 않습니다.

그래서 그들은 자신의 육신적인 기질에 따라서 좋아하는 스타일이 있고 싫어하는 스타일이 있습니다.

섭리적으로 자녀가 둘 일 경우에 한 사람은 부모의 어두운 부분을 보여주는 역할을 맡습니다. 이는 희생자의 사명입니다. 또한 한 사람은 부모의 밝은 부분을 보여주는 역할을 맡습니다. 이는 위로자의 사명입니다.
자녀들은 인생의 전반부에는 부모의 영적 상태를 드러내기 위한 역할을
담당하게 됩니다. 자녀들은 인생의 후반부에 이르러 자신의 사명과 삶
을 찾아가게 되지만 어렸을 때는 부모들의 성품과 처리되지 않은 부분
을 짊어지게 됩니다.

이것은 부모가 깨달아야 하는 부분입니다. 부모가 충분히 깨닫고 자신
을 반성하게 되면 아이는 미운 짓의 역할을 더 이상 감당할 필요가 없기
때문입니다.
한 자녀가 자꾸 미운 짓을 하고 동생이나 언니 등을 괴롭히거나 시기할
때 부모는 자신이 아이들을 편애하고 있는 것이 아닌지 반성해야 합니
다. 아이들 속에 그렇게 역사하고 있는 영들은 물론 악한 영들이지만 그
것을 끌어당기고 있는 것은 부모에게도 원인이 있기 때문입니다.

아직 깨닫지 못하고 미운 짓을 하는 역할을 하는 아이를 미워한다면 아
이는 어쩔 수 없이 희생자의 역할을 계속 해야 합니다. 아이는 부모를
깨닫게 하기 위해서 악한 영을 받아들여 계속 부모의 속을 썩여야 하는
것입니다. 이 경우 부모들은 자식 때문에 속이 썩는다고 생각하지만 진
정한 희생자는 바로 자식입니다.
부모가 깨닫지 못하여 자식이 하는 짓이 밉게 느껴진다면 그는 자녀를
바르게 인도할 수 없습니다.
미움은 상호작용입니다. 한 사람이 일방적으로 다른 상대방을 미워할
수 없는 것입니다. 그것은 음란죄와 같습니다. 혼자서 음란죄를 지을 수
는 없습니다. 혼자서 싸우는 것도 불가능합니다. 싸움에는 대상이 필요
합니다.
이와 같이 대부분의 죄들은 상호적이며 짝이 있습니다. 우리가 어떤 사
람을 미워한다면 상대방도 우리를 좋아하지 않습니다. 또한 우리가 어
떤 사람에게 호감을 갖는다면 그 사람은 우리를 미워하기 어렵습니다.

우리가 가지고 있는 호감의 기운이 그에게 영향을 주기 때문입니다. 그러므로 미움도 상호적인 것입니다.

아이가 미운 짓을 할 때 부모는 그가 미워 보일지 모릅니다. 하지만 그렇다면 그 아이에게도 그 부모가 이쁘게 보이지 않을 것입니다. 그러므로 아이가 이쁜 짓을 하는 것을 보고 싶다면 아이가 먼저 이쁘게 보여야 합니다. 그렇기 때문에 부모의 시각이 바뀌어야 하는 것입니다.

아이가 하는 짓이 보기 싫다고 마구 야단을 치는 사람이 있습니다. 그 아이는 더욱 더 심하게 나빠지게 될 것입니다. 야단을 쳐서 사랑스러워지는 사람은 없습니다. 꾸짖어서 아름답게 되는 사람은 없습니다. 그것은 사람을 망치는 데만 효과가 있을 뿐이지 개선하는 데에는 별로 힘이 없습니다.

아이가 미운 짓을 하면 그것은 미운 짓을 시키는 영이 있는 것입니다. 또한 그가 밉게 보인다면 그를 밉게 보는 영이 있는 것입니다. 이 경우에 내 안에 있는 영을 먼저 제거해야 합니다. 내 안에 있는 미워하는 영이 소멸되면 바깥에 있는 아이에게 있는 미운 짓을 하는 영을 소멸하는 것이 쉽기 때문입니다.

아이가 미운 짓을 한다면 그것은 천덕꾸러기의 영입니다. 아이의 안에는 이미 억울함과 분노가 쌓여져 있습니다. 그들에게는 자신보다 더 사랑을 받는 자기 형제에 대해서 분노가 쌓여져 있습니다.

대체로 첫 번째 아이는 별로 영악하지 못합니다. 첫째 아이는 대체로 어리숙하며 순합니다. 그가 태어났을 때 부모의 사랑을 얻는 것은 아주 쉬웠습니다. 그는 어떠한 무기도 필요하지 않았습니다.

그러나 둘째 아이는 좀 더 영악합니다. 그는 그보다 먼저 태어나 있는 형이나 언니와의 경쟁에서 이겨야 사랑을 얻을 수 있다는 것을 알게 됩니다. 그리고 그는 곧 자기의 연약함이 무기이며 그저 울기만 하는 것이 부모의 마음을 빼앗는 것임을 알게 됩니다.

첫 번째 아이는 당황합니다. 그는 갑자기 강력한 경쟁자를 얻었고 갑자기 부모의 사랑을 이 새로운 경쟁자에게 다 빼앗겨 버렸습니다.
진정 사랑했던 애인을 잃어버린 사람은 죽고 싶은 충동을 느낍니다. 첫 번째 아이가 경험하는 상실감은 그보다 결코 적은 것이 아닙니다. 그는 가지고 있었던 모든 것을 잃어버렸습니다. 그는 좌절하고 고통스러워합니다. 아이들의 느낌과 감정의 고통은 성인보다 결코 적지 않습니다. 하지만 그는 위로를 얻지 못합니다.

억울한 첫째 아이는 그 경쟁자를 공격합니다. 경쟁자는 약하기 때문에 그를 이기는 것은 쉽다고 생각합니다.
하지만 그는 곧 좌절하게 됩니다. 아주 조금 경쟁자를 공격했을 뿐인데 그를 지금까지 진정으로 사랑해주었던 부모가 그에게 매몰차게 대하면서 혼을 냈기 때문입니다.
아이의 가슴은 멍이 들기 시작합니다. 이제 그는 동생을 공격할 때마다 자기가 원했던 사랑이 오는 것이 아니라 미움이 돌아오는 것을 알게 됩니다. 그에게 그것은 너무나 냉혹한 현실이지만 그에게는 아무런 대비책이 없습니다.

첫째 아이가 동생을 공격하고 싫어하는 것은 하나도 이상한 일이 아닙니다. 그리고 얼굴에 그늘이 지고 어눌하게 되는 것도 흔한 일입니다.
하지만 반대로 둘째 아이보다 첫째 아이가 유능하고 영리해서 부모의 사랑을 독차지하는 경우도 있습니다. 그것은 첫째 아이가 부모의 기질과 비슷한 면이 있을 때입니다.
그 경우에는 둘째 아이가 첫째 아이가 가지게 되는 절망과 고통을 고스란히 가지게 됩니다. 미숙한 부모가 항상 하는 비교와 편애는 아이들의 영혼을 질식하게 만듭니다.
'너는 왜 언니만큼 못하니?', '너는 왜 형같이 못하니?' 이런 공격들은 아이의 가슴에 깊은 상처를 남깁니다.

자녀들에게 있어서 부모의 사랑은 모든 것입니다. 그것은 그들에게는 우주입니다. 부모의 사랑을 얻는 것은 그들에게 있어서 세상의 모든 것을 얻는 것과 같습니다.
그런데 그러한 애정은 부모의 성향에 따라서 그들에게 주어집니다. 부모의 기질에 합당한 아이는 많은 애정을 받을 수 있습니다. 그러나 합당하지 않고 맞지 않는 아이는 무시를 당하거나 꾸짖음을 당할 것입니다.

이 시대는 부모들이 오직 학교 성적을 가지고 자녀들을 평가합니다. 그래서 공부를 잘 하는 아이는 사랑을 받고 그렇지 못한 아이는 무시를 당하고 꾸지람을 당합니다.
하나님께서 어떤 아이에게는 영리한 머리를 주시고 좋은 이해력과 뛰어난 기억력을 주십니다. 어떤 아이에게는 좋은 목소리를 주십니다.
어떤 아이에게는 예민한 음악성을 선물로 주십니다. 어떤 아이에게는 손재주를 주십니다. 어떤 아이에게는 언어를 잘 사용할 수 있는 능력을 주십니다. 어떤 아이에게는 특별히 긍휼의 마음을 많이 부어주십니다. 그 모든 특성은 하나님이 주신 선물이며 사명입니다. 그것은 아이의 책임이 아닙니다.

하지만 현실에서는 각자의 개성과 기질과 능력에 상관없이 오직 머리가 좋은 아이만이 사랑을 받으며 부모의 기질과 취향에 맞는 아이만이 사랑을 받습니다.
이것은 엄청난 모순이며 어처구니없는 일입니다. 그것은 아이들에게 있어서 매우 억울한 일입니다.
부모가 되는 것은 쉬운 일이 아닙니다. 특히 좋은 부모가 되려고 한다면 그것은 더욱 어려운 일입니다. 그 영혼이 눈을 뜨고 주님과 연합하여 주님의 마음과 주님의 사랑으로 아이들을 돌볼 수 없다면 부모가 되는 것은 결코 가벼운 일이 아닙니다.
아이들에게는 많은 갈등과 상처와 혼란이 있을 수 있습니다. 아이들은 쉽게 낙담하며 절망합니다. 그리고 그 틈을 타서 악한 영들이 들어옵니다. 부모는 이러한 사실을 이해해야 합니다. 아이들이 가질 수 있는 마음의 고통과 상처를 이해해야 합니다.
그리고 그들에게 주어진 영적 전쟁을 이해해야 합니다. 그리고 도와야 합니다. 어린아이가 싸워야 하는 영적 전쟁은 어른들에 비해서 결코 적은 것이 아닙니다.

부모는 자녀들에게 치명적인 해를 줄 수 있는 육신적인 애정을 내려놓아야 합니다. 자신에 속한 기질적인 사랑을 버려야 합니다.
자신의 안에 이미 들어와 있는 미워하는 영을 버려야 합니다. 아이를 밉게 보는 시선을 회개해야 합니다. 아이가 자신을 깨닫게 하기 위해 주님이 보내신 사신임을 깨달아야 합니다.
그리고 나서 자신의 안에 침투한 악한 영을 결박하고 쫓아내야 합니다. 그 다음에 아이에게 역사하는 미운 짓을 시키는 영을 쫓아내야 합니다.
아마 부모가 충분히 깨달았다면 부모는 아이를 안고 울면서 용서를 구해야 할지도 모릅니다.
만약 그러한 상태가 된다면 굳이 아이에게 역사하는 미운 짓을 하는 영들을 대적할 필요도 없을 것입니다.
아이도 눈물로 범벅이 되어서 그 영혼이 맑아지며 더 이상 악한 영들을 끌어당기지 않게 되기 때문입니다.

부모가 되는 것은 쉬운 일이 아닙니다.
오직 영혼이 깨어나서 주님의 마음을 알며 주님의 심장으로 사랑할 수 있게 해달라고 기도하십시오. 주님께로부터 오는 사랑만이 자녀를 바르게 키울 수 있습니다.

육신적인 애정을 버리십시오.
기질적인 개인의 취향에 속한 사랑을 버리십시오.

누구나 자기 마음에 드는 아이가 있습니다.
누구나 자기를 즐겁게 해주는 아이가 있습니다.
그러한 기질적인 사랑을 버리지 않으면 그것은 많은 고통과 상처를 일으킵니다.

내 마음에 맞는 사랑, 차별하는 사랑은 반드시 상처를 낳습니다. 그것은 악령에게 틈을 줍니다.
주님께 속하지 않은 사랑, 주님으로부터 오지 않은 사랑, 나의 기질에 맞는 사랑은 다 지옥에 속한 것임을 깨달아야 합니다. 오직 주님의 시선만이 모든 사람을 아름답게 보며 사랑스럽게 여기며 진정한 생명으로 가득한 사랑을 가능하게 합니다.

아이를 안아주십시오. 아이에게 있는 억울함과 미움을 치유해주십시오.
아이가 하는 미운 짓이 사랑을 얻기 위한 그 아이의 눈물겨운 몸부림인 것을 이해하십시오.
그 아이의 안에 쌓여있는 많은 아픔의 결과인 것을 이해하십시오.
자신을 반성하며 아이에게 용서를 구하십시오.
아이를 충분하게 사랑하지 않은 것에 대해서 용서를 구하십시오.
그리고 아이에게 붙은 악한 영을 쫓아내십시오.
아이는 변화될 것이며 사랑스럽고 아름다운 아이가 될 수 있을 것입니다. 당신이 변한다면 말입니다. 할렐루야.

20. 성장을 거부하는 영을 대적하십시오

어린아이가 자라기를 거부하는 것처럼 보일 때가 있습니다.
행동하는 모습을 보면 자라는 것이 아니라 오히려 더 어린아이로 퇴행하는 것처럼 보이는 것입니다.
나이에 비해서 어린 행동을 하는 아이가 있습니다. 동생이 하는 짓을 흉내 내는 아이가 있습니다. 어린아이처럼 칭얼거리기도 합니다.

대부분 이와 같은 행동은 일시적인 것입니다. 그것은 시간이 흐르면서 없어집니다.
그러나 사실은 표면에서만 그러한 모습이 없어졌을 뿐 마음속의 깊은 부분에서는 계속 그러한 퇴행하는 영, 성장을 거부하는 영이 자리 잡을 수 있습니다. 어른이 되어서도 그러한 사람은 자주 어린아이와 같은 모습을 드러냅니다.
퇴행하는 것뿐 아니라 자기의 역할을 거부하기도 합니다. 유치원에 가지 않으려고 하거나 학교에 가지 않으려고 하기도 합니다. 바깥에 나가기를 싫어하며 어머니와 같이 있으려고만 하기도 합니다. 어떤 변화도 싫어하며 두려워합니다.

물론 이것은 바람직하지 않습니다. 건강한 아이는 변화를 좋아하며 활달하게 움직이는 것이 보통입니다.
아이가 그러한 태도를 보이는 것은 보통 성장하기를 싫어하도록 만드는 영이 활동을 하고 있기 때문입니다.
어린 짓을 하는 것은 어린 영이 있기 때문입니다. 그 영은 그러한 행동을 하게 만듭니다.

물론 그러한 영들, 어린아이의 행동을 하게 하고 성장을 거부하게 만드는 그 영을 쫓아내면 문제는 해결됩니다. 아이는 다시 나이에 맞게 성장하게 되고 밝아지게 됩니다.
다만 왜 이러한 영이 들어오게 되었는지 이해하는 것이 필요합니다.

대부분의 퇴행현상은 동생에 대한 부러움에서 나옵니다. 사랑을 받고 있는 어린 동생에 대한 부러움에서 오는 것입니다.
그러므로 아직 어린아이인 이 아이에게 동생 못지 않게 엄마는 너를 충분히, 많이 사랑하고 있다는 것을 지속적으로 표현하고 확인하면 그 안에 들어온 영들은 힘을 잃어버리게 됩니다.
그렇게 아이와의 결속력이 약해진 후에 대적기도를 하면 그 영들은 곧 나가게 됩니다.
물론 그러한 영을 끌어당기는 요인을 제거하지 않으면 잠시 쫓아내도 또 다시 들어옵니다. 아이가 그들을 초청하기 때문입니다.

학교에 가는 것을 싫어하거나 바깥에 나가는 것을 싫어하는 것은 두려움에서 오는 것입니다. 성장할수록 그는 자기에게 의무와 역할이 주어지는 것을 알게 됩니다. 그러므로 마음과 심령이 약한 아이들은 책임을 지는 것을 두려워하게 되며 자라는 것을 거부하게 됩니다. 외부와의 접촉도 두려워하고 부담을 느끼게 되는 것입니다.
그들은 언제까지나 어린아이로 남아서 엄마와 행복한 시간을 가지고 싶어합니다. 그들은 지금의 상태에서 머물러 있고 싶어하며 성장해서 어른이 되는 것을 두려워하게 됩니다.
이러한 영은 무기력한 부모가 가지고 있는 영에 의해서 전이되었을 가능성이 많이 있습니다. 아빠가 사회생활이 지치고 힘들어서 도피적인 마음을 가지고 있다면 그 기운은 아이에게 전이될 수 있습니다.
아빠의 의무가 너무 부담이 되어 힘들어한다면 아이에게도 성장을 싫어하는 영이 들어갈 수 있습니다. 이 경우에 먼저 아빠를 누르고 있는 영의 억압을 대적하고 쫓아내는 것이 필요한 것은 당연합니다. 먼저 그 근본요인을 제거한 후에야 파생적인 문제도 해결할 수 있는 것입니다.
한 가정의 가장인 아버지가 지치고 힘을 잃고 피곤해있는 것은 이 시대에 흔히 볼 수 있는 일입니다.
그러나 영적 전쟁에 대해서 알고 대적하는 기도를 사용한다면 그 회복은 그리 어려운 일이 아닙니다. 아빠는 곧 힘을 얻게 되고 활력으로 가득하게 됩니다. 그 영을 쫓아내는 일은 그리 어렵지 않습니다. 영적으로 무지하지만 않다면 승리는 그리 멀리 있는 것이 아닙니다.

아빠나 엄마가 충분히 회복되었다면 그 다음에는 아이에게서 두려움의 영을 쫓아주어야 합니다. 그리고 충분히 안심을 시킨 후에 자라 가는 것이 얼마나 즐거운 일인지 가르치고 즐거운 기대감을 심어주어야 합니다. 자라면서 한 가지씩 새로운 것을 배우는 것, 학교에 가고 친구를 사귀고 새로운 놀이를 배우는 것이 즐거운 일임을 가르치고 설명해야 합니다.
이것은 부모가 삶을 즐기고 있으며 의무를 즐거워하고 있다면 그리 어렵지 않습니다. 그 영들은 전이되기 때문입니다. 그러나 부모가 삶을 힘들어하고 피곤해한다면 자녀에게 삶의 즐거움을 가르치는 것은 역시 쉽지 않은 일입니다.

그러므로 다른 문제와 마찬가지로 부모가 먼저 승리의 삶을 누리고 경험해야 합니다. 영적으로 충만하며 발전해가지 못한다면 부모의 역할을 하는 것은 결코 쉬운 일이 아닌 것입니다.
하지만 영적 성장을 사모하고 추구하며 나아가는 부모에게 있어서 자녀들을 가르치고 돕는 것은 아주 행복하고 즐거운 일입니다. 그것이 곧 천국 가정인 것입니다.
성장이란 인간이 가지고 있는 가장 놀라운 특권입니다. 동물들은 인간이 가지지 못한 많은 지혜를 가지고 있지만 그들은 성장하지 못합니다.

새들은 건축학과를 나온 적도 없지만 집을 잘 짓습니다. 물고기들은 지리에 대해서 배운 적이 없지만 수천 킬로미터나 멀리 떨어져 있는 자기의 고향을 찾아옵니다. 쥐들은 불이 나기 전에 그 장소에서 도피하며 개미들은 비가 오기 전에 그들의 집을 흙으로 단속합니다.
하지만 그들은 성장하지 않습니다. 그들이 가지고 있는 지혜에서 더 발전하지 못합니다.

천사들은 인간이 가지고 있지 않은 많은 능력과 지혜를 가지고 있지만 그들은 성장하지 않습니다. 성장은 인간이 육체를 가지고 있는 동안에 이루게 되는 아주 아름답고 놀라운 특권입니다.
지금 바보 같은 사람도 성장하여 지혜롭게 될 수 있습니다. 지금 이기적이며 교만한 사람도 나중에는 아름답고 겸손하며 깊은 애정으로 다른 이들을 즐겁게 해주는 성장한 사람이 될 수 있습니다. 두려워하는 이들도 담대하고 강한 사람으로 발전할 수 있습니다. 그러므로 경험을 쌓아가고 새로운 것을 배우고 나이를 먹어가며 발전해 가는 것만큼 아름답고 좋은 일은 없을 것입니다.

부모는 아이의 성장을 방해하고 도피하고 퇴행하는 영을 대적해야 합니다. 그 영이 아이의 깊은 속에 들어가 자리를 잡지 않도록 쫓아내야 합니다. 그리고 성장의 아름다움을 가르치며 아이를 격려해야 합니다. 자라고 어른이 되는 것이 특권이며 행복한 것임을 가르쳐야 합니다.
부모가 되는 것은 어렵습니다. 그것은 종합예술입니다. 무한하게 많은 지혜와 깨달음과 폭넓은 애정이 필요합니다. 성장해갈수록 우리는 조금씩 좀 더 좋은 부모가 될 수 있을 것입니다.
성장을 방해하는 영을 대적하십시오. 어린아이의 행동을 하게 하는 영을 쫓아내십시오. 그리고 아이에게 용기를 주며 사랑을 고백하고 격려해주십시오. 아이는 아름답고 지혜롭고 사랑스럽게 계속하여 성장해갈 수 있을 것입니다.

21. 어린아이가 접촉하는 영을 주의해보십시오

아이들은 공상과 상상에 잘 빠집니다. 아이들은 어떤 이야기를 접하면 그것이 실제라고 생각합니다.
그것은 어린아이들의 상상력이 뛰어나기 때문입니다. 그래서 아이들은 이야기와 현실을 잘 구분하지 못합니다.

오래 전에 목회를 하고 있을 때 전도사가 유치원과 초등학생 1, 2 학년 정도가 되는 아이들을 대상으로 연극을 한 것을 본 적이 있었습니다.
'두통이의 회개' 인가 하는 연극이었는데 나는 연극을 보고 있는 아이들의 반응을 보고 아주 놀랐습니다.
내용 중에서 주인공인 두통이가 장난을 치고 선생님에게 잡혀서 혼이 나는 내용이 있었습니다. 두통이는 남을 골탕 먹이려고 땅을 파서 함정을 만들었는데 그만 선생님이 거기에 빠져버린 것이었습니다. 선생님은 '누가 이런 나쁜 짓을 했지?' 하고 혼잣말을 하였습니다.
그런데 그 장면에서 아이들이 벌떼처럼 소리 지르기 시작했습니다.
"두통이에요! 두통이가 그랬어요! 내가 봤어요!"

나는 아이들의 격렬한 반응을 보고 웃음이 나왔습니다. 아이들은 연극을 실제처럼 느끼고 흥분하고 있었던 것입니다.
선생님은 두통이를 찾았습니다. 그리고 말했습니다.
"두통아. 네가 여기에 함정을 팠지? 그래서 선생님을 골탕 먹이려고 했지?"
두통이의 역할을 맡는 이는 '아니에요. 저는 안 그랬어요.' 하고 시치미를 뗐습니다.

그러자 연극을 보고 있던 아이들이 또 난리가 났습니다.
"거짓말이에요! 두통이가 맞아요! 내가 봤어요!"
80명 정도 되는 아이들이 저 놈이 거짓말을 한다고 일어나서 소리를 지르고 분개하는데 정말 장난이 아니었습니다.
나중에 두통이가 잘못했다고 회개하는 장면에서는 같이 우는 아이도 있었고 어떤 아이는 다음부터 그러지 말라고 설교를 하는 등 연극을 보는 아이들의 반응은 다양했습니다. 그들에게는 연극이 하나의 이야기가 아니었고 실제였던 것입니다.

좀 더 크면 달라지겠지만 이것이 어린이들의 일반적인 상태입니다. 그들은 이야기와 실제를 구별하지 못합니다.
예를 들어서 어린아이가 동화를 보았는데 그 동화의 내용에 어떤 엄마가 집을 나가는 이야기가 나온다고 합시다. 그래서 엄마를 찾는 아이가 찾다가 찾지 못해서 약을 먹고 죽어서 엄마를 만났다고 합시다.
이런 말도 안 되는 동화는 없겠지만, 만약 그런 동화가 있다면 아이들은 그것을 정말로 믿습니다.
그래서 만약 그 연극을 본 아이의 엄마가 집에 없다면 그 아이는 엄마를 찾으려고 정말로 약을 먹을 수도 있습니다. 그들에게는 동화가 사실이기 때문입니다.
이것은 아이들이 좋지 않은 이야기나 동화에 접하게 되면 그 영향이 어떠할 것인가를 보여주는 것입니다.

아이들은 동화나 어떤 이야기를 들을 때 이것이 논리적으로 말이 되나 안 되나를 생각하지 않습니다. 줄거리의 구성이 재미가 있다, 없다 하는 것을 따지지 않습니다.
그들은 그냥 이야기의 속으로 들어갑니다. 그들에게는 이야기 속의 곰이나 호랑이가 실제로 존재합니다. 그들은 실제로 여우와 이야기를 하고 사슴과 이야기를 합니다. 그들에게는 그것이 실제입니다.

어떻게 그럴 수 있을까요? 아이들은 머리가 아직 충분히 발달하지 않아서 영으로 그러한 것들을 접하기 때문입니다. 그러므로 그들은 이야기 속으로 들어가 그러한 영들을 접촉하며 그 영과 같이 놀게 되는 것입니다.

어린이들은 상상력이 뛰어납니다. 그것은 곧 영적 민감성입니다.

어른들이 보면 장난감과 같이 놀고 로봇과 같이 노는 것이 뭐가 재미있을까 하고 생각합니다. 하지만 이들은 상상을 통하여 로봇의 영과 대화를 나누고 장난감의 영과 대화를 나누는 것입니다.

어른들은 그것을 이해하지 못하지만 영들은 실제로 아이들과 그러한 매개를 통해서 접촉합니다.

사람은 어른이 되어서 이성이 발달하면서 영적 능력을 상실해가게 됩니다. 그래서 모든 만물의 배후에 있는 영들과의 접촉 기능을 상실합니다. 하지만 아이들은 아직 그 영적 능력을 상실하지 않고 있습니다. 그래서 교육과 지성이 아이들의 영력을 빼앗아가기 전까지 아이들은 영들과 교류하는 능력을 가지고 있습니다.

그래서 아이들은 장난감과 놀고 로봇과 놉니다. 동물과 대화를 나누기도 합니다. 어른들은 이해할 수 없지만 거기에는 영적 교류가 있습니다.

그러므로 아이들이 접촉하는 이야기 매체나 게임과 같은 것은 다 배후에 있는 영들이 아이들의 영과 교류하는 통로로 사용된다는 것을 알아야 합니다.

그렇게 아이들과 접하는 영들은 그 성격에 따라서 아이들에게 영향을 줄 수 있습니다.

어린이들이 동화책을 읽고 게임을 하고 노는 것은 곧 영적 접촉입니다. 그러므로 어른들은 아이들이 어떠한 영들과 접촉하는지, 어떠한 게임이나 이야기에 접촉하는지를 조심하여 분별해야 합니다. 대상에 따라서 아주 위험할 수도 있기 때문입니다.

동화의 내용이 사랑과 우정, 모험, 희망에 대한 것이라면 그것은 아이에게 해롭지 않을 것입니다. 어머니는 이러한 좋은 이야기를 아이에게 골라주어야 합니다.

그러나 동화에 마녀가 나오고 마법이 나온다면 그것은 결코 바람직한 것이 아닙니다. 아이에게는 실제로 마법이 역사할 수 있으며 악령이 아이에게 들어갈 수 있습니다.

부모는 할 수 있는 한 이러한 것에 아이가 접촉하지 않도록 해야 하며 그러한 경우에는 아이를 보호하는 기도를 함으로써 아이의 위에 보호막을 쳐야 합니다.

오늘날에는 마법사에 대한 이야기가 아주 많이 유행하고 있습니다. 그리스도인들 중에도 아이들이 그러한 것을 접촉하는 것을 내버려두는 경우도 적지 않은데 그것은 아이들의 영혼에 아주 해로운 것입니다. 그것은 자연스럽게 귀신들이 아이의 영혼을 사로잡을 수 있는 기회가 되기 때문입니다.

뿐만 아니라 아이들이 접촉하는 컴퓨터 게임에는 잔혹하고 폭력적인 것도 많이 있습니다. 동물이나 사람을 죽이는 게임도 있습니다. 이것은 자연스럽게 아이들에게 살인의 영이나 폭력의 영이 들어오게 합니다.

어린아이들은 포르노에도 쉽게 노출되어 있습니다. 게임 중에 여성의 옷을 벗기거나 학대하는 게임도 있습니다.

그러한 것에 접촉하게 되면 당연히 더러운 귀신의 영에 아이들이 붙들리게 됩니다.

아이들은 아직 그러한 영에 저항할 능력이 없습니다. 그러므로 그들은 그들의 안에 들어온 영들이 시키는 대로 폭력도 시도해보고 음란한 행동도 해보고 싶은 충동을 느끼게 됩니다. 그들은 이야기나 게임의 세계와 현실을 구분하지 못하기 때문입니다.

이야기, 게임 등 모든 문화 매체의 배후에는 어떤 영들이 있습니다. 그리고 어떤 영들은 아주 심하게 잔혹하고 저급하며 더러운 것들입니다. 그러한 것들은 어른들에게도 해를 입히지만 아이들에게는 치명적인 독을 먹이는 것과 같습니다.

사탄은 악한 어른들을 통해서 많은 어린이들의 영혼을 도적질하고 파괴하려고 합니다. 주님께 속한 부모들은 아이들의 영을 아름답고 건전하게 지켜야 합니다.

우리가 사는 이 세상은 결코 안전한 곳이 아닙니다. 마귀는 언제든지 아이들의 안에 들어와서 그들을 사로잡으려고 합니다. 그들은 우는 사자처럼 돌아다닙니다.

부모는 아이들이 어떠한 영에 접촉하고 있는지를 살펴야 합니다. 어린 아이가 좋아하는 이야기나 게임이 무엇인지, 그들이 상상하는 것이 무엇인지를 살펴야 합니다.

그들과 자주 이야기를 나누며 그들이 접하고 있는 기운과 영이 무엇인지 분별해야 합니다. 그것은 아주 중요한 일입니다.

아이들은 항상 상상에 빠져 있습니다. 자기만의 이야기를 만듭니다. 자기가 주인공이 되는 이야기를 가지고 있습니다.

그들이 어떤 상상에 빠져 있는지 그들의 이야기를 들어보십시오. 그들의 이야기를 잘 들은 후에 그 이야기를 수긍해주고 보충해주십시오.

그들이 하는 상상과 이야기 속에 어떠한 영들이 움직이고 있는지 살펴보십시오.

어떤 아이는 죽이는 이야기를 할 수도 있습니다. 복수에 대한 이야기를 할 수도 있습니다.

그러면 그들이 어디에서 그러한 것을 접촉했는지 그 아이의 마음이나 상태가 어떠한지 살펴보아야 합니다. 그리고 조심스럽게 그것은 악한 영들이며 나쁜 친구들이기 때문에 대적하고 쫓아내야 한다고 설명해주어야 합니다.

어른들은 잘 이해하지 못하지만 아이들은 항상 영의 세계를 접하고 있다는 사실을 반드시 기억해두십시오.

그들이 무엇을 즐기고 어떤 이야기와 게임을 좋아하는지 주의하여 보십시오. 그리고 그들이 악한 영들과 접촉할 가능성이 있는 게임이나 이야기를 멀리 하게 하십시오. 아이들이 접촉하는 매체들은 부모가 관심을 가지고 조심스럽게 선택해주어야 합니다.

아이들에게 악한 영향을 주는 것을 멀리하십시오. 그리고 연관된 영들을 대적하십시오.

아이의 영은 아주 민감합니다. 그들이 악한 기운에 접하지 않도록 보호해주십시오. 그들이 놀라고 무서워하지 않도록 보호해주십시오. 부모의 보호를 벗어나면 이 세상은 악한 영들의 장난과 공격으로 가득한 곳입니다.

그러므로 아이의 영혼을 보호하기 위하여 기도하십시오. 그리고 사랑의 주님과 그의 천사들에게 아이의 보호를 의탁하십시오.

아이들이 천사와 같이 놀며 사랑의 주님을 실제적으로 느낄 수 있도록 잘 설명해주십시오.

어른들은 말하는 것을 머리로 듣지만 아이들은 가슴으로 듣습니다. 그들은 성경의 이야기를 듣는 것이 아니라 성경의 영들을 경험하게 됩니다.

아이들이 주님의 품에서 즐겁게 뛰어놀 수 있도록 성경의 이야기를 재미있게 들려주십시오. 항상 천사가 그들을 지켜주며 가까이 있는 것을 가르쳐 주십시오.

아이들의 영이 주님과 천국에 대해서 예민하게 느낄 수 있도록 반복하여 재미있는 이야기를 들려주십시오.

당신은 보이지 않아도 아이들에게 예수님에 대한 이야기를 할 때 아이들은 천사들을 보고 예수님의 얼굴을 볼 수 있다는 것을 기억하십시오.

아이들은 예수님께서 그들에게 무슨 말씀을 해주셨는지 여러분에게 이야기해줄 것입니다. 그리고 꿈에서 예수님을 어떻게 만났고 보았으며 놀이터에서 놀았는지 이야기해줄 것입니다. 아이들은 말씀을 머리로 듣지 않고 영으로 듣고 느끼기 때문입니다.

나는 나의 딸인 예원이가 초등학교 3학년인가 되었을 때 어느 날 예수님께서 항상 그녀와 함께 하며 말씀하신다는 이야기를 해주었습니다. 그리고 그 날 밤 나는 예원이의 일기를 살짝 훔쳐보았습니다.

그녀의 일기장에 이러한 내용이 써어 있었습니다.

예원이는 주님께서 무슨 말씀을 하실까 궁금해서 주님께 물어보았다고 하였습니다. 그녀는 주님께 이렇게 물었습니다.

"주님. 제가 주님을 기쁘게 하려면 무엇을 해야 돼요?"

그리고 나서 그녀는 예수님께서 그녀에게 말씀하신 내용을 일기장에 적었습니다. 주님께서 예원이에게 들려주신 말씀은 다음과 같았습니다.

"사랑하는 예원아. 나는 너에게 아무 것도 요구하지 않는단다. 나는 오직 네가 나를 사랑해주기를 바란다."

나는 예원이의 일기를 읽다가 울었습니다. 나는 그녀에게 정말 주님이 말씀하신 것을 알게 되었습니다.

아이들의 영은 아주 민감합니다. 그들의 영은 열려 있습니다. 그들은 악령에게도 열려 있으며 주님의 영에게도 열려 있습니다.

그러므로 아이들이 어떤 이야기에 접촉하고 어떠한 게임에 접촉하고 어떠한 영에 접촉하는지를 조심하여 관찰하십시오. 좋지 않은 영들과의 접촉을 금하십시오. 그리고 주님과 천사와 성경에 대한 아름다운 이야기를 자꾸 해주십시오. 권해주십시오. 아이들은 주님을 가까이 경험하게 될 것입니다. 그리고 실제적인 은총의 세계 속에서 아름답게 성장해 갈 수 있게 될 것입니다. 주님은 어린아이를 아주 사랑하시기 때문입니다. 할렐루야.

22. 아이들에게 영적 전쟁을 가르치십시오

아이들에게 역사하는 악한 영들을 대적하고 결박하는 것은 아주 중요한 일입니다. 그런데 여기에서 중요한 것은 아이들 자신에게도 그러한 영적 전쟁에 대해서 가르치는 것입니다. 그것은 전쟁의 승리에 아주 중요한 요소입니다.

아이들의 잘못된 부분에 대해서 가르치고 또한 꾸짖으면서 부모들은 아이들에게 악한 영들이 너희를 속이고 괴롭히고 있다는 사실을 가르쳐야 합니다. 부모가 대적하고 결박하는 것이 아이들이 아니고 악한 영이라는 사실을 가르쳐야 합니다.

그것을 충분히 가르쳐서 이해시키지 않으면 아이들은 부모들이 자신에게 화를 내는 것으로 오해할 수 있습니다.

어떤 이들은 정말 아이들을 마귀 취급하기도 합니다. 그것은 정말 어리석은 것입니다.

그러한 태도는 비인격적이고 비지성적인 태도이며 지혜롭지 못한 것입니다. 그러한 자세로는 마귀에게 승리할 수 없습니다. 그런 식으로 하려면 악한 영을 쫓는 것을 하지 않는 것이 낫습니다.

우리는 마귀와 싸우는 것이지 자녀와 싸우는 것이 아닙니다. 부모와 자녀들은 반대편에 서 있는 것이 아니라 같은 편에 있는 것입니다. 그러므로 서로 협력하여 마귀를 대적해야 합니다.

부모는 아이들이 어느 정도 이해할 수 있는 나이라면 아이들에게 영적인 전쟁이 있으며 우리는 악한 영들과 싸워야 한다는 것을 반드시 가르쳐야 합니다.

대부분의 아이들은 영적인 세계에 대하여 예민하며 그것을 쉽게 이해하고 알아듣습니다.

가르치는 것이 어려운 대상은 오히려 어른들입니다. 어른들은 기존의 잘못된 지식을 많이 가지고 있어서 영적 세계나 영적 전쟁에 대해서 이해하는 것이 둔하고 어려운 경우가 많습니다. 그러나 아이들은 영적 세계에 대한 이해가 빠릅니다. 그들의 영은 민감하여 실제적으로 그러한 것들을 경험하고 느끼기 때문입니다.

그러므로 어린아이들은 악한 영들이 속이고 공격한다고 하면 그것을 잘 이해합니다. 그들을 괴롭히고 충동질하는 마귀와 싸워야 한다고 가르치면 그들은 그것이 무슨 의미인지 잘 압니다.

나의 딸 예원이가 일곱 살 때에 이런 말을 한 적이 있었습니다.
"아빠. 항상 주님을 붙잡아야 한다고 알고는 있는데 너무나 자주 그것을 잊어버려요. 주님.. 도와주세요.. 하고 부르기만 하면 마음에 화가 났다가도 그것이 금방 사라지는데 그런데 그것을 자꾸 잊게 되요.
이제부터는 조심해서 항상 주님을 불러야지.. 하고 생각하다가도 나도 모르게 화를 내고 짜증을 내고 속상할 때가 많아요. 정말 어떻게 하면 주님을 잘 붙잡을 수 있을까요?"
그 때 옆에서 그 이야기를 듣던 어머니는 '에고.. 일곱 살이나 칠십이 넘은 노인이나 고민은 똑같구나..' 하는 것이었습니다.

아이들은 어린 것 같지만 영적인 세계에 대해서 쉽게 이해합니다. 그들은 자기가 원하지 않는 것을 자꾸 하도록 마귀가 유혹하고 속인다는 것을 잘 이해합니다.
그러므로 아이들에게 그러한 악령과 싸워야 한다는 것을 가르치는 것은 아주 중요한 일입니다.
아이들도 선과 악에 대한 기본 개념이 있습니다. 아이들도 악을 다스리려고 하지만 그것이 안 되어서 후회하고 낙담합니다.

아이들도 항상 착한 아이가 되고 좋은 아이가 되고 싶어합니다. 그들도 당연히 부모님의 사랑을 받고 싶고 칭찬을 받고 싶어합니다.
하지만 아무리 결심을 해도 그것이 잘 안 된다는 것을 그들은 잘 알고 있습니다. 그렇기 때문에 좌절하는 것입니다.
그러므로 그들에게 너희를 그렇게 괴롭히는 것이 마귀라는 것을 가르쳐 주게 되면 그들은 그것을 잘 이해합니다. 그리고 아주 기뻐합니다.

아이들은 어느 정도만 훈련되면 영의 느낌에 대해서 잘 알게 되고 악한 영들이 장난을 치는 것을 쉽게 느낍니다.
그들은 불순종하고 지나치게 까불거나 욕심을 부리거나 동생과 싸우거나 서로 화를 내거나 세상적인 오락이나 즐거움에 빠지고 나면 영이 답답해지고 막히는 것을 금방 느낍니다. 그들은 어른들보다 훨씬 더 영이 맑고 아름답고 예민합니다.
나는 우리 아이들이 심령의 답답함을 느낄 때 그들을 위하여 대적기도를 해주고 소리 내어 기도하도록 기도를 시키곤 하였습니다. 특히 밤에 잠을 자기 전에 그러한 기도회를 가지곤 하였습니다. 그러고 나면 아이들은 가슴이 너무나 후련하고 행복하다고 기뻐하곤 했습니다.
심령이 막혀 있다가 마귀를 대적하고 나서 그것이 다 빠져나간 후에 느끼게 되는 가슴의 후련함과 기쁨은 그것을 경험하지 않고는 잘 이해하기 어렵습니다.

그렇게 습관이 된 아이들은 마음과 영의 상태가 안 좋으면 기도를 부탁하곤 했습니다. 그들은 그러한 상태로 잠자리에 들면 아주 기분이 나쁘다는 것을 잘 알고 있었기에 잠을 자기 전에 가슴이 후련해지기를 원했습니다.
그래서 기도를 마치고 자리에 누우면 아이들은 '나는 예수님이 너무나 좋아!' 하고 탄성을 올리곤 했습니다. 기도와 찬양을 통해서 막혀 있는 영이 뚫리고 악한 영들이 소멸되어 주님의 달콤한 임재를 경험하게 되면 그것이 너무나 즐겁고 기쁘기 때문입니다. 아이들은 이러한 경험을 통해서 영적인 충만함을 경험하고 누리는 것이 세상이 주는 그 어떠한 기쁨보다도 아름답고 좋은 것이라는 사실을 알아가게 되는 것입니다.

영의 세계를 아는 부모들은 반드시 아이들에게 영적인 전쟁을 가르쳐야 합니다. 마귀들이 그들을 공격하며 죄를 짓게 하고 욕심을 부리게 하고 불순종하게 하며 서로 미워하게 하고 각종 악을 심는다는 것을 가르쳐야 합니다.
그럴 때 그들은 부모와 같이 기도하여 영적인 승리를 위해서 싸우게 됩니다.
믿음의 삶과 영적 성장은 하루아침에 이루어지는 것이 아니며 평생을 걸어가야 하는 마라톤과 같은 것입니다. 우리가 사는 한 항상 삶에는 유혹이 있고 전쟁이 있으며 악한 영들과의 부딪침이 있습니다.
그러나 어린 시절부터 그 전쟁에 대해서 배우고 죄와 악과 육신과 싸우는 것을 아는 아이들은 좀 더 쉽게 영적 승리와 성숙을 향해 나아갈 수 있게 될 것입니다.

영적 전쟁을 아이들에게 가르치는 것, 그것은 아주 중요한 것입니다. 그것은 아이들의 신앙과 영성과 미래에 아주 놀라운 유익을 안겨줄 것입니다. 할렐루야.

23. 대적기도는 아이들의 영혼을 깨웁니다

목회사역을 하고 있던 7-8년 전쯤의 어느 토요일 밤, 나는 잠을 자기 전에 아이들과 이야기를 나누다가 그들을 위하여 기도를 해주었습니다.
그 날의 기도는 주로 대적기도였는데 나는 아이들의 배에 안수를 하고 아이들의 안에 있는 악한 영들이 결박되고 나갈 것을 명령하였습니다.
아이들을 위하여 대적기도를 해줄 때 배에다 안수를 하고 기도하는 것은 경험으로 보면 아주 효과적인 것 같았습니다.
그 날 밤은 별다른 현상이 없었고 우리는 기도를 마친 후 즐거운 장난과 이야기에 빠지다가 잠이 들었습니다.

놀란 것은 그 다음날 주일의 예배였습니다.
나는 강대상에서 예배를 인도하느라고 아이들의 반응에 대해서는 별로 신경을 쓰지 못했는데 아이들과 같이 예배를 드리던 아내가 아이들의 태도에 대해서 예배가 끝난 후에 이야기하는 것이었습니다.
초등학교 2학년 정도였던 아들 주원이가 찬양을 드리면서 그렇게 애절하게 울고 기도하는 것은 처음 보았다는 것입니다.

아이들은 예배와 영의 흐름에 익숙해 있었고 찬양을 아주 좋아하기는 했지만 그리 간절하지는 않았습니다.
그런데 이날은 울음을 주체하지 못하고 전신을 떨면서 큰 소리로 울며 기도를 드렸다는 것이었습니다. 특히 예수님의 사랑에 대해서 이야기할 때 통곡을 할 정도로 울어서 아내가 몹시 놀랐다는 것입니다.
주원이에게 그러한 반응이 일어나야 할 특별한 이유는 없었습니다. 나는 그 이야기를 듣고 지난밤에 했던 대적기도가 생각이 났습니다. 이 아이의 영을 무디게 하는 악한 영들이 다 나가라고 명령했던 것이 생각이 났습니다.
그 후에도 여러 번 비슷한 일을 경험한 후 나는 비로소 알게 되었습니다. 예배를 드리기 전에 대적기도를 하면 영적으로 아주 예민해져서 예배 가운데 임재하시는 주님의 영에 대해서 쉽게 감격하게 되고 사로잡히게 된다는 것을 말입니다.

주님의 은혜를 사모하는 부모들은 자신의 아이들이 영적인 데에 대해서 별로 열심이 없을 때 안타까워합니다. 아이들이 기도와 은혜와 천국의 은총을 사모하지 않고 만화나 게임을 좋아할 때 섭섭해 합니다.
하지만 그러한 아이들을 위해서 대적기도를 할 때 그것은 아이들의 영혼을 은혜에 아주 예민하게 만듭니다. 아이들에게 붙어 있는 영들을 대적하며 쫓아낼 때 아이들은 쉽게 영적인 분위기에 예민해지며 영적인 은혜를 사모하게 되는 것입니다.
아이들은 원래 영적으로 예민합니다. 그러므로 그들은 기도와 찬양을 통해서 기쁨을 느끼고 영적인 반응을 느끼는 것이 보통입니다. 그들은 말씀을 지적으로 이해하는 것이 아니라 심령으로 느끼며 영이 흐르는 분위기를 곧바로 느낍니다.

아이들이 영이 둔해졌다면 그것은 아이들이 세상의 영을 접하고 있기 때문입니다.
아이들은 영이 민감하기 때문에 세상의 영들과 그 흐름도 쉽게 받아들입니다. 그래서 게임의 영이나 만화 가운데서 나오는 세상의 악령들을 쉽게 받아들입니다.
그리고 그러한 영에게 사로잡혀 있으면 천국의 영을 느낄 수 없게 되거나 거부감을 가지게 되는 것입니다.
그러므로 아이들에게 역사하는 악한 영들을 대적하고 결박하면 아이들은 영적인 예배에 대해서 은혜를 느끼게 되며 기쁨을 느끼게 됩니다.

어린아이나 청소년들을 대상으로 수련회를 하면 아이들은 쉽게 은혜를 받는 것이 보통입니다. 물론 첫날은 그들이 가지고 온 세상의 영들 때문에 찬양도 잘 안 되고 기도도 잘 되지 않습니다.
하지만 세상과 차단된 기도원에서 2일, 3일 정도 집회를 하다보면 세상의 영들은 다 숨어버리고 집회가 끝나는 마지막 날쯤 되면 아이들은 울음바다가 되는 것이 보통입니다. 그들의 영이 열려서 주님의 임재와 영을 충만하게 받아들이기 때문입니다.

하지만 아이들의 그러한 상태가 그리 오래 가는 것은 아닙니다. 아이들은 은혜가 임하면 서원을 하고 선교사가 되겠다고 하고 울고불고 온갖 난리를 꾸미지만 집에 돌아온 지 며칠 안 되어 다시 예전의 상태로 돌아갑니다.
그것은 그들이 심지가 굳지 못하고 영이 예민하기 때문에 온 세상에 가득한 영들을 다시 받아들이기 때문입니다. 이런 식으로 아이들은 수련회에서 변화되고 돌아오면 다시 세상의 영으로 충만해지고, 이러한 일들을 반복합니다.

일시적으로 은혜를 경험하는 것은 그리 어려운 일이 아닙니다. 그러나 그 상태를 계속 유지하며 발전을 시키려면 영들의 특성이나 움직임에 대해서 알아야 하며 그 영들을 분별하고 자기의 영을 관리하며 대적기도를 통해서 그 세상의 영들을 쫓아내는 것을 생활화해야 합니다. 그렇게 해야 항상 맑고 아름다운 천국의 영으로 살아갈 수 있습니다.
오늘날 아이들이 드리는 예배에는 역동적인 영의 흐름과 임재가 없습니다. 아이들이 좋아하는 콘서트나 TV의 프로나 게임에서는 세상의 영들이 강력하게 흘러나옵니다.
그러나 교회의 모임이나 집회에서는 천국의 강력한 영이 나오지 않습니다. 능력도 없고 답답하고 무기력한 예배가 드려질 뿐입니다. 그래서는 세상의 영을 이길 수 없습니다.

아이들은 권능이 흐르고 영감이 충만한 예배가 어떤 것인지 압니다. 아이들은 원래 영이 예민하기 때문입니다.

어머니들은 아이들이 TV에서 음악이 나오기만 하면 춤을 추는 것을 보고 아주 즐거워하고 특이하게 느낍니다. 찬양을 듣고 춤을 추면 아이들이 은혜가 충만한 줄 알고 아주 좋아합니다.

그러나 아이들은 모든 음악을 좋아합니다. 음악은 다 영의 흐름이고 흘러나옴이기 때문에 아이들의 영이 반응을 하는 것입니다. CM송을 따라하면서 퍼뜨리는 것도 항상 아이들입니다. 그들은 경쾌한 음악을 좋아합니다.

어른들은 예배에 영이 흐르지 않고 따분해도 잘 참고 버팁니다. 그러나 아이들은 참는 것에 익숙하지 않습니다.

가까운 곳에 있는 교회의 저녁예배에 몇 번 참석한 적이 있었는데 이 교회는 특이하게 어른들의 저녁예배에 아이들 성가대를 세우곤 했습니다. 아이들이 하는 성가를 듣는 것은 즐거운 일입니다. 그러나 성가가 끝난 후에 이어지는 목사님의 길고도 지루한 설교는 아이들에게 지독한 고문과 같은 것이었습니다.

아이들은 목사님이 설교를 하시는 동안 잠이 들어버리는 것이 보통이었는데 어떤 아이가 의자에 머리를 기대고 입을 크게 벌리고 자는 모습은 아주 귀엽고 인상적이었습니다.

대부분의 아이들은 그 비슷한 모습으로 잠이 든 상태로 예배를 드리고 있었습니다.

아이들이 귀엽기도 하고 측은하기도 했습니다. 그렇게 아이들을 참여시키는 예배라면 속도감 있게 진행해야 하며 설교도 재미있고 빠르게 해야 합니다. 그렇지 않으면 예배는 아이들에게 고문입니다.

예배와 설교를 지루하고 따분하게 진행하려면 아이들을 성가대에 세우지 않는 것이 더 좋았을 것입니다.

아이들은 영의 흐름에 민감합니다. 그러므로 주님의 임재가 예배에 흐를 때 아이들은 울고 감격하며 그 영에 사로잡힙니다.
찬양과 경배 가운데 영이 충만하게 흐를 때 아이들은 뛰고 기뻐합니다. 그러므로 아이들이 은혜를 받는 예배는 실제로 성령님이 역사하는 예배입니다.
아이들이 지루하게 느끼는 예배는 실제로 지루하고 영의 흐름이 없는 예배입니다. 어른들은 지적인 설득만으로도 그럭저럭 버텨내지만 아이들은 영감을 느끼고 경험하지 않으면 지루해하기 때문입니다.

아이들이 따분하게 느끼는 예배는 어른도 따분합니다. 다만 어른들은 머리가 발달되어 있어서 남들의 눈치를 보게 되기 때문에 하품을 하지 못하는 것뿐입니다.
사람은 이 땅에서 오래 살수록 눈치가 발달하기 때문에 어른들은 자기가 하고 싶은 대로 하지 못해도 잘 참아내지만, 아이들은 가감없이 자신의 마음을 그대로 보여줍니다.
예배에 영이 흐르면 아이들은 울고 회개합니다. 그러므로 영감이 넘치는 예배가 드려지면 아이들은 아주 어린 시절부터 주님의 풍성한 임재에 사로잡힐 수 있습니다.
어린 시절부터 따분한 예배에 익숙해지면 아이들은 세상에서 제일 재미 없는 것이 기독교라고 느끼게 됩니다. 그러니 자연히 세상의 영들이 주는 즐거움에 빠지게 되는 것입니다.

아이들에게 대적의 존재를 가르쳐주고 대적기도를 가르치며 대적기도를 해주는 것은 아주 좋은 것입니다.
그것은 아이들의 영을 깨웁니다. 그것은 아이들의 영적 감각을 새롭게 일으킵니다. 아이들의 영이 깨어나고 예배에 영의 임재가 흐르고 충만하다면 아이들은 변화되고 맑아지며 주님의 용사가 되고 주님의 어린이가 될 것입니다.

이와 같이 아이들은 영적으로 매우 예민하기 때문에 아이들을 위한 예배는 역동적으로 드려져야 합니다. 지루하고 따분하며 지나치게 조용히 드려서는 안 됩니다.

힘 있게 복음을 외치고 선포해야 하며 뛰고 춤추며 찬양을 드리고 소리 내어 기도해야 합니다. 마귀를 대적하며 아이들을 괴롭히는 귀신들을 쫓아내야 합니다.

그렇게 할 때 아이들은 쉽게 주님의 임재와 천국의 영에 사로잡히게 됩니다. 아이들은 원래 영적인 존재이기 때문입니다.

대적기도는 아이들의 영을 깨웁니다. 그래서 맑고 아름다운 아이로 발전해가도록 돕는 것입니다.

어린아이를 담당하고 있는 사역자가 이 대적기도에 대해서 알고 경험한다면, 영의 흐름이 넘치는 역동적인 예배와 찬양을 인도할 수 있다면 아이들은 놀라운 은총의 세계에 사로잡히게 될 것입니다. 그들은 예배의 기쁨과 감격을 알게 될 것입니다. 그리하여 자신을 주님께 드리게 될 것이며 세상의 악과 더러운 문화에서 벗어나 주님과 천국에 속한 사람으로 나아가게 될 것입니다.

또한 아이들을 양육하는 부모는 대적기도를 통해서 아이의 영혼을 깨우고 어릴 때부터 주님을 사랑하는 아이로 양육해야 합니다. 대적기도를 통해서 악한 영들이 쫓겨날 때 아이들은 원래의 순수한 상태로 주님과 천국을 가까이 경험하고 사모하게 되는 것입니다.

아이들은 원래 영의 사람입니다.
그들은 천국에서 왔기 때문입니다.
그러므로 그들이 대적기도를 통해서 영의 자유를 경험하게 될 때 그들은 천사와 같이 아름다운 상태가 되어서 주님 앞으로 가까이 나아가게 될 것입니다.

24. 사춘기에 올 수 있는 영을 대적하십시오

흔히 사춘기라고 불리는 청소년의 시기에는 정서적으로 많은 변화가 일어납니다. 생각도 많아지고 예민해지기도 합니다. 이 사춘기에 이르러 바람직하지 않은 변화가 생기지 않을까 걱정하는 부모들도 많이 있습니다. 하지만 별로 걱정할 것은 없습니다. 그러한 변화들은 자연스러운 성장과정이기 때문입니다. 이 때는 몸도 많이 자라고 덩치는 성인과 거의 비슷한 상태가 되기 때문에 그러한 몸의 성장이 정신에 영향을 주는 것은 당연한 것입니다.

사춘기는 아이들의 지적인 면이 많이 발전하는 시기입니다. 즉 영성적인 측면은 약해지고 논리적이고 합리적인 면이 발달하기 시작하는 것입니다. 이때부터 아이들에게는 판단과 결정에 있어서 머리를 많이 사용하는 인간 특유의 상태가 나타나기 시작합니다.
그러므로 이 시기에는 불합리한 일을 보거나 경험하거나 하게 되면 몹시 상처를 받습니다. 논리적으로 옳지 않을 때 그러한 모순에 대해서 좀 더 민감하게 느끼기 시작하기 때문입니다.

아이가 어릴 때는 부모가 잘못을 하거나 일방적으로 화를 내도 아이들은 잘 모릅니다. 이유 없이 혼이 나도 아이들은 '내가 무엇을 잘못했겠지.. 나는 나쁜 아이일거야..' 하고 생각합니다. 그 때는 이성이 별로 발전하지 않았기 때문입니다.
하지만 사춘기에 이르러 아이들은 달라집니다. 그들은 생각하게 됩니다. '이 상황에서 엄마가 꼭 저렇게 화를 내야 하는 것일까? 과연 저런 태도가 옳을까? 내가 과연 그렇게 잘못한 것일까?' 그들은 이제 이성적으로 부모를 판단하기 시작하는 것입니다. 부모에게 반항적인 태도를 보이기 시작하는 때도 이러한 시기입니다. 물론 '미운 세 살'이라는 말도 있는 것처럼 아이가 어렸을 때 제 멋대로 하고 말을 듣지 않는 경우도 흔히 있지만 이것은 엄격한 의미에서 부모에게 반항을 한다고 볼 수는 없습니다. 그것은 그저 자기 고집이 센 것입니다.

그러나 사춘기에서는 부모의 권위에 반항심을 가질 수 있습니다. 그것은 논리적으로 부모가 옳지 않을 때 부모를 판단하는 마음이 생기기 때문입니다.

평소에 부모가 아이에게 인격적으로 대해주고 바르게 행동하며 이중적인 모습을 보이지 않았다면 사춘기 때에 아이가 반항적으로 변화되는 일은 없습니다. 그러나 부모가 그러한 모습을 보인다면 아이들은 부모를 판단하게 됩니다.

교사도 마찬가지입니다. 사춘기에 이르러 아이들은 논리적으로 합리적으로 사람을 볼 줄 압니다. 그러므로 말과 행동이 일치하지 않는 교사를 보면 그들은 비판합니다. 그러나 훌륭한 인격을 가진 교사에 대해서는 존경하며 따르게 됩니다.

부모가 거짓말을 한다면 아이들은 부모를 존경하지 않을 것입니다. 명백하게 부모가 실수한 일인데도 그것을 사과하거나 인정하지 않고 부모의 권위로 아이들을 억압한다면 아이들은 그것에 대해서 승복하지 않을 것입니다. 겉으로 수그리는 자세를 보일 수는 있지만 속으로는 부모를 존경하지 않게 될 것입니다.

어떤 어머니들은 아이가 '중학생이 되더니 갑자기 이상해졌다', '고등학생이 되더니 갑자기 이상해졌다' 하고 말하기도 합니다.

하지만 그러한 어머니는 먼저 반성을 해 볼 필요가 있습니다. 이제는 아이의 의식이 자랐기 때문에 전에 마음대로 해왔던 것들을 다른 시각으로 볼 수 있기 때문입니다.

그러므로 아이들에게 함부로 자신의 의견을 일방적으로 강요한 것은 없는지, 아이들에게 비인격적으로 대한 것은 없는지 돌아보아야 합니다. 무엇보다 아이들의 인격을 존중하며 같이 대화하고 의견을 나누며 지적인 동반자가 되는 것이 필요합니다.

사춘기 시절에는 급격한 변화가 올 수 있습니다. 물론 다 그런 것은 아니며 그런 것이 있는 줄도 모르고 그냥 통과하는 가정도 많이 있습니다. 평소에 가정에서 대화를 통해 충분히 마음을 나누는 관계에 익숙해있다면 특별한 변화와 같은 것은 없을 것입니다.

그러나 몸의 변화에 따른 사고의 변화가 생기기 때문에 어느 정도의 변화가 있는 것은 당연한 일입니다.

이 시기에 아빠들은 전에는 친밀했던 딸과의 관계가 어쩐지 서먹서먹해져서 아쉬워하기도 합니다. 사랑하는 딸과의 친밀한 관계가 사라진다는 것은 아빠에게 있어서는 몹시 슬픈 일입니다. 아빠들은 겉으로는 무뚝뚝하게 보이는 이들도 속으로는 딸의 애정을 기대하는 이들이 많이 있습니다.

사춘기 시절의 정서적인 변화는 충분히 예상할 수 있는 일입니다. 그러나 이러한 변화의 틈을 타서 악한 영이 개입하는 경우도 적지 않습니다. 특별한 이유 없이 아이가 갑자기 폭력적이 되거나 반항적이 되거나 하는 것입니다.

부모에게 이유 없이 불손한 태도를 보인다거나 마음의 벽을 쌓고 자기 혼자만의 시간을 지나치게 가지려고 합니다. 특별한 이유도 없는데 부모와 일체의 대화를 거부하기도 합니다.

이러한 것은 악한 영의 개입이 있다고 보아야 합니다. 어느 순간에 좋지 않은 영들이 아이에게 들어온 것입니다. 어디에서 그러한 영들이 들어왔는지, 친구들에게서 영향을 받았는지 문화매체를 통해서 그 영향이 왔는지 모르지만 중요한 것은 그것은 악한 영이며 대적해야 한다는 사실입니다.

그런 상황에서 아이에게 직접 다가가서 '너 지금 마귀가 들어왔구나' 하는 식으로 대화를 하는 것은 정말 멍청한 짓입니다. 그래서는 십중팔구 '그래, 나 마귀야!' 하게 됩니다. 평소에 영적인 전쟁에 대해서 충분히 나누었던 관계가 아니라면 그런 식의 단도직입적인 태도는 마음의 벽을 더 굳건하게 할 것입니다.

그럴 때는 아이에게 친절하게 대해주면서 혼자서 기도하는 것이 좋습니다. 아이의 배후에 있는 악한 영들을 불러내고 결박하는 것입니다. 이런 식으로 하면 됩니다.
"지금, 우리 아이를 혼란스럽게 하고 있는 악한 영들아.. 반항의 영들아. 마음의 벽을 쌓게 만드는 영들아. 내가 주 예수의 이름으로 너희를 결박한다. 너희는 그 아이에게서 떠나가라!'
방언기도를 같이 하면서 그렇게 명령하는 것이 좋습니다. 그것은 아주 효과적입니다. 그 다음날에 보면 아이의 태도가 많이 바뀐 것을 볼 수 있게 될 것입니다. 특별한 이유가 없다면 이러한 대적기도는 바로 역사를 시작합니다.

아이와 평소에 마음속에 있는 이야기들을 자연스럽게 나누는 관계라면 그 때도 충분히 영적인 전쟁에 대해서 설명하고 아이의 이야기를 들으며 동의를 구하고 같이 기도할 수 있을 것입니다. 물론 그쪽이 더 좋습니다. 하지만 대화가 통하지 않을 때에는 조용히 뒤에서 기도하는 것만으로도 좋은 효과를 기대할 수 있습니다.
충분히 기도한다면 사춘기에 있을 수 있는 아이의 갈등은 그리 오래가지 않습니다. 이러한 부분에 대해서는 사회학적으로 심리학적으로 교육학적으로 접근하는 것보다 기도로 접근하는 것이 가장 효과적인 것임을 기억해두십시오. 이것은 거의 영적인 문제입니다. 아이를 혼란스럽게 하는 것도, 공격적이고 비판적이고 반항적인 태도를 갖도록 만드는 것도 사회적인 요인에 의한 것이 아닙니다. 그것은 에덴동산에서부터 인간을 파괴하려 했던 마귀가 하는 짓입니다. 그러므로 그러한 상황에서는 예수의 이름과 피가 가장 놀라운 해결책이 되는 것입니다.

별로 걱정하지 마십시오. 간단한 대적기도로 아이들은 회복되며 지금 잠시 거친 아이가 되었을지라도 곧 다시 예전의 아름답고 사랑스러운 아이로 돌아갈 수 있습니다. 곧 다시 아름다운 가족의 관계를 가질 수 있습니다. 대적 기도를 배운다면 그 영들을 쫓아내는 것은 그리 어려운 일이 아닙니다.

또한 대적기도를 하면서 자신을 돌아보고 반성을 할 수 있는 기회를 삼으십시오. 부모의 비인격적이고 일방적인 자세, 언행이 일치하지 않는 삶 등은 마귀에게 틈을 주며 마귀가 아이들에게 역사하고 공격할 수 있는 기회가 되기 때문입니다.

그러므로 아이 탓만 하지 말고 자기반성과 성장의 기회로 삼는 것이 좋습니다. 요즘 아이들은 호강에 겨웠다는 둥, 우리 때는 이런 일은 꿈도 못 꾸었다는 둥, 자식이 상전이라는 둥, 아이들의 비위를 맞추고 키우는 것이 너무 힘들다는 둥..

그러한 푸념어린 이야기는 하지 않는 것이 좋습니다. 그러한 태도가 아이들의 속에 마귀를 키우는 것입니다.

요즘 아이들도 어렵습니다. 그들에게도 많은 전쟁이 있으며 그들도 힘들고 피곤합니다. 부모님의 시절에만 마귀가 역사하고 지금은 휴업을 하고 있는 것이 아닙니다.

그러므로 자신을 돌아보면서 마귀를 대적하고 쫓아내서 아이와 함께 아름다운 성장을 위해서 같이 나아가십시오.

아이와 같이 서로 기도하며 사랑을 고백하고 아름다운 관계를 이루어 가십시오.

아이와 부모는 같이 기도하고 사랑하며 영혼을 발전시키고 주님께 가까이 나아가기 위해서 주님께서 맺어주신 아름답고 사랑스러운 가족이며 동반자인 것입니다. 할렐루야.

25. 아이의 의지를 누르는 악령을 결박하십시오

부모들은 흔히 자식들이 말을 지긋지긋하게 듣지 않는다고 하소연합니다. 아이들이 말을 너무나 안 듣는 통에 미치겠다고 말하는 어머니들도 있습니다.

컴퓨터 게임을 그만 하라고 해도 말을 듣지 않습니다. '조금만 더, 조금만 더..' 하다가 몇 시간이 지나갑니다.

숙제를 먼저 하라고 해도 하지 않고 있다가 전날 밤이 되면 급하게 하느라고 난리입니다.

시험 준비도 미리 하는 아이들은 별로 없습니다. 항상 막판에 쫓깁니다. 아침에 조금만 더 일찍 일어나서 시간에 너무 쫓기지 말라고 해도 마찬가지입니다.

옷을 자주 갈아입어라, 목욕도 자주 해라, 방안을 너무 지저분하게 하지 말아라.. 이런 이야기를 수도 없이 해도 아이들은 변화되지 않습니다. 어머니들은 나중에는 지쳐 버립니다. 포기하지 않고 입에 잔소리를 달고 사는 어머니도 있고 나중에는 꾸지람과 분노가 배어버린 어머니도 있습니다.

아버지는 어머니처럼 일일이 잔소리를 하지는 않습니다. 하지만 그 대신에 가끔 한 번 씩 폭발을 합니다.

어떤 아버지는 게임을 하지 못하도록 컴퓨터의 선을 잘라버립니다. 어떤 아버지는 컴퓨터를 아주 부숴버렸다는 이야기를 들은 적도 있습니다.

직접 부모가 되기 전에는 이러한 상황을 이해하기 어려울 것입니다. 아이들은 자신들이 부모가 되면 부모와 같이 하지 않겠다고 생각하겠지만 좋은 부모가 되는 것은 역시 쉬운 일이 아닙니다.

아무튼 부모들의 고충은 충분히 이해할 수 있는 것이지만 아이들에 대해서 화를 내고 잔소리를 하고 비난을 하는 것은 문제의 해결에 별로 도움이 되지 않습니다. 그것도 역시 영의 문제이기 때문입니다. 영의 문제에 있어서 본능적으로 대처하는 것이나 잔소리와 억압은 아무런 힘이 없기 때문입니다.

먼저 부모들은 자신의 자녀들을 꾸짖기 전에 자신이 우리의 진정한 부모가 되시는 주님의 말씀에 잘 순종하고 있는지를 반성해보아야 합니다. 우리가 경험하는 대부분의 고통들은 우리가 주님께 드리는 고통이기 때문입니다.

즉 우리는 우리의 자녀가 우리를 얼마나 괴롭게 하는지에 대해서 경험하지 않으면 우리가 아버지이신 하나님을 얼마나 괴롭히는지에 대해서 알 수 없기 때문입니다.

아마 우리가 그렇게 자녀에 대해서 불평하고 속상해 하고 있을 때 주님께서는 빙그레 웃으시면서 이렇게 말씀하시고 계실 것입니다.

"이제 알겠느냐? 네가 얼마나 내 속을 썩이고 있는지? 부모가 되어서 고통을 겪으니까 이제 좀 알겠느냐?"

그러므로 부모인 우리는 자녀에게 화를 내고 비난하기 전에 먼저 자신을 돌아보고 반성을 해야 합니다.

자기반성은 성장의 기초이며 자신은 아무 것도 잘못한 것이 없다고 하는 사람은 전혀 성장을 할 수 없습니다. 그러한 사람은 천국에 가기를 기대해서는 안 되며 영적으로 변화되는 것도 기대해서는 안 됩니다.

항상 자기변호를 하는 사람은 아무리 오래 신앙생활을 하고 기도를 많이 해도 전혀 변화되지 않으며 늙어도 젊었을 때의 모습을 그대로 간직하고 있을 뿐입니다.

반성은 중요한 것입니다. 하지만 부모가 자신의 불순종에 대해서 반성하는 것만으로 그쳐서는 안 됩니다. 거기에도 또한 악한 영들의 개입이 있기 때문입니다.

왜 우리는 우리가 결심하고 원하는 것을 할 수 없을까요?

왜 우리는 어떤 것이 좋은 것임을 알고 그렇게 하겠다고, 그렇게 살겠다고 다짐을 하고도 자주 실패하는 것일까요?

그것은 방해하는 영이 있기 때문입니다. 우리의 의지를 누르고 우리가 하기 싫은 것을 자꾸 하게하며 우리가 하려는 것을 못하게 하는 귀신의 영들, 악령들의 방해가 있기 때문입니다.

그러한 방해가 과연 우리에게만 있을까요? 물론 아닙니다. 그 마귀들은 우리의 자녀들도 똑같이 방해하고 그들의 의지를 억누릅니다. 그러므로 우리의 자녀들도 수없이 결심하고 작정하지만 막상 그들의 결단대로 해 나가지 못하는 것입니다.

아이들도 자주 결심합니다. 아주 정신이 이상한 아이들이 아니라면 누구나 다 좋은 사람이 되려고 합니다. 컴퓨터 게임도 조금만 하고 공부를 하고 성실하게 살려고 합니다.

누구든지 부모에게 야단맞고 욕먹는 것을 즐거워하는 사람은 없습니다. 누구든지 부모의 말을 듣고 그 말대로 해서 칭찬도 받고 사랑도 받으려고 합니다. 처음부터 부모와 원수가 져서 태어난 아이들은 아무도 없습니다.

하지만 그게 되지 않습니다. 컴퓨터 게임은 마력이 있습니다. '조금만 하고 그만 해야지..' 하고 생각하지만 어느새 시간은 한참 지나 있습니다.

'오늘부터 시험공부를 해야지..' 하고 마음을 먹습니다. 그러다가 친구들의 소식이 궁금해집니다. '에라.. 인터넷 사이트에서 아주 잠깐만 놀다가 시작해야지..' 하는 생각이 듭니다.

그리고 그렇게 하루가 지나갑니다. 부모님에게 야단을 맞고 후회를 하지만 하루가 지나도 여전히 상황은 마찬가지입니다.

이것을 기억해야 합니다. 부모들뿐만 아니라 아이들에게도 방해하는 귀신들이 항상 따라다닌다는 것입니다. 그 영들은 아이들의 의지를 방해하고 누릅니다.

공부를 하려고 하면 정신을 산만하게 만드는 영이 역사합니다. 숙제를 하려고 하면 어떤 영들이 다른 재미있는 일을 생각나게 합니다. 그렇게 시간이 자꾸 지나면 마음이 불안해지게 되는데 그러면 악령들이 다가와서 즐거운 컴퓨터게임이나 TV의 재미있는 프로그램을 보고 시름을 잊으라고 충동합니다. 그렇게 귀신들은 항상 아이들을 사로잡고 이끄는 것입니다.

그렇게 허무하게 하루를 마치고 잠을 자는 아이들의 잠이 달콤할까요? 아닙니다. 마음은 계속 불안합니다. 몸은 놀고 있지만 마음은 계속 불안합니다.

그렇게 불안해지다가 나중에는 영의 감각이 서서히 마비됩니다. 마귀는 그 틈을 타서 점점 더 충동적이고 쾌락적인 도피처를 가르쳐줍니다. 그런 식으로 아이들은 점점 더 비뚤어지는 것입니다.

아이들이 자기 의지로 그러한 악령의 공격을 물리치고 이길 수 있을까요? 거의 불가능합니다. 그것은 성인들도 마찬가지입니다.

영적으로 무지한 그리스도인들, 성인들도 마귀의 계략을 모르므로 그들이 주는 충동을 물리치지 못하고 도박에 빠지고 음란에 빠지고 악한 삶의 유혹에 넘어지고 빠지는데 어떻게 어린 자녀들이 마귀의 궤계를 분별하며 이기고 자유로운 삶과 의지를 누릴 수 있겠습니까. 그것은 정말 어려운 일입니다.

그러므로 단순히 아이들을 다그치고 혼을 낸다고 아이들이 변화되고 승리하는 삶을 살 수 있을 것이라고 생각하지 마십시오.

아이들의 배후에 있으며 그들의 의지를 누르고 모든 선한 일을 하지 못하게 하며 모든 악한 일을 하게 만들고 충동하는 마귀의 영을 대적하고 부숴 버려야 합니다.
아이들에게 그러한 충동을 일으키는 귀신의 정체에 대해서 이야기해야 합니다.
앞에서도 언급한 것처럼 영적인 전쟁에 대해서 가르쳐야 하며 부모들도 그 영적인 전쟁에 동맹군으로서 합력하여 싸워야합니다.
아이들을 정죄하지 마십시오. 말을 안 듣는다고 무조건 혼을 내는 것으로 부모의 의무를 다 했다고 생각하지 마십시오.
아이들도 고독한 전쟁 중에 있습니다. 그 싸움을 도와주십시오.
아이의 의지를 억압하는 귀신을 분별하고 대적하고 쫓아내십시오.

아이들에게 물어보십시오.
아무리 하려고 해도 잘 안 되는 것이 무엇인지 물어보십시오.
아이들은 대답할 것입니다. 이러저러한 일들은 아무리 하려고 해도 잘 안 된다고..
그들의 이야기를 들으면 그들의 마음이나 상황을 이해할 수 있게 됩니다. 그들이 얼마나 두려워하고 있는지, 묶여 있는지 알게 됩니다. 그들은 도움이 필요한 존재이지 비난을 받아야할 존재가 아닙니다.
일방적으로 정죄하고 야단치는 자세로는 아무런 대화를 할 수 없으며 아무런 해결책도 없습니다. 그들도 원하지만 안 되기 때문입니다.

그러므로 그들의 말을 주의 깊게 들으며 열린 자세로 대화를 나누십시오. 정죄하지 않고 그들의 입장에서 이야기를 들으면 아이들은 마음을 열고 그들의 속마음을 드러냅니다.
잔소리하고 부모의 입장에서만 생각하고 혼을 내니까 아이들이 말을 하지 않는 것이지 그들이 무조건 마음을 닫는 것이 아닙니다.
사람은 누구나 친구가 필요하며 자신을 이해해주는 이들에게 마음을 열기 때문입니다. 부모는 때때로 자녀들의 좋은 친구가 되어야 합니다.
아이들이 어떠한 부분에서 눌리고 부자유한지 알게 되면 부모와 아이가 같이 그 마귀를 대적하며 싸울 수 있습니다.
그렇게 되면 그들은 같이 승리를 경험할 수 있습니다. 끊지 못하던 것을 끊을 수 있게 되며 할 수 없던 것을 할 수 있게 됩니다. 이것을 경험하게 되면 아이들도 놀라며 자신감을 얻게 됩니다.

아이가 말을 안 들으며 못되었다고 무조건 정죄하지 마십시오.
아이의 의지를 무력화시키는 귀신의 영을 분별하십시오.
그 영들을 대적하고 결박하십시오.
당신은 아이가 변화되는 것을 보기 시작할 것입니다.
아이의 의지가 점차로 자유롭게 되는 것을 보기 시작할 것입니다.

아이를 괴롭히는 마귀의 세력을 결박하며
아이와 함께 영적 전쟁에서 승리하십시오.
그렇게 승리를 경험하면서
우리의 가정은 점점 더 천국으로 화하게 되는 것입니다. 할렐루야.

26. 자녀들의 교우관계를 위하여 기도하십시오

친구 문제는 자녀와 어머니와의 오랜 싸움이 되어왔습니다. 어머니는 자녀에게 어떤 친구를 가까이 하지 말라고 이야기하고 자녀는 그 애가 뭐 어떠냐고 대답합니다. 이런 대화는 흔하게 접할 수 있는 것입니다.
"너, 그 아이하고는 놀지 말아라."
"엄마. 그 애가 어때서 그래요? 몰라서 그렇지 얼마나 좋은 애인데.. 속도 아주 넓다구요."

어머니는 자녀의 친구가 못마땅하며 자녀는 어머니의 관점이 못마땅합니다. 어른이 보기에는 어떨지 모르지만 자신이 보기에는 그는 아주 좋은 친구이기 때문입니다. 이런 식의 갈등이 부모와 자녀 사이에는 항상 존재해왔습니다.
여기서 누구의 의견이 옳은가 하는 것은 별개의 문제입니다. 어떤 경우에는 아이의 말이 옳을 수 있고 어떤 경우에는 어머니의 말이 옳을 수 있습니다.

다만 한 가지는 분명합니다. 일반적으로 어른의 관점은 아이보다 낫다는 것입니다. 어른들은 삶의 경험이 아이들보다 좀 더 많기 때문에 사람의 마음을 좀 더 읽을 수 있고 사람의 됨됨이를 좀 더 잘 파악할 수 있습니다.
만약에 어른이 영성의 발전을 추구하고 주님을 사랑하는 사람이라면 그는 좀 더 사람들의 영혼을 보고 느낄 수 있으며 자녀들의 친구들도 어떤 사람인지 알 수 있을 것입니다.
만약 어머니가 오직 학교 공부와 성적 한 가지만을 가지고 아이들과 아이들의 친구를 평가하고 판단한다면 그것은 별로 좋지 않습니다. 그것은 종합적이고 영적인 관점이 아닙니다.
다만 분명한 하나의 사실이 있습니다. 그것은 어떠한 친구를 사귀는가 하는 것이 그 아이의 인생에 지대한 영향을 준다는 것입니다.
어머니들은 경험으로 이것을 잘 알고 있습니다.
평소에 아주 성실하고 착한 아이가 어떤 친구를 만나고 집에 오면 평소와 뭔가 달라진 것을 느낍니다. 심지어 어린 아가가 놀이터에서 처음 보는 새 친구와 함께 재미있게 놀다가 집에 들어왔는데 이상하게 평소와 다르게 아주 거칠고 요란할 때가 있습니다. 그런 식의 변화를 어머니들은 느끼는 것입니다.
영적으로 민감한 어머니는 자녀에게 '너 오늘 누구랑 같이 놀았니?' 하고 물어봅니다. 그녀들은 자녀에게서 무엇인가 평소와 다른 어떤 기운을 느끼게 되는 것입니다.

성실하고 착하던 아이가 거칠고 반항적인 친구와 같이 지내게 되면 그 비슷한 성질이 나타나게 됩니다. 성실하게 공부를 하던 모범생이 공부를 싫어하고 노는 것만 좋아하는 친구를 만나서 같이 다니다보면 공부에 흥미를 잃어버리게 되는 것은 흔한 일입니다. 물론 그 반대의 경우도 있습니다.
다만 친구를 통하여 긍정적인 쪽으로 변화되는 것보다는 부정적인 쪽으로 변화되고 나쁜 물이 드는 경우가 더 많은 것이 보통입니다. 그러므로 어머니들은 자녀의 교우관계에 대해서 관심을 가질 수밖에 없으며 가져야만 하는 것입니다.

아이들을 가르치는 교사들은 성실하고 안정적이던 반에 한두 명의 말썽꾸러기가 들어오게 되면 반의 분위기가 곧 바뀌는 것을 알고 있습니다. 한두 명이 전체의 물을 다 흐려버리는 것입니다.
교사는 그 한두 명을 잘 다룰 수 있느냐 없느냐가 반 전체를 잘 관리할 수 있느냐 없느냐를 결정짓는다는 것을 잘 알고 있습니다. 이처럼 한 두 사람이 그들의 가지고 있는 어떤 기운을 퍼뜨릴 수 있는 것입니다. 그것은 그들의 성품이기도 하지만 또한 영적인 에너지이며 기운입니다. 그들을 통해서 그러한 영적인 분위기가 퍼지게 되는 것입니다.

분위기를 주도하는 아이가 있고 분위기에 끌려 다니는 아이가 있습니다. 대체로 소수의 아이들이 분위기를 주도하며 대다수의 아이들은 그들에 의해서 영향을 받습니다.

분위기를 주도하는 아이들은 활동적이며 재미있고 매력적인 요소를 가지고 있습니다. 그들을 따르는 대다수의 아이들은 그들의 옆에 있으면 아주 재미가 있기 때문에 그들에게 끌려갑니다.

어떤 성실하고 항상 부모에게 순종하며 모범적인 아이가 있었는데 그 부모에게 경찰서에서 연락이 왔습니다. 아이가 서점에서 도둑질을 하다가 잡혀왔다는 것입니다.

부모는 기가 막혀서 경찰서에 갔습니다. 집이 가난한 것도 아니고 책이 필요하다면 못 사줄 형편도 아닌데 서점에서 책을 훔쳤다니 너무나 기가 막혔던 것입니다.

게다가 그 아이는 물건을 훔치기는커녕 두려워서 거짓말도 제대로 못하는 아이였던 것입니다.

경찰서에 가보니 아이는 겁에 질려서 울고만 있었습니다. 상황을 알아보니 친구를 따라서 서점에 갔다가 친구가 시키는 대로 무조건 책을 가방에 집어넣다가 같이 잡혀왔다는 것입니다.

왜 그런 짓을 했느냐고 묻자 아이는 친구가 하는 것은 항상 너무나 재미가 있기 때문에 그냥 따라했다는 것입니다.

그는 처음에는 거절했지만 친구가 걱정하지 말라고, 내가 다 책임진다고 하는 말에 같이 물건을 훔쳤다는 것이었습니다. 아이의 어머니는 그 말을 듣고 어처구니가 없었습니다.

이상하게도 성실하고 모범적인 아이들은 대체로 생기가 부족합니다. 그런데 사고를 치는 아이들은 매력적이고 끼가 넘치며 재미있는 아이들이 많습니다. 그래서 그들은 친구들에게 인기가 많습니다.

그래서 수동적이고 착하기만 한 아이들은 그런 친구에게 쉽게 빠지게 됩니다. 자신은 겁도 많아서 주어진 틀을 잘 벗어나지 못하는데 그러한 친구는 겁도 없고 항상 활기가 넘치기 때문에 같이 있으면 힘을 얻고 즐거움을 느끼게 해줍니다.

그래서 그러한 친구와 같이 다니다가 이와 비슷한 일에 같이 연루되기도 하는 것입니다.

삼손이 만나서 사랑에 빠졌던 들릴라는 어떤 여인이었을까요?
그녀는 아주 매력이 철철 넘치는 여인이었을 것입니다. 단순히 아름답기만 한 것이 아니고 삼손의 마음을 송두리째 빼앗을 수 있는 매력을 가지고 있었을 것입니다.

무기력하고 소극적인 이들은 그렇게 매력이 넘치는 이들에게 끌리게 되며 그들의 영향을 쉽게 받게 됩니다. 삼손처럼 심지어 자신의 사명을 잃어버릴 정도로 말입니다. 하나님의 깊은 은혜 체험을 가지고 있고 또 이스라엘의 영적 지도자이자 사사였던 그가 그렇게 유혹에 빠지는데 평범한 사람이라면 어떻겠습니까.

어머니는 그러한 친구를 사귀지 말라고 하고 자녀는 싫다고 합니다. 그 아이의 옆에 있으면 힘과 즐거움이 느껴지기 때문입니다. 영이 약하고 피동적인 아이들은 친구관계에서도 이처럼 끌려 다닐 수 있습니다.

생기가 넘치는 사람이 있습니다. 매력이 넘치는 사람이 있습니다. 이들에게는 항상 사람을 이끌고 다니는 힘이 있습니다.

그런데 그 생기나 매력이 빛에 속한 것이 아니고 어두움에 속한 경우가 많이 있는 것입니다.

그러한 경우에 그와 같이 따라다니는 친구들은 나쁜 성향에 같이 물들게 됩니다. 같이 파를 형성하고 같이 남을 비난하며 제 멋대로 움직입니다. 그 배후에는 악한 영의 세력이 있는 것입니다. 생기를 주고 즐거움을 주지만 그것은 악한 영들이 주는 즐거움입니다.

그리스도인 부모들은 그러한 악한 즐거움을 분별해야 하며 친구들의 그러한 매력이 주는 위험성을 설명하고 그러한 것을 따르지 않도록 자녀에게 가르쳐야 합니다.

그리스도인 부모들은 자녀들의 친구관계에 대해서 잘 알고 있어야 합니다. 자신의 자녀가 어떤 친구를 사귀고 있으며 그 친구는 어떠한 아이인지에 대해서 알고 있어야 합니다.

단순히 외적인 요소로 자녀의 친구를 판단해서는 안 됩니다. 그 친구가 부자인가, 가난한가라든지, 성적은 반에서 몇 등이냐 이런 것을 가장 중요시하는 것은 좋지 않습니다.

정말 중요한 것은 그 친구가 어떠한 영을 가지고 있는가 하는 것입니다. 그 친구의 성품이 어떠하냐가 중요합니다. 그 친구는 겸손하고 사랑스러우며 온유한 사람인지, 친구를 서로 배려해주는 사람인지 알아야 합니다.

성품이 좋지 않다면 그 친구는 좋지 않은 것입니다. 그 친구가 쉽게 원망, 불평을 하고 교사나 부모를 비난한다면 그 친구는 좋은 친구가 아닙니다. 그 경우에 부모는 그러한 친구를 가까이 하지 않도록 경고해야 할 것입니다.

친구가 공부를 아주 못하는 친구라면 공부를 아주 못하고 성적이 나쁘다는 것, 그 자체는 문제가 되지 않습니다. 머리는 그리 뛰어나지 않지만 다른 쪽에 재능이 있을 수도 있는 것이기 때문입니다. 그러나 그 아이가 공부를 못하는 것이 불성실하고 게으르고 놀기를 좋아하는 성품 때문에 그렇다면 그러한 불성실의 기질은 자녀에게 영향을 줄 것입니다. 그것은 바람직하지 않은 것입니다.

친구의 가정이 이혼을 해서 편모나 편부일 경우 그 자체는 그리 중요한 것이 아닙니다.
그러나 그 때문에 그 친구가 분노나 미움 등의 공격적인 성향을 가지고 있다면 그것은 곤란합니다. 예를 들어 애정에 대한 굶주림 때문에 이성 친구에 지나친 관심을 가지고 있다면 역시 그 영향이 자녀에게 올 수 있습니다.

주님께 속한 부모는 자녀들의 친구관계를 주의 깊게 살펴야 합니다. 그리고 자녀와 많은 대화를 나눌 수 있어야 합니다.
부모가 자녀에게 감시자의 느낌을 주면서 이것저것을 묻는다면 그것은 좋지 않을 것입니다. 자녀는 방어하고 싶은 마음을 가질 수 있습니다.
그러나 부모는 친구를 사귀는 것에 대한 명백한 기준을 설명해야 합니다.
첫째로 가능한 한 주님을 믿고 사랑하는 아이여야 하며 같이 기도할 수 있는 친구를 사귀어야 합니다.
그리고 둘째로는 아름다운 성품을 가진 친구를 사귀도록 가르쳐야 합니다. 이러한 기준에 대해서 서로 동의하고 같이 기도하는 것이 필요할 것입니다.

만약 자녀가 좋지 않은 영향을 끼치는 친구관계를 가지고 있다면 그 관계를 끊는 기도를 하여야 합니다. 자녀에게도 설득하고 그 친구가 가지고 있는 악한 영을 대적하고 결박해야 합니다.
그렇게 끊는 기도를 하게 되면 이상하게 서로 거리감이 생기게 되고 그 친구 없이는 못 살겠다고 하던 자녀들도 이상하게 친구가 싫어지게 됩니다.
그러한 끌어당김은 대체로 악한 영의 역사를 통한 결속이기 때문입니다. 그러므로 그 배후에 있는 악한 영들을 대적하고 결박하면 그 영들이 달아나기 때문에 그 결속력은 끊어지게 됩니다.

자녀의 교우관계를 주의하여 보십시오. 그 관계를 통하여 어떤 영들이 역사하고 있는지를 조심스럽게 관찰하십시오. 만약 나쁜 기운과 영이 역사하면 대적기도로 그 끈을 끊어버리십시오.

부모는 자녀의 물질적인 부분만을 공급하는 자가 아닙니다.
할 수 있는 한 자녀의 영혼을 아름답게 양육하고 인도하여 천국으로, 주님께로 가까이 이끌어야 하는 존재입니다.
그러므로 자녀에게 역사할 수 있는 모든 악한 영들의 방해를 깨뜨리십시오. 친구를 통해서 역사하는 악령의 세력도 깨뜨리십시오.

그렇게 자녀를 위해서 기도하고 인도할 때 자녀들은 주님 안에서 날마다 아름답고 거룩한 주님의 사람으로 자라갈 수 있게 될 것입니다. 할렐루야.

27. 악한 유전이 자녀에게
　　흐르지 않도록 끊으십시오

자녀들은 부모에게서 몸을 받습니다. 아버지의 정과 어머니의 피를 받아 몸을 얻으며 어머니의 몸 안에서 10개월을 보내고 이 세상으로 나옵니다. 그렇게 몸을 받고 세상에 나오는 과정에서 자녀들은 부모의 육체적인 특성을 많이 물려받게 됩니다. 이것을 흔히 유전이라고 부릅니다.

자녀들은 부모의 몸이 가지고 있는 특성을 많이 물려받습니다. 희한할 정도로 자녀들은 부모를 닮았습니다. 생긴 것도 닮았고 하는 짓도 비슷합니다.
부모의 입장에서 보면 자기와 비슷하게 생긴 자기의 조그마한 축소판을 보면 신기하기도 하고 사랑스럽기도 합니다. 아무튼 부모의 그렇게 작은 씨 안에 부모의 온갖 정보가 담겨있고 그것이 전달된다는 사실은 정말 신기한 일입니다.

자녀들은 부모에게서 각종 재능을 이어 받습니다. 부모 중의 하나가 뛰어난 음악성을 가지고 있다면 자녀들은 어느 정도 부모의 음악성을 이어 받는 것 같습니다. 부모가 문학이나 예능에 소질을 가지고 있으면 자녀들도 그러합니다.
부모가 운동을 좋아하면 자녀들도 운동을 좋아하는 경향이 많습니다. 부모가 책을 좋아하면 자녀들도 책을 좋아합니다. 부모가 요리를 좋아하면 자녀 중에도 요리를 만드는 것을 좋아하는 아이가 있습니다.
나는 음악이나 문학을 좋아하지만 기계를 다루거나 손으로 무엇을 만지고 만드는 것은 아주 서투른 편입니다.

그런데 그러한 기질은 아들에게도 전달된 모양입니다.
아들이 초등학교 4학년일 때 조립을 하는 로봇을 집에 가지고 왔습니다. 그는 한참을 끙끙거렸지만 그것을 조립할 수 없었습니다. 그것을 나에게 가지고 왔길래 나는 큰 소리를 쳤습니다.
"이렇게 쉬운 것도 못 해? 잘 봐! 아빠가 해 줄게.."
하지만 30분을 붙들고 씨름했지만 나는 도저히 로봇을 조립할 수 없었습니다. 나는 풀이 죽어서 말했습니다.
"이리 와. 집사님에게 가 보자.."

우리 교회에 나오는 성도 중에 기계를 잘 만지는 분이 있었습니다. 전기나 보일러나 무엇이든 그 분의 손이 닿으면 망가진 것도 곧 멀쩡해졌습니다. 아들의 손을 잡고 로봇을 들고 그 집에 갔는데 집사님은 집에 없었습니다.
그런데 집에 있던 초등학교 2학년이던 둘째 아들이 로봇을 보더니 '이리 주세요.' 하고 말했습니다.
그래서 '안 돼.. 이건 어려운 거야..' 하고 대답했지요.
그러자 '할 수 있어요..' 하고 가져가더니 1분 만에 조립을 끝내 버렸습니다.

나는 그 때 확실하게 알게 되었습니다. 손재주도 타고난다는 것을 말입니다. 아빠가 기술자이면 아들도 기술자였습니다. 그것은 참으로 흥미로운 일입니다. 아마 나와 아들이 했다면 밤을 샜어도 하지 못했을 것입니다.
자녀들은 부모가 가지고 있는 재능을 이어 받습니다. 그러므로 부모가 좋아하고 잘 하는 일을 자녀들도 잘 하는 경우가 많습니다. 그것은 아름다운 유전입니다.
부모들의 성품도 자녀들에게 유전되는 것 같습니다. 부모 중의 한 사람이 내성적인 성품을 가지고 있을 때 자녀들 중의 한 사람은 비슷하게 내성적입니다. 부모 중의 한 사람이 성질이 급하면 자녀들 중에서 성질이 비슷하게 급한 사람이 있습니다.
몸의 구조나 체형도 자녀들은 부모와 비슷합니다. 한 쪽 부모가 상체가 큰 편이면 자녀 중의 하나는 상체가 큽니다. 한 쪽 부모가 광대뼈가 튀어나왔으면 자녀 중의 하나는 광대뼈가 있습니다.

이러한 기질적인 면, 재능적인 면, 신체적인 면에서 자녀들은 부모에게서 여러 특성들을 물려받습니다.
자녀들은 아버지와 어머니의 특성을 이런 면은 아버지에게서, 저런 면은 어머니에게서 선물처럼 받아 가집니다. 어머니의 미모를 물려받기도 하고 아버지의 명석한 두뇌를 물려받기도 합니다. 그것은 하나의 자연적인 법칙입니다.

그런데 여기에 문제가 있습니다. 부모에게서 좋은 것만이 이어지면 참 좋겠지만 부모의 좋지 않은 부분까지 자녀들에게 유전이 되는 것입니다. 부모의 질병이 자녀에게까지 이어지는 경우는 흔한 일입니다.
부모가 기관지가 나쁘면 자녀도 나쁜 경우가 많습니다. 부모가 간이 좋지 않으면 자녀도 간이 나빠서 잘 피곤해합니다. 부모가 비만의 체질을 가지고 있을 경우에 자녀들도 역시 비슷한 체질을 타고나는 경우가 많습니다.
이러한 경우에 자녀에게 좋은 육체를 물려주지 못한 부모는 몹시 안쓰러운 마음을 갖게 됩니다.
부모가 암으로 사망한 경우에 자녀가 역시 비슷한 암으로 사망할 가능성은 그렇지 않은 부모를 둔 사람보다 훨씬 더 높다고 합니다.
이것도 역시 유전입니다. 하지만 이것은 좋지 않은 유전이며 부모가 가지고 있는 어두움의 기운이 자녀들에게 전달되는 것입니다.
그렇다면 이러한 나쁜 유전은 어쩔 수 없이 자녀들에게 전달될 수밖에 없는 것일까요?

어떤 고통을 겪은 부모는 할 수 있는 한 그러한 고통이 자신에게서 끝이 나고 자녀들에게까지 물려지지 않기를 바라는 마음을 가지게 됩니다. 극심한 가난을 경험한 부모는 자녀들에게 가난을 물려주고 싶지 않으며 냉정한 가정에서 자란 부모들은 자녀들에게는 따뜻한 사랑이 넘치는 가정의 분위기를 보여주고 싶을 것입니다.
그러므로 부모들은 자신이 가지고 있는 어두움의 유전이 할 수만 있으면 자녀들에게 전달되지 않도록 차단하려고 할 것입니다.

부모의 어두운 유전이 자녀들에게 전달되지 않도록 막는 방법은 없는 것일까요? 아닙니다. 있습니다.
그러한 악한 유전은 부모에게 붙어 역사하던 악한 영들이 대를 이어 자녀에게까지 내려간 것입니다. 그러므로 그러한 고통의 배후에 있는 마귀를 주 예수의 이름으로 부수고 쫓아내면 그것은 자신의 대에서 끝이 나며 자녀들은 그 동일한 영을 받아서 동일한 고통을 겪을 필요가 없어지는 것입니다.

부모가 암으로 사망했다면 그것은 부모에게 죽음의 영이 역사한 것입니다. 자녀들은 그 영이 자신에게 오지 못하도록 부모의 대에서 그것이 끝나도록 결박하는 기도를 해야 합니다.
그래야 자기에게도 그 영이 오지 않으며 자녀들에게도 그 영이 가지 않습니다.
사고가 잘 나고 불운한 사람이 있습니다. 그 배후에는 악령들의 장난이 있는 것이 보통입니다. 이 경우에 그 부모가 그 영들을 대적하고 결박하여 쫓아낸다면 그 영들은 자녀에게 유전되지 않을 것입니다. 그러나 부모가 그 영을 이기지 못한다면 그 영들은 자녀에게 유전될 가능성이 많이 있습니다.
유전되는 악한 영들은 육체적인 연약함이나 질병만이 아닙니다. 연약한 기질이나 특성도 자녀들에게 이어집니다.

부모들이 극복하지 못한 두려움과 같은 경험들도 자녀에게 흘러갑니다. 어머니가 버림받음에 대한 경험이 있고 두려움이 있다면 자녀에게도 그 영이 들어갈 수 있습니다.

어머니가 학창 시절에 시험에 대한 두려움이 있다면, 예를 들어 수학을 두려워하는 마음이 있었다면 그 마음은 자녀들에게 그대로 전달될 수 있습니다.

부모 중 한 사람이 물에 빠져 죽을 뻔했던 경험이 있어서 물을 두려워한다면 역시 자녀들에게도 그러한 물에 대한 두려움이 전이될 수 있습니다. 이 경우 부모가 자신의 두려움이나 고통스러운 경험을 치유하고 회복되어야 자녀도 역시 그러한 증상에서 벗어날 수 있는 것입니다.

악한 성품도 유전됩니다. 부모가 육성을 극복하지 못하고 처리하지 못했을 때 그 영과 기운은 자녀들에게 전달됩니다. 그러므로 부모가 그것을 끊지 못했을 때 자녀들은 고스란히 그 악한 영들의 희생자가 될 수밖에 없는 것입니다.

앞에서 미운 짓을 하는 자녀에 대해서 이야기를 하면서 자녀들은 부모의 희생자라는 이야기를 했었습니다. 그것은 이 유전과 관련이 있습니다. 부모가 혈기와 미움의 영을 극복하지 못했을 때 그 영과 기운은 자녀들에게 들어가서 역사합니다. 그러므로 자녀들은 말을 안 듣고 고집을 부리며 말썽을 부리는 것입니다.

이 경우에 부모들은 화를 내고 아이를 야단치며 속상해 하지만 그 악한 기운의 근원은 부모의 안에 있는 것입니다. 아이에게 있는 것은 그림자이며 본체는 부모의 안에 있는 것이 보통입니다. 그러므로 먼저 부모가 그 영을 처리해야 하며 그렇게 되면 아이들의 속에서 역사하는 기운은 자연히 사라지게 됩니다.

그러면 왜 부모는 그렇게 자녀에게 분노하는 것일까요? 자기도 똑같은 영을 가지고 있는데 말입니다. 그것은 하나의 영적 법칙입니다.

어떤 사람이 자신이 승리하지 못한 어떤 악성을 가지고 있으면 그 사람은 자기와 비슷한 사람을 볼 때 화가 나고 부딪치며 미워하게 됩니다. 그것은 자석이 같은 극끼리 서로 밀어내는 이치와 같습니다. 즉 혈기가 많은 사람은 혈기가 많은 사람을 참지 못합니다. 교만한 사람은 교만한 사람을 참지 못합니다. 깡패는 원래 같은 깡패끼리 싸우는 것이며 온유하고 겸손한 사람과는 싸움이 되지 않는 것입니다.

그러므로 분노하는 부모는 자녀를 통해서 비추어진 자신의 모습을 보고 분노하는 것입니다.

그렇기 때문에 부모가 영적으로 성장하고 육성적인 많은 부분들을 처리 받고 정화되었다면 자녀들은 부모의 그림자로서 많은 흑암에 속한 부분을 짊어져야 할 필요가 없어집니다.

그러나 아직 부모가 영적으로 어린 자로서 욕심과 아집과 혈기와 교활함과 음란성과 각종 악을 가지고 있다면 그러한 악은 자녀들에게 고스란히 전달되어 내려가게 되는 것입니다. 그것은 악한 유전입니다.

아마 이러한 부분을 이해하였다면 자녀를 가지기 전에 충분히 성화되고 악성과 독성과 육성이 처리되고 정화되기를 사모하고 구할 것입니다. 그러나 유감스럽게도 젊은이들이 결혼하는 20대 후반에서 30대 초반은 육성이 왕성하게 역사할 때입니다.

그러므로 어쩔 수 없이 악성과 어두움의 기운을 자녀들에게 나누어주는 통로가 될 수밖에 없는 것입니다. 이것은 슬픈 일이지만 우리의 현실에서 항상 이루어지고 있는 일입니다.

자녀에게 이어지는 유전은 임신을 하고 아이를 가질 때만 역사하는 것이 아닙니다. 자녀를 양육하고 기르면서도 계속하여 부모의 영적 상태는 자녀들에게 전이됩니다.

그러므로 부모의 육성이 많이 처리될수록 자녀들은 부모에게서 어두움의 기운을 받지 않게 됩니다.

그러나 부모가 성장하지 않고 있다면, 여전히 악 속에서 살고 있다면 자녀들은 청년이 되어 그 영혼이 독립되기까지 계속하여 부모의 죄와 악한 기질을 물려받고 희생자의 역할을 해야 합니다.

부모들은 자신이 아직 가지고 있는 악한 성질과 기운이 자녀들에게 흘러갈 수 있다는 사실을 알아야 합니다. 그러므로 그 악한 기운들이 자녀에게 가지 못하도록 그 줄기를 결박하고 끊어버리는 기도를 해야 합니다. 부모들은 자신이 가지고 있는 신체적인 연약함이나 질병의 기운이 자녀에게 가지 못하도록 마귀를 대적하고 그 끈을 끊어야 합니다.
부모들은 자신의 성질이나 처리되지 않은 악한 성품이 자녀에게 가지 않도록 그 끈을 끊어야 합니다. 그렇게 끈을 차단할 때 자녀들은 재앙의 줄기에서 벗어나게 됩니다.

당신이 가지고 있는 모든 악한 유전과 악한 습관과 어두운 것들이 자녀에게 가지 못하도록 그 기운을 차단하십시오.
근원은 당신입니다. 자녀가 아닙니다. 자녀는 그림자입니다. 당신에게서 자녀에게로 흘러가는 것입니다.
그것이 영적 법칙이며 원리입니다. 자녀가 당신의 속을 뒤집어 놓는다고 말하지 마십시오.
물은 위에서 아래로 흐르는 것이지 아래에서 위로 흐르는 것이 아닙니다. 아래에서 위로 비가 내리는 경우는 없습니다.
그러므로 당신이 근원임을 이해해야 합니다.
그리고 그 근원을 파괴하고 끊어야 합니다.
자녀가 당신이 앓고 있는 병과 같은 병을 앓고 있다면 그 질병의 근원은 당신일 가능성이 많이 있습니다.

그러므로 자녀의 병을 치유하기 전에 당신의 질병을 대적하십시오. 그것을 저주하여 끊어버리십시오. 당신이 우울증이나 억울함이나 혈기나

서운함이나 원망이나 그러한 각종 성품적인 죄를 짓고 있다면 그 영을 대적하고 끊어버리십시오. 그 줄기가 자녀에게까지 가지 않도록 차단하십시오.

나는 과거에 음란한 죄를 많이 지었던 어머니가 자신의 자녀가 사춘기에 비슷한 죄에 빠지자 하나님을 원망하는 이야기를 들은 적이 있었습니다. 왜 자기의 대에서 그 죄가 끊어지지 않게 하셨느냐는 것입니다. 그러나 죄를 끊고 제거하는 것은 본인의 책임이지 하나님의 책임이 아닙니다.

과거의 죄에 대해서는 분명히 회개할 때 용서받을 수 있습니다. 다만 그러한 성향은 악한 영들에게 기회를 줄 수 있으며 유전적인 통로가 될 수 있기 때문에 지속적으로 악한 영을 대적해야 합니다. 그러나 깨닫지 못하고 하나님을 원망하고 있다면 그러한 악에서 벗어날 수 없습니다. 원망은 마귀를 이기는 무기가 아니기 때문입니다.

원망하거나 불평하거나 남을 판단하거나 비난하는 사람의 특징은 자신이 그렇게 하고 있다는 것을 전혀 모르고 있다는 것입니다. 그러한 사람은 불평하거나 원망하지 말라고 말하면 자신은 그런 적이 없다고 화를 펄펄 내는 것이 보통입니다.

그러므로 제발 깨달으십시오. 자신을 돌아보십시오. 자신의 성품과 내적인 상태를 돌이켜보십시오. 그 기운이 자녀에게 그대로 내려가서는 안 되기 때문입니다.

성경은 말하기를 부모의 죄가 자녀에게 전달되지 않는다고 말합니다.

"아버지는 그 자식들로 말미암아 죽임을 당하지 않을 것이요 자식들은 그 아버지로 말미암아 죽임을 당하지 않을 것이니 각 사람은 자기 죄로 말미암아 죽임을 당할 것이니라" (신24:16)

그러나 그것은 그 약속의 말씀을 믿고 우리가 기도함으로써 그렇게 될 수 있다는 것이지 가만히 있어도 저절로 성취가 된다는 의미는 아닙니다. 가만히 있으면 누구나 부모의 나쁜 점을 닮게 됩니다. 오직 믿음으로 기도하고 마귀를 대적할 때 마귀를 이기며 저주를 끊을 수 있습니다.

최근에 가계에 흐르는 재앙과 저주에 대한 많은 경고와 가르침들이 있습니다. 경험적으로 보아도 이것은 사실입니다. 어떤 집안에는 풍성함이 있고 거룩함이 유전되며 어떤 집안에는 악과 재앙과 고통스러운 일들이 계속적으로 이어집니다.

우리는 대적기도를 통해서 유전적인 악과 가계를 통해서 흐르는 저주와 악한 영의 능력을 끊을 수 있습니다. 그것은 간단한 것입니다. 지속적으로 계속 대적하기만 하면 됩니다. 이어지는 악과 고통의 줄기가 질병이든 가난이든 악한 성품이든 구체적인 죄이든 간에 우리가 그것을 발견하고 대적하면 그 영들은 사라져가게 됩니다.

당신이 가지고 있는 악한 유전을 주의 이름으로 차단하십시오. 어떤 나쁜 것도 자녀들에게 유전되지 않도록 하십시오.

아직 처리하지 못한 육적인 성품이 있으면 그것이 자녀들에게 영향을 주며 흘러간다는 사실을 반드시 기억하십시오. 그러므로 그것들을 지속적으로 대적하며 끊으십시오.

오직 당신을 통해서 좋은 것만이 흘러가게 하십시오.

사랑과 아름다움과 경건과 지혜와 천국에 속한 모든 것들이 당신을 통해서 흘러가게 하십시오. 그렇게 우리는 주님의 통로가 되며 천국의 통로가 되어야 하는 것입니다.

부디 악한 끈을 차단하고 선한 끈만이 연결되어 흐르게 하십시오. 사모하고 구하며 기도할 때 우리는 그 열매를 볼 수 있게 될 것입니다.

모든 저주는 이제 끊어지며 아름다움과 풍성함만이 우리의 자녀에게 흘러가는 것을 우리는 볼 수 있게 될 것입니다. 할렐루야.

28. 가정의 소리와 분위기를 관리하십시오

소리는 영성과 밀접한 관계가 있습니다. 날카롭고 강퍅하고 사나운 음성은 지옥의 영들이 역사할 수 있는 통로가 됩니다. 그래서 가정의 분위기를 지옥처럼 만듭니다.
비난하는 소리, 잔소리, 권위적인 명령을 할 때 그러한 목소리는 항상 그 공간을 지옥적인 분위기로 만듭니다. 그러므로 너무 빠르고 강한 톤으로 사납게 말하는 것은 좋지 않습니다.
부드럽고 맑고 아름다운 음성은 영혼을 부드럽고 풍성하게 만듭니다. 그것은 가정에 천국적인 분위기와 영적 에너지를 가져옵니다.

그러므로 가정에서는 항상 따뜻하고 부드러우며 정확한 언어를 사용해야 합니다.
빠르고 날카롭고 급하고 강퍅한 톤으로 말하면 분노와 혈기의 영이 역사하기가 쉽습니다. 또한 불분명하고 어설프게 말하면 어리석은 영이나 혼란스러운 영이 역사할 수 있습니다.
그러므로 말하는 톤을 부드럽고 맑게 하며 분명하면서도 자연스럽고 편안하게 해야 합니다.

가정에서 말해지는 목소리와 그 톤은 그 가정의 영적 분위기를 형성하는 것입니다.
부부가 말로 심하게 언쟁을 하면 그 공간에는 지옥의 영들이 가득 들어차게 됩니다. 그들의 입에서 나온 악들은 그 공간에 그대로 남아있습니다. 그러므로 아이가 어렸을 때 그렇게 부모가 싸우면 아이는 쉽게 질병에 걸리게 됩니다.

남을 판단하거나 감사하지 않거나 원망, 불평, 근심의 이야기를 해도 입에서 더럽고 악한 기운이 나와서 그 가정을 채우게 됩니다. 그러므로 그 가정에 지옥이 형성됩니다. 그것은 아이들에게 병균을 집어넣는 것과 같습니다.

사람의 입에서 나오는 것은 단순히 소리만이 아닙니다. 입에서 공기, 기운, 호흡도 같이 나오는데 그것은 곧 영적 기운입니다. 그러므로 미움이나 짜증이나 걱정하는 소리 등의 악한 말을 할 때 그 지옥의 기운들이 방안에 가득 차게 됩니다.

사람들은 지옥을 어떤 특정한 장소라고 생각하지만 지옥을 만드는 것은 바로 마음입니다. 그러므로 그렇게 악한 말을 하는 공간은 바로 지옥과 같은 장소가 되는 것입니다. 우리는 입을 사용해서 어느 곳이나 순식간에 지옥을 만들 수 있습니다.

사람들은 쉽게 아무 것도 아닌 일에 짜증을 내는데 그리고 나면 나쁜 기운이 집안에 가득하게 되고 지옥의 마귀가 집안을 점령하게 되며 그래서 온갖 나쁜 일이 생기게 된다는 것을 잘 모릅니다.

한국의 그리스도인들은 안수기도 받는 것을 아주 좋아하며 축복기도를 받는 것을 참 좋아합니다.

하지만 그러한 짜증과 신경질을 한두 번 내게 되면 축복기도를 백 번 받아도 다 날아가 버린다는 것을 알지 못합니다.

그러므로 예배를 잘 드리고 은혜를 많이 받고 목회자의 축복기도를 많이 받아도 항상 은혜의 상태를 유지해야 하며 입술을 지켜야 합니다. 한 번에 일주일 분량의 진수성찬을 먹고 한 주일 내내 굶는 사람은 건강을 유지할 수 없습니다.

그러므로 아무리 악한 영들을 대적하고 결박해도 말하는 습관을 고치지 않으면 지옥의 영들은 끊임없이 우리의 주위를 따라다니게 됩니다. 우리는 우리의 입에서 지옥을 창출하지 말고 천국의 기운과 향기를 발해야 합니다. 주님을 찬양하며 시인하는 것은 악한 영들을 부수는 것이며 그 공간을 천국의 영으로 가득하게 하는 것입니다. 감사와 사랑의 고백도 좋은 것입니다. 주님 안에서 서로 격려하고 축복하는 것은 그 공간을 빛으로 가득하게 합니다.
가정에 주님의 임재와 천국의 빛이 가득하도록 그 가정의 소리를 잘 관리해야 합니다.

좋지 않은 말을 해서 공간이 더럽혀졌다면 창문을 열어서 환기를 시켜야 합니다. 그리고 명령하십시오.
"입의 악한 시인을 통해서 역사하는 영들아. 이제 주의 이름으로 명한다. 이 공간에서 나가라!"
실제로 악한 영들은 창문을 통해서 나가는 경우가 많이 있습니다. 그들은 공간을 초월하지만 그럼에도 불구하고 실제적으로 문이나 창문 같은 것을 통해서 들어오고 나가고 합니다.
물론 그렇게 명령하기 전에 입으로 나쁜 말을 시인한 것을 반성하고 회개해야 합니다. 우리는 정신을 차리지 않고 있으면 깜빡 속을 때가 많이 있습니다. 좋지 않은 말을 하고 느낌이 나쁘면 재빠르게 깨닫고 반성해야 합니다.

소리의 정화를 위해서 집안에 항상 찬양을 틀어놓는 것이 좋습니다.
찬양은 마귀를 분쇄하며 공간을 실제적으로 정화시키는 힘이 있습니다. 유행가 같은 스타일의 찬양을 트는 것은 좋지 않습니다. 그것은 육성을 만족시키는 경향이 있으며 별로 영적인 힘을 가지고 있지 않기 때문입니다.
그러므로 맑은 영으로 주님께 사랑을 고백하고 경배하는 경배곡이나 주님을 높이고 찬양하는 곡을 틀어놓는 것이 좋습니다. 우리 자신의 간증이나 고백이 있는 찬양보다 주님 자신을 높이고 찬양하는 곡이 좋습니다. 무엇보다 중요한 것은 찬양하는 사람의 영성입니다. 찬양하는 사람의 음악성이 뛰어나고 목소리가 좋은 것보다 영감이 있어야 하는 것이 중요합니다. 적어도 방언 정도는 할 수 있으며 자주 방언으로 기도하는 사람의 찬양을 들어야 합니다. 그러한 사람은 찬양을 할 때 영감이 흘러나오며 능력이 나오기 때문입니다.

방언기도를 충분히 한 사람은 찬양을 들으면 그 사람의 영감에 대해서 어느 정도 느낄 수 있을 것입니다.

또한 성경을 자주 큰 소리로 외치고 읽는 것이 좋습니다. 성경은 속으로 읽어도 좋지만 큰 소리로 외치고 읽을 때 그 말씀의 강력한 기운이 실제로 물질적인 이 세상에 나타나게 됩니다. 소리는 영적인 것을 물질세계에 나타나게 하는 중요한 원리입니다.

좋아하는 시편을 가족들이 같이, 혹은 돌아가면서 큰 소리로 외치는 것은 가정의 영성을 정화시키며 주님의 임재가 그 가정에 나타나게 합니다. 그러한 곳에는 마귀의 영들이 두려워서 도망가게 됩니다.

항상 TV를 틀어놓고 세상의 음악을 들으며 짜증을 내고 남을 판단하는 말을 하면서 그 가정에 귀신이 오지 않을 것이라고 생각하지 마십시오. 악령들은 먹이가 있는 곳에는 어디든지 갑니다. 그들을 아무리 대적해도 그들은 잠시 떠났다가 다시 돌아옵니다.

찬양이 항상 흐르는 가정, 말씀을 소리 높이 외치는 가정, 그리고 비난이나 근심이나 불평이 없고 주님을 사랑하고 높이고 감사하는 말을 하는 가정에는 악령들이 오기가 어렵습니다. 그것은 빛 아래서 모기나 각종 해충이 활동하기 어려운 것과 같습니다.

당신의 가정에 악령들이 역사하지 못하는 환경을 조성하십시오.

소리를 잘 관리하십시오. 악한 소리가 나타나지 않게 하십시오.

부드러운 소리, 아름다운 소리, 사랑의 소리, 감사의 소리, 찬양의 소리만이 가득하게 하십시오. 그렇게 가정의 분위기와 소리를 관리할 때 당신의 가정은 점점 더 천국에 가까워지게 될 것입니다. 할렐루야.

29. 집안의 환경을 정결하게 하십시오

더러운 곳에는 악하고 더러운 존재들이 있습니다. 더럽고 썩은 냄새가 나는 물이 고여 있는 웅덩이에는 모기의 새끼인 장구벌레가 삽니다. 모기는 사람의 피를 빨아먹는 해충인데 그러한 악한 성질처럼 더럽고 썩은 냄새가 나는 곳을 좋아합니다.

아주 오래 전의 청년 시절, 언젠가 나는 집에서 아주 심한 악취가 나는 것을 느꼈습니다. 그래서 깨끗이 집안 청소를 했습니다.

하지만 그 다음날에도 여전히 냄새가 났습니다. 이번에는 좀 더 열심히 청소를 했습니다. 냄새가 나지 않도록 치약도 발랐습니다. 하지만 그 다음날이 되자 냄새가 더 심하게 났습니다. 그것은 썩은 냄새였습니다.

청소만으로 해결이 되지 않아서 나는 냄새의 진원지를 찾기 시작했습니다. 그래서 가구도 옮기고 여기저기를 찾아보았습니다. 그러다가 장롱을 옮기고 보니 장롱 밑에 구더기가 기어 다니는 것이 보이는 것이었습니다. 더 추적을 해보니 쥐 한 마리가 죽어있었습니다.

죽은 쥐를 갖다버리고 깨끗이 청소하자 다시는 냄새가 나지 않았습니다. 이와 같이 진원지를 해결하게 되면 문제가 해결되는 것입니다. 하지만 근원을 해결하지 않고 바깥만을 계속 청소한다면 냄새는 여전히 사라지지 않을 것입니다.

더러운 곳에는 더러운 존재가 있습니다. 시체가 있는 곳에 구더기가 있는 것처럼 말입니다. 그것은 영적인 영역도 마찬가지입니다. 더러운 곳에는 더러운 영들이 있습니다. 더러운 영들은 더러운 곳을 좋아합니다. 구더기가 썩은 냄새를 좋아하고 장구벌레가 음습하고 썩은 냄새나는 물을 좋아하는 것과 같습니다. 음란한 영들은 게으르고 더러운 영들입니다. 부지런하고 청결한 사람이 음란한 영에 빠지는 것은 어렵습니다. 청결한 영은 음란한 영과 서로 맞지가 않기 때문입니다.

그런데 더러운 영에 잡히면 더러운 영을 가지고 있는 여성이 아름답게 보입니다. 더러운 행위를 하면서 만족을 느끼게 됩니다. 각종 성도착증은 더러운 영이 들어가 더러운 행위를 시키는 것입니다. 그러면 그 사람의 안에서 더러운 영들이 만족을 얻습니다.

그러므로 그리스도인들은 거룩함과 정결함을 추구해야 합니다. 게으르고 나태하며 무질서하고 더럽게 살아서는 안 됩니다. 환경을 깨끗하게 해야 하며 청결하게 살아야 합니다. 환경이 깨끗하지 않으면 마음도 더러워지게 됩니다. 환경은 마음과 영에 영향을 줍니다. 그것은 마음과 영이 환경에 영향을 주는 것과 마찬가지입니다. 환경과 마음과 영은 서로 영향을 주고받는 것입니다.

어떤 이가 쓰레기 같은 환경에서 아무렇지도 않게 느낀다면 그것은 그가 더러운 영에 둔감하기 때문입니다. 어떤 이는 공부를 할 때 책상이 아주 지저분하고 엉망으로 되어 있는 상태에서 공부를 하며 그것을 전혀 인식하지 못합니다. 그것은 문제가 있는 것입니다. 그러한 이들에게는 혼미하고 더러운 영들이 들어갈 수 있습니다.

아무리 잘 만든 집이라도 사람이 살지 않으면 그 집은 곧 폐허가 되어버립니다. 거미줄이 생기고 쥐가 들락거리며 불량 청소년들이 모여서 담배를 피우고 침을 뱉습니다. 그 좋은 장소가 악한 공간이 되어버리는 것입니다. 그러므로 모든 공간은 관리가 필요합니다. 관리하지 않으면 악한 영들이 들어와서 거하게 됩니다.

어떤 공간에 악한 영이 틈타고 장난치지 않게 하는 좋은 방법이 있다면 그것은 그 공간이 빈 곳이 되지 않게 하는 것입니다. 빈 공간이나 빈 집에는 마귀가 역사할 수 있습니다.

그러므로 가장 좋은 것은 그 공간, 그 가정이 주님의 소유라고 시인하고 선포하는 것입니다. 가정 예배를 드리고 찬양을 드리는 것은 '이 공간의 주인이 바로 주님이시다' 는 것을 선포하는 것입니다. 그 공간의 주인이 주님이심을 선포하면 악령들은 함부로 들어올 수 없습니다. 그 고백을 통하여 우주의 주인 되시는 주님이 그 곳에 임하시기 때문입니다.

또한 좋은 방법은 그 공간을 계속 관리하며 청결을 유지하는 것입니다. 즉 깨끗이 자주 청소를 하는 것입니다. 이것은 물질계와 영계에 다같이 좋은 영향을 줍니다. 악하고 더러운 영들은 더러운 공간을 좋아하며 그 곳에 있기를 원하는데 더러운 것이 치워지고 먼지가 없어진다면 그들은 그만큼 입지가 좁아지는 것입니다.
집안의 먼지를 털고 이불을 바깥에 널어서 햇볕을 쬐어 깨끗하게 말리는 것은 곰팡이나 진드기를 죽여서 건강에도 도움이 되지만 또한 영적인 분위기에도 많은 영향을 주는 것입니다.

집안에 벌레가 있는 것은 그 집의 영적인 상태도 같이 보여주는 것입니다. 왜냐하면 더러운 벌레는 독자적으로 움직이지 않기 때문입니다. 사람이 겉으로 보기에는 물질적인 몸인 육체만 보이지만 그 사람의 안에는 보이지 않는 영혼, 마음이 있습니다.
그처럼 눈에 보이는 벌레의 배후에는 보이지 않는 마음이 움직이는데 그것은 악한 영들입니다.
파리, 모기, 바퀴벌레와 같은 해충들은 지옥에 속한 영들의 특성을 보여주는 것입니다. 진드기와 같은 벌레도 마찬가지입니다. 그러므로 그러한 종류를 없애는 것은 건강에도 영성에도 아주 중요한 것입니다.
어떤 이들은 집안을 멋지게 꾸민다고 지나치게 많은 장식으로 온 집안을 가득하게 하기도 합니다.
그러한 것은 좋지 않습니다. 지나친 장식은 오히려 집안의 분위기를 혼란스럽게 합니다. 그것도 악한 영들의 침입 조건이 될 수 있습니다. 집안은 소박하고 청결한 아름다움을 유지하는 것이 좋은 것입니다. 또한 어떤 이들은 이상하고 혐오스러운 장식이나 물건을 가져다 놓기도 합니다. 언젠가 어떤 초신자 그리스도인의 집에 간 적이 있었습니다. 그는 나에게 큰 동물의 박제를 보여주었습니다. 너구리인가 잘 기억이 나지 않는데 아무튼 동물의 박제였습니다. 그는 그것이 아주 비싼 것이라고 자랑을 하였습니다.

나는 그에게 그 물건은 귀신의 온상이니 갖다 버리라고 하였습니다. 그리고 그에게 물었습니다. 혹시 밤에 불이 꺼진 상태에서 우연히 지나치다가 그 물건을 보고 깜짝 놀란 적은 없냐고 물었습니다.
그러자 그는 자주 있는 일이라고 하였습니다. 밤에 무심코 거실에 나갔다가 박제에 어떤 존재가 앉아있는 것처럼 느껴져서 깜짝 놀란 적이 여러 번 있었다는 것입니다.
나는 그것이 착각이 아니라 실제로 그가 악한 영을 본 것이라고 설명해주었습니다. 평소에도 항상 그 영이 거기에 있는데 사람의 영이 둔해서 보통 때는 느끼지 못하지만 가끔 영의 감각이 열리게 될 때 악령의 존재를 느끼는 것이라고 설명해주었습니다. 그는 무서웠던지 그 즉시로 그것을 갖다버렸습니다.
이와 같이 집안을 깨끗이 청소하고 먼지와 벌레를 없애고 혐오스러운 물건을 치우며 집안의 분위기를 맑고 깨끗하게 하는 것은 아주 중요합니다.

집안에 햇볕이 잘 들어오게 하는 것은 영적인 건강에도 아주 중요합니다. 햇볕은 주님이 만드신 아름다운 은총의 도구입니다. 누구든지 우울한 마음을 가지고 있다가도 밝은 햇살에 노출되면 마음이 즐거워지고 회복됩니다.
하루에 30분씩 햇살 아래서 걷는 것이 우울증을 치유하고 식욕을 조절하여 비만을 치유하는 데 획기적인 효과를 발휘한다는 연구 결과도 있습니다. 햇살은 단순히 물질적인 요소를 가지고 있는 것이 아닙니다. 우리가 햇살을 즐기는 것은 상징적인 의미가 있으며 우리는 그 햇살을 쬐면서 의의 태양이신 주님의 은총을 맛보는 것입니다.

또한 자주 집안을 환기시켜주는 것이 좋습니다. 우리의 영혼을 시원한 바람으로 채워주시는 주님을 찬양하며 집안을 신선한 기운으로 채우는 것이 좋습니다.

가정에 악하고 더러운 영이 떠나가고 맑고 아름다운 기운으로 충만해지도록, 그리스도인들은 날마다 집안을 청소해야 합니다. 깨끗함과 청결을 항상 유지해야 합니다. 그것은 악하고 더러운 영들의 침입을 막는 효과가 있습니다.

청소를 하면서 악령들을 대적하십시오. 쫓아내십시오. 먼지를 털고 집안을 쓸면서 이렇게 말하십시오.

"이 가정에 있는 악하고 더러운 영들아. 이 공간에 있는 악한 영들아. 너희들은 모두 나가라. 이 공간은 깨끗한 곳이다. 주님이 거하시는 곳이다! 나는 더러운 것을 싫어한다. 나는 더러운 영을 싫어한다!"

그렇게 청소를 하면서 모든 마귀들이 이 공간에서 사라지고 있다고 생각하고 믿고 선포하십시오. 그리고 또한 청소를 하면서 주님께서 이 공간, 이 가정에 임하시며 아름답고 풍성한 영을 공급해주시고 있다고 믿고 시인하시고 감사하십시오. 그것은 청소를 주님과 같이 하는 것과 같은 것입니다.

물론 청소만 잘 한다고 모든 것이 끝나는 것은 아닙니다. 집안을 외형적으로 깨끗하게 해도 마음으로 남을 미워하고 불평을 한다면 그것은 여전히 마귀들에게 틈을 줄 것입니다.

또한 청결에 대한 강박관념을 가질 정도로 청결에 매달려서는 안 됩니다. 그것은 지나친 것입니다. 나는 그러한 이들을 많이 보았습니다. 그것은 지저분한 것 못지않게 나쁜 것입니다.

집안을 더럽게 할 때 음란하고 더럽고 게으르고 나태하게 하는 악령들이 올 수 있습니다. 또한 너무 청결에 과민할 정도가 되면 공격적이고 비난과 정죄를 일으키는 영들이 올 수 있습니다. 영적 세계를 이해하게 되면 이와 같이 일상의 사소한 일들이 다 영적인 세계와 관련이 되는 것을 알고 놀라게 될 것입니다. 그리고 사소한 삶을 주의하며 조심하게 될 것입니다.

그리스도인들은 항상 몸과 마음을 깨끗하게 하고 살아야 합니다. 몸을 깨끗이 씻는 것을 싫어하는 사람은 마음을 깨끗하게 유지할 수 없습니다. 몸과 영혼은 하나이기 때문입니다.
그러므로 당신이 살고 있는 가정의 분위기를 거룩하고 청결하게 하십시오. 집안이 깨끗해지도록 자주 청소하십시오.
나쁜 벌레가 있다면 약을 뿌려서 다 없애십시오. 그것들은 악령의 상징이기 때문에 없애야 합니다. 하지만 직접 손으로 바퀴벌레를 때려잡는 식으로 무식하게 하지는 마십시오. 위생에도 좋지 않고 영에도 좋지 않습니다. 약을 사용하는 것이 좋습니다.

부디 당신의 몸과 마음을 깨끗하게 하십시오. 집안도 아름답고 청결하게 잘 관리하십시오. 항상 웃음과 미소와 감사와 찬양이 끊이지 않는 아름다운 공간을 만드십시오.
더러운 생각을 하지 말며 더러운 말을 하지 말고 더러운 공간은 깨끗하게 하십시오. 그러한 아름다움과 순결함이 당신의 가정에 대적이 침입하지 못하게 하며 온 집안을 주님의 임재와 천국의 아름다움으로 가득하게 할 것입니다.
당신의 가정이 그렇게 정결함과 아름다움이 가득해지도록 기도하면서 관리하십시오. 점점 더 당신의 마음도 가족들의 마음도 순결해지면서 당신의 가정은 주님과 천국에 점점 더 가까이 나아가게 될 것입니다.
할렐루야.

3부

복음 전도와 영적 사역에서의 대적기도

복음전도와 목회 등의 영적 사역에 있어서
대적기도는 특별하게 중요합니다.
이것은 악한 영들과의 치열한 한판 승부이며
악한 영들은 그들의 포로를 결코
쉽게 놓아주려고 하지 않기 때문입니다.
오늘날 많은 복음전도와 목회사역이 이루어지고 있으나
영적 전쟁과 대적기도는
그리 중요하게 다루어지지 않고 있습니다.
이러한 사역에 있어서 대적기도가 적용된다면
우리는 좀 더 풍성한 열매들을
경험할 수 있게 될 것입니다.

1. 전도 대상자를 위한 기도의 능력

대학에 다니는 한 열정적인 신앙을 가진 젊은이가 있었습니다. 그는 복음 전파에 대한 깊은 열정이 있어서 수시로 다른 친구들에게 복음을 전하기 위해서 애를 썼습니다.
하지만 그는 거의 열매를 얻지 못했습니다. 그는 다른 친구들과 열심히 신앙의 토론을 벌였으며 그의 영리함으로 인하여 논쟁에서는 항상 승리하였으나 결과적으로 한 사람의 열매도 얻지 못했습니다.
낙담한 그는 어느 날 신앙의 선배인 한 여성에게 도움을 요청했습니다. 그 여성은 그에게 전도의 대상자를 위하여 얼마나 기도하는지에 대해서 물었습니다. 그가 특별하게 따로 기도하지는 않는다고 대답하자 그녀는 하루에 몇 번씩 그들을 위해서 기도하라고 조언하였습니다.

그 이후로 그는 전도할 친구들의 이름을 수첩에 적어놓고 하루에 세 번씩 기도를 하였습니다. 그리고 나서 얼마의 시간이 지나자 친구들이 복음을 받아들이고 주님을 영접하기 시작하였습니다. 그가 하는 말의 내용은 하나도 달라진 것이 없는데 상대방들의 반응이 달라지게 되었던 것입니다.
그로부터 두 달이 지나자 그의 수첩에 쓴 70명의 사람들 중에 69명이 복음을 받아들이게 되었다고 합니다. 한 명은 다른 곳으로 이주하게 되어서 더 이상 접촉할 수 없었습니다.
나는 이 비슷한 예화를 어느 전도 왕이라고 알려진 여성의 간증에서 읽어본 적이 있습니다. 그녀는 자신이 전도하려고 마음을 먹은 사람의 이름을 노트에 쓰기도 하고 집안의 벽에다 써놓기도 하면서 날마다 그들의 이름을 부르며 기도했다고 합니다.

그러면 얼마 후에 상대방이 복음을 받아들였으며 그녀는 비로소 그 이름을 벽에서 지웠다고 합니다. 그녀는 말하기를 그렇게 전도 대상자의 이름을 하나하나 부르며 기도를 하지 않으면 그 영혼을 얻을 수 없다고 하는 것이었습니다.

이 이야기들이 우리에게 가르쳐주고 있는 분명한 사실이 있습니다. 그것은 복음전도에는 단순히 말 이상의 그 어떤 것이 작용한다는 것입니다.

상대방을 위하여 기도하기 전에 그들은 전도의 열매를 얻지 못했습니다. 전도자는 성경을 제시했으며 복음의 핵심을 잘 전달하고 논쟁을 통하여 상대방을 굴복시키기도 했습니다. 하지만 그 대상들은 복음을 받아들이지 않았습니다. 그러나 전도자가 어느 정도의 기도를 쌓고 나면 그들은 복음을 받아들였습니다.

도대체 그들의 안에 어떤 변화가 일어난 것일까요? 그들은 왜 갑자기 변화된 것일까요? 기도는 그들의 안에 어떤 작용을 일으킨 것일까요?
기도가 복음 전도에 구체적인 영향을 미치는 이유는 사람의 마음과 생각의 작용에 영의 개입이 있기 때문입니다.
사람이 사랑하고 미워하고 즐거워하고 낙심하고.. 그러한 모든 것들은 영의 작용에 의한 것입니다.
사람의 마음과 생각이 바뀌는 것은 영의 작용에 의한 것이기 때문에 기존에 그 사람에게 자리잡고 있던 영이 그 사람을 강하게 지배하고 있을 때는 그 사람은 변하지 않는 것입니다.

왜 사람들은 복음을 잘 받아들이지 않는 것일까요? 그것은 복음을 방해하고 받아들이지 못하게 역사하고 있는 영들이 있기 때문입니다. 물론 그들은 악령입니다.
악한 영들은 주님을 알지 못하는 이들을 자기의 소유물로 여깁니다. 악한 영들은 그들의 왕입니다. 마귀는 그들의 지배자입니다. 성경에서는 신자들을 가리켜 빛의 자녀들이라고 말합니다. 그렇다면 불신자들은 어떤 존재일까요? 그들은 곧 어둠의 자녀인 것입니다.

"너희가 전에는 어둠이더니 이제는 주 안에서 빛이라 빛의 자녀들처럼 행하라" (엡5:8)
"너희는 다 빛의 아들이요 낮의 아들이라 우리가 밤이나 어둠에 속하지 아니하나니" (살전 5:5)

그렇다면 그들은 자기에게 속한 자녀들을 가만히 내버려둘까요? 빛의 왕국에 속한 사람들이 그들의 왕국인 어둠에 속한 사람들을 빼 내어가는데 그들은 자기 백성이 하나 둘 사라져 가는 것을 가만히 지켜보고만 있을까요? 그것은 말도 안 되는 일입니다. 그래서는 그들의 왕국이 유지될 수 없을 것입니다.

마귀들은 그들의 백성이 복음을 듣는 것을 방해합니다. 그리고 복음을 이해하고 받아들이는 것을 방해합니다. 전도 대상자들은 이해할 수 없겠지만 전도 대상자들의 안에서 복음에 대해서 거부하고 불쾌하게 느끼게 하는 영들이 있는데 그것이 바로 악한 영들의 움직임인 것입니다.

그러므로 전도자가 전도할 대상을 위해서 기도를 하게 되면 그들을 속이고 누르면서 복음을 방해하고 있는 악한 영들은 일시적으로 힘을 잃어버리게 됩니다. 그리하여 그에게 복음이 들어와서 그를 구원하지 못하도록 방해하는 힘이 잠시 동안 사라지게 되는 것입니다. 그러므로 그 전도 대상자들은 마귀의 방해공작이 잠시 사라진 동안에 복음을 이해하고 주님을 영접하게 되는 것입니다.

앞에서 소개했던 두 케이스에서 그들이 기도를 할 때 구체적으로 마귀의 세력을 결박하고 대적하는 기도를 하였는지 그것은 알 수 없습니다. 아무튼 분명한 것은 그들의 기도가 마귀의 힘을 일시적으로 무력화시켰으며 그들의 마음 안에 영적인 작용을 일으켰다는 것입니다.

만약 복음 전도자가 이와 같이 전도 대상자를 위하여 중보기도를 하고 대적하는 기도를 하면서 그들의 영혼을 결박하고 있는 마귀의 힘을 무력화시킨다면 그는 많은 복음의 열매를 얻을 수 있게 될 것입니다.

오늘날 그리스도인들은 불신자를 전도하기 위해서, 그들의 마음을 얻기 위해서 많은 방법을 생각해내고 있습니다.

교회에서는 많은 명목으로 불신자들을 초청해서 강연을 합니다. 건강의 문제라든지, 가정의 행복이라든지, 교육의 문제라든지, 불신자들이 관심을 가질 수 있는 주제라면 무엇이든지 동원해서 그들의 영혼을 얻으려고 노력합니다. 그러한 노력들은 눈물겹기도 합니다. 그러한 방법을 통해서 어느 정도 효과를 거두는 이들도 있습니다. 또한 노력에 비해서 별로 열매를 얻지 못하는 이들도 있습니다.

그러한 모든 방법들이 틀렸다고 할 수는 없을 것입니다. 그러나 그러한 방법들은 근본적으로 복음을 위한 본질적인 방법은 아닙니다. 그러므로 영혼을 얻기 위하여 그 모든 것보다 더 중요한 것은 영적 전쟁이며 배후에 있는 악한 영들을 결박하는 것이라는 사실을 잊어서는 안 됩니다.

묶여 있는 자들을 풀어주기 위해서는 묶고 있는 자를 제거해야 합니다. 전리품을 얻기 위해서는 우리는 먼저 대적을 패퇴시켜야 합니다. 애굽에서 이스라엘 백성을 구출하기 위해서는 이스라엘 백성을 노예 삼고 있는 바로와 그의 군사들을 패주시켜야 하는 것입니다.

오늘날 많은 교회에서 많은 전도자들이 한 영혼을 얻기 위하여 마치 애걸을 하듯이 복음을 전하고 있습니다. 전도 대상자의 비위를 거스르지 않기 위해서 애를 쓰며 여러 선물을 주고 친절을 베풉니다.

하지만 그러한 방법은 그들에게 진정한 믿음을 심어주지 못할 것입니다. 그들은 마치 남을 위해서 믿어주는 것처럼 생색을 내며 교회에 출석해줍니다. 하지만 그러한 이들은 얼마 가지 않아 사소한 문제로 실족을 하고 교회와 믿음을 떠나게 될 것입니다.

그것은 그들이 시작부터 바른 위치에서 출발한 것이 아니며 그들의 내적인 마음 깊은 곳에서는 아무런 변화가 없었기 때문입니다. 그들은 그들을 전도한 사람이 계속 관리를 하고 관심을 기울이며 돌보아 주지 않으면 이것저것 불평을 하면서 교회를 떠날 것입니다.

그런 식으로 한 영혼을 얻기 위해서 힘쓰고 고생하며 전도하는 많은 노력들이 있습니다. 그러나 사람의 내면과 중심을 변화시키지 않은 채 그저 설득만을 해서는 고생만 할 뿐 열매를 맺기 어려운 것입니다. 영적인 세계를 이해하지 못하는 사역과 노력은 그저 고생스럽기만 할 뿐입니다.

악한 영을 대적하고 복음을 방해하는 영들을 결박할 때 사람들은 내적인 변화를 경험하게 됩니다. 그들은 깨어나게 됩니다. 영적인 세계가 존재하는 것을 알게 되며 마음과 생각과 가치관이 바뀌게 됩니다. 그들을 사로잡고 있던 악령들이 달아나기 때문입니다. 일단 악한 영이 떠나고 내면과 중심이 새롭게 변화되기 시작하면 더 이상 그들에게 믿어달라고 교회에 출석해달라고 설득하고 부탁할 필요가 없게 될 것입니다.

이 기본적인 진리를 항상 기억하십시오. 그리고 적용하십시오.
한 영혼을 얻고 그 영혼이 어둠의 영역에서 벗어나기 위해서는 먼저 마귀를 대적하고 결박해야 한다는 것을 부디 기억하고 잊지 마십시오. 부디 한 영혼을 사로잡고 있는 마귀를 깨뜨리고 대적하고 결박하십시오. 복음을 전하기 전에 그 영혼을 결박하고 있으며 복음을 받아들이지 못하게 방해하고 있는 악한 영들을 먼저 기도로 대적하고 결박하십시오. 그렇게 할 때 우리는 많은 열매를 얻게 될 것입니다.
많은 영혼들이 마귀에게서 벗어나 주님께 속하는 것을 보게 될 것입니다. 오늘날 복음 전도자들이 이 원리를 분명하게 인식하고 시도할 때 그들은 좀 더 많고 풍성한 열매들을 경험할 수 있게 될 것입니다.
할렐루야.

2. 구체적인 장소에 있는 영들을 결박하십시오

어디선가 이런 간증을 읽은 적이 있습니다. 어떤 그리스도인이 있었는데 그가 항상 지나다니는 길에 우상을 심하게 믿는 사람의 집이 있었습니다.

그 집은 아주 잘 사는 집이어서 집도 꽤 컸는데 이 사람은 그 집을 지나갈 때마다 그 집에 있는 마귀의 세력을 결박하는 기도를 하면서 지나갔습니다. '이 집에 역사하는 마귀는 물러갈지어다!' 하는 식으로 기도했던 것 같습니다.

길에 서서 그 집을 지날 때마다 하는 기도였으니까 잠시 한마디 하는 정도였지 오래 열심히 드리는 기도는 아니었을 것입니다.

그런데 그렇게 습관적으로 한 마디씩을 하면서 길을 가곤 했는데 2년인가 그렇게 시간이 지난 후에 우연히 그 집이 우상을 버리고 예수를 믿게 된 것을 알게 되었습니다.

그 집에 들어가서 전도를 한 것도 아니고 그냥 지나가면서 마음속으로 한 마디씩 마귀의 영을 대적한 것밖에 없는데 그 가정에 구원의 역사가 이루어졌던 것입니다. 이것은 한 가정을 구원하기 위하여 먼저 그 배후에 있는 악령의 세력을 결박하고 깨뜨리는 기도가 아주 중요하고 능력이 있다는 것을 보여주는 이야기입니다.

이렇게 직접적으로 그 장소에서 그 장소에 있는 악한 영들을 대적하고 결박할 때 그 장소나 지역에서 복음의 역사가 일어난다는 보고와 실례들이 많이 있습니다.

흔히 이러한 기도를 '땅 밟기 기도'라고 합니다. 그 지역에 가서 그 땅을 직접 밟고 걸어 다니면서 그 공간을 차지하고 역사하고 있는 악령들을 부수고 그 힘을 약화시키는 것입니다. 그렇게 되면 조금 전까지 복음에 대해서 마음을 열지 않고 있었던 사람들의 마음이 이상하게 열려져서 많은 복음의 수확을 거둔다고 합니다. 이러한 원리는 성경에도 분명하게 제시되어 있습니다.

"내가 모세에게 말한 바와 같이 무릇 너희 발바닥으로 밟는 곳을 내가다 너희에게 주었노니" (수1:3)

이것은 애굽을 나와서 광야를 거쳐 가나안 입성을 눈앞에 두고 있는 여호수아에게 하나님께서 하신 말씀입니다.
그것은 가나안 땅을 이스라엘에게 주신다는 약속의 말씀을 다시 확인해 주신 것입니다.
그런데 거기에 중요한 조건이 있었습니다. 즉 그들은 직접 가나안 땅에 들어가서 그 땅을 발로 밟아야 하는 것이었습니다. 그저 그 자리에 가만히 앉아 있는 채로 '믿습니다!' 만 해서는 그 땅을 얻을 수 없었습니다. 그들은 그들이 차지하기 원하는 땅으로 직접 나아가서 그 땅을 밟아야 했습니다.
그 땅에 나아가서 땅을 발로 밟는다는 것 - 그것은 하나님의 말씀에 대한 순종의 표현이었으며 믿음의 행위였던 것입니다.

이스라엘이 가나안에서 벌인 첫 번째 전쟁은 여리고에서의 싸움입니다. 이 전쟁에서 사용된 작전은 의미심장한 것이었습니다.
잘 알려진 것처럼 그들은 하나님의 명령을 따라 여리고 성의 주위를 날마다 한 바퀴씩 돌았습니다.
전쟁을 하기 전에 그 주위를 밟으면서 걸어 다녔던 것입니다. 그리고 한 주일이 되었을 때 그들은 크게 외쳤고 여리고의 성벽은 무너져 내렸습니다.

그 후의 싸움은 이미 끝난 것이나 마찬가지입니다. 전쟁을 하는 중에 성벽이 갑자기 무너진다면 전혀 이에 대한 방비가 되어 있지 않은 성안의 군사들은 우왕좌왕하게 될 것이며 사기도 떨어지고 이미 저항할 능력을 상실하게 될 것입니다.

여기에 등장하는 공격 방법, 즉 공격하려는 목표를 빙빙 돌면서 걷는 것은 땅 밟기 기도의 원형과 같은 것입니다.

그것은 일종의 결박기도입니다. 목표로 하는 장소의 주위를 포위하고 걸으면서 그 안에 있는 모든 악령들의 세력을 결박하는 것입니다.

그렇게 악한 영들을 포위하고 나서 소리 질러 외칠 때 악령의 세력은 깨어지게 됩니다. 빙빙 돌아서 포위하고 가운데로 몰아서 크게 외쳐서 멸망시키는 것입니다.

빙빙 돌면서 걷는 것이 포위와 결박이라면 소리 질러 외치는 것은 폭격과 같습니다. 포위와 폭격, 이를 통하여 그 공간에 있는 마귀의 능력은 상실되고 그러므로 전쟁은 끝나는 것입니다.

성이 무너진 후의 전쟁에서 싱거울 정도로 손쉽게 승리하게 된 것처럼 마귀를 결박하고 깨뜨린 후에 복음을 전한다면 거기에는 손쉬운 승리가 있을 것이며 놀라운 전과가 있을 것입니다. 그 사람들을 사로잡고 있는 악령들이 도망갔기 때문입니다.

나는 철학관이나 점치는 곳과 같은 곳을 대상으로 그 주위를 걸으며 대적기도를 하고 또한 교회에 와서 그 배후에 있는 영들을 대적하였을 때 그러한 집들이 문을 닫고 사라져버렸다는 보고를 많이 들었습니다.

몇 년 전에 어떤 교회 학생부의 수련회를 인도한 적이 있었습니다.

학생들은 집회에서 여러 영적인 경험들을 하고 기도의 기쁨을 알게 되어 수련회가 끝난 후에도 날마다 교회에 모여서 기도를 하게 되었는데 그 교회의 주변에는 점을 치는 집들이 많이 있었습니다.

대적하는 기도를 배운 학생들은 날마다 그 근처를 지나가면서 대적하고 교회에서 그 배후에 있는 악령들의 세력을 대적하고 결박하고 하였는데 실제로 그러한 장소가 문을 닫는 것을 보게 되곤 하였습니다.

"기도할 때 손을 바닥으로 향하고 사탄을 누르고 있었는데 손에 강하고 찌릿찌릿하는 느낌이 왔습니다. 나의 마음에 사탄의 세력이 무너질 것이라는 확신이 들었습니다. 이제 교회 가까이 있는 절들과 우리를 누르고 있는 악한 영들은 다 소멸될 것을 믿습니다. -P자매-"

"오늘 교회에서 기도하다가 저녁을 먹으러 집에 오는 길이었습니다. 저는 오면서 보이는 점집과 술집에 대해 대적기도를 하면서 집에 가고 있었는데 P문방구 옆에 있던 점치는 집이 안 보이는 것이었습니다.
저는 제가 잘 못 본 줄 알고 몇 번이나 계속 확인해보았죠. 그곳은 예전에 달려있던 연꽃과 이상한 깃발이 없어지고 그냥 보통 가정집처럼 변해있었습니다. 드디어 점치는 집이 하나 없어진 것입니다!
저는 너무 기뻤습니다. 우리가 계속해서 주님의 능력으로 악한 영들을 대적할 때 이 지역 가운데 있는 모든 점집, 철학관, 술집이 떠나갈 것을 확신합니다! -T형제-"

이처럼 구체적인 공간과 장소를 위한 대적기도의 힘은 실제적입니다. 나는 악한 영들이 역사하는 공간들, 점을 치는 집이나 술집이나 모텔과 같은 곳의 주위를 그리스도인들이 다니면서 지속적으로 대적하고 결박하게 되면 그러한 곳은 문을 닫게 될 것이라고 믿고 있습니다. 왜냐하면 그러한 곳들은 그 공간의 배후에 있는 악령들의 힘에 의해서 버티고 있는 것이기 때문입니다.
그러므로 그리스도인들이 지속적으로 그 공간을 밟으면서 배후에 있는 마귀를 부수게 될 때 마귀는 도망가게 되며 그렇게 되면 그러한 곳은 유지될 수 없을 것입니다.

나는 몇 년 전에 어떤 기도원에서 그 공간에 역사하는 영을 결박하는 대적기도의 힘을 확실하게 경험한 적도 있습니다.
내가 운영하고 있는 독자모임 카페의 회원을 대상으로 어떤 기도원에서 3박4일간의 수련회를 가진 적이 있었습니다.
첫날의 집회는 아주 힘이 들었습니다. 항상 모든 모임의 첫 번째 집회가 가장 어려운 것은 보통입니다. 참석자들은 바깥세상의 세계에서 살면서 그 배후에 있는 영들의 영향으로 영이 혼탁한 상태를 가지고 집회에 오기 때문입니다.
그래서 첫 시간에는 청중들이 깊은 은혜에 들어가기가 어렵습니다. 그러나 계속 이어지는 집회에 참석하면서 한 시간, 두 시간,. 기도와 찬양을 계속 하다보면 차츰 영이 정화되고 풍성해져서 시간이 갈수록 은혜에 잠기는 것이 보통입니다.

그러나 이 기도원의 첫 번째 집회가 힘든 것은 원인이 조금 달랐습니다. 나는 그 기도원의 배후에 악한 영들의 능력이 많이 있는 것을 선명하게 느낄 수 있었습니다. 사전에 별 생각 없이 집회 장소를 결정한 것이 실수였습니다.
대체로 발성기도를 하지 않는 기도원에는 악한 영들이 많이 있습니다. 악한 영들은 그리스도인들이 소리를 내어서 기도하고 찬양하는 것을 두려워합니다.
그러므로 사람도 별로 오지 않고 조금 있다고 해도 소리 내어서 기도하고 찬양하는 사람이 없으면 그 공간에 있는 악한 영들은 그리 위협을 느끼지 않는 것입니다.

나는 어렵게 첫 번째 집회를 마쳤습니다. 그리고 나서는 너무 탈진해서 어떻게 두 번째 집회를 이끌어야할지 난감한 상태에 있었습니다.
나의 상태를 알게 된 리더들은 같이 모여서 나를 위해서 열심히 기도했습니다. 그리고 그 공간에 있는 악한 영들의 세력을 결박하는 기도를 드렸습니다. 덕분에 나는 상태가 많이 호전되어 강단에 설 수 있었습니다. 그 다음날에는 30-40 명 정도가 되는 청년들과 리더들이 기도원 구석구석을 돌아다니며 땅 밟기 기도를 드렸습니다. 그들은 소리를 지르고 찬양을 하고 춤을 추면서 그 주위를 몇 번이나 돌아다녔습니다. 그러한 행동들 가운데 선명한 능력이 임하는 것을 나는 느낄 수 있었습니다. 나는 그 공간에 있는 어두움의 영들이 무너지는 것을 느꼈으며 나를 누르고 있던 모든 억압들에서 풀려나는 것을 느꼈습니다. 그리고 곧 신선한 기름 부으심으로 가득하게 되었습니다.

첫날밤에 그곳에서 잠을 잘 때는 영이 예민한 이들은 많이 고통을 느꼈습니다. 나도 밤새 악몽에 시달렸습니다. 하지만 땅 밟기 기도를 하고 대적기도를 한 후의 마지막 밤 집회는 눈물과 감동으로 홍수를 이룬 집회였습니다.
나는 조용히 찬양을 인도하기만 해도 강력한 기쁨과 감동과 영의 기름 부으심이 회중 전체에게 임하는 것을 느꼈습니다. 그것은 악한 영들의 세력이 무너졌을 때 항상 나타나는 승리의 은혜였으며 영광스러운 천상의 기쁨이었습니다.

이와 같이 어떤 구체적인 공간에서 그 곳을 밟으며 거기에 있는 악한 세력을 대적하고 결박하는 것은 아주 효과적인 기도입니다. 그러한 기도는 결코 이론이 아니며 그 곳에 있는 악령의 힘은 급속도로 약해지게 됩니다.
직접 그 곳에 가서 그렇게 기도하는 것은 그 공간에 있는 마귀의 능력을 깨뜨리는 데 큰 힘이 될 것입니다.
하지만 나는 직접 몸으로 그곳에 가지 않더라도 마음속으로 자신이 그 곳에 있다는 상상을 하는 것만으로도 그와 비슷한 기도의 능력이 나타날 수 있을 것이라고 믿습니다.
영적인 세계에서 상상을 하는 것은 실제로 몸이 행하는 것과 그리 큰 차이가 나지 않기 때문입니다. 상상 속에서 죄를 짓는 것이 실제적인 죄인 것과 마찬가지로 상상 속에서 기도하고 마귀를 부수는 것도 실제적인 힘을 가지고 있습니다.

직접 소리를 외치고 땅을 밟든, 아니면 마음속으로 상상 속에서 그 장소를 방문해서 그 곳에 있는 마귀를 대적하든 간에 그러한 구체적인 대적기도는 효과가 있습니다. 그것은 그 공간 안에 있는 악한 영에 눌려 있는 사람들을 풀어주는 효과가 있습니다.

그러므로 복음을 전하기 전에, 영적 사역을 하기 전에 먼저 그 공간에 있는 마귀의 세력을 초토화하고 결박하는 기도를 한다면 그것은 아주 능력 있고 실제적인 기도가 될 것입니다.

우리가 좀 더 이 기도를 적용하고 시도해본다면 우리는 좀 더 많은 사람들이 마귀에게서 풀려나는 것을 볼 수 있을 것입니다. 좀 더 많은 사람들의 영혼이 구원을 받는 것을 볼 수 있을 것입니다.

왜냐하면 사람들이 구원을 받지 못하고 주님 앞으로 나아가지 못하는 것은 악한 영들에게 묶여 있기 때문입니다.

그러므로 결박기도를 사용해보십시오. 대적하는 기도를 사용해보십시오.

한 공간을 지배하고 있는 영들을 결박하십시오.

그들의 세력을 기도로 초토화시키십시오.

우리는 그 기도의 풍성한 결과들을 얻을 수 있게 될 것입니다.

3. 대적기도 후에 갈망이 일어납니다

불신자들은 왜 하나님을 믿지 않는 것일까요? 왜 복음을 받아들이지 않는 것일까요?
그 대답은 아주 간단합니다. 성경은 이렇게 말합니다.

"만일 우리의 복음이 가리었으면 망하는 자들에게 가리어진 것이라 그 중에 이 세상의 신이 믿지 아니하는 자들의 마음을 혼미하게 하여 그리스도의 영광의 복음의 광채가 비치지 못하게 함이니 그리스도는 하나님의 형상이니라"
(고후 4:3,4)

그들이 믿지 않는 이유는 그들이 악한 영들에게 속했기 때문입니다. 그들이 복음을 깨닫지 못하고 아무리 설명해도 이해하지 못하며 받아들이지 않는 이유는 흑암의 영들이 그들의 마음을 혼미하게 만들기 때문입니다.
그것은 영적인 문제입니다. 아주 예리하고 날카로운 지성을 가지고 있는 사람도 복음을 이해하지 못합니다. 그것은 악령들이 그들의 마음을 붙들고 있으며 그것을 깨닫지 못하도록 방해하기 때문입니다.

그러므로 논쟁과 설명으로 그들을 납득시키려 하는 것은 어리석은 것입니다. 마귀가 그들의 마음속에 있어서 그들을 계속 속이고 있는 한 그들에게는 어떤 설득도 통하지 않습니다.
그들은 복음을 들으면 들을수록 의문이 일어나며 반발심이 일어나게 됩니다. 그것은 그들의 생각이 아니라 그들의 안에서 장난을 치고 있는 악령들의 작용입니다.

하지만 그들은 그러한 생각이나 느낌이 자신의 것이라고 생각하기 때문에 거기에 속게 됩니다. 그러므로 그 악한 영들의 세력을 결박하지 않고서는 결코 영혼을 주님께로 이끌 수 없습니다.

어떤 이들은 선하게 보이는 사람들에 대해서 낙관적으로 생각합니다. 저 사람은 아주 선한 사람이라고 말합니다. 저 사람은 마음이 착하기 때문에 언젠가는 복음을 믿을 것이며 일단 믿게 되면 아주 신앙생활을 잘 할 것이라고 말합니다.
하지만 과연 그럴까요? 그것은 근거 없는 생각입니다. 오히려 복음을 전하다 보면 선하게 보이는 사람들이 더 마음을 열지 않는 것을 경험할 수 있을 것입니다.
마음이 착하고 선하며 좋은 인상을 가지고 있는 이들에게 복음을 전해 보십시오.
그들은 말할 것입니다. 지금은 마음이 내키지 않는다고.. 나중에 기회가 생기면 생각해보겠다고..
많은 전도의 경험이 있는 이들은 오히려 겉으로 선하게 보이는 이들이 많은 자기 의를 가지고 있으며 복음을 거부하는 영을 가지고 있는 것을 알게 됩니다. 오히려 겉으로 거칠어 보이고 믿을 것 같이 보이지 않는 이들이 마음을 여는 것을 많이 경험하게 됩니다.
사람의 중심은 아무도 알 수 없는 것이며 오직 주님만이 그 중심을 보시고 아십니다.

어떤 이들은 믿는 자들이 선하지 않은 행동을 하기 때문에 믿고 싶지 않다고 말할 것입니다. 그러한 이들에게는 좋은 모범과 행동을 보이면 마음이 열려서 믿음을 받아들일 것이라고 흔히 생각합니다.
그러나 과연 그럴까요?
믿음을 받아들이게 되는 것은 영적인 작용이며 외형적인 어떤 모습을 통해서 마음이 열리는 것은 아닙니다.

주위에 선하게 사는 그리스도인들이 많이 있지만 그럼에도 불구하고 그리스도인들을 싫어하고 복음을 싫어하는 이들은 많이 있습니다. 그것은 영적인 문제입니다.

어떤 이들은 복음을 전하기 위해서 믿는 자들이 잘 되고 성공해야 한다고 말합니다. 하지만 오히려 그 반대일 수도 있습니다. 믿는 자의 형통을 보고 믿고 싶은 마음이 생길 수도 있지만 오히려 그 반대의 상황이 될 수도 있습니다.

어떤 불신자들은 그리스도인들이 형통하며 부자가 되는 것을 보고 분노하며 기독교인들은 다 탐욕이 많으며 도둑이라고 말하기도 합니다. 믿는 자들의 형통으로 인하여 마음이 열리는 것이 아니라 오히려 닫힐 수도 있는 것입니다.

또한 반대로 믿는 자들이 궁상맞게 사는 것을 보고, 하나님이 살아 계신다면 믿는 자들이 저렇게 한심하게 살겠느냐고 비웃는 이들도 있지만 어떤 경우에는 그 반대로 생각할 수도 있습니다.

믿는 이들이 어려운 환경에서도 감사하고 주님을 찬양할 때 그 모습을 보고 오히려 마음이 열려서 신앙심이 생기기도 하는 것입니다. 그러므로 동일한 상황을 보고 각 사람이 느끼는 것은 다 다릅니다. 그것은 그들이 어떠한 영을 가지고 있느냐의 문제인 것입니다.

어떤 이들은 다른 이들을 전도하기 위하여 이른바 '덕을 세운다'고 말하면서 다른 사람들의 눈치를 항상 보면서 끌려 다닙니다. 그러다 오히려 눌리기만 할 뿐 전혀 열매를 맺지 못하기도 합니다.

그런데 반대로 남의 눈치를 보는 것도 아니고 남들의 요구를 당당하게 거스르기도 하는데 오히려 상대방이 그 자세에 마음이 열려서 믿고 싶은 마음이 생길 수도 있습니다.

예를 들어 다니엘과 같은 사람은 전혀 타협을 하지 않는 자세를 보였지만 이를 통해서 왕의 마음이 많이 열리게 되었습니다.

이 이야기의 요지는 무엇이냐 하면 어떤 특정한 조건이나 상황이 믿음을 가지게 하는 것은 아니라는 것입니다. 즉 '이렇게 하면 이렇게 마음이 열릴 것이다' 하는 법칙은 없다는 것입니다. 다시 말하자면 믿을 사람은 이런 상황에서도 믿음을 가지며 저런 상황에서도 믿음을 가집니다. 믿음을 가지지 않을 사람은 이런 상황에서도 믿음을 거부하며 다른 상황이 되어도 여전히 다른 핑계를 대며 믿음을 거절합니다.

그러므로 믿음이 생기느냐 아니냐의 문제는 영적인 문제이며 환경적인 문제가 아닌 것입니다. 믿음을 가지기가 어려우며 믿음을 거절하는 이들은 동일한 문제를 가지고 있습니다. 그것은 영적인 문제입니다.

그렇다면 어떤 영적인 문제일까요? 그것은 배후의 악령들에 속한 문제입니다. 즉 어떤 사람이 믿지 않을 때 그 근본적인 이유는 그 배후에 악한 영들이 방해하기 때문이라는 것입니다. 악령들이 방해하고 역사하기 때문에 그 사람은 믿지 않으며 믿고 싶어하지 않는 것입니다.

이것이 신앙을 거부하는 거의 유일한 원인이라고 할 수 있을 것입니다. 많은 사람들이 많은 핑계를 들지만 그 영적 근원은 한 가지입니다. 그것은 사탄이 그들을 속이며 그들의 마음을 혼미하게 한다는 것입니다.

믿지 않는 이들은 과연 정상적인 사람일까요?
아닙니다. 그들은 정상적이지 않습니다. 믿지 않는다는 것은 무엇인가 이상한 것입니다.
사람은 원래 불완전한 존재로 만들어졌습니다.
사람은 미래를 모릅니다. 사람은 언젠가 죽습니다.
사람은 자신이 주인이 아닙니다. 왜 살고 어디로 가는 것인지 모릅니다.
그런데도 아무 것도 모르면서 무작정 삽니다. 이것이 정상일까요?
결코 그렇지 않습니다. 마귀가 역사하지 않는 정상적인 인간이라면 하나님을 알지 못하면 미치는 것이 정상입니다. 견딜 수가 없는 것입니다.
어떤 학교에서 교장선생님이 학생들을 운동장에 모아놓고 말합니다.

"자, 너희들 이 운동장을 100바퀴 뛰어라. 다 뛰고 나면 1000바퀴를 뛰어라. 힘을 다해서 죽을 때까지 뛰어라."
그러면 뛸 사람이 있습니까? 아마도 물을 것입니다.
"선생님. 왜 뛰어야 합니까? 그리고 그렇게 뛰다가 죽으면 어떻게 됩니까?"
"나도 모른다. 하여간에 무조건 뛰다가 죽어라."
그러면 아무도 뛰지 않을 것입니다. 그건 너무나 말이 안 되고 이상한 행동이기 때문입니다.

그런데 우리의 인생에서 사람들은 왜 사는지도 모르면서 어디로 가는지도 모르면서 막연하게 그냥 무엇에 쫓기듯이 열심히 삽니다. 이것이 정상적인 사고의 상태일까요?
아닙니다. 이것은 비정상적인 사고의 상태입니다. 어디로 가는지 왜 가는지도 모르고 무조건 열심히 간다면 그것은 합리적인 인간의 행동이 아닙니다. 그런데 그렇게 이상하게 사는 것을 당연하게 생각하는 것은 그 사람의 배후에 있는 마귀가 그 사람의 마음과 생각을 혼미하게 만들었기 때문입니다. 즉 마귀가 방해하지 않는다면, 정상적인 인간은 하나님 없이 전혀 살 수가 없습니다. 공허하고 허무하고 비참하고 이상해서 살 수가 없는 것입니다.
믿지 않는 자들이 믿지 않으면서도 마치 아무 일도 없는 듯이 정상적으로 살고 있는 것은 속고 있는 것입니다. 마귀의 세례를 이미 받은 것입니다. 그러므로 믿지 않는 이들은 정상이 아닙니다.

그렇기 때문에 복음 사역의 시작은 대적기도를 하는 것입니다. 그들의 정신을 혼미케 하는 마귀를 결박해야 하는 것입니다. 대적해야 하는 것입니다. 그렇게 해서 그 사람의 영과 정신을 바르게 돌아오게 해야 하는 것입니다.
그렇다면 그 대적기도의 결과는 어떠할까요?

어떠한 변화와 열매가 일어나게 될까요?

어떤 사람을 붙잡고 있는 마귀, 악한 영들을 결박하고 그들이 힘을 쓰지 못하게 되면, 그들의 혼미케 하는 약효가 떨어지게 되면 그 사람의 안에서는 갈망이 일어나게 됩니다.

삶에 대한, 인생에 대한, 영혼에 대한, 영원에 대한, 이 인생의 주인이며 우주의 창조자인 하나님에 대한 진지한 의문과 갈망이 시작됩니다. 왜 그럴까요? 그의 배후에 있었던 혼미한 영들이 사라지게 될 때 비로소 바른 정신이 돌아오게 되는 것입니다.

이 사실을 부디 기억해두십시오. 인간은 하나님 없이 살 수 없는 존재입니다.

하나님을 발견하고 그 안에서 안식하기 전까지 인간은 공허하고 비참하고 허무해서 살 수 없는 존재입니다. 하나님을 모르고 멀쩡하게 잘 살고 있는 사람은 정상이 아닙니다. 정신이 혼미해서 꿈을 꾸고 있는 것처럼 살고 있는 사람인 것입니다.

영혼을 얻기 위해서 우리는 이 대적기도를 발견해야 합니다. 그리고 사용해야 합니다.

그 영혼들의 정신을 차리게 하는 것은 대적기도밖에 없습니다. 그들을 조종하고 있는 마귀의 세력이 무너질 때 사람들은 비로소 정신이 돌아오게 되는 것입니다.

마귀가 사라질 때 그 사람의 안에서는 내적인 갈망이 시작됩니다. 맛있는 것을 먹고 성적인 만족을 얻으며 큰 집을 샀다고 해서 결코 만족할 수 없는 것이 인간입니다. 하나님은 인간을 지으실 때 그 속을 비워 두셨으며 인간은 하나님을 예배하고 그 앞에서 무릎을 꿇을 때 진정한 기쁨과 행복을 발견할 수 있습니다.

오늘날 세상의 많은 사람들이 물질적인 것들, 허무한 것들을 구하며 그것으로 즐거움과 만족을 삼고 있는 이유는 그 영혼이 마비되어서 마귀에게 속고 있기 때문입니다. 그러므로 대적기도를 통하여 그 마귀가 사라지고 그 사람이 영적인 마비에서 풀려나게 되면 사람들은 믿음을 가지게 됩니다.

그러므로 믿는 자들이 부자가 된 것을 보고 믿음이 생기는 것이 아닙니다. 그것으로는 탐욕이 생기거나 시기가 생길 뿐입니다.

그들에게 덕을 세우려고 노력하고 조심하고 선물을 줄 때 그들이 믿음을 가지게 되는 것이 아닙니다. 그러나 그들의 배후에서 마음과 생각을 조종하는 마귀가 사라지게 되면 그들은 자연히 삶이 허무해지며 믿음을 가지고 싶어지게 됩니다.

당신에게 역사하는 마귀, 당신의 안에서 역사하는 마귀를 대적하십시오. 당신은 당신 안에서 놀라운 갈망이 일어나는 것을 느끼게 될 것입니다. 하나님을 향한 갈망, 주님을 알고 싶은 끝없는 열망이 일어나는 것을 느끼게 될 것입니다. 그것은 당신의 영혼이 마귀에게서 벗어나 깨어나고 있는 것입니다.

다른 영혼을 위해서 중보할 때 그의 배후에 있는 마귀, 악령을 대적하고 결박하십시오. 그의 안에서 비로소 하나님께 대한 갈망이 일어나기 시작할 것입니다. 이 세상에서 잘 먹고 잘 사는 것, 명예와 부를 얻는 것으로는 만족할 수 없는 허무함이 그의 안에서 시작될 것입니다.

그는 하나님을 구하게 될 것입니다. 그는 복음을 구하게 될 것입니다. 그는 삶의 참 의미를 알고 싶어하게 될 것입니다.

그것이 무엇일까요? 바로 마귀가 떠나간 후에 그의 안에서 영혼이 깨어나기 시작하는 현상인 것입니다.

마귀를 대적하십시오. 결박하십시오.

그들이 무너지고 사라져갈 때 갈망이 시작됩니다.

그리고 그 갈망이 구원의 시작이며 변화의 시작이며 천국의 모든 풍성함이 시작되는 순간인 것입니다.

4. 영혼을 구출하기 전의 준비

아무데서나 믿지 않는 이들 앞에서 준비 없이 복음과 신앙에 대한 이야기를 하는 것은 어리석은 일입니다. 거기에는 철저한 준비와 기도가 필요합니다. 그것은 평소에 친한 관계로 지내고 있는 친구 사이라고 해도 마찬가지입니다.

그러한 불신자 친구와 다른 모든 주제를 가지고 대화를 하는 것은 문제가 없습니다. 세상사는 이야기, 학교 문제, 직장 생활, 취미 생활 등 그 어떤 이야기를 해도 분위기는 즐겁게 흘러가게 됩니다.

하지만 그러다가 당신이 예수와 복음에 대한 이야기를 꺼낸다고 합시다. 그 곳의 분위기는 갑자기 썰렁해질 것입니다. 조금 전까지 좋았던 분위기는 일순 긴장감이 흐르게 됩니다.

이런 어색한 분위기에도 불구하고 계속적으로 복음과 신앙에 대해서 적극적으로 이야기하는 사람도 있습니다. 하지만 그렇게 나가다가 결국 논쟁이 되고 싸움이 되어 서로 간에 감정을 상하게 되는 경우도 드물지 않을 것입니다.

그리고 그러한 일이 반복되면 그 사람은 아마 친구 사이에서 왕따를 당하게 될 것입니다. 만날 때마다 예수 믿으라는 이야기를 한다면 아마 그와 같이 있으려고 하는 사람은 별로 없을 것입니다. 같이 신앙생활을 하는 사람 외에는 말입니다.

그 이유는 무엇일까요? 왜 다른 주제로 이야기를 나눌 때에는 편안하고 즐거운 분위기였는데 신앙의 문제로 대화가 시작되면 좌중에 살벌하고 어색한 분위기가 흐르게 되는 것일까요?

그것 역시 영적인 이유 때문입니다. 모든 불신자들은 기본적으로 어두움의 왕국에 속해 있습니다. 그들 가운데는 선량한 사람도 있고 친절한 사람들도 있고 매력적인 사람들도 있지만 근본적으로 그들의 주인은 마귀입니다. 그러므로 그들의 사고방식과 가치관과 의식의 근본은 어두움에 속하여 있습니다.

마귀는 그들이 선하게 사는 것을 말리지 않습니다. 열심히 성실하게 사는 것을 말리지 않습니다. 윤리, 도덕의식을 가지고 있는 것을 말리지 않습니다. 그러나 예수를 믿는다면, 그것에 대해서는 가만히 내버려두지 않습니다. 그것은 그들의 영원한 소속이 바뀌는 것을 의미하기 때문입니다. 그것은 탈북자들을 북한 당국이 내버려두지 않는 것과 같습니다.

마귀는 일단 자기 왕국 안에서의 행동에 대해서는 어느 정도 용납을 해 줍니다. 그러나 그들의 왕국을 떠나는 것은 결코 용납하지 않습니다.

그러므로 어떤 사람에게 주님과 복음에 대한 이야기를 시작하기만 하면 그 사람을 지배하고 있는 악한 영들의 방어와 공격이 시작되는 것입니다. 악한 영들은 복음과 신앙에 대해서 이야기를 하는 사람을 노려봅니다. 그리고 그 메시지를 듣는 자들에 대한 경계경보가 발령됩니다. 그러므로 신앙의 문제가 대화의 화제가 되었다는 것은 영적 전투가 시작되었다는 것을 뜻하는 것입니다.

그렇기 때문에 전투 준비 없이 무방비 상태로 복음에 대해서 이야기를 하는 것은 어리석은 일이라는 것입니다. 그것은 무기 없이 적진에 뛰어들어가는 것과 같은 것입니다.

어떤 이들은 평소에는 선량한 사람인데 이상하게 교회에 관련된 이야기만 나오면 화를 내고 흥분하며 공격합니다. 교회의 부정과 타락에 대해서 모순에 대해서 아주 흥분하여 공격합니다.

그것은 그가 그리스도인이라고 자처하는 사람들에게 많은 피해를 입었기 때문일까요? 그럴 수도 있습니다. 하지만 대부분의 경우에 그것은 그의 안에 있는 악한 영들의 충동입니다. 악한 영들은 복음과 주님과 교회에 대한 이야기를 들으면 견딜 수 없는 분노와 증오를 느낍니다. 그러한 사람들은 그런 악령을 많이 가지고 있기 때문에 그렇게 흥분하고 공격하게 되는 것입니다.

그러한 경우에 그것을 말로 대항하고 씨름하는 것은 의미 없는 일입니다. 그것은 영적인 전쟁이며 논리적인 대화로써 해결될 문제는 아니기 때문입니다. 어리석은 전도자는 말로 그들을 굴복시키려고 하지만 우리의 전쟁은 혈과 육에 속한 것이 아닙니다. 그것은 오직 기도로만 승리할 수 있는 것입니다.

영혼을 구하는 데에 있어서 우리가 먼저 생각해야 할 것은 그 영혼을 구하기 위해서는 그를 붙잡고 있는 악한 영을 무력화시켜야 한다는 것입니다. 그렇지 않고는 우리는 결코 그 영혼을 얻을 수 없습니다. 그들의 생각과 마음은 악한 영들이 조종하고 있기 때문에 그 어떤 사랑의 말과 지혜로운 말로 설득을 해도 그것은 전혀 통하지 않을 것입니다. 먼저 그들을 붙들고 있는 자들을 무력화시켜야 합니다.

액션영화에 보면 이런 장면이 많이 나옵니다. 주인공이 악당을 쫓아가는데 악당이 달아나다가 여주인공을 인질로 붙잡습니다. 악당은 여주인공의 목에 칼을 대고 주인공이 총을 버리지 않으면 이 여자를 죽일 것이라고 위협합니다.

실제로 그런 상황이 생긴다면 어떻게 할지는 모르겠지만, 일단 영화에서는 주인공은 총을 내려놓습니다. 그리고 악당과 일대일로 싸움을 하게 되지요. 초반에는 열심히 두드려 맞다가 끝날 즈음에는 아슬아슬하게 이기고 여주인공을 구출하게 됩니다. 액션 영화의 끝 부분은 대체로 이런 식으로 마무리되는 경우가 많지요.

그런데 악당이 여주인공을 인질로 잡고 주인공과 대치하고 있는 장면 - 바로 그 장면은 우리가 한 영혼을 놓고 마귀와 한판 싸움을 벌이고 있는 모습과 비슷한 것입니다.

만약 악당이 없다면? 그냥 여주인공의 손을 잡아 이끌고 오면 됩니다. 그러면 간단하게 구출이 이루어지지요. 하지만 문제는 악당이 여주인공의 목에 칼을 대고 있다는 사실입니다. 그러니 여주인공을 구출하고 싶으면 먼저 악당을 제거해야 하는 것입니다. 영화에서 주인공이 악당이 있는 것을 깜빡 잊어버리고 여주인공의 손을 잡아끌다가 뒤에서 악당에게 칼을 맞는.. 그런 상황이 연출되는 경우는 없습니다.
주인공이 그렇게 멍청해서는 안 되겠지요. 그런데 전도의 현장에서 우리는 그러한 어리석은 장면을 자주 연출하곤 합니다.

우리는 기억해야 합니다. 우리가 영혼을 구출하기 원한다면, 그리고 그 방법으로서 복음과 신앙에 대해서 대화를 나누고 싶다면 우리는 그 순간 영적 전쟁에 뛰어드는 것이라는 사실을 말입니다. 그러므로 우리는 먼저 악당과 대면해야 하고 그와 싸워서 이김으로써 그를 제거한 후에야 비로소 영혼을 구원할 수 있다는 사실을 알아야 합니다.
별 준비 없이 함부로 신앙에 대한 주제를 꺼내었다가는 심한 내상을 받을 수도 있습니다. 공격을 당해서 상처를 입을 수 있다는 것입니다. 그러므로 복음에 대한 대화에는 작전과 준비와 전략이 필요합니다. 전략이 없이 전쟁터에 가는 사람처럼 멍청한 사람은 없습니다.

영혼을 얻기 위해서, 영혼들을 지옥과 마귀에게서 건지기 위해서 부디 이 전쟁에 대해서 이해하십시오. 배후의 마귀를 결박하고 부수는 이 전쟁에 익숙해지십시오. 상대방을 건드리는 것보다 배후의 영들을 결박하고 부수는 것에 익숙해지십시오.
여주인공을 구출하기 전에 먼저 악당을 제거하십시오.
당신이 이 보이지 않는 전쟁의 의미와 전략에 대해서 잘 이해하고 경험하게 될 때 당신은 유능한 구출가가 될 수 있을 것입니다. 좀 더 많은 마귀의 왕국이 무너지고 거기에서 탈출하고 벗어나는 주인공들을 볼 수 있게 될 것입니다. 할렐루야.

5. 복음을 전할 때 그 안의 영들을 결박하십시오

복음의 진리에 대한 이야기를 나누며 복음을 전하는 것은 표면적으로 볼 때는 평범한 일이지만 그 배후에서는 치열한 영적 전쟁이 전개되고 있습니다. 한 영혼을 놓고 천국과 지옥이 치열한 한판의 싸움을 하고 있는 것입니다.

천국과 지옥이 싸움을 하고 있다니까 당연하게 천국이 이길 것이라고 생각하지 마십시오. 궁극적으로는 천국이 승리를 할지 모르지만 부분적인 영적 전쟁의 승리는 각 사람의 영력에 달려 있는 것이며 그 영력은 그 사람의 기도 분량에 달려 있는 것입니다.

많이 기도하는 사람은 강한 영력을 가지고 있습니다. 또한 거의 기도하지 않는 사람은 별로 영력을 가지고 있지 않습니다.

그러므로 그렇게 영력이 부족한 사람은 아무리 말을 잘 하고 영리한 사람이라고 해도 영혼을 주님께로 인도하기 어렵습니다. 영적인 전쟁은 타고난 언변이나 지식에 의하여 결정되는 것이 아니기 때문입니다. 그것은 철저하게 무릎의 분량에 달려 있습니다.

젊은이들이나 영리한 이들이 많이 실패하는 것도 기도하는 것보다 자신의 총명을 더 많이 신뢰하기 때문입니다.

친구라든지, 어떤 대상과 복음에 대해서 대화를 나눌 때 분위기가 살벌해지고 삭막해지는 것은 복음을 전하는 이의 영적인 힘이 상대방보다 약한 경우입니다. 그것은 상대방의 안에 있는 귀신들이 전혀 그를 두려워하지 않고 눈을 부릅뜨고 공격을 하고 있는 상태인 것입니다.

이것은 또한 단순히 전도자의 능력 하나로만 평가할 수 있는 것은 아닙니다. 즉 전도 대상자가 악한 영들과 깊이 연합되어 있거나 복음을 원하지 않을 때는 복음 전도자의 영력과 상관없이 그를 더 이상 도울 수 없습니다.
궁극적인 선택은 각 사람의 자유 의지에 달려있으며 본인이 원하지 않는 것은 억지로 강요할 수 없는 것이 영의 법칙이기 때문입니다. 그러한 상태는 아직 구원의 시간이 이르지 않았다고 할 수 있을 것입니다.

복음에 대해서 이야기를 하는데도 이상하게 분위기가 나빠지지 않고 자연스럽거나 편안할 때가 있습니다. 이것은 전도 대상자가 복음에 대해서 관심을 가지고 있거나 아니면 그 속에 악령이 있더라도 전도자의 영적인 능력 때문에 눌러서 끽 소리도 못하고 있는 경우입니다.
이러한 경우에는 그 사람은 전도자 앞에서는 고분고분하게 말을 듣지만 그와 헤어지게 되면 속이 상하고 다시금 믿고 싶은 마음이 사라지게 됩니다.
이러한 이야기를 하는 것은, 복음에 대한 대화를 나누는 것이 평이한 일 같지만 그 배후에서는 치열한 영적 전쟁이 전개되며 전도자의 영력에 따라 분위기가 달라진다는 것을 설명하기 위한 것입니다.

복음을 전할 때 듣는 자가 끝없이 이것저것 질문을 할 때가 있습니다. 왜 하나님은 선악과를 만들었느냐, 예수님이 오기 전에 죽은 사람은 어떻게 되느냐는 등의 수많은 질문을 전도 대상자가 퍼부어 대는 것입니다.
전도자가 그러한 질문에 대해서 충분히 대답을 해 줄 능력을 갖추는 것도 쉬운 일이 아니겠지만 설사 대답할 수가 있다고 하더라도 대부분의 경우 그러한 질문에 답을 해주는 것은 의미가 없습니다.
대체로 그러한 질문이나 의문들은 악한 영들이 복음을 방해하기 위해서 그 사람의 속에서 장난을 치고 있는 것이기 때문입니다.
그러한 질문들은 악한 영들이 복음을 깨닫지 못하도록 혼미한 생각과 영을 불어넣고 있는 것이기 때문에 일일이 대답을 하는 것은 별로 의미가 없습니다.

물론 악한 영들이 일으키는 의문이 아닌 순수한 형태의 의문도 있습니다. 하지만 그러한 경우는 많지 않으며 대다수의 질문들은 끝없이 새로운 의문을 일으킬 뿐입니다.

해답을 주는 것은 지식이 아니고 주님의 영 자신이기 때문에 주님을 영접하고 경험하지 못한 이들은 어떠한 대답에도 진정한 만족을 얻기는 어렵습니다.

전도자가 강한 영을 가지고 있을 때 악한 영들은 잘 움직이기 어렵기 때문에 그러한 질문이나 의문을 심지 못하며 전도 대상자들은 좀 더 쉽게 영혼의 눈을 뜰 수 있습니다.

그러므로 영적인 능력이 강한 이들은 좀 더 많은 영혼을 얻을 것입니다. 그리고 영적인 능력과 기도가 부족한 이들은 그러한 질문에 시달리기만 하고 영혼을 얻지는 못할 것입니다.

두 사람이 한 조가 되어 복음을 전하는 모습을 가끔 볼 수 있습니다.
영적인 전쟁의 측면에서 이것은 좋은 방법입니다. 한 사람이 대화를 나누고 다른 사람은 옆에서 조용히 기도를 하면 좋을 것입니다. 기도하면서 상대방의 안에서 일어나는 악한 영들의 방해를 기도로 결박하면 좋은 열매를 얻을 수 있을 것입니다.

악한 영들이 역사할 때 그들은 기독교에 대해서 비난하고 흥분합니다. 조롱하기도 하며 그 분위기를 이상하게 몰아갑니다. 거기에 대해서 같이 흥분하는 것은 이미 영적 전쟁에 말려 들어간 것임은 말할 나위도 없습니다.

그러나 기도하는 이가 조용히 마귀를 결박하게 되면 상대방은 아주 얌전해집니다. 화를 내고 공격하던 이들도 온순해집니다. 그것은 악한 영이 결박되면 그들도 기독교에 대한 분노가 사라지기 때문입니다.

이것은 기도를 통해서 상대방의 의지를 우리 마음대로 조종하는 것이 아닙니다. 오히려 그 반대입니다.

마귀가 사람의 의지를 억압하고 누르고 있기 때문에 그들은 어둠 속에서 속고 있으며 복음을 받아들일 수 없는 것입니다. 그러나 그 마귀를 결박하고 묶어 버리면 비로소 그들은 자유롭게 눈을 뜨게 되며 복음을 선택할 수 있는 자유를 가지게 됩니다. 즉 우리가 마귀를 결박하는 것은 그들을 조종하는 것이 아니라 마귀의 조종으로부터 자유롭게 풀어주는 것입니다.

어떤 사람이 기도하던 중에 안면이 있는 사람에게 복음을 전하러 가야 한다는 감동을 받았습니다. 그 사람은 지금 병실에 있었습니다. 그는 아주 중한 병으로 생명이 위험한 상태에 있었습니다.

그 사람은 계속 복음을 거부해왔습니다. 하지만 기도 중에 그러한 감동을 받은 그는 상대방이 이제는 복음을 받아들일 것이라고 생각했습니다. 그는 그에게 가서 복음을 전했습니다. 하지만 여전히 상대방은 요지부동이었습니다.

그는 포기하고 나오다가 다시 마음이 바뀌어 복음을 전했습니다. 그러나 이번에는 상대방은 더 화를 내면서 그를 모욕하고 거절했습니다. 할 수 없이 그는 포기하고 병실에서 나왔습니다.

그런데 갑자기 그 순간에 선명한 메시지가 그의 심령 속에서 떠올랐습니다.

"저 말이 그 사람의 말인 줄 아느냐. 그것은 마귀의 음성이다. 그러니 한 번만 더 가서 말씀을 전해라."

그는 몹시 감동을 받고 세 번째로 그에게 갔습니다. 그리고 주님을 믿을 것을 권했습니다. 이상하게도 그는 세 번째에는 복음을 더 이상 거부하지 않고 받아들였습니다. 그리하여 주님을 영접하는 기도를 드릴 때는 눈물을 주르륵 흘렸습니다.

만약 이 사람이 포기해버리고 말았다면 어떻게 되었을까요?
아마 그 사람은 복음을 접하지 못한 채로 죽음을 맞이하게 되었을 것입니다.
이와 같이 사람의 마음속에서 마귀는 끊임없이 그 사람이 복음을 받아들이지 못하도록 방해하고 괴롭힙니다. 그들은 복음 전도자의 마음속에 낙심과 분노를 일으키고 전도대상자의 마음에는 끝없는 의심과 강퍅한 마음을 일으킵니다.
이 전도자가 좀 더 영적 전쟁에 대해서 알았더라면, 마귀를 대적하고 결박하는 능력에 대해서 알았더라면 그는 많은 모욕이나 공격을 받지 않았어도 되었을 것입니다. 대적기도는 마귀의 힘을 무력화시키기 때문입니다.

나는 많은 전도자들이 열심 하나로 온갖 모욕과 수모와 심지어 폭행까지 겪으면서도 억지로 전도를 하고 상대방을 믿게 하려고 애를 쓰는 것을 보았습니다. 그들의 열심은 가상하지만 그것은 그리 바람직하지 않은 것입니다. 우리의 씨름은 영적인 것이며 육체로 버티고 힘으로 하는 것이 아니기 때문입니다.
우리가 배후에 있는 방해자를 무력화시키면 우리는 그다지 많은 어려움에 접하지 않게 될 것입니다. 상대방의 무기를 다 빼앗아버리고 하는 싸움, 그것은 안전하고 유리한 전쟁이기 때문입니다.

나는 지적인 설득이나 성경공부를 통해서 상대방을 믿게 하려고 노력하는 젊은이들을 많이 보았습니다. 그들의 노력은 가상하지만 그러한 시도는 그다지 많은 효과를 가져 올 수 없을 것입니다. 단순한 설득은 사람의 안에서 일어나는 악령들의 공격을 제거하는 데에 한계를 가지고 있기 때문입니다. 만약 그들이 영적 전쟁에 대해서 좀 더 이해하고 무기를 사용하는 방법을 안다면 그들은 좀 더 많은 영혼들을 주님께로 이끌 수 있을 것입니다.

그러므로 우리는 복음을 전파할 때 상대방의 안에서 일어나는 전쟁을 이해해야 합니다. 복음을 전파하는 동시에 방해하는 영들을 기도로 결박하여야 합니다. 전하기 전에 결박하고 전하면서 결박하여야 합니다.

두 사람이 팀을 이루어 한 사람은 말씀을 전하고 다른 사람은 결박하는 기도를 하면서 전도를 하는 것은 좋은 방법이지만 상대방에게는 부담이 될 수 있습니다. 상대방은 두 사람에게 협공을 당하는 느낌을 받을 수 있기 때문입니다.
아무래도 충분히 깊은 대화를 나누기 위해서는 일대 일의 대화가 좋을 것입니다.
다만 한 사람이 복음을 전할 때에도 겉으로는 대화를 나누면서 속으로는 끊임없이 상대방의 안에 있는 어두움의 영들의 장난을 대적하고 결박해야 합니다. 그 영을 완전히 결박한 후에야 당신은 그 영혼을 얻을 수 있는 것입니다.

부디 이 전쟁을 이해하십시오.
이 전쟁에 익숙해지십시오.
더 많은 기도를 쌓아서 당신의 영을 강하게 하십시오.
더 많은 초토화기도를 통해서 마귀의 진을 무너뜨리는 경험을 쌓으십시오. 그럴수록 당신은 유능한 천국의 일군이 될 수 있을 것입니다.
그리하여 어두움 속에 갇혀 있는 많은 영혼들을 빛의 세계로 인도할 수 있게 될 것입니다. 할렐루야.

6. 영적 세계의 이해와 경험이 전도의 문을 엽니다

전통적인 그리스도인들은 영적인 세계에 대한 이야기나 영적 경험에 대해서 부정적인 의식을 가지고 있는 것 같습니다. 그들은 어떤 틀이나 개념에 익숙해져 있어서 복음도 그런 식으로 논리적으로 접근하고 이해하는 것을 좋아합니다.
그런데 복음을 전하면서 불신자들이나 이방인들을 접하다 보면 의외로 신자들과는 달리 영적인 세계에 대한 이야기에 관심을 가지고 있는 이들을 많이 발견할 수 있었습니다.
기독교에 대해서 부정적인 시각을 가지고 있는 이들도 기독교의 외형적인 타락이나 문제점에 대해서 공격적으로 이야기를 하다가도 영적 전쟁이라든지, 악한 영들의 활동이나 움직임에 대한 실제적인 이야기를 하면 솔깃한 반응을 보이곤 하는 것입니다.

이 시대의 대표적인 영화라고 할 수 있는 워쇼스키 형제의 〈매트릭스〉는 그에 대한 여러 가지 비평들, 극찬이나 비판을 떠나서 이 시대의 사상적인 특성을 보여주는 중요한 문화 요소로 자리를 잡고 있습니다. 〈매트릭스〉는 3편이 종결판인데 1편에서 보여주고 있는 철학적이고 종교적인 많은 질문과 메시지는 2, 3편에 이르러 스토리에 쫓아가느라고 많이 약해진 것으로 보입니다.
위기에 빠진 인류를 구원하기 위한 '메시야'를 찾다가 자신이 그 메시야로 인정을 받게 된 주인공 네오라든지, 삼위일체를 상징하는 것으로 보이는 모피어스, 트리니티, 네오의 관계라든지, 최후의 전쟁을 벌이는 장소인 '시온'이라든지.. 등의 표현을 보면 이 영화의 모티브는 성경에서 따온 것이 분명한 것으로 보입니다.

이 영화가 처음 등장했을 때 관객들에게 무엇보다 더 충격을 주었던 것은 가상현실에 대한 메시지였습니다.

즉 우리가 살고 있는 이 세상은 진짜같이 보이지만 실제로는 매트릭스라고 불리는 하나의 프로그램에 지나지 않는 가상현실이라는 것, 그 프로그램 안에서 인간은 보이지 않는 존재들에 의해서 입력된 프로그램을 따라 강요된 선택을 하고 살아가고 있다는 것, 그래서 대부분의 사람들은 그 강요된 선택에 의한 기계적인 삶을 살아가고 있다는 것입니다. 이 영화는 그 강요된 프로그램을 거부하고 매트릭스 바깥 세계의 진정한 자유를 추구하고 찾는 소수의 사람들인 주인공과 보이지 않는 세계의 지배자들이 벌이는 치열한 전쟁을 다루고 있습니다.

영화의 제작자들이 어떠한 의도를 가지고 이 작품을 만들었는지는 모르지만 분명한 것은 이 시대의 사람들이 이러한 메시지에 전율을 느끼며 공감을 하고 있다는 것입니다.

오히려 기독교는 매너리즘에 빠져서 진정한 진리를 구하지 않고 있고 적당히 현실에 안주하며 이 땅에서 복을 받고 잘 먹고 잘 사는 길을 추구하고 있는 면이 있는데 이방인들은 도를 찾고 진리를 찾고 보이지 않는 영적인 존재와 의미를 찾고 있는 것입니다.

그렇기 때문에 진리를 찾고 있는 많은 지성인과 젊은이들이 교회에서 그 답을 얻지 못하고 뉴에이지나 이방의 신비체험, 영적인 세계를 기웃거리고 있는 것입니다.

나는 믿지 않는 이들 중에도 영적으로 예민한 기질이 있는 사람이 많은 것을 알았습니다. 인간은 누구나 하나님의 형상을 가지고 있기 때문에 영혼이 있고 영적인 감각이 있습니다. 꿈을 꾸고 예감을 느끼며 보이지 않는 세계에 대해 어떤 경외감을 느낍니다.

나는 불신자들과 복음에 대한 이야기를 나눌 때 그러한 영적 현상에 대한 이야기를 하곤 하였습니다. 예를 들어서 잠을 자다가 가위에 눌려본

적이 있느냐는 질문을 하기도 했습니다. 그런데 그러한 질문을 하면서 확인을 해보면 많은 사람들이 가위에 눌려본 경험을 가지고 있었습니다. 그들은 눈도 뜰 수 없고 소리도 낼 수 없는 상태에서 어떤 검은 존재가 그들을 누르고 있는 경험을 이야기하곤 했습니다.

그들은 자기의 경험을 이야기하며 그러한 현상의 의미가 무엇인지 알고 싶어했습니다.

나는 그들에게 그러한 검은 존재가 귀신이라고 말해주었습니다. 그러면 그러한 이야기에 대부분의 사람들은 탄성을 발하고 더 이야기를 듣고 싶어했습니다. 그것을 거부하는 이들은 별로 없었습니다.

논리적인 문제라면 그들은 이의를 제기할 수 있었습니다. 기독교의 현실적인 부패나 기독교인들의 모순투성이의 행위에 대해서 그들은 비판할 수 있었습니다.

이론이라면 그들도 무엇인가 딴지를 걸 수 있었습니다. 그러나 대화의 주제가 가위눌림이나 영적 현상과 같은 것이라면 그들은 관심을 가지고 듣고 싶어했습니다. 그것은 이론이 아니고 체험의 영역이었기 때문입니다. 그들은 영적인 세계에 대해서 아는 것이 없었고 그러면서도 또한 그러한 것에 대해서 알고 싶었기 때문입니다.

오늘날 〈매트릭스〉와 같은 영화에 사람들이 빠지는 것처럼 사람들은 영적인 세계와 그 의미에 대해서 알고 싶어합니다. 종교에 대해서는 마음을 닫고 있는 이들이 많지만 심오한 영적 세계와 그 체험에 대해서는 마음이 열린 이들이 많이 있는 것입니다.

청년 시절 나는 전도에 몹시 애를 썼습니다. 나는 병원에서, 거리에서, 캠퍼스에서, 교도소를 방문해서 열심히 복음을 전했습니다. 그것은 나에게 아주 중요한 일이었습니다.

어느 날 나는 버스를 타고 가고 있었습니다.

그러다가 무심코 앞자리에 앉은 아가씨가 책을 읽고 있는 것을 보았습니다. 나는 그 책의 제목을 언뜻 보게 되었습니다. 그것은 뉴에이지에 대한 책이었습니다.

뉴에이지는 힌두교와 불교가 혼합된 정신체계입니다. 여기에 속한 이들은 각종 신비적인 현상으로 사람의 영혼을 빼앗는 자들입니다. 초월적 명상, 요가, 기공, 호흡 훈련 등 다양한 방법을 통해서 사람들에게 신비적인 세계를 소개해주고 인간은 바로 신이라고 가르칩니다.

나는 그녀가 읽고 있는 책이 그러한 훈련을 가르치고 있는 책인 것을 알았습니다.

나는 그녀에게 조심스럽게 말을 걸었습니다. 지금 읽고 있는 책을 좀 볼 수 없겠느냐고 물었습니다.

그녀는 외모가 몹시 아름다운 사람이어서 말을 걸기가 부담스러웠습니다. 나중에 알고 보니 그녀는 비행기에서 근무하는 스튜어디스였습니다.

그녀는 망설이다가 내게 책을 주었습니다.

그 책을 받아서 읽어보니 내용이 아주 심각했습니다. 깊은 영적 세계로 인도하는 책이라고 소개하고 있었지만 영혼을 지옥의 어두움으로 떨어뜨리는 책인 것이 분명했습니다.

나는 그녀에게 물었습니다. 이 책에서 가르치고 있는 훈련을 하고 있느냐고, 그리고 하고 있다면 이 훈련을 시작한 지 얼마나 되었느냐고 물었습니다.

그녀는 한 달 정도 되었다고 대답했습니다. 그녀는 영적 세계, 정신세계에 대해서 많은 관심을 가지고 있는 것 같았습니다.

나는 그녀에게 조금 이야기를 하자고 말했습니다. 나는 정신세계와 영적인 세계에 대해서 어느 정도 알고 있는 사람이며 당신에게 도움을 줄 수 있다고 이야기했습니다.

그리고 이 책은 아주 위험한 책이며 그러한 훈련을 더 이상 해서는 안 된다고 말했습니다. 그리고 버스의 뒷좌석을 가리켰습니다. 앞좌석은 자리에 한 사람밖에 앉을 수 없었지만 버스의 뒷자리에는 다섯 사람이 앉을 수 있었습니다.

그래서 나는 그녀와 뒷자리에 갔습니다. 나는 그녀가 훈련을 하고 있다면 여러 가지 증상들, 불안감이나 정신이 혼미한 증상이나 여러 가지 증상이 나타날 것이라고 생각했습니다. 그러한 책의 훈련을 통해서 악령들이 그녀에게 역사할 것이기 때문입니다.

나는 그녀가 느끼고 있을 것 같은 여러 증상들을 이야기했습니다. 이런 일이 있지 않느냐고 물었습니다.

그러자 그녀의 눈이 동그래졌습니다. 처음 보는 사람이 자기의 상태를 잘 알고 있는 것을 보면 사람들은 그것을 신기하게 생각하기 마련입니다.

우리는 뒷자리에서 이야기를 시작했지만 이야기는 간단하게 끝나지 않았습니다. 그녀는 더 많은 이야기를 듣고 싶어했습니다.

그래서 우리는 버스에서 내렸습니다. 그리고 가까운 다방에 들어가서 대화를 계속 했습니다.

나는 그녀에게 악한 영들의 장난과 공격에 대해서 이야기를 하며 어두움의 영계에 대한 이야기를 계속하였습니다. 그러한 영들과 접촉하는 것이 얼마나 위험한 일인지에 대해서도 이야기하고 경고하였습니다.

그런데 그러한 이야기를 하는 중에 그녀가 갑자기 말하는 것이었습니다.

"그렇다면, 그런 어두움의 영계가 있고 악한 영들이 있다면.. 빛의 영계도 있고 선한 영들도 있는 것이 아닌가요? 저는 그런 이야기를 듣고 싶어요."

나는 그녀의 이야기에 놀랐습니다. 그녀는 내게 복음에 대한 이야기를 듣고 싶어하는 것이었습니다. 내가 한 마디도 복음과 신앙에 대해서 이야기하지 않았는데도 말입니다.

아무튼 그녀의 요구로 인하여 나는 하나님과 천국에 대해서 이야기했으며 마귀의 지배 안으로 들어가게 된 인간의 타락에 대해서 이야기했습니다. 그리고 유일한 구원의 길인 예수의 복음을 전했습니다.

그녀는 계속 눈을 반짝거리며 내 이야기를 듣고 있더니 나의 인도에 따라 예수님을 자신의 구주와 주님으로 영접하고 받아들이는 기도를 하였습니다. 그녀는 아주 진지한 상태였습니다. 그리고는 내게 아주 감사하면서 기뻐하는 것이었습니다.

나는 그녀와 헤어져 집으로 오면서 몹시 놀랐습니다. 나는 그녀에게 복음을 전하려는 생각은 미처 해보지 못했습니다. 다만 이상한 미혹의 영들에게 빠져서 비참하게 될 것 같아 걱정이 되어서 나도 모르게 그녀에게 경고했을 뿐입니다.

그러나 결과적으로 그녀에게 전도를 한 것이 되어 버렸습니다. 나는 이 경험을 통해서 어떤 이들에게는 영적인 경험과 영적인 세계에 대한 언급이 복음에 대해서 마음을 열도록 하는 좋은 도구가 될 수 있다는 사실을 알게 되었습니다.

그것은 아마 모든 사람들에게 적용되는 방법은 아닐 것입니다. 그것은 각 사람의 관심과 기질에 따라 다를 것입니다.

영적인 세계에 대하여 민감한 이들이 있습니다. 이들은 영적 감수성이 예민합니다. 그들은 신비한 것을 찾으며 영적 체험을 갈구합니다.

이들은 잘못하면 무당이 될 수도 있습니다. 그들의 기질 때문에 악한 영들이 쉽게 들어갈 수 있기 때문입니다. 아니면 초능력과 같은 것을 추구하다가 귀신에게 잡힐 수도 있습니다.

이러한 이들에게 논리적으로 복음을 설명한다면 별로 효과를 얻지 못할 것입니다. 그들이 원하는 것은 체험이며 개념이나 이론이 아니기 때문입니다. 그러나 이들에게 영적인 세계의 원리와 경험을 이야기해주면 그들은 놀라며 마음을 열게 됩니다.

이들이 하나님의 임재와 영광을 실제적으로 경험하게 된다면 이들은 급속도로 주님을 추구하게 될지도 모릅니다.

그렇습니다. 어떤 종류의 사람들은 영성적인 현상과 체험에 대해서 깊은 관심을 가지고 있습니다. 그러나 그렇지 않다고 하더라도 적지 않은 사람들이 영적 세계에 대해서 영적 경험에 대해서 알고 싶어 합니다.

영성에 대한 이야기와 실제적인 영적 경험은 특별한 기질의 사람들뿐 아니라 많은 이들의 마음을 움직이는 어떤 요소를 가지고 있습니다. 사람들은 누구나 하나님의 형상으로 지어졌고 그 몸 안에 영혼을 가지고 있기 때문입니다.

어떤 여전도사님이 있었습니다.

그녀는 한 때 깊은 영적인 경험을 했었고 신유 은사가 나타나기도 했습니다.

그러나 은사를 쉽게 경험하는 사람이 대부분 그러하듯이 그녀는 깊은 내적인 헌신과 인격적인 성숙은 되어 있지 않았습니다. 은사는 육체에 임하는 하나님의 체험이며 영혼의 변화와 성숙을 일으키는 내적인 체험은 아니기 때문입니다.

그녀는 여러 삶의 우여곡절 끝에 주님을 떠났습니다. 그리고 신앙에 대해서는 잊어버렸습니다.

그녀는 오랜 시간이 지난 후 암에 걸려서 사형선고를 받게 되었습니다. 그녀는 회복이 어려운 상태가 되었고 중환자실에서 죽는 날을 기다리게 되었습니다. 하지만 그 때까지도 그녀는 회개를 하거나 하나님께로 돌아가야겠다는 생각을 하지 않고 있었습니다.

어느 날 밤이었습니다. 새벽 한시가 되었을 때 그는 죽음의 영을 보았습니다. 그것은 그녀에게 너무나 선명하게 보였습니다. 갑자기 그녀의 영 안이 선명하게 열린 것이었습니다. 그들은 검은 그림자와 같은 존재였으며 죽을 때가 된 사람들을 데리러 온 것이었습니다.

그 검은 존재들은 몇 명이 같이 움직이고 있었습니다. 그들은 중환자실에 누워있는 사람을 하나하나 쳐다보았습니다. 그리고 그 중의 몇 사람을 끌고 가기 시작했습니다.

대부분의 사람들에게 천사나 귀신은 보이지 않습니다. 그러나 죽기 직전 약 5분전에는 영안이 열려서 그들이 보인다고 합니다. 그래서 귀신이 데리러 오는 사람은 공포에 질려서 안 끌려가려고 몸부림을 치다가 숨이 멎게 됩니다. 천사가 와서 데리고 가는 사람은 얼굴이 환해지며 기쁨이 가득하게 됩니다.

이 전도사님에게는 귀신들의 모습이 너무나 생생했습니다. 전도사님은 공포감으로 온 몸이 마비되는 것 같았습니다.

검은 존재들은 몇 사람을 끌고 갔습니다. 끌려가는 이들은 이를 악물고 울고 불면서 빌고 몸부림을 쳤지만 결국 그들은 끌려가지 않을 수 없었습니다. 조금 시간이 지나자 그들은 포로들을 이끌고 사라졌습니다.

전도사님은 너무나 무서워서 계속 떨고 있었습니다.

그리고 세 시가 되었을 때 다시 그 존재들이 찾아왔습니다. 그리고 다시 공포에 질려서 몸부림치고 있던 한 사람을 끌고 갔습니다. 각자가 불려가는 시간이 따로 있는 것 같았습니다.

그러다가 검은 존재의 눈과 전도사님의 눈이 마주쳤습니다. 그 눈은 서릿발같고 생기가 없는 눈이었습니다. 그 눈은 두리번거리며 그들이 데려갈 사람을 찾고 있었습니다. 전도사님은 얼마나 무서웠는지 심장이 얼어붙는 것 같았습니다. 그녀는 말로 표현할 수조차 없는 공포감에 사로잡히게 되었습니다.

그녀는 오래 동안 잊어버리고 있었던 기도를 하기 시작했습니다. 하나님.. 제발.. 제발.. 이번만 기회를 주십시오.. 살려주세요.. 저는 지옥에 가고 싶지 않아요. 제발..

검은 존재들은 사라졌습니다. 전도사님은 그 후에도 또 그들이 오지 않을까 두려워서 밤을 꼬박 새웠습니다. 그녀는 생각이 나는 모든 죄를 다 회개하면서 밤을 보냈습니다. 있는 죄, 없는 죄, 모든 죄를 회개하면서 살려달라고 빌면서 그녀는 눈물로 밤을 새웠습니다.
아침이 되었을 때 그녀는 간호사에게 말했습니다. 제발. 제발.. 자기를 이 중환자실에서 일반 병실로 옮겨달라고. 너무나 무서워서 미치겠다고.. 어제 세 사람이 죽었다고..그러자 간호원은 심드렁하게 대답했습니다. 그제는 네 명이 죽었는 데요.. 라고..
간호사에게 사람의 죽음은 흔하게, 날마다 일어나는 일이었습니다.
그러나 영안이 열려서 그 죽음의 모습을 선명하게 본 전도사님에게 죽음은 더 이상 단순한 일이 아니었습니다.

그녀는 사람들이 귀신들에 의해서 지옥으로 끌려가는 모습이 너무나 생생하게 보였던 것입니다. 그들은 어찌하든지 끌려가지 않으려고 몸부림을 치고 소리를 질렀지만 그것은 보이지 않는 몸부림이었습니다. 들리지 않는 비명소리였습니다.
그러나 죽음이 임박한 그녀에게 그것은 너무나 생생한 현장이었습니다. 영적 세계는 공상과 같은 것이 아니라 너무나 살아있는 실제였던 것입니다.

나는 나의 아버지가 돌아가시는 모습을 아직도 선명하게 기억합니다. 그는 마지막 숨이 멎을 때에 너무나 감격하고 놀란 표정으로 허공을 뚫어지게 보고 있었습니다. 그는 이제 의식이 거의 없었고 말을 할 수도 없었고 들을 수도 없었습니다.
그러나 그의 눈은 무엇인가를 보고 놀라서 빨려 들어갈 듯이 허공을 바라보고 있었습니다. 나의 누나는 그 모습을 보고 말했습니다.
"저건 이 세상의 것을 보고 있는 눈은 아니야.."
그것은 나도 동감이었습니다. 방안의 천장만을 보고 그처럼 놀란 표정을 짓지는 않을 것입니다. 나는 그가 죽기 직전에 영안이 열려서 영계의 장면을 보고 있었을 것이라고 생각합니다. 그 전도사님은 그 날 밤의 충격적인 체험 이후에 끝없는 회개의 눈물을 흘렸습니다. 그녀는 사명을 잃어버리고 주님을 떠난 죄를 회개하였습니다. 다시 기회를 주시면 열심히 주의 일을 하며 주님과 동행하겠다고 기도하였습니다.

얼마 후에 그녀는 기적적으로 회복되어 다시 주의 일을 하게 되었습니다. 그 날 밤의 그 경험이 그녀의 삶을 완전히 바꾸어버렸던 것입니다.

오늘날 사람들은 믿으면서도 물질세계에 빠져 있어서 현실적인 필요에 대해서만 기도하고 관심을 가질 뿐 영적인 세계나 영적 성숙이나 영적 전쟁 등에 대해서 그다지 관심을 가지지 않고 있습니다. 잘 알지도 못합니다.

하지만 영적 세계를 이해하고 경험하게 될 때 그것은 우리의 삶에 큰 충격과 새로움을 줄 것입니다.

믿지 않는 자들은 말할 것도 없이 마귀의 존재와 그들의 삶을 배후에서 조종하고 지배하는 악령들의 존재에 대해서 알지 못합니다. 그러나 만일 그들에게 이러한 세계에 대한 이해의 문이 조금이라도 열린다면 그들은 진리에 대해서, 구원에 대해서, 주님과 천국에 대해서 마음을 열게 될 것입니다. 아까의 그 스튜어디스 아가씨처럼 말입니다.

영적 지식은 복음에 대한 문을 엽니다.
영적 경험은 복음에 대한 문을 엽니다.
그것은 사람의 영혼을 깨우는 데에 도움이 되는 것입니다.
그러므로 당신도 영적 전쟁을 통하여 마귀의 역사를 분별하고 싸워서 이기고 깨뜨리는 주의 사람이 되십시오.
영적 세계를 경험하고 마귀의 패주를 경험하십시오. 승리를 경험하십시오. 당신의 삶도 달라질 것입니다. 또한 다른 사람들의 삶을 주님께로 이끌어 가는 데에 있어서 당신은 좀 더 유능한 사람이 될 수 있을 것입니다. 할렐루야.

7. 초신자가 실족하지 않도록
영적 전쟁을 가르쳐야 합니다

복음을 받아들이고 주님을 영접함으로 믿음 생활을 시작하게 되는 것은 놀라운 행복입니다. 그것은 진정 아름답고 놀라운 여행의 시작입니다. 하지만 그 길은 쉽지 않은 길입니다. 그 길에는 많은 험난한 여정이 있습니다. 발걸음을 시작하는 것은 중요한 일이지만 더 중요한 것은 끝까지 잘 걸어가는 것입니다.

어린아이가 태어나는 것도 중요하지만 그 아이는 계속 잘 먹고 잘 자라서 유치원도 가고 초등학교도 가고 대학에도 들어가서 많은 것들을 배워가야 합니다. 그리고 졸업을 한 후에는 자신의 일을 발견해서 수행해 나가야 하며 가정을 이루고 자녀들을 가르쳐야 합니다.
영적인 여정도 이와 똑같이 진행되어야 하는 것입니다. 한번 태어나는 것으로 모든 것이 끝나는 것이 아닙니다.

초신자는 무엇을 배워야 할까요? 물론 배워야 할 것이 많이 있습니다. 그들은 성경을 배워야 하고 규칙적으로 교회에 다니면서 신앙의 교제권 속으로 들어와야 합니다.
성령님의 기름 부으심에 대해서 배우고 경험해야 합니다. 방언을 받고 사용하며 여러 가지 은사들을 경험하고 주님의 실제적인 임재를 가까이 경험하고 구체적인 삶의 현장 속에서 주님의 음성을 듣고 주님의 지배를 받아 살아가는 것을 배워야 합니다.
주님을 알아가고 영혼이 성장하는 것이 우리가 이 땅에 온 목적이라는 것도 배워야 합니다.

믿음과 삶의 중심 방향이 바르게 잡혀 있어야 바르게 성장할 수 있기 때문입니다.
하지만 복음을 믿기 시작한 초신자들 중에서 얼마나 제대로, 바르게 배우고 성장을 위해서 나아가고 있는 것일까요..
나는 많은 초신자들이 믿음 생활을 시작하지만 중간에 포기하거나 넘어지는 것을 보아왔습니다.
복음을 전하고 주님을 영접하게 하였을 때 그들은 감동하고 기뻐하였습니다. 눈물을 금치 못하는 이들도 있었습니다. 하지만 나중에 그러한 이들의 영적 상태를 확인하였을 때 놀랍게도 예전으로 돌아간 이들이 많이 있었습니다.
오히려 교회 안에 잠시 들어왔다가 실망과 상처만을 안고 떠나간 이들도 적지 않았습니다.

그들은 초기에 은혜를 받습니다. 감동을 받고 하나님의 살아 계심을 경험합니다. 하지만 그 감동과 충격은 다 어디로 간 것일까요? 왜 그들은 초기의 결단을 잃어버렸을까요?
물론 초신자들이 쉽게 은혜를 체험하고 하나님의 은총을 받는 것은 사실입니다. 그것은 어린 갓난아이가 모든 사람에게 어여삐 여겨지며 부모에게 특별한 사랑을 입는 것과 같습니다. 하지만 모든 아이들이 항상 그런 애정을 지속적으로 받고 모든 아이들이 항상 그런 식으로 보호되는 것은 아닙니다.

초신자들이 정말 배워야 할 중요한 부분은 무엇일까요?
그것은 영적인 전쟁에 대한 지식입니다. 그것은 악한 영들에 대한 가르침입니다. 믿는 자들은 전쟁 중에 있으며 정신을 차리고 있지 않으면 그들의 믿음을 잃어버릴 수 있다는 사실입니다.
오직 그들의 믿음을 강탈해가기 위해서 마귀가 우는 사자처럼 삼킬 자를 찾아다닌다는 메시지입니다.

그 마귀들의 유혹을 이길 때 비로소 승리의 생활이 가능하며 진리의 길을 계속 걸어갈 수 있다는 가르침입니다. 이것을 초신자들은 알아야 하고 배워야 합니다. 그것은 초신자에게 있어서 너무도 중요한 것입니다. 초신자들과 영적으로 성숙한 신자와의 가장 큰 차이점도 바로 그것입니다. 어린 신자들은 오직 눈에 보이는 것만을 봅니다. 사람을 보고 배후의 영들을 보지 못합니다.

그러나 영혼이 조금 자란 이들은 사람이나 사건을 보지 않고 배후의 영들을 봅니다. 그리고 배후에 있는 하나님의 손을 봅니다. 이것이 초신자와 장성한 신자의 차이입니다.

왜 그렇게 많은 초신자들이 실족하는 것일까요?
믿음을 잃어버리는 것일까요?
그것은 그들이 영적인 세계에 대해서 무지하며 마귀에 대해서 무지하기 때문입니다. 그들의 믿음을 강탈하기 위해서 마귀가 장난을 치고 있다는 사실을 전혀 모르고 있기 때문입니다.

어떤 이들은 교회에 와서 사소한 것으로 실족합니다. 사소한 인간관계에서 상처를 입습니다. 모순같이 보이는 여러 교회 안의 문제 때문에 정의감이 발동해서 마음 문이 닫힙니다.

초기의 감동이 시들어지면서 다시 세상의 쾌락과 즐거움에 마음이 동하기도 합니다. 사역자에 대한 비판적인 시각이 생기고 그로 인하여 영혼이 병들어가기도 합니다.

하지만 그러한 모든 실족거리의 배후에 악한 영들의 개입이 있다는 사실을 아는 초신자들은 얼마나 될까요..

그들은 사회적으로는 지성인이고 교양인이며 경험이 많은 사람일지는 모르지만 영적 전쟁을 수행해나가는 신자로서는 아직 너무나 어리고 무지한 상태에 있는 것입니다. 그들의 대적이 악한 영들이라는 사실을 그들은 모르는 것입니다.

초신자가 넘어지지 않으려면 이 부분에 대한 분명한 인식이 필요합니다. 물론 영적인 세계와 영적 전쟁에 대한 가르침이 지적인 가르침을 통해서 바로 인식되는 것은 아닙니다. 그것은 그 영혼의 깨어남을 통한 영적 인식의 확장을 통해서 가능한 것입니다.
그러나 그렇다고 하더라도 초신자는 영적 전쟁에 대해서 배워야 합니다. 그리고 영적인 전투의 경험과 승리의 경험을 가져야 합니다. 그들은 이 전쟁이 아주 실제적인 것이며 곧 현실에 부딪치는 삶의 문제라는 것을 깨달아야 합니다.

이 영적 전쟁의 치열함에 대해서 다소 이해를 하고 있는 초신자들은 어느 정도 믿음의 안정권에 있는 것입니다. 그들은 자신의 믿음을 깨뜨리기 위해서 치열하게 마귀가 공작을 펴고 있으며 그것을 물리치기 위해서는 깨어있어야 하고 기도와 대적함을 통해서 자신이 살아남을 수 있다는 것을 배우고 경험하게 됩니다.
초신자가 누리는 초기의 열정은 사라지게 됩니다. 곧 그들의 흥분은 식고 감정은 따분하고 지루한 상태가 됩니다.
그들은 이스라엘 백성이 그러했듯이 가끔씩 애굽 시절, 과거의 시절을 회상하며 그리워하게 됩니다.
그러할 때 그들은 그러한 유혹의 배후에 마귀가 있으며 그들의 영감을 마비시키고 소멸시키기 위한 어두움의 치열한 공격이 있음을 배워야 하는 것입니다.

만약 초신자들이 그러한 배후의 전쟁과 유혹에 대해서 배웠다면, 그리고 알고 있다면 그들은 싸움을 시작하게 될 것입니다.
그들은 단순히 자기의 의지로 마음을 바꾸려고 노력을 하는 것이 아니라 그 악한 영들의 유혹과 싸우며 주의 이름으로 그들을 대적하고 결박하게 될 것입니다.
그 결과 초신자들은 약간의 승리를 경험하게 됩니다. 식었던 감정은 다시 돌아오며 죄에 대한 유혹이 부분적으로 사라지게 됩니다. 이전의 믿지 않았던 시절에 대한 달콤한 회상이 사라지며 한 순간 자기가 속았었다는 것을 알게 됩니다.

그러면서 영적 전쟁의 실체가 무엇이며 마귀의 공격이 무엇인지 이제 실제로 조금씩 감을 잡기 시작하는 것입니다.

이제 그러한 전쟁에 대해서 알고 자신을 방어할 수 있으며 그들의 공격을 예측할 수 있다면 그는 조금씩 신앙의 안정권 속으로 들어가게 되는 것입니다. 아직 충분한 성장의 길은 멀고 멀지만 그래도 그들은 그 전쟁의 길을 조금씩 싸우며 걷게 되는 것입니다.

초신자들에게 있어서 영적 전쟁에 대한 교육과 인식은 너무나 중요합니다. 그러나 오늘날의 초신자 교육은 실제적이지 못하며 영적인 측면에 있어서 너무나 많은 허점을 가지고 있습니다.

초신자들이 이러한 영적 전쟁에 대해서, 영적 세계의 실제에 대해서 좀 더 이해하고 배우게 될 때 그들은 좀 더 굳건하게 길을 가게 될 것입니다. 주님과 천국에 속한 길, 영적 성장으로 가는 길을 안정적으로 걸어갈 수 있게 될 것입니다.

8. 개인기도와 중보기도에서 대적기도를 사용하십시오

기도는 영적인 행위입니다. 기도는 우리의 영혼이 보이지 않는 하나님께 드리는 것입니다. 기도는 우리의 영혼에서 흘러나와 영적 세계를 통과하여 주님의 보좌에까지 이르는 것입니다.
맑고 강한 영혼의 기도는 하늘로 수직으로 올라가 주님의 보좌에 쉽게 이르게 될 것입니다.
그러나 혼미하고 약한 영혼에게서 나오는 기도는 영계의 많은 방해를 통과하지 못합니다. 그들의 기도는 흑암의 세력에 막혀서 주님에게까지 오르지 못합니다.

우리는 어떤 사람이 기도할 때 그의 기도를 들으며 우리의 심령이 시원해지고 감동을 받는 것을 느끼게 됩니다.
또한 반대로 우리는 어떤 사람의 기도를 들으면 가슴이 답답해지고 불안해집니다. 기도를 오래 하는 사람의 기도를 들으면서 지루하고 따분해지기도 합니다.
그러한 기도는 영계에 올라가는 기도가 아니며 어딘가에서 막혀 버린 기도입니다.

다른 영적인 행위와 마찬가지로 기도에도 영적인 방해가 있습니다. 마귀와 악한 영들은 기도를 방해합니다.
그러므로 영이 약한 이들은 기도하기가 거의 힘들고 어려우며 기도의 응답도 잘 받지 못합니다.

지적인 신자들은 기도에 대해서 가르치고 논문을 쓰는 것은 할 수 있지만 실제로 기도의 영을 통해서 악한 영들을 제압하고 그의 영혼이 주님의 보좌에까지 올라가지는 못합니다.

많은 사람들이 묵상 기도를 하면서 수많은 잡념이 머리에 떠오르는 것을 느낍니다. 그들의 마음은 혼미해집니다.

그들은 마음을 기도에 집중하려고 애를 씁니다. 그러나 할 수 없습니다. 그들은 어느 새 다른 잡념에 빠져 있거나 아니면 졸거나 잠이 들어버립니다.

그 이유는 무엇일까요? 그들의 영은 아직 약해서 악한 영들의 침투와 공격을 잘 감지하지 못하며 이기지 못하고 패배하기 때문입니다. 기도하면서 졸거나 자거나 잡념에 빠지는 것은 영적 전쟁에서 지고 눌리고 있는 것을 의미합니다.

주님의 제자들이 겟세마네 동산의 마지막 밤에서 잠에 빠진 것은 결코 육체의 피로에 의한 것이 아니었습니다.

그 날 밤은 마귀의 공격이 극심한 때였고 그들은 아직 마귀의 영적 공격을 분별하고 제압할 만한 영적 수준이 되지 않았습니다. 그들은 오순절 사건 이후에서나 영적 세계를 비로소 이해하고 악한 영들을 제압할 수 있었습니다.

그 이전에 그들은 귀신들을 쫓아내기도 했지만 아직 분명한 영적 세계와 전쟁의 의미에 대해서는 열리지 않은 상태였습니다.

기도에는 전쟁이 있습니다. 기도에는 마귀의 방해가 있습니다. 예배를 드릴 때도 많은 방해가 있으며 성경을 읽을 때도 많은 방해가 있어서 사람들은 성경을 재미없고 지루하게 느끼며 쉽게 잡념에 빠집니다. 그것은 그들의 영이 약하며 악한 영들의 공격이 무엇인지 잘 모르기 때문입니다.

영이 맑은 사람은 몇 시간을 묵상으로 기도해도 졸지 않습니다. 그것은 그러한 이들에게 마귀가 두려워서 잘 다가오지 못하기 때문입니다. 마귀가 방해하지 않을 때 사람의 영은 아주 깊고 맑아져서 묵상도, 기도도 깊고 아름다운 상태에 들어가게 되는 것입니다.

영이 맑은 이들은 영적인 무기를 많이 가지고 있으며 어떻게 악령들을 공격하고 부수는지 알고 있습니다. 그러나 그렇지 않은 대부분의 신자들에게 악령들은 살금살금 다가와 그들의 마음과 정신을 혼미하게 만들어놓습니다.

이 시대에 기도의 깊은 감격과 행복을 누리지 못하는 이들이 왜 그리 많을까요?

그것은 기도는 전쟁이라는 것과 기도의 깊은 곳에 다다르지 못하도록 방해하고 공격하는 마귀에 대해서 거의 배우지 않았기 때문입니다. 기도의 깊은 세계에는 무한한 보화가 있으며 마귀는 그 문을 열지 못하도록 치열하게 기도자를 공격하고 유혹하고 방해합니다.

우리가 기도의 좀 더 깊고 충만하고 아름다운 세계에 들어가기 위해서는 우리는 기도할 때에 대적기도를 적용해야 합니다. 기도를 방해하는 영들을 결박하고 부숴야 합니다.

아직 발성기도에 익숙하지 않은 이들은 묵상기도를 해서는 안 됩니다. 부르짖고 소리 내어 기도하는 것은 기도의 기초입니다. 그러한 기초가 없이 깊은 기도에 들어가겠다는 것은 어리석은 것입니다. 그렇게 기도하는 이들은 영혼이 억압되어 창백하게 눌리게 됩니다.

소리 내어 부르짖어 기도하십시오. 그러한 첫 번째의 단계에서 여러 은사들이 나타나게 됩니다.

그리고 좀 더 깊은 기도에 들어가기 위해서 기도를 방해하는 악령들을 대적하고 결박해야 합니다.

기도할 때에 나타나는 혼미함, 두려움, 불쾌감 등을 대적하고 쫓아내야 합니다.

우리는 중보기도할 때에도 중대한 싸움에 직면하게 됩니다. 보통 사람들은 다른 이들을 위해서 기도하는 것이 별로 위험하지 않다고 생각합니다. 하지만 마귀의 입장에서 생각해보십시오. 그들은 각자가 담당하고 있는 사람이 있습니다. 그 영혼을 빼앗길 수 있다고 생각할 때 그들이 가만히 있을지를 생각해보십시오. 마귀는 중보기도를 방해하고 중보기도를 드리는 자를 공격합니다. 그러므로 많은 중보기도가 효과가 적고 의무감으로만 드리게 되는 것입니다.

어떤 이를 위해서 중보할 때 그와 관련되어 있는 영들이 당신의 기도를 방해한다는 사실을 기억하십시오. 중보기도는 그 사람이 가지고 있는 많은 묶임을 풀어주는 것입니다.

이를 위해서는 그를 결박하고 있는 악한 영들을 쫓아내야 합니다. 만약 당신이 그를 결박하고 있는 자들과 전쟁을 벌여서 그들을 쫓아내야 한다는 것을 알지 못하면 당신은 그에 대해서 주님께 호소하기만 할 것입니다. 그것은 문제의 중심을 발견하지 못한 기도입니다.

그가 불안한 상태라면 우리는 그에게 불안감을 심어주는 악령을 대적해야 합니다. 그가 낙심한 상태라면 우리는 그에게 낙심을 일으키는 마귀를 부숴야 합니다.

그러한 싸움, 그러한 전쟁의 기도가 바로 중보기도의 중요한 요소입니다. 당신은 기도하는 사람의 상태를 이해하고 느낄 수 있어야 하며 그를 누르고 있는 영들의 정체를 파악하고 대적해야 합니다.

당신은 기도하면서 그 영을 계속 대적해야 합니다. 당신은 그 영들에게 폭탄을 퍼부어야 합니다. 당신은 마음에 평화와 승리감이 올 때까지 기도의 싸움을 싸워야 합니다.

당신은 그 사람을 축복하려고 하고 악한 영들은 그것을 방해합니다. 그러므로 당신은 당신의 기도가 효과적이 될 수 있도록 그 악령들을 부숴야 합니다.

이렇게 기도하십시오.
"악한 영들아. 나는 지금 **를 위해서 기도한다. 너희들은 나의 기도를 방해할 수 없다. 나는 너희를 대적하고 결박한다. 너희들은 아무 것도 할 수 없다. 주님께서 나의 기도를 들으실 것이며 그에게 역사하실 것이다. 너희들은 떠나가라!"
소리 내어 기도하고 선포하는 것은 아주 놀라운 힘을 발휘하는 것입니다. 당신은 그렇게 기도하면서 마음과 심령이 개운해지고 가벼워지는 것을 느끼게 될 것입니다.

기도에는 항상 세 당사자가 있습니다.
하나는 우리입니다. 두 번째는 주님이십니다. 그리고 세 번째는 방해자입니다. 그들은 우리가 주님께 나아가는 것을 방해합니다.
그들을 대적하고 결박할 때 우리의 기도는 실제적이 될 것입니다. 우리는 승리하는 기도를 드릴 수 있을 것입니다.
어떤 사람이 기도하는 중에 환상을 보았습니다.
그가 기도를 드릴 때 주님께서 그에게 오셔서 여러 가지 말씀을 해주셨습니다. 그것은 아주 감미롭고 아름다운 말씀이었습니다.
그런데 문제가 생겼습니다. 어느 샌가 악한 영들이 중간에 끼어서 옆에서 마구 떠들어대기 시작했던 것입니다. 그래서 이 사람은 주님의 음성을 전혀 들을 수 없었습니다.

그는 왜 주님이 이 방해자를 쫓아내시지 않는지 궁금했습니다. 하지만 아무리 기다려도 주님은 그를 처리하시지 않았기 때문에 그가 할 수 없이 외쳤습니다.
"이 나쁜 마귀야! 어서 사라지지 못해!"
그러자 옆에서 떠들어대던 마귀가 조그만 강아지와 같은 모습이 되어 찌그러져서 깽깽거리더니 잠잠해졌습니다. 그는 다시 주님의 음성을 들으며 주님의 임재에 집중할 수 있게 되었습니다.

주님께서는 그에게 말씀하셨습니다.

"알겠느냐? 마귀를 쫓아버리는 것은 너의 일이다. 너에게 주어진 권세이다. 그것은 내가 하는 일이 아니다."

오늘날 많은 그리스도인들이 오해하고 있는 것도 바로 이 부분입니다. 우리는 주님께로 나아가지만 방해하는 자가 있다는 사실을 잊어버리고 있는 것입니다. 그리고 그 방해자들을 주님께서 쫓아주시는 것이 아니라 바로 우리 자신이 그들을 대적하고 결박하여 쫓아야 한다는 사실을 간과하고 있는 것입니다.

기도는 아름답고 놀라운 세계로의 여행입니다. 그러나 많은 방해자들의 공작에 의해서 이 길은 그다지 알려져 있지 않습니다.
많은 기도의 여행자들이 아주 낮은 영역에서 길을 가다가 멈추어서 있습니다.

당신의 기도가 깊은 곳으로 갈 수 있도록 이 방해자들을 대적하십시오. 어떤 이를 위해서 중보할 때 그 기도를 방해하는 대적들을 쫓아내십시오. 그렇게 할 때 당신의 기도는 열매를 얻게 될 것입니다.
당신의 기도는 권능이 넘치게 될 것입니다.
당신의 기도는 깊고 감미롭고 아름답게 될 것입니다.
방해자들을 처단하면 할수록 당신은 좀 더 놀라운 기도의 세계로 나아갈 수 있게 될 것입니다. 할렐루야.

9. 목회 사역의 진정한 대적자를 발견하십시오

목회 사역은 곧 영적인 전쟁입니다. 그것은 어두움의 세력 가운데 잡혀 있는 영혼을 구원하며 성장하도록 인도하고 돕는 것입니다.
당연히 그 사역은 마귀에게 치명적인 손해를 끼치는 것입니다. 그리고 이 사실을 잘 알고 있는 마귀는 목회 사역을 방해하고 공격합니다. 그들은 공격이 최선의 방어라는 사실을 잘 알고 있습니다.
그러므로 목회 사역을 잘 효과적으로 할 수 있기 위해서는 대적을 알아야 하며 대적의 공격을 분별하고 깨뜨려야 합니다.
오늘날 사역자는 그들의 대적을 잘 알고 있을까요? 마귀와의 치열한 전쟁이 곧 목회라는 사실을 알고 있을까요? 그렇다면 그의 사역에는 풍성한 열매가 가득할 것입니다. 그러나 그가 마귀의 존재나 그들의 전략에 대해서 잘 알지 못하고 있다면 그는 아무 열매도 얻지 못한 채 지치고 낙담하여 쓰러지게 될 것입니다.

사역자들은 영적 전쟁에 대해서 설교를 하거나 책을 쓰거나 가르치는 일에는 아주 유능합니다. 그들은 성경의 본문을 사용하고 관련 주석이나 책을 참고하여 멋진 설교나 강의를 해낼 것입니다. 그러나 그들이 가지고 있는 지식은 과연 실제적인 것일까요?
오늘날 많은 사역자들이 책에서, 개념에서, 토론에서 마귀에 대해 적절하게 설명하고 이야기할 줄 압니다. 하지만 구체적인 삶의 문제에서 그들은 마귀를 발견하지 못합니다. 많은 사역자들이 그러한 실제적인 영적 전쟁에 대해서는 거의 무지한 상태에 있습니다.
그들은 사람을 보며 사람에게 상처를 받습니다. 그러나 그 배후에 있는 악한 영들의 장난이 보이지 않습니다. 그들은 물질 문제나 건강의 문제를 비롯한 현실의 많은 어려움 속에서 시달리고 좌절합니다. 하지만 그들에게는 그러한 문제는 보이지만 그 배후에 있는 마귀의 존재는 보이지 않습니다. 이것은 실제적으로 영적 전쟁에 대해서 알고 있는 것이 아닙니다. 이것은 모든 고통과 문제가 오직 마귀에게서 왔다는 의미가 아닙니다. 다만 영적인 지식과 감각이 발전하게 될 때 그러한 것들의 근원을 이해하고 분별할 수 있는 능력이 증가된다는 것입니다.

목회사역, 교회 사역의 진정한 대적자는 마귀입니다. 사역자들은 이 사실에 대해서 선명하게 이해해야 합니다.

목회 사역을 통해서 깊은 상처를 입는 이들이 아주 많습니다. 그토록 돕고 은혜를 베풀었던 성도가 돌이켜서 고통을 주고 배반을 한 것에 대해서 상처를 입는 사역자도 많습니다. 가장 힘들 때 은혜를 원수로 갚은 성도에 대한 상처를 가지고 있는 사역자도 많습니다. 끊임없이 자신이 하고자 하는 일을 대적하고 괴롭히는 평신도 지도자에 대한 쓴 뿌리를 가지고 있는 사역자들도 많이 있습니다.

어떤 사역자나 사역자의 부인들은 오래 동안 너무 심하게 시달린 나머지 정신병에 걸릴 정도가 되기도 합니다.

사역이란 정말 쉽지 않은 일입니다. 특히 영적 전쟁에 대해서 잘 이해하지 못하고 있는 사역자라면 그들이 걷는 길은 가시밭길 정도가 아니라 문자 그대로 재앙입니다. 그들은 고양이가 잡아먹기 전에 가지고 노는 쥐 정도로 악한 영들에게 시달리며 고통을 겪게 됩니다.

하지만 많은 고통과 재앙을 겪으면서도 그것이 영적 전쟁의 패배로 인한 것이라는 사실을 이해하고 있는 사역자들은 적습니다. 사람에 대한 원망과 억울함을 가지고 있으며 그로 인하여 정신병에 걸릴 정도가 된 사역자들은 많이 있지만 그 배후에 악한 영들의 공격과 전략이 있다는 사실을 이해하는 사역자들은 너무나 적습니다. 그들은 자신의 진정한 적에 대해서 너무나 아는 것이 적었기 때문에 참으로 무자비한 적들의 공격에 의해서 비참한 고통을 겪었던 것입니다.

장로님들을 위한 세미나가 있었습니다. 강사가 하는 주된 메시지는 이러했습니다. "여러분, 교회를 지키기 위해서 목사를 잡아야 합니다. 여러분이 건설적인 비판자가 되어 주십시오."

목회자 세미나가 있었습니다. 주된 메시지는 이것이었습니다. "여러분, 장로를 잡아야 합니다. 그렇지 않고는 결코 교회를 개혁하거나 발전시킬 수 없습니다. 그러므로 장로를 확실하게 잡으십시오."

그들은 적을 잘못 알고 있는 것입니다. 우리의 대적은 사람이 아닙니다. 우리는 서로 같은 편이며 한 마음으로 교회를 억압하고 깨뜨리는 마귀를 밝혀내고 대적하여 쫓아내야 합니다.

오늘날 얼마나 많은 교회들이 마귀의 전략에 의해서 파괴되고 있는지요. 마귀들이 일으키는 이간질의 영, 분파의 영, 개인적인 야심, 미움의 영들, 탐욕의 영.. 그러한 기운들을 통해서 교회는 순결함을 잃어가고 아름다움과 주님께 대한 신부의 갈망을 잃어갑니다. 그리하여 점점 더 파괴되어 가고 있는 것입니다.

진정한 능력이란 강대상에서 크게 소리를 지를 수 있는 능력이 아닙니다. 진정한 적을 발견하고 분별하여 대적함으로써 그들의 힘을 무력화시키는 것이 진정한 능력입니다. 교회 안에 마귀의 세력과 장난이 잠잠해질 때에 그곳에는 천국이 임하게 되며 놀라운 부흥과 함께 천국에서 경험할 수 있는 모든 아름다운 열매들이 나타나게 됩니다.

이 기초가 분명해야 합니다. 교회의 대적은 마귀입니다.
마귀는 오직 교회를 깨뜨리려고 합니다.
사역자가 그것을 분명하게 이해할 때, 그리고 그들을 대적하고 깨뜨리기 시작할 때 교회는 부흥과 회복을 경험할 수 있을 것입니다.

오늘날 많은 사역자들이 전쟁에서 패해서 중상을 입고 있지만, 그 사실을 새롭게 인식하고 주님이 우리에게 주신 무기를 사용하여 그들을 대적할 때 모든 상처는 회복될 것입니다. 그리하여 주님의 교회, 주님의 나라를 든든하게 세워갈 수 있게 될 것입니다. 할렐루야.

10. 설교를 방해하는 영을 대적하십시오

목회 사역을 하는 이들이 가장 부담스러워하는 것은 아마 설교일 것입니다. 사역자들은 항상 설교에 대한 부담을 가지고 있습니다.
예배 시간은 다가오고, 마땅한 설교의 메시지는 떠오르지 않고.. 그래서 느끼는 고통과 부담감은 대부분의 사역자들이 자주 경험하는 어려움입니다.
성도들의 집에 심방을 가도 사역자들은 가서 무슨 메시지를 전해야 할지에 대해서 걱정을 합니다. 오늘날의 신앙 구조가 따뜻한 인격적인 만남보다는 형식적이고 율법적인 패턴을 가지고 있기 때문에 성도들이나 사역자나 다 같이 그 틀 안에서 묶여서 고생을 하고 있는 것입니다.

더러 배짱이 좋은 사역자들은 똑같은 설교를 반복해서 사용하기도 합니다. 얼굴이 두꺼운 부흥사들은 토씨하나 틀리지 않는 설교를 반복하기도 합니다.
심방을 갈 때는 사역자를 따라다니는 이들이 몇 명 안 되기 때문에 동일한 설교를 반복하는 경우도 많습니다. 어떤 부목사의 하소연을 들은 적이 있는데 담임 목사님의 심방을 따라 다니며 동일한 설교를 수십 번 들으려니 미칠 것 같다는 것이었습니다. 왜 담임 목사님과 같이 심방을 가느냐고 물으니 대 심방 기간에는 그것이 관례라는 것이었습니다.

동일한 메시지를 듣는 이들도 고통스럽지만 하는 이들도 그리 마음이 편한 것은 아닐 것입니다. 아무튼 설교에 대한 부담과 억압은 사역자들의 큰 고통입니다.
어떤 때는 아주 쉽게 감동이 오고 메시지의 틀이 잡히기도 하지만 어떤 경우에는 아무리 성경을 붙들고 씨름을 해도 아무런 감이 오지 않으며 어떻게 메시지를 정리해도 마음에 들지 않습니다.
예배 시간이 되었는데 설교 준비가 되지 않은 꿈을 꾸는 사역자들도 많습니다. 그것은 시험을 치는 꿈을 꾸는 학생들과도 비슷한 것입니다.
시험을 치고 있는데 답을 알 수가 없습니다. 그리고 시간은 다 되어 갑니다. 이런 식의 시험 꿈을 학생들은 많이 꿉니다. 물론 그들의 불안감을 보여주는 것입니다.
사역자들이 자주 꾸는 꿈인 설교가 준비되지 않은 꿈도 역시 그들의 불안감을 보여줍니다.

설교 준비로 인하여 부담을 느끼고 불안을 경험하는 사역자들은 많습니다. 그러나 그 배후에 악한 영들의 공격이 있음을 이해하는 사역자들은 많지 않습니다.
누가 그렇게 설교에 대한 부담을 주고 억압을 하는 것일까요?
그것은 악령들이고 귀신들입니다.
만약 사역자들이 그러한 배후의 공격자를 알고 있다면 그들은 어렵지 않게 그러한 부담감이나 불안감에서 벗어날 것입니다. 악한 영을 대적하고 꾸짖으면 그들은 사라지게 되며 부담은 떠나가고 바로 즐겁고 편안한 마음이 되기 때문입니다.

마귀의 억압에 따라 불안감에 잠기는 것은 어리석은 것입니다. 악령들이 막대기로 쿡쿡 찌르고 있는데 대책 없이 찔리고만 있다면 그것은 너무나 비참한 일입니다.
그러나 막대기를 찌르고 있는 배후의 존재를 발견하고 그 막대기를 빼앗아 버리면 그 순간에 불안감과 부담은 사라져 버립니다.
그는 갑자기 설교에 대한 긴장과 부담에서 벗어나게 되며 쉽게 설교를 준비할 수 있게 됩니다.
경험자는 그 자유함에 대해서 알게 될 것입니다.

많은 사역자들은 설교 원고에 대하여 중독에 가까운 의지를 하고 있습니다. 마치 원고가 없으면 전혀 설교를 할 수 없는 사람처럼 말입니다.
어떤 사역자는 중요한 집회의 설교를 맡게 되어 많은 부담을 가지고 열심히 설교를 준비했습니다. 그런데 집회 장소에 도착하고 보니 설교 노트를 집에 놔두고 온 것을 발견했습니다.
그가 얼마나 당황했는지! 그는 비로소 자신이 주님의 지배하심과 역사하심을 의뢰하지 않고 설교 원고를 간절하게 의지했다는 것을 알게 되었습니다. 그는 원고 없이 기도하는 마음으로 강단에 섰으며 오히려 더 풍성하고 은혜가 넘치는 설교를 하게 되었습니다.
주님께서는 제자들에게 이렇게 가르치셨습니다.

"너희를 넘겨줄 때에 어떻게 또는 무엇을 말할까 염려하지 말라 그 때에 할 말을 주시리니 말하는 이는 너희가 아니라 너희 속에서 말씀하시는 이 곧 너희 아버지의 성령이시니라" (마10:19,20)

물론 이것은 설교를 해야 하는 상황에 대해서 말씀하신 것은 아닙니다. 그것은 제자들이 대적자에게 붙잡혔을 때의 상황에 대한 언급입니다. 그러나 말씀을 전하는 원리는 기본적으로 이와 같은 것입니다. 그것은 우리가 말하는 것이 아니라 우리 안에서 주의 영이 말씀하시도록 하는 것입니다. 설교 원고가 아니라 우리 안에서 역사하시는 주의 성령으로 메시지를 전하는 것이 좋은 것입니다.

이것은 설교 준비나 원고의 준비가 필요 없다는 의미는 아닙니다. 다만 그는 원고를 사모하고 의지하는 것보다 자신의 안에서 움직이시고 역사하시는 성령님의 나타남을 더 의지하고 사모해야 한다는 의미입니다.
어떤 이들은 원고를 의지하지 않으려고 원고를 다 외우기도 합니다. 그러나 그것은 원고를 그냥 읽는 것보다는 조금 낫겠지만 어차피 본질은 비슷한 것입니다. 보고 읽는 것이나 암기해서 읽는 것이나 그 근본은 같습니다. 중요한 것은 메시지에 몰두하지 말고 주님 자신에 몰두하며 주님께서 자신을 통하여 말씀하시도록 하는 것입니다.

두려움이 많은 사역자일수록 그들은 원고를 의지하게 될 것입니다. 완벽주의적인 기질을 가지고 있는 사역자일수록 그들은 설교를 꼼꼼하게 준비하여야 마음이 편안할 것입니다.

그러나 그들의 영이 깨어나고 주의 영에 민감해진다면 그들은 별로 원고를 의지하지 않게 됩니다. 예배를 앞두고 원고를 다 완성한 후에야 비로소 편한 마음으로 잠을 잔다면 그는 원고를 의뢰하는 사역자이며 주님을 의뢰하는 사역자는 아닙니다.

많은 사역자들의 마음이 혼미하여 영감을 잘 받지 못합니다. 그리하여 그들은 설교의 착상에 어려움을 겪으며 신선한 아이디어를 얻지 못하여 고통을 겪습니다.

하지만 그러한 혼미함을 주는 것은 어두움의 영들의 장난이라는 것을 사역자들은 알아야 합니다. 악한 영들은 머리를 혼탁하게 만듭니다. 그래서 영계로부터 신선하고 지혜로운 메시지를 받지 못하도록 방해합니다.

사역자들이 TV나 세상의 즐거움으로 정신을 소비한다면 그의 머리는 혼란스러운 영들로 가득 차기 때문에 그들은 영계로부터 신선한 메시지를 받기 어렵습니다. 그러므로 그들의 두뇌는 악한 영들의 놀이터가 되어버립니다.

그러므로 그들은 신선한 착상을 얻는 것에 어려움을 느끼며 여러 가지 예화집이나 자료들을 의지하게 됩니다. 물론 그렇게 자료를 의지하는 것은 그들의 영을 더 낮고 어둡게 만듭니다.

온갖 감동적인 예화와 도덕적인 교훈들은 이 시대에 인터넷이나 책에 넘쳐나지만 그러한 것들은 하늘로부터 온 것이라고 보기 어렵습니다. 그것은 생명적인 것이라기보다는 도덕적이며 인간적인 것입니다.

교회에 대충 다니고 있는 어떤 친구가 유명한 목회자의 설교를 들으면서 이런 이야기를 하는 것을 들었습니다. '저 정도 설교는 나도 한다. 나도 각종 사원 연수원에서 저런 강의를 한다. 나는 저 이야기와 자료가 어디에서, 어느 책에서 나온 것인지 안다.'

사람의 영혼을 깨우고 충격을 주는 것은 사역자의 영성입니다. 사역자의 하나님 체험입니다. 사역자가 개인적으로 주님을 깊이 알고 있을 때 그의 입에서 그러한 실제의 영이 흘러나오게 되는 것입니다. 여기 저기 넘쳐나는 자료에서는 그러한 생명이 흐르지 않습니다.

사역자의 영이 낮고 혼미할 때 악한 영들은 그들의 마음을 사로잡습니다. 그리고 혼미하게 만듭니다. 그렇게 맑지 않은 영은 깊은 영적 통찰에 이를 수 없으며 생명적인 설교의 착상에 어려움을 겪게 합니다.

사역자는 설교를 방해하고 영성을 방해하는 악령의 세력에 대해서 알아야 합니다. 그리고 대적해야 합니다.

지혜는 하나님께서 주시는 선물이지만 사역자로 부르심을 받은 것이 맞다면 그에게는 메시지와 깨달음이 오기 마련입니다.

그들은 그러한 깨달음을 충분히 얻고 누리기 위해서 이를 방해하는 마귀를 대적해야 합니다.

설교 준비를 시작하기만 하면 정신이 혼란스럽게 되는 사람이 있습니다. 이상하게 머리가 꽉 막힌 것같이 아무 것도 떠오르지 않는 이들이 있습니다. 그것은 마귀가 방해를 하고 있는 것입니다. 그 때 공연히 혼자서 끙끙거리지 말고 마귀를 대적하십시오.

"나의 영과 머리를 혼란스럽게 하는 귀신아! 예수의 이름으로 명한다! 지금 사라져라!"

그렇게 외치는 것이 좋습니다. 큰 소리로 방언을 하면서 외친다면 더 효과적일 것입니다. 그렇게 하면 갑자기 머리가 맑아지며 수월하게 설교의 착상이 떠오르며 메시지를 준비하게 됩니다.

나는 언젠가 이런 이야기를 읽었습니다.
어느 작은 교회의 가난한 목사님이 설교 준비를 하고 있었습니다.
그런데 설교 준비가 잘 되지 않았습니다. 집은 단칸방인데 어린 아기는 울고 있었습니다. 사모님은 아가의 울음소리가 목사님의 설교 준비에 방해가 되자 아이를 업고 나갔습니다.
바깥은 겨울이라 몹시 추웠습니다. 하지만 목사님의 설교에 방해가 되지 않으려고 사모님은 아이를 업고 꽁꽁 언 채로 바깥에서 손을 호호 불면서 걸어 다니고 있었습니다.
한 시간, 두 시간.. 시간은 지나고 사모님은 얼어 죽을 지경이었지만 집으로 들어갈 수가 없었습니다. 아직도 목사님은 설교 준비가 되지 않았기 때문입니다.
밤이 이슥해서야 목사님은 간신히 설교 준비를 마쳤고 사모님은 얼어붙은 몸을 녹이게 되었다는 이야기였습니다.

나는 그 이야기를 읽고 마음이 아팠습니다.
그러면서 그런 생각을 했습니다.
'만약 이 사역자가 영적인 세계를 알고 있었더라면, 그는 설교 준비에 그렇게 고생을 하지 않았을 것이다. 아내와 어린아이에게도 그렇게 고생을 시키지 않았을 것이다. 설교를 방해하는 마귀, 정신을 혼미케 하는 영을 대적하고 결박하였으며 쉽게 설교 준비를 마쳤을 것이다..'

설교의 준비는 사역자들에게 많이 고통과 부담이 되는 것입니다.
하지만 그 배후에 영적 전쟁이 있다는 것을 사역자들은 반드시 기억해야 합니다.
그 전쟁과 배후의 공격에 대해서 이해하고 대처할 수 있다면 설교 준비는 그렇게 어려운 일이 아닐 것입니다. 그리하여 사역자들은 가볍게 이 부담을 벗고 성도들을 사랑하고 교제하며 목회사역을 즐길 수 있게 될 것입니다.

11. 예배를 방해하는 영을 대적하십시오

악령들은 예배를 방해합니다. 그들은 예배가 귀한 은총의 도구라는 것을 잘 알고 있습니다. 그러므로 그들은 예배가 실패하고 엉망이 되도록 공격합니다.
예배를 방해하기 위한 가장 쉬운 방법은 예배 인도자인 사역자를 공격하는 것입니다. 그러므로 악령들은 예배와 설교에 대한 부담감으로 사역자를 공격합니다. 또한 다른 방법으로도 열심히 그를 공격하려고 합니다.

설교 준비와 예배 준비에 몰두할 수 없도록 악한 영들은 여러 가지 사건을 일으킵니다.
그것들은 대수롭지 않은 사건들이지만 목회자의 마음을 혼란스럽게 하기에는 충분한 것입니다.
사역자의 옆에 있는 사모님은 토요일과 같이 예배의 인도를 앞두고 있는 날에는 목회자를 보호해야 합니다.
사역자가 가급적이면 전화도 받지 말고 기도에 몰두할 수 있도록 도와주어야 합니다.

어떤 성도들은 목회자는 입만 벌리면 자동적으로 설교가 쏟아지며 항상 은혜와 감동으로 가득 차 있는 것으로 생각합니다.
하지만 사역자가 은혜의 도구가 되려면 자신의 영을 보호해야 하며 이를 위해서 아주 세심하게 깨어있는 것이 필요합니다. 영의 맑음과 강건함과 신선함을 유지할 수 없으면 그는 예배를 성공적으로 인도할 수 없습니다.

사역자는 예배를 시작하기 전에 영적으로 눌리고 어두운 사람과 상담을 하거나 대화를 나누어서는 안 됩니다. 그것은 예배를 망치는 길입니다. 그러한 사람과 교류할 때 그의 영이 혼란스럽게 되며 그러한 상태에서 말씀을 전하게 되면 성도들에게 악한 기운이 흘러 들어가기 때문입니다. 그러한 이들은 예배를 마친 후에 상대해야 합니다.

어떤 이들은 예배를 인도하러 막 나가려고 하는 사역자에게 온갖 근심 어린 얼굴로 여러 가지 이야기를 쏟아놓습니다. 자신의 곤란한 문제를 늘어놓은 이들도 있습니다. 그러한 것은 이제 막 먹으려는 음식에 독약을 뿌리는 것과 같은 것입니다.

그러한 이들을 잘 대해주지 않으면 사랑이 없다고 투덜거리기도 합니다. 하지만 오해를 받더라도 예배 직전에 그들과 함께 시간을 보내서는 안 됩니다.

이상하게도 예배를 시작하기 전에 목사님과 사모님 사이에 사소한 분쟁이 일어나는 경우가 많이 있습니다. 이것도 예배를 방해하기 위해 악한 영들이 일으키는 장난입니다.

사모님들은 영적으로 예민하고 깨어있어야 하며 사역자를 위해서 중보기도를 해야 하는데 영적으로 무지한 사모님들은 오히려 사역자의 마음을 혼란시키기도 합니다.

그들은 아무 것도 아닌 일에 서로 싸우고 마음이 상하게 됩니다. 평소에는 아무 것도 아닌 것으로 여기고 지나갔을 텐데 이상하게 서로 상처가 되고 화가 납니다. 그것은 악령들이 배후에서 장난을 치며 그러한 충동과 불쾌감을 일으키기 때문입니다.

그러므로 예배 직전에 그렇게 마음이 상하는 것은 악령에게 속은 것이며 영적 전쟁에서 패배한 것입니다.

그러한 상태에서 인도하는 예배는 성도들의 영을 하늘 보좌에 가까이 이끌어갈 수 없습니다.

그러므로 사역자는 예배 직전에 깨어있어야 하며 사모도 사역자를 돕고 중보해야 하고 사역자의 부담이 되거나 방해자가 되어서는 안 됩니다.

예배를 인도하기 전에 먼저 예배를 방해하는 영을 대적하고 결박하십시오. 예배를 준비할 때 준비를 방해하는 영을 대적하십시오. 또한 예배가 은혜 가운데 잘 진행될 수 있도록 예배를 위해서 기도하십시오.
예배에는 항상 마귀의 방해가 있습니다.
대부분의 성도들은 아무런 준비 없이 그저 편하게 은혜를 받으려고 교회에 옵니다. 깨어서 준비하고 중보하는 이들은 거의 없습니다. 그러므로 성도들에게 그러한 것을 가르쳐야 하며 마귀를 대적하고 함께 풍성한 은혜로 나아갈 수 있도록 준비해야 합니다.

예배를 방해하는 영을 대적하십시오.
그들에게 속고 말려 들어가지 마십시오.
그렇게 할 때 풍성한 은혜의 예배를 드릴 수 있게 될 것입니다.

12. 예배의 참석자를 위한 대적기도를 하십시오

예배 인도자는 예배를 방해하기 위한 악령들의 공격을 잘 분별하고 자기의 영을 방어해서 신선하고 충만한 영의 상태로 예배에 나아가야 합니다. 하지만 예배 인도자가 자신의 영적 상태를 맑고 충만하게 유지했다고 문제가 끝나는 것은 아닙니다.
악한 영들은 예배 인도자만을 공격하는 것이 아니라 예배의 참석자들도 같이 공격하기 때문입니다. 아무리 예배 인도자가 영적으로 충만한 상태로 예배를 인도한다고 해도 예배의 참석자가 영적으로 준비되어 있지 않다면 그 예배는 성공하기 어렵습니다.

대체로 예배에 참석하는 성도들은 예배를 드리기 위해서 자신의 영을 맑고 깨끗한 상태로 유지해야 한다는 개념 자체가 별로 없습니다. 그들은 토요일 밤에 늦게까지 TV의 주말의 영화와 같은 프로그램을 시청하고 잠이 드는 것이 보통입니다. 그러므로 주일 아침이 되면 신선한 영의 상태는 고사하고 예배시간에 늦지 않도록 자리에서 일어나는 것조차 어렵습니다.
그리고 그렇게 혼탁한 영의 상태로 산신히 예배에 참석합니다. 시간도 간신히 예배 시간에 쫓기듯이 도착하거나 10분, 20분씩 늦는 것은 보통입니다.

이러한 상태로 교회에 오는 이들이 거의 대부분이기 때문에 예배 인도자는 그러한 성도들의 혼미함을 이길 수 있는 강력한 영적 능력으로 무장하여 예배에 나아가야 합니다. 그렇지 않으면 영이 눌려서 제대로 예배를 인도하는 것도 어렵게 됩니다.

그러므로 예배 인도자는 성도들이 가지고 있는 혼미한 영들의 기운을 제압할 수 있는 강력한 영권을 가지고 있어야 하는 것입니다.

예배가 지루하고 따분한 것은 사역자의 영력이 성도들이 가지고 있는 어둡고 눌린 영을 제압하지 못하였기 때문입니다.

만일 사역자가 충만하고 강력한 영적인 힘을 가지고 있다면 예배의 참석자들은 예배가 시작하자마자, 아니 교회에 들어오는 순간부터 감동에 사로잡히게 됩니다. 그것은 그들이 가지고 있는 혼미한 기운들과 악한 영들이 사역자의 영권과 교회의 영적 분위기에 압도되어서 잠시 숨어버렸기 때문입니다.

물론 그렇게 숨어버린 악한 영들은 예배가 끝나고 성도가 혼자가 되면 다시 나타나서 그들을 지배하고 괴롭히게 됩니다. 성도들의 영이 깨어있고 간절하게 주님을 사랑하지 않는 한 악한 영들은 언제나 성도들을 따라다니고 그들 안에 살면서 괴롭힐 수 있기 때문입니다.

예배의 참석자들의 영적 상태가 대부분 이러하기 때문에 사역자들은 예배를 위한 대적기도도 해야 하고 자신을 위한 대적기도도 해야 하지만 또한 예배의 참석자들에 대한 대적기도도 반드시 해야 합니다.

예배를 드리러 오는 영혼들을 둘러싸고 있고 사로잡고 있는 악한 영들의 세력을 결박해야 하는 것입니다. 그래서 예배시간에 조용히 방해하지 않고 잠잠하게 있도록 그 영들을 묶어야 합니다.

그래야만 주님의 임재가 충만하며 은혜가 넘치는 예배를 인도할 수 있는 것입니다.

예배시간에 조는 사람들은 아주 흔합니다. 그 전날에 잠을 자지 못했다거나 몸이 아주 피곤한 상태라면 그럴 수도 있지만 대체로 그와 상관없이 예배와 설교 시간에 조는 이들은 많이 있습니다.

교회에 오래 다니다보면 전혀 눈치 채지 못하게 조는 기술도 많이 늘어납니다. 그렇게 예배 시간에 조는 모습은 어디서나 볼 수 있는 흔한 현상이지만 그것은 일반적으로 악령들에게 눌려 있는 것입니다. 악한 영들이 메시지를 듣지 못하게 그의 정신을 누르기 때문에 멀쩡한 사람이 졸게 되는 것입니다. 물론 그렇게 졸던 사람들은 예배가 끝나면 다시 정신이 말짱해집니다.

설교를 들을 때에 항상 느껴지는 지루함이나 떠오르는 잡념과 같은 것도 거의 악한 영들의 역사입니다. 사람들이 인식하지 못할 뿐이지 악한 영들은 항상 그런 식으로 성도들을 누르고 있는 것이 보통입니다.

2부에서 나는 아이들이 예배에 참석하기 전날에 악한 영을 쫓아내었고 그 다음날 아이는 감격과 눈물의 예배를 드렸었다는 이야기를 했었습니다. 대적기도의 효과는 바로 그런 것입니다.

악한 영들의 세력을 결박하고 깨뜨리자 평소의 그저 그런 덤덤한 예배가 갑자기 놀라운 감동과 희열로 다가오게 되는 것입니다. 악한 영들이 사라지게 되면 모든 상황은 갑자기 천국이 됩니다.

먼지가 잔뜩 끼어있는 창문으로 바깥의 경치를 보게 되면 모든 것이 흐리게 보입니다. 하지만 걸레로 깨끗이 창문을 닦은 후에 경치를 보면 경치가 아주 선명하게 보일 것입니다.

평소의 상태대로 악한 영들이 움직이고 숨어있는 것을 그대로 내버려 둔 상태에서 드리는 예배는 그저 그렇고 그렇습니다. 찬양에도 기도에도 말씀의 선포에도 별 감동을 찾아보기 어렵습니다.

그러나 마귀를 대적하고 내쫓은 후에 드리는 예배는 전혀 다릅니다. 성도들은 감격합니다. 눈물을 흘립니다. 그들은 주님의 사랑이 선포될 때 심령이 폭발하는 듯한 희열과 기쁨을 느끼며 은혜 가운데서 통곡하게 됩니다. 그것은 아주 자연스러운 일입니다.

지금은 집필에 몰두하느라고 집회를 중단한 지가 오래되었지만 나는 작년까지만 해도 집회를 했었습니다. 책을 한 권 마치면 집회를 하곤 하였습니다. 집회의 참석자들은 불과 몇 백 명이었지만 감격하지 않고 울지 않는 이들을 찾아보는 것은 어려운 일이었습니다. 남녀노소에 관계없이 10대, 20대의 젊은이에서 50대, 60대의 나이든 이에 이르기까지 모든 이들은 주님의 임재와 영의 풍성한 기름 부으심에 사로잡혀갔습니다.

큰 소리로 주님을 외치고 선포하고 찬양하고 부르짖어 기도하고 마귀를 대적할 때 대부분의 영혼들은 사로잡혔습니다. 그들은 울고 웃고 뛰었습니다.

예배는 적어도 다섯 시간에서 일곱 시간이 넘도록 진행되는 것이 보통이었지만 지루함을 느끼는 이들은 거의 없었습니다. 그들 대부분은 일곱 시간이 불과 몇 분같이 느껴진다고 말하곤 했습니다. 이것은 조금도 과장이 아닙니다. 영이 풀려나고 주님의 임재가 있을 때 그것은 우리를 정말 전율하게 합니다. 그러한 예배를 드리는 것은 천국과 같은 것이 아니라 바로 천국입니다.

마귀가 결박될 때, 그리고 주의 임재와 영의 흐름이 있을 때 사람들은 감격하며 거기에 사로잡히게 됩니다. 그리고 그러한 예배를 경험한 이들은 다시 그러한 예배를 드리고 싶어서 난리가 납니다. 그들은 아무리 멀어도 그러한 예배를 드리는 곳에 가고 싶어합니다. 어떠한 대가를 지불하더라도 그와 같은 주님의 임재를 맛보고 싶어합니다.

주님의 임재가 나타나는 곳은 바로 천국이며 그 달콤함과 기쁨과 심령의 후련함을 맛보는 이들은 세상의 시시한 쾌락에는 눈을 돌리지 않게 됩니다. 왜냐하면 사람은 영적인 존재이며 오직 하나님을 높이고 예배하며 그의 임재 아래서 감격하도록 그렇게 만들어지고 설계되었기 때문입니다.

사역자는 영적인 세계를 이해하고 경험해야 합니다. 그리고 마귀를 대적하고 쫓아내야 합니다. 그리고 실제적인 주의 영광과 임재가 흐르는 예배를 사모해야 합니다. 그리고 자신이 그러한 예배를 인도하는 도구가 될 수 있기를 사모해야 합니다. 그는 단순히 성경에 대해서 잘 설명하는 사람으로 만족해서는 안 됩니다. 그는 살아계신 주님을 보여줄 수 있는 사람이 되기를 소망해야 합니다.

이 세상에는 그렇게 천국의 실제를 보여주는 예배에 굶주린 영혼들이 너무나 많이 있습니다.

사역자는 살아있는 천국을 보여줄 수 있는 사람이 되어야 하며 그것을 사모하고 굶주려 있는 성도들을 비난해서는 안 됩니다. 주의 임재를 잠깐이라도 맛본 이들은 계속하여 그것을 추구할 수밖에 없기 때문입니다. 그것은 지극히 당연한 일입니다.

마귀를 대적하고 예배를 방해하는 영들이 쫓겨날 때 거기에는 자유함과 풍성함이 임합니다. 그러한 예배는 바로 천국입니다.

어떤 교회에서 영적으로 알려진 사역자를 모시고 부흥회를 하였습니다. 사역자는 충만한 영을 가지고 있었지만 집회에서 성도들의 반응은 별로 대단하지 않았습니다.

부흥사는 떠나면서 이 교회에 영적인 막힘이 있으니 강단을 떠나지 말고 기도하라고 권면하였습니다.

담임 목회자는 그 부흥사를 존경하는 이였기 때문에 그는 강대상에서 칠일 동안 금식을 하였습니다.

금식한지 칠 일만에 그의 영안이 열렸습니다. 그는 강대상의 근처에 악한 영들이 있는 것을 보게 되었습니다. 그는 어떤 이미지를 보게 되었는데 목사님이 말씀을 전하실 때 그 악한 영들이 그 말씀을 대신 가로채어 성도들에게 들어가지 못하게 하는 것이었습니다.

그는 화가 나서 그 악한 영들을 대적하고 쫓아내었습니다. 강대상에 붙어 있는 시커먼 옷을 입고 있는 영들, 그리고 의자에 앉아 있는 영들을 대적하고 쫓아내었습니다. 그러자 그 때부터 교회의 영적인 분위기는 달라지게 되었습니다.

오늘날 사람들은 영적인 느낌과 감각에 대해서 둔하며 닫혀 있습니다. 그리하여 악한 영들의 장난과 공격에 대해서 무지하고 둔합니다. 그래서 지루하고 따분한 것이 예배이며 기독교라고 생각합니다. 하지만 마귀를 대적하고 그 영들을 쫓아낼 때 그러한 생각은 전혀 잘못된 것임을 깨달을 수 있게 될 것입니다.

〈피난처〉의 저자로 유명한 코리텐 붐이 이와 비슷한 경험을 한 적이 있었습니다.
그녀는 여러 나라를 여행하며 방문하는 도시마다 초청을 받은 교회에서 말씀을 전하고 있었습니다.
그런데 어느 교회에서 예배를 인도하며 그녀는 많은 억압의 느낌을 가지게 되었습니다. 말씀을 전하는 것도 힘들었고 무엇보다도 성도들의 반응을 전혀 느낄 수 없었습니다. 성도들은 어떤 말씀을 들어도 아무런 반응이 없었습니다. 그들은 모두 죽어있는 것 같았습니다.
갑자기 그녀의 마음속에 한 생각이 떠올랐습니다. 그녀는 영적인 전쟁에 대해서 잘 알고 있는 사람이었습니다.
그녀는 설교를 하다 말고 갑자기 소리를 질렀습니다.
"성도들을 묶고 있는 마귀들아! 예수의 이름으로 떠나갈 지어다!"
그러자 갑자기 모든 상황이 달라졌습니다.
갑자기 성도들의 눈이 초롱초롱해졌습니다.
그 다음부터는 어떤 말씀을 전해도 그 말씀의 기운이 그들의 안에 스며들어가는 것을 코리텐 붐은 느낄 수 있었습니다.

이것은 책에서만 나오는 신기한 이야기가 아닙니다. 악한 영들은 편만하게 움직이고 있으며 그것은 어느 교회에서나 이루어지고 있는 일입니다. 그렇기 때문에 도처에서 지겹고 따분한 예배를 발견할 수 있는 것입니다. 그러므로 그 영들을 대적하게 되면 성도들은 자유롭게 됩니다. 예배는 새로워집니다.

사역자는 자신의 영을 지키기 위해서 대적기도를 해야 합니다. 또한 참석자들을 위해서 대적기도를 해야 합니다.

어떤 사역자는 설교 준비를 마친 후에 예배당으로 온다고 합니다.
그는 성도들이 앉는 의자에 앉아서 그 의자에 앉을 성도를 생각하며 그 자리에서 성도를 위하여 한 사람씩 일일이 기도한다고 합니다. 아마 그 다음날에 그 성도들은 많은 은혜를 경험할 수 있을 것입니다.
만약 그러한 기도를 하는 사역자가 의자에 앉을 성도를 위해서 기도할 때 그 곳에 악한 영을 결박하는 기도까지 드린다면 그것은 더 효과적인 기도가 될 것입니다.
자기의 기도를 마치고 성도를 위해서 특별하게 기도할 수 있다면 그 사역자는 영적으로 강하고 여유가 있는 사역자입니다. 적지 않은 경우 사역자는 설교 준비와 예배인도 자체에 쫓기며 자신의 영적 상태를 신선하게 만드는 것만으로도 쫓기고 여유가 없기 때문입니다.

악한 영들은 예배를 방해합니다.
그들은 예배인도자를 괴롭히며 예배의 참석자를 공격합니다.
그러므로 이 사실을 사역자가 분명하게 인지하고 예배의 방해자를 대적하며 자신의 영을 위해서 대적하고 성도들을 위해서 대적기도를 할 때 그는 풍성한 예배, 풍성한 열매를 경험할 수 있게 될 것입니다.
마귀가 사라지는 곳에 주의 임재가 있으며 자유함이 있으며 그것은 곧 기쁨이고 영광이며 천국의 실제적인 나타남이기 때문입니다.

13. 사역이 끝난 후에 찾아오는
   유혹의 영을 대적하십시오

사역자에 대한 악령들의 공격은 예배를 인도하기 전이나 예배를 드리는 동안에만 있는 것이 아닙니다. 예배가 끝나고 사역자가 쉬려고 할 때도 악한 영들은 사역자를 공격합니다.
이 때의 공격은 억압이나 부담감이나 불안과 같은 것과는 다릅니다. 이 때에 악한 영들은 주로 유혹의 형태로 다가옵니다.
힘들었던 주일, 저녁 예배가 끝나고 이제 사역자들의 긴장은 풀립니다. 보통 월요일은 사역자들이 쉬는 날입니다. 이제 그는 한동안 설교를 준비하는 부담이나 예배를 인도해야 하는 부담에서 벗어나게 됩니다. 그는 이제 쾌적한 안식을 누리고 싶습니다.

그런데 이때 악한 영들은 찾아옵니다. 그들은 이때가 사역자를 유혹하기 쉬운 순간이라는 것을 알고 있습니다.
사역자는 이제 쉬고 싶어합니다. 잠시 동안은 전쟁을 하고 싶지 않습니다. 금요일이나 토요일이면 그는 TV를 볼 생각을 하지 않을 것입니다. 그러한 것이 예배를 인도하는 맑은 영성을 유지하는 데에 장애가 된다는 것을 그는 경험으로 알고 있습니다.
하지만 지금은 다릅니다. 그는 TV에서 무엇을 하고 있는지 궁금해집니다. 그는 이제 긴장에 대한 보상을 받고 싶어합니다. 그는 이제 무엇인가를 즐기고 싶습니다. 물론 그것이 주님이라면 좋을 것입니다. 지치고 피곤하고 쾌적한 탈진 상태에서 주님과 깊은 교제를 나눌 수 있다면 그것은 좋은 일입니다. 많은 사역자들이 그렇게 합니다.
하지만 어떤 사역자들은 주님 외의 다른 것에서 즐거움을 느끼고 싶어

합니다. 그것을 잘 알고 악한 영들은 찾아오는 것입니다.
예배는 끝났습니다. 밤은 깊었습니다. 그런데 잠은 오지 않습니다. 피곤하면서도 잠이 오지 않습니다. 갑자기 마음이 공허해지기 시작합니다.

어떤 목회자에게 이러한 이야기를 들었습니다. 그는 주일의 저녁 예배를 마치고 나면 깊은 허탈감에 잠긴다고 합니다. 그는 몸이 피곤하면서도 잠을 자고 싶지 않아서 한밤중에 차를 끌고 나온다고 합니다. 드라이브를 하면서 공허감을 달래는 것입니다.
차를 몰고 가다가 도중에 내려 포장마차에서 무엇인가를 먹으며 허기를 달래기도 합니다. 그런 식으로 서울에서 부산까지 고속도로를 타고 다녀온 적도 있다는 것입니다.
어떤 이는 사역후의 공허감을 술로 풀기도 한다고 합니다. 집회를 마친 후에 술 한 잔.. 그렇게 습관이 된 외국의 유명한 부흥사가 나중에는 알코올 중독이 된 사례도 있다고 들었습니다. 그것은 사역자들에게 찾아오는 악한 영들의 유혹이며 공격입니다.

집회 이전에 악령들은 집회를 깨뜨리고 성도들이 은혜 받는 것을 방해하기 위해서 사역자를 공격합니다.
그러나 집회가 끝나고 나면 악령들은 사역자 자신을 파괴하기 원합니다. 그들은 사역자의 탈진을 통해서 긴장이 느슨해졌을 때 다가와서 유혹함으로 공격하는 것입니다.
유명한 부흥사였다가 이런 식으로 술이나 성적인 타락이 문제가 되어 넘어진 사역자들이 많이 있습니다. 긴장을 잃는 순간 마귀는 찾아오며 그들의 유혹을 거절하지 않을 때 사역자들은 넘어지게 되는 것입니다.
사역 가운데 풍성함이 있고 능력이 나타나는 사역자가 의외로 삶 속에서는 향락을 즐기며 육신적인 모습을 보이는 경우가 더러 있습니다. 그들의 그러한 성향은 사역 후에 찾아오는 악한 영들의 유혹을 받아들였을 때 시작되어 하나의 습관으로 자리 잡은 것일 가능성이 많습니다. 악한 영들은 항상 유혹의 틈을 엿보며 일단 들어온 후에는 자리를 잡게 됩니다. 어떤 것에서 즐거움이나 해방감을 맛본 이들은 거기에서 벗어나는 것이 쉽지 않은 것입니다.

오늘날 주님을 외적으로 경험하는 것과 내적으로 경험하는 것의 차이를 잘 알지 못하는 사역자들이 아주 많이 있습니다.
외적인 주님의 경험은 몸에 임하는 것이며 주로 은사적인 것으로 강한 불로써 나타납니다. 이것은 권능 있는 삶을 사는 데 필요한 것입니다.
내적인 주님의 경험은 영혼의 깊은 곳에 임하는 것이며 이것은 심령 깊은 곳에 놀라운 감미로움과 아름다움이 임하는 것입니다. 외적인 경험은 그리스도인들에게 권능과 담대함을 주며 내적인 경험은 삶 속에 사랑과 아름다움을 가득하게 합니다. 그리스도인들은 외적 경험을 통해서 강한 사람이 되며 내적인 경험을 통해서 그리스도와 연합하며 아름다운 사람이 됩니다.

사역자가 내적인 경험은 있으나 외적인 경험이 없다면 그는 선하기는 하지만 여리고 약하여 자주 넘어지고 상처를 받을 것입니다.
또한 외적인 경험은 있으나 내적인 경험이 없다면 그는 성공적인 목회를 하고 기적적인 역사를 이룰 수 있겠지만 그의 내면은 몹시 공허할 것입니다.
바로 그러한 사역자가 사역이 끝난 후의 공허함으로 인하여 타락할 가능성이 많이 있는 것입니다. 그를 통하여 기적이 일어나고 병자가 낫고 사람들은 놀라운 기쁨에 잠기지만 그는 집회가 끝난 후에 허무하고 공허해집니다.
그리하여 주님이 아닌 어떤 다른 것에 눈을 돌리게 되고 그러다가 자칫 잘못하면 실족하고 타락하게 되는 것입니다.
이러한 종류의 마귀 공격을 이기기 위해서는 사역자가 근본적으로 내면적인 주님을 알고 경험해야 합니다. 그렇게 되면 그는 혼자 있을 때, 사역이 끝났을 때 공허함과 허무함에 빠지지 않게 될 것입니다. 주님 외의 다른 즐거움을 구하지 않을 것입니다.

내적인 주님을 경험하지 않은 사역자들은 그러한 깊은 만족을 이해하지 못하며 너무 주님에게만 빠지면 안 된다고 말하곤 합니다. 그들은 취미 생활도 필요하며 여러 가지 다른 것들을 통해서 보충하는 것이 좋다고 합니다. 집회가 끝난 후에는 그 허탈감을 해결하기 위하여 가벼운 애정 소설을 읽는 것이 좋다고 어떤 유명한 사역자가 말하는 것을 보기도 했습니다. 하지만 그것은 꼭 그런 것은 아닙니다. 어느 수준의 사람에게는 그러한 위로가 필요하지만 어느 수준의 사람에게는 그것이 필요하지 않을 것입니다.

내적인 주님의 경험은 아주 중요하고 필요합니다. 그것은 좀 더 근본적인 승리가 될 것입니다. 하지만 그것은 하루아침에 이루어지는 것은 아닙니다. 그러므로 악한 영들이 유혹하고 속이는 영으로 다가와서 충동과 바람을 집어넣고 있을 때 지금 당장 시도해야 하는 것은 마귀를 대적하는 것입니다.

이상한 생각이 떠오르고 유혹에 대한 생각이 떠오를 때 사역자는 다시 긴장을 하고 마귀를 대적해야 합니다. 눈을 부릅뜨고 '이 마귀야!' 하고 외쳐야 합니다.

별로 길게 대적할 필요도 없습니다. 그러한 유혹이 마귀로부터 왔다는 것을 이해하고 그들을 공격하면 그것으로 충분합니다.

마음이 공허해질 때 마귀를 대적하십시오. 사역이 끝나고 혼자 있을 때 갑자기 외로워질 수 있습니다. 그 때도 마귀를 대적하십시오.

육신적이거나 세속적인 충동이 일어날 수 있습니다. 그 때도 마귀를 대적하십시오. 그렇게 할 때 그 충동은 사라질 것입니다.

가능하다면 주님을 사랑하는 친구나 사랑하는 가족, 아내와 대화와 마음을 나누는 것은 좋은 일입니다.

이 때 중요한 것은 사모의 영적 상태입니다. 사역이 끝난 후의 사역자의 영적 상태는 아주 약하고 예민한 상태이기 때문에 그는 아주 사소한 말에 깊은 상처를 받을 수 있습니다.

사모님이 설교가 끝나고 탈진한 남편에게 설교의 이것저것이 잘못되었다고 말하는 사람이라면 한동안 회복될 때까지 그녀에게 가까이 가지 않는 것이 좋습니다. 그러한 말은 날카로운 칼과 같아서 사역자의 심장 깊은 곳을 찌르기 때문입니다. 그것은 사역자에게 깊은 충격을 줄 수 있습니다. 평소라면 모르지만 예배가 끝난 직후에 사역자는 그러한 비판의 말을 피해야 합니다.

예배가 끝났을 때 사역자는 아주 예민하고 약합니다. 이 때 그는 긴장이 풀리고 안식의 상태에 있습니다.

이 때의 그는 무엇이든 흡수하기가 좋은 영적 상태에 있습니다. 이 때 그는 주님과 깊이 연합할 수도 있으며 살며시 찾아온 마귀와 연합할 수도 있습니다. 이 때의 그는 주님의 깊은 사랑의 은총 속에 들어갈 수도 있으며 악하고 유익이 없는 즐거움을 누리는 습관에 빠질 수도 있습니다. 이때의 시간을 어떻게 보내느냐 하는 것은 그의 영성과 남은 삶에 아주 중대한 영향을 미칠 것입니다.

예배를 마쳤을 때, 사역자는 예배의 전과 마찬가지로 자신의 영을 잘 관리하고 돌보아야 합니다. 영적 세계는 냉혹하며 자신의 영을 관리하지 못하는 이를 공격하고 파괴하려는 영들은 어디에나 있습니다. 강하고 충만한 사람만이 살아남아서 기쁨과 사랑과 아름다움을 유지할 수 있는 것입니다.

집회가 끝났을 때 당신의 영을 잘 지키십시오. 당신을 넘어뜨리려고 오는 유혹과 마귀의 영을 대적하십시오. 그 피곤하고 탈진한 시간을 주님과 같이 보내십시오. 그 때 주님과 깊이 연합하십시오.

그럴수록 당신은 좀 더 주님의 사람이 될 수 있을 것입니다. 할렐루야.

14. 사역자를 누르는 영을 대적하십시오

사역자에게는 지혜와 사랑과 함께 강력한 리더십이 필요합니다. 그래서 그에게 맡겨진 영혼을 이끌고 가야 합니다.
그런데 마음이 선하기는 하지만 여리고 약한 사람들이 있습니다. 이러한 이들은 목회자로서 별로 적합하지 않은 사람들입니다. 이들은 성도들을 이끌고 인도하는 데에 어려움을 겪습니다. 그들은 성격이 강하고 힘을 가지고 있는 성도들의 눈치를 봅니다. 그러면서 많은 스트레스를 받게 됩니다. 그러므로 심령이 선하지만 연약한 사람들은 강한 능력을 받고 강력한 리더십과 자신감을 얻기 전까지는 사역에 대해서 생각하지 않는 것이 좋을 것입니다. 그렇지 않으면 그들은 많은 고통을 짊어지게 됩니다.

목회를 쉬운 것으로 생각하고 사회에 잘 적응을 하지 못하는 젊은이들이 소명도 확실하지 않은 상태에서 신학교에 가는 것을 많이 보았습니다. 그들은 세상에서 불신자들과 같이 씨름하고 부딪치고 경쟁하는 것이 어렵다고 생각합니다. 그들은 교회는 편안하고 은혜가 넘치는 장소라고 생각합니다.
그러한 이들에게는 고통의 길이 예정되어 있습니다. 목회의 길은 그리 쉽고 간단하지 않습니다. 만약 어떤 사람이 세상에서 충분히 성공할 수 있는 힘과 지혜와 역량이 없다면 그는 결코 목회에도 유능하지 못할 것입니다. 교회에는 세상에서보다 훨씬 더 무섭고 강력한 영적 전쟁이 있습니다. 마귀는 세상보다 더 집요하게 교회와 사역자를 공격하고 파괴하려고 덤비기 때문입니다.
심령이 강한 권능의 사역자만이 이 영적 전쟁에서 승리할 수 있습니다.

마음이 여리고 약한 사람은 선하기는 하지만 그에게 맡겨진 영혼을 사로잡아서 주님께로 이끌고 갈 수 없습니다.

많은 선한 사역자들이 마음의 병을 가지고 있습니다. 그들의 속은 썩어 갑니다. 왜냐하면 그들은 담대하지 못해서 싫은 것을 싫다고 하지 못하기 때문입니다.

이러한 사역자들은 갈등을 싫어합니다. 덕을 세우는 것이 좋다고 생각합니다. 그래서 항상 힘있는 자들의 눈치를 보며 이들의 비위를 거스르지 않으려고 합니다. 영적 사역에 관심이 있어도 반대자가 있으면 추진하지 못합니다. 엄밀하게 말해서 이들은 하나님의 종이라고 부르기 어렵습니다. 나는 이러한 사역자를 많이 보았습니다. 그들의 영은 항상 눌려 있었습니다.

친구가 목회하는 교회에 함부로 말하고 행동하는 성도가 있었습니다. 교회를 마음대로 움직였으며 사람들을 조종했으며 사역자에 대한 태도도 좋지 않았습니다.

나는 그들을 제지하라고 친구에게 이야기하였습니다. 하지만 친구는 그렇게 할 수 없었습니다. 그들은 중요한 위치에 있었기 때문입니다. 친구는 말하기를 그들을 사랑하며 덕을 세워야 한다고 대답했습니다.

내가 느끼기에 그것은 사랑이 아니라 두려움이었습니다. 그는 마음속에 많은 억울함과 속상함이 있었지만 그것을 표현할 수 없었습니다.

목회자를 갈아치우는 것으로 유명한 한 교회가 있었습니다. 많은 목회자가 이곳을 거쳐갔습니다. 사역자들은 강력한 힘을 가지고 그 교회를 지배하고 있는 몇 명의 성도들에 의해서 초청을 받아서 왔고, 얼마 후에는 그들을 초청한 사람들에 의해서 떠나곤 했습니다.

그 교회의 소식을 들은 한 유망하고 젊고 건강한 목사가 있었습니다. 그는 주위의 만류를 뿌리치고 교수직을 버리고 그 교회에 왔습니다. 그는 교회의 개혁에 대한 비전을 가지고 있었습니다. 그는 자신이 그 교회를 변화시킬 수 있을 것이라고 믿었습니다. 그리고 나서 그 교회에 부임한 지 3년 후에 젊은 목회자는 암에 걸려서 세상을 떠났습니다. 3년 전에 그는 아주 건강한 사람이었습니다.

이것은 어떤 일일까요? 그 사역자는 과로로 인하여 죽은 것일까요? 아니면 스트레스 때문에 암에 걸려서 죽은 것일까요?

그것은 영적 전쟁의 결과일 가능성이 높습니다. 사람에게 눌리고 억압당하고 상처를 받고.. 그래서 마음속에 울분이 쌓이고.. 그것은 인간적인 문제 같지만 영적인 문제입니다. 그것은 악한 영들이 사람을 파괴하고 사람 안에 침투하여 그의 몸과 마음을 파괴하는 방식입니다.

죽음에까지는 이르지 않더라도 마음이 새카맣게 타 들어가게 되어 중한 질병을 가지고 시달리는 사역자들이 적지 않습니다. 그것은 심령이 약한 사역자의 한 특성입니다. 사역자의 부인인 사모님들도 정신병에 가까운 고통으로 시달리는 이들이 적지 않습니다. 그것은 영적인 문제입니다. 그것은 사람에 대한 영의 묶임이며 그 배후에 있는 악령들에 대한 눌림입니다. 심령이 약한 이들은 항상 그렇게 눌리고 묶여서 살게 되어 있습니다. 근본적으로 그것은 영적 전쟁에서의 패배에 기인한 것입니다. 그것은 사람에게 눌리는 것이 아니라 그들을 통해서 일하는 악한 영들에게 눌리는 것입니다.

질병을 예방하기 위하여 사역자들은 운동을 해야 하며 건강에 주의를 기울여야 한다고 합니다. 그래서 많은 사역자들은 먹는 것을 중요시합니다. 하지만 그것보다 중요한 것은 영적 전쟁에 대해서 이해하는 것입니다.

그리고 심령이 강해져야 하는 것입니다. 심령이 약한 사역자들은 성도들의 영에 눌리며 마음에 스트레스를 받아 몸과 마음이 질병으로 가득하게 됩니다. 그것은 심령이 약해서 어두움의 기운이 그들의 안에 침투했기 때문입니다.

오늘날 교회에 있는 모든 신자들이 다 거듭났다고 생각하는 것은 오해입니다. 그것은 교회에서 지도적인 위치에 있는 이들도 마찬가지입니다. 오히려 그러한 이들이 주님과 전혀 상관이 없는 자기 착각의 믿음을 가지고 있는 경우도 적지 않습니다.

그러한 이들은 교회를 마음대로 움직이려고 하며 사역자가 자기의 비위에 맞지 않으면 공격하고 방해합니다.

사역자가 연약한 영을 가지고 있을 때 그는 그러한 공격에서 벗어날 수 없습니다. 사역자가 영적인 세계에 대해서 무지할 때 그는 그러한 갈등을 인간적인 것으로 생각할 것입니다. 그러나 그것은 영적인 전쟁입니다. 교회를 지배하고 파괴하기 위한 마귀의 배후 조종인 것입니다.

사역자는 강한 영을 가지고 있어야 합니다. 그리하여 사역자에 대한 이러한 공격과 통제의 영을 대적하고 부숴야 합니다. 이것은 오직 기도를 통해서만 깨뜨릴 수 있는 것입니다.

사역자는 교회를 파괴하려는 마귀의 공격을 인식해야 합니다.

그는 사람의 눈치를 보아서는 안 됩니다. 그는 오직 기도로 주님께 나아가야 하며 기도로 사역해야 합니다. 사람의 눈치를 보며 사람을 두려워하는 것은 이미 영이 눌린 것입니다.

마음속의 억압을 풀어놓아야 합니다. 마음속에 쌓인 그 감정을 대적하고 쫓아내야 합니다. 그것은 사역자에게 병이 될 수 있습니다.

이러한 누르는 영을 충분히 대적하고 결박할 때 그의 영은 자유롭게 될 것입니다. 그 영들을 쫓아내고 나면 사역자의 영은 자유롭고 풍성해집니다.

사람의 눈치를 보고 두려워한다면 그는 이미 주의 사역을 하고 있는 것이 아닙니다. 그는 사람의 종이 되어 있는 것입니다. 그러한 사역은 고생만 할 뿐 가치가 없으며 열매도 맺기 어렵습니다. 겉으로 약하고 눈치를 본다면 그는 은근하게 상대방에게 메시지를 주기 위하여 의도적으로 성경을 인용하며 설교를 할지도 모릅니다. 그것은 비겁한 짓입니다.
어떤 목회자가 성가대를 하고 있던 여전도 회장에게 사소한 모욕을 당했습니다. 그는 화가 났지만 내성적인 사람이었기 때문에 그 앞에서는 말을 할 수 없었습니다. 하지만 집에 가서 생각해보니까 생각할수록 화가 났습니다.

그래서 그는 다음 주일날 설교에서 '여러분, 암탉이 울면 나라가 망합니다' 하고 말했습니다. 당사자인 여전도 회장은 화가 나서 씩씩거렸으며 상황을 알고 있는 다른 사람들은 싱글싱글 웃었습니다.

이것은 어리석은 짓입니다. 그것은 설교가 아니고 개인 감정풀이입니다. 그러나 마음이 약한 사람은 현실에서 자신의 마음을 표현하지 못해서 스트레스가 쌓이기 때문에 그런 식으로 풀려는 성향이 생기게 됩니다.

사역자는 강한 사람이 되어야 합니다. 그는 사람에게 눌려서는 안 됩니다. 눌린 사람은 스트레스와 억울함과 상처를 가지고 있으며 결코 영혼들을 사랑할 수 없습니다. 눌려 있는 것과 사랑하는 것은 다릅니다. 약한 사람에게는 분노가 쌓입니다. 강한 사람만이 사랑할 수 있습니다.

그는 배후에 있는 영적 전쟁을 이해해야 합니다. 그리고 그 싸움에서 승리해야 합니다.

억압이 있을 때, 마음에 사람에 대한 불안감이 있을 때 그는 대적기도를 해야 합니다. 마음이 가벼워질 때까지 그 기운을 물리쳐야 합니다. 그는 지금 사람에게 눌려 있는 것이 아니라 악한 기운에 눌려 있는 것이기 때문입니다.

사역자를 누르는 이러한 영들을 대적하십시오. 물리치십시오.
그 배후에 있는 악한 영들을 초토화시키십시오.
그렇게 사역자의 영이 자유로워질 때 비로소 교회에는 자유롭고 풍성한 영이 흐르게 되는 것입니다.

15. 사역자에 대한
　　인간적인 애정의 영을 대적하십시오

사역자를 누르는 영은 사역자를 지배하려는 영입니다. 이것은 주로 신앙생활을 오래 해왔던 교회의 평신도 지도자들을 통해서 이루어집니다. 이러한 영들은 더러 여성들을 사용하기도 하지만 주로 남성들을 통해서 활동하게 됩니다.

이러한 영과 비슷하지만 조금 다른 영이 있습니다. 그것은 주로 여성들을 통해서 나타납니다. 이것은 사역자의 마음을 소유하려고 하는 영들입니다.

여성들은 애정에 대한 성향을 많이 가지고 있습니다. 그들은 자신의 헌신과 수고에 대해서 애정으로 보답을 받고 싶어합니다.

그들이 아무리 많은 수고를 했다고 하더라도 남편이 그들의 마음을 알아주며 위로해준다면 그들은 힘을 얻고 보람을 느낍니다. 어려운 상황도 버티고 이길 수 있는 용기를 얻게 됩니다. 하지만 그렇지 않다면 그들은 좌절합니다. 그러므로 그들은 사랑을 받고 싶어하고 상대방의 마음을 얻고 싶어합니다.

교회에서도 여성들이 가정에서 기대하는 것처럼 사역자에게 그러한 애정을 기대할 수 있습니다. 이것은 여성들의 그러한 기질적인 특성을 악령들이 이용하여 교회를 파괴하려고 하기 때문입니다.

사역자를 소유하고 그에게 사랑과 인정을 받고 싶어하는 여성들이 많이 있습니다. 그들은 사역자가 다른 사람들보다 자신들에게 좀 더 관심을 가져주기를 원합니다.

이러한 것이 영적이며 주님께 속한 애정이라면 상관이 없겠지만 많은 경우에 그것은 육적인 애정이며 인간적인 애정입니다.
특히 가정에서 남편에게 그러한 애정을 받지 못하는 여성일수록 이 영에게 사로잡힐 수가 있습니다. 이러한 여성들은 교회 일에도 열심을 내며 헌신하고 봉사합니다. 그리고 그렇게 할 때에 사역자가 사랑해주고 인정해주는 것으로 기쁨을 느낍니다.

그들은 사역자가 그들을 알아주고 인정해줄 수 있다면 어떤 힘든 일이라도 헌신적으로 하려고 할 것입니다. 이러한 이들은 사역자의 마음을 얻기 위해 자신을 영적인 사람으로 보이게 하려고 노력할 수도 있습니다. 체험하지 않은 것을 체험했다고 말하며 느끼지 않은 것을 느꼈다고 고백할 수도 있습니다.
그렇게 사역자에게 사랑을 받고 인정을 받으면 그들은 만족감을 얻습니다. 그러나 그들이 원하는 것을 얻지 못한다면 그들은 좌절하거나 분노하며 사역자가 다른 이들을 편애한다고 느끼게 됩니다.

그들은 사역자에게 인정을 받는 것이 주님께 인정을 받는 것이라고 생각할지도 모릅니다. 하지만 사역자와 인간적으로 가까워지는 것과 주님과 가까워지는 것은 전혀 다른 것이라는 사실을 이들은 알지 못하고 있는 것입니다.
그들은 자신의 열심이 사역자 때문이 아니고 오직 신앙적인 열심이며 주님 때문이라고 생각합니다. 자신의 의도는 오직 순수하다고 그들은 굳게 믿고 있습니다.
하지만 이러한 이들의 관심은 주님이 아닙니다. 그들은 단지 사역자의 마음을 얻고 싶어 하는 것입니다.
그들은 채움 받지 못했던 애정에 대한 욕구를 사역자를 통해서 얻으려는 것에 불과합니다. 그리고 그것은 영적인 것이 아니며 육적이고 자아적이며 본능적인 것입니다. 이러한 여성들은 몇 가지의 특성을 가지고 있습니다. 대체로 이러한 여성들은 사역자가 자신을 가장 사랑해주고 인정한다고 생각합니다. 그리고 그러한 이야기를 은근하게 다른 이들에게 흘리는 것을 좋아합니다.

목사님이 내게 전화를 해주셨다, 메일을 보내주셨다, 나를 특별하게 대해주셨다.. 그런 식으로 자랑하는 것을 좋아합니다. 그들은 자신이 다른 이들보다 나은 위치에 있으며 목사님이 자신을 특별하게 생각한다고 남들에게 자랑하고 싶어 합니다.

이들은 사역자가 다른 여성들에게도 친절하게 대해주면 마음이 편하지 않습니다. 심하면 질투를 느끼기도 합니다. 그리하여 상대방을 모함하고 넘어뜨리려고 합니다. 이러한 성향은 크고 작은 차이는 있겠지만 적지 않은 여성들이 가지고 있는 것입니다.

십여 년 전 개척교회를 하고 있을 때 내가 사역하는 교회에 다니던 자매들의 친구가 우리 교회에 나오게 되었습니다.

그런데 나는 자매들이 겉으로는 환영을 하면서도 속으로 은근히 불쾌하게 여기는 것을 느끼고 이유를 물어보았습니다.

그녀들의 대답은 간단했습니다. 그 친구가 와서 자기들에게 주는 전도사님의 사랑을 독차지하면 어쩌나 하고 걱정했다는 것입니다. 그들은 그들에 대한 전도사님의 애정이 줄어들까봐 속이 상했다는 것입니다. 그 당시 나는 전도사였습니다.

나는 기가 막히고 어처구니가 없었습니다. 한 영혼이 구원을 받느냐, 마느냐, 천국에 가느냐, 지옥에 가느냐 하는 문제가 달려 있는 것인데 그들이 받는 애정이 줄어들까봐 속이 상했다는 말을 듣고 기가 막혔습니다. 하지만 여성들 중에 그러한 성향을 가지고 있는 이들이 많이 있었습니다.

이러한 여성들은 대체로 사역자는 존경하지만 사역자의 부인은 싫어하는 것이 보통입니다. 그들은 여러 가지 이유를 들어 사역자의 부인을 비판합니다. 어떤 이들은 공공연히 사모를 무시하는 태도를 보이기도 합니다. 공개적인 장소에서 사역자와 사모가 친밀한 모습을 보였다고 공격을 하는 여성을 본 적도 있습니다. 그러한 태도는 그들이 사역자를 영적 지도자로서 존경하지 않고 인간적인 애정의 대상으로 여기기 때문에 나타나는 것입니다.

그들은 사역자의 마음을 소유하고 싶어 합니다. 그러므로 그들은 사모에 대해서도 경쟁자로 느끼며 자신과 비교되는 다른 여성에 대해서도 경쟁자로 느낍니다.

이러한 이들은 사역자가 그들의 애정에 관심을 보이지 않거나 인정하지 않을 때 그 애정이 분노와 증오로 바뀌는 것이 보통입니다.

그리하여 전에 기울였던 애정만큼의 크기로 사역자를 쓰러뜨리려고 노력하게 됩니다.

물론 그러한 장난의 배후에 악령들이 있는 것은 당연한 일입니다. 마귀는 사람의 성향을 통해서 서로 질투하게 하고 미워하게 하고 서로 지배하고 사로잡으려고 싸우게 합니다. 이렇게 교회가 인간적인 모습이 되면 주님의 임재가 사라지게 되며 악한 영들이 마음대로 역사할 수 있게 되는 것입니다.

성도들이 사역자를 존경하는 것은 좋은 일입니다. 그러나 인간적인 애정을 가지는 것은 결코 좋은 것이 아닙니다. 인간적인 애징을 가지고 인간적인 기대를 하면 당연히 질투나 시기와 같은 영들에게 사로잡히게 됩니다.

성도들은 사역자와 인간적으로 가까워지는 것보다는 사역자를 통해서 주님과 가까워져야 합니다. 사역자가 가르치는 영적 메시지와 교훈을 통해서 영혼을 깨워야 하며 오직 주님께 속한 사람이 되어야 합니다. 성도들은 사역자와 가까워지는 것보다 주님과 가까워져야 합니다.

사역자는 성도들을 편애해서는 안 됩니다. 사역자는 자신이 사람을 얻으려고 하거나 사람들을 자기와 가까워지게 하고 자기의 사람으로 만들려고 해서는 안 됩니다. 사역자는 오직 사람들을 주님께 인도해야 합니다. 주님과 가까워지며 주님의 마음을 알고 주님께 속한 사람이 되도록 인도해야 합니다. 그것이 사역자의 길입니다. 사역자는 주님의 마음으로 사람을 보아야 합니다. 주님이 사랑하는 이를 사랑하고 주님이 싫어하는 자를 싫어해야 합니다.

사역자도 사람이기 때문에 개인적인 취향이나 기질이 있을 수 있습니다. 자기가 좋아하는 스타일이 있고 싫어하는 스타일이 있을 수 있습니다. 하지만 사역자는 그러한 개인적인 취향을 물리쳐야 합니다. 그는 오직 주님의 사람으로서 주님의 입장에서 사람을 보고 분별해야 합니다. 주님이 기뻐하시는 사람이면 사역자는 그를 기뻐해야 합니다. 그러나 주님이 기뻐하시지 않는 사람이면 사역자는 그가 자기의 기질에 좋다고 하더라도 그것을 절제해야 합니다. 사역자는 오직 주님의 사람이기 때문입니다.

주님은 항상 사람의 외모를 보지 않으시고 중심을 보셨습니다. 그 중심에 주를 사랑하고 진리를 구하는 마음이 있는지를 보셨습니다.
주님은 마음이 순수한 어린아이와 같은 자를 사랑하셨고 외식하고 겉을 꾸미는 이들을 싫어하셨습니다.
사역자도 그와 같이 해야 합니다. 사역자도 오직 사람의 중심을 보아야 합니다. 사람의 마음속에 얼마나 주님을 사랑하는 마음이 있는지 보아야 합니다. 그리하여 단순하고 순수하게 주님을 사모하는 사람을 사랑해야 하며 외식하고 인정받기를 원하며 자신을 드러내기를 좋아하는 사람을 멀리해야 합니다.
오늘날 교회에 이러한 영들이 많이 있습니다. 사역자를 지배하려고 하고 소유하려고 하는 영들이 많이 있습니다. 서로 사역자의 마음을 차지하려고 하고 인정을 받고 싶어 하는 영들이 많이 있습니다.
그것은 인간적인 것이며 육적인 것입니다. 그러한 영들의 활동을 가만히 내버려두면 그 공간에 더러움의 영들이 가득하게 됩니다. 그 곳은 주님의 전이 아니라 인간적이고 육적인 공간이 되어버립니다.
그러므로 사역자는 그러한 영들을 대적해야 합니다.
인간적인 애정을 보이는 이들을 멀리해야 합니다.
사역자는 자신에 대한 그러한 애정을 좋아해서는 안 됩니다. 그것을 가지고 자신이 인기가 좋다고 생각하며 즐겨서는 안 됩니다.
그것은 교회를 파괴하려는 마귀의 속임이며 결코 좋은 것이 아닙니다. 그것은 진실한 애정이 아닙니다. 존경과 관심을 받는다고 좋아한다면 그것은 어리석은 것입니다.
그것을 무방비상태로 놓아두면 그 교회는 깨어지게 됩니다. 그러한 영적 단체도 깨어지게 됩니다. 그것은 마귀가 그 곳에 침입하는 강력한 수단이기 때문입니다.

그러므로 사역자는 그 영을 대적해야 합니다.
그 배후에 있는 영들을 대적하고 결박해야 합니다.
오직 교회에는 순결하게 주님만을 사모하고 주님만을 구하며 주님께 좀 더 깊이 가까이 나아가기를 원하는 영으로 가득해야 합니다.
그것이 교회를 아름답게 합니다.
그것이 교회를 주님의 임재와 거룩함으로 가득하게 합니다.
그것이 곧 이 땅에 임하는 천국의 모습인 것입니다.

부디 사역자를 지배하는 영을 대적하십시오.
인간적인 애정의 영들을 끊어버리십시오.
사역자도 성도도 오직 주님만을 구하고 사모할 때
그 곳은 영광과 거룩함이 가득한 천국이 될 것입니다.
우리는 그러한 교회를 이 땅에 세워나가도록 더욱 더 마귀를 대적하며 기도하며 주님께 나아가야 할 것입니다. 할렐루야.

16. 영적 갈망을 훔쳐 가는 마귀를 대적하십시오

주님은 사람들에게 큰 잔치를 베풀고 많은 사람을 청한 주인에 대한 비유를 말씀하셨습니다.

그 주인이 종을 보내어 많은 사람을 초청했지만 그 잔치에 오는 사람들은 거의 없었습니다. 어떤 이들은 밭을 샀기 때문에 나가보아야 하고 어떤 이는 소를 샀기 때문에 시험하러 가야하고 어떤 이는 장가갔기 때문에 잔치에 올 수 없다고 대답하였습니다.

주님은 이 비유를 통해서 사람들은 천국 잔치에 초대받았지만 거기에 별로 관심이 없으며 이 세상에 대한 애정과 열망으로 가득할 뿐이라는 것을 말씀하시고 있는 것입니다.

이 말씀은 많이 알려져 있고 심지어 노래로도 만들어졌지만 이 말씀의 의미는 제대로 알려지지 않은 것 같습니다. 사람들은 이 비유에서 종의 초대를 거절하는 사람들은 복음을 거절하는 불신자이며 일단 교회에 오면 다 천국의 잔치에 참여한 것이라고 생각합니다.

그러나 과연 그럴까요?

교회가 만일 천국과 같으며 주님의 임재와 영광으로 가득하다면 그것은 그럴듯한 생각일지도 모릅니다. 하지만 현실의 교회는 천국과 너무나 멀리 떨어져 있습니다.

몸이 비록 교회 안에 앉아있다고 해도 그 마음이 세상으로 가득하다면 그는 천국 잔치에 참여한 사람이라고 할 수 없는 것입니다. 오늘날 그리스도인들은 주님을 알아가고 천국의 실상을 경험하고 누리는 것에는 그다지 관심이 없습니다. 그들의 관심은 밭을 사고 소를 사고 장가가는 것입니다. 그들의 관심은 경제에 대한 것과 애정에 대한 것입니다. 어쩌다 주님을 찾는다면 그것은 주님이 경제에 대한 문제나 애정에 대한 문제를 해결해 주셔야 할 때뿐입니다. 이것은 천국 잔치에 참여한 사람의 자세라고 할 수 없습니다.

천국은 주님을 사모하고 추구하며 주님의 지배를 받고 사는 사람들이 가는 곳입니다.
천국의 주인은 주님이십니다. 교회는 이 땅에 나타난 천국의 모형입니다. 그러므로 교회는 주님을 사랑하고 추구하는 사람들의 모임입니다. 그리고 그래야만 합니다.
살아있는 교회는 주님을 사랑하고 간절하게 열망하는 사람들로 가득한 곳입니다. 그러한 교회에는 주님의 임재하심이 있고 천국의 영광이 있습니다.
하지만 현실에서 우리는 그러한 교회를 찾아보기 어렵습니다. 오히려 인간의 냄새만 가득하며 외형적인 경건만 있을 뿐 실상은 육신적인 욕망과 집착으로 가득한 것이 우리가 어디서나 쉽게 발견하게 되는 교회의 모습인 것입니다.

평소에 성도들은 교회에 잘 모이지 않지만 대학입시를 위한 기도회를 하게 되면 학부모들이 구름 떼처럼 모입니다. 이것은 교회를 주님을 예배하기 위한 곳으로 알기보다는 사람의 욕망을 성취하는 곳으로 이해하는 이들이 아주 많다는 것을 보여줍니다.
문제가 있을 때 사람들은 아주 열심히 기도하지만 주님 자신을 사모하고 알고 싶어하는 이들은 별로 없습니다. 그들은 오직 그저 편하게 살고 싶어할 뿐입니다. 많은 성도들이 구하고 있는 것은 자기 욕망의 충족이지 주님이 아닙니다.
주님을 사모하고 추구하고 알아 가는 것이 신앙이라는 개념조차 모르는 이들이 아주 많이 있습니다.

오늘날 성도들이 모여도 서로 어떻게 하면 영적 성장을 이룰까.. 어떻게 하면 주님을 기쁘시게 하며 그 앞으로 나아갈까.. 하는 주제로 대화를 나누는 이들은 거의 찾기 어렵습니다. 그들의 대화는 세상 사람들과 별로 다를 것이 없습니다. 그들의 마음은 세상으로 가득해 있으며 영혼의 성장에 대해서는 별로 관심이 없습니다. 오늘날 많은 그리스도인들은 주님에 대한 갈망과 그리움이 무엇인지 모릅니다.
그 이유는 무엇일까요?
그것은 그들의 영혼이 살아있으나 죽은 것 같은 상태이기 때문입니다. 그것은 마귀에게 영혼의 생기를 빼앗겼기 때문입니다. 그들은 신자일지는 모르지만 죽어있는 신자입니다. 주님을 사모하고 간절하게 구하지 않는 신자는 살아있으나 죽은 신자입니다.

어떤 성도의 가정이 있습니다. 이들은 한국에서 살 때는 신앙생활을 하지 않다가 사업이 부도가 나서 어려움을 겪게 되어 미국으로 도피한 이후에는 교회에 다니기 시작했습니다.
미국의 한인교회는 고향을 떠난 그리움으로 인하여 성도간의 교제를 많이 나눕니다. 그들이 다녔던 교회는 주님을 경험하고 만나고 알고 하는 문제는 거의 다루지 않았습니다. 그저 성도들끼리 많은 교제를 나누며 외로움을 달랠 뿐입니다.

이들은 한국에 귀국하게 되자 그들이 경험했던 미국의 한인교회와 달리 그러한 교제가 별로 없는 한국 교회의 모습에 실망한 모습을 보였습니다. 이들의 신앙 관념은 그저 선하게 사는 것이 좋다는 개념 정도입니다. 사후의 세계라든지, 영혼의 세계라든지, 영혼의 발전이라든지, 주님을 알아간다든지.. 이러한 부분에 대해서는 들어본 적도 없었습니다. 그들은 다만 미국에서처럼 친밀한 교제가 부족한 것에 대해서 아쉬워하고 있을 뿐입니다.
교회에 아무리 오래 다녔더라도 이러한 영적 상태는 불신자와 별로 다르다고 할 수 없는 것입니다. 주님을 모르는 믿지 않는 자들도 양심적으로 선하게 사는 이들은 많으니까요. 하지만 이러한 상태의 그리스도인들이 도처에 너무나 많이 있는 것입니다.

오늘날 성도들은 교회 안에서 형식적으로 예배하고 기도하며 주님을 갈망하지도 않고 그리워하지도 않으면서 자신을 문제가 없는 그리스도인이라고 생각합니다. 자기에게 무엇이 잘못되었는지도 모릅니다. 자기 영혼이 살아있는지 죽었는지 자체도 모릅니다. 그들의 영적 감각은 마비되어 있는 것입니다. 그들은 엄밀하게 말해서 진정한 그리스도인들이라고 할 수 없습니다.

영혼이 깨어난 사람은 주님을 그리워합니다. 주님을 알고 싶어합니다. 자나깨나 주님을 추구하며 찾게 됩니다. 그것이 신앙의 본질입니다. 그는 진리를 구하며 모든 것에서 주님을 발견하려고 합니다. 오직 주님을 예배하고 싶어합니다. 오직 주님을 높이고 자신은 낮추려고 합니다. 이것이 신앙의 기초입니다. 하지만 이러한 기초가 되어있지 않는 신자들을 어디서나 발견할 수 있습니다.

오직 세상을 사랑하며 주님께 대한 갈망이 없는 것 - 그것은 죽은 영혼입니다. 그러한 교회는 죽은 교회입니다. 아무리 건물이 크고 아무리 많은 사람들이 모여 있어도 그것은 죽은 교회입니다. 이 땅에서는 숫자가 많으면 성공했다고 알아주지만 영계에서는 숫자만 많다고 인정하지는 않습니다.

갈망을 잃어버린 것은 마귀가 그 갈망을 훔쳐갔기 때문입니다. 마귀는 주님이 아닌 돈이나 명예나 편하게 사는 것이나 세상의 즐거움들로 성도의 영혼을 채우고 싶어합니다. 그렇게 해서 성도의 영혼을 더럽히고 혼미하게 만듭니다.

주를 믿는 부모들이 자녀들이 유명한 대학에 가도록 목숨을 걸고 기도하는 것도 학벌이 좋은 것이 돈과 명예와 성공을 얻는 데에 무엇보다 도움이 된다고 생각하기 때문입니다. 그러한 가치관을 가진 마음의 안에는 주님이 거하실 공간이 없습니다.

주께 대한 갈망을 잃어버린 교회는 죽은 교회입니다. 성도들은 예배 가운데 어떻게 주님이 임재하시고 그들에게 임하실지에 관심이 없습니다. 그러한 곳에 주님은 오실 수 없습니다.

주님의 영이 임하시지 않는 교회는 악한 영들만이 찾아오게 되며 그곳은 어두움의 공간이 되어버립니다.

사역자는 마귀가 성도들의 갈망을 빼앗아간 것을 인식해야 합니다. 그리고 마귀를 대적해야 합니다. 그 빼앗긴 갈망을 되찾아야 합니다.

마귀에게 빼앗긴 재물을 되찾으라고 하면 성도들은 '아멘!' 합니다. 빼앗긴 건강을 되찾으라고 하면 성도들은 큰 소리로 '아멘!' 합니다.

하지만 그것보다 훨씬 더 중요한 것은 잃어버린 갈망을 되찾는 것입니다. 잃어버린 주님 사모함을 되찾는 것입니다. 그것은 생명보다 더 중요합니다.

돈과 건강은 죽으면 그만이지만 주를 사모하는 것은 영원부터 영원까지 계속되어야 하는 것이며 우리의 영원한 운명을 결정하는 것이기 때문입니다.

어떤 사역자들은 성도들의 잃어버린 열심을 되찾게 하려고 온갖 방법을 동원합니다. 많은 훈련 프로그램을 도입하기도 합니다.

여러 영적 세미나에서 배운 방법을 사용하기도 하며 유행하는 훈련방법을 사용하기도 합니다. 그리고 그러한 프로그램에 성도들을 동참시키려고 애를 씁니다.

하지만 그 어떤 방법도 영적인 갈망이 일어나게 할 수는 없습니다. 왜냐하면 그 갈망을 훔쳐간 이들은 마귀이기 때문입니다. 지갑을 훔쳐간 도둑에게서 그것을 찾아와야지 엉뚱한 곳에서 지갑을 찾아 헤매서는 아무 소용도 없는 것입니다.

영적 갈망의 회복을 위하여
마귀를 대적하십시오.
성도들을 눈멀게 하고 세상의 허무함을 추구하게 하고 주님께 대한 관심을 빼앗아가고 잃어버리게 한 마귀를 대적하십시오.
그들을 저주하고 깨뜨리십시오.
성도들의 관심과 중심을 붙들고 있는 마귀를 대적하십시오.
성도들의 영이 깨어나게 해달라고 기도하십시오.

마귀가 떠나갈 때,
귀신들이 울부짖으며 떠나갈 때,
그곳에서는 주님께 대한 사모함이 일어나게 됩니다.
세상에 대한, 출세에 대한, 성공에 대한 열망이 일어나는 것이 아닙니다.
주님께 대한 그리움이 일어납니다. 사모함으로 눈물이 일어납니다.
간절하게, 간절하게 기도하고 싶고 예배하고 싶은 갈망이 일어나게 됩니다. 그리고 바로 그것이 살아있는 영혼의 특징입니다.

부디 영혼을 속이고 죽이고 병들게 하는 마귀를 대적하십시오.
갈망을 훔쳐간 마귀를 깨뜨리십시오.
마귀는 떠나가고 교회는 새로워질 것입니다.
간절한 사모함과 갈망이 일어나게 될 것이며
사람들은 그것이 곧 천국임을 깨닫고 경험하게 될 것입니다.
할렐루야.

17. 지배와 분파의 영을 대적하십시오

교회의 공동체 안에는 크게 나누어 두 가지 종류의 사람들이 있습니다. 그것은 양의 기질을 가지고 있는 사람들과 염소의 기질을 가지고 있는 사람들입니다.

양의 기질을 가지고 있는 사람들은 선하고 순박합니다. 하지만 대체로 그들의 약점은 지혜가 부족하며 분별력이 부족하다는 것입니다. 그래서 누가 뭐라고 말하든 그것을 그대로 믿고 따라가는 경향이 있습니다. 선한 사람만 따라가면 좋을 텐데 그렇지 않은 사람의 이야기도 잘 믿고 따라갑니다.

이들은 순종을 잘 하기는 하지만 쉽게 여기저기에 휩쓸리기 때문에 어려운 일이 있을 때 별로 도움이 되지 않습니다.

이들은 소극적입니다. 그래서 일을 맡겨도 잘 하지 않으며 수동적입니다. 나서는 것도 별로 좋아하지 않습니다.

반면에 염소적인 기질을 가지고 있는 사람들이 있습니다. 이들은 활동적이며 주도적인 사람들입니다. 일종의 지도자적인 기질을 가지고 있다고도 할 수 있습니다.

이들은 나서는 것을 좋아합니다. 뭔가 앞에 나서서 일하고 움직이는 것을 좋아합니다. 이들에게 그러한 일을 맡기지 않으면 자기를 알아주지 않는다고 상처를 받는 것이 보통입니다.

양에 속한 사람들은 대표기도를 맡기면 한 주일 내내 벌벌 떨지만 이들은 대표기도를 맡기지 않으면 마음이 상합니다. 기회가 돌아오면 이들은 그 좋은 기회를 놓칠세라 기도도 아주 길게 하고 연설도 길게 하고 싶어합니다. 교회에서 일어나는 문제들은 대부분 양의 기질을 가지고 있는 이들에게서 생기지 않습니다. 그것은 대부분 염소 기질을 가지고 있는 이들에게서 시작됩니다.

목회자가 이러한 사람들을 잘 다루며 관리할 수 있다면 교회는 문제없이 잘 움직여질 것입니다.

그러나 그렇지 못하면 교회는 이 주도적인 몇 사람 때문에 분열되며 싸움이 나기도 하고 갈라지기도 합니다.

이들은 지도자적인 기질을 가지고 있기 때문에 이러한 사람들이 중심을 잘 잡고 있다면 양의 사람들에게 좋은 영향을 줄 것입니다. 그러나 이들이 바른 중심을 가지지 않고 있다면 교회는 여러 분파로 나뉘어져 서로 비난하고 싸우게 될 것입니다. 많은 양들이 그들의 영향권 아래 있기 때문입니다.

교회의 주인은 주님이십니다. 그러므로 사역자도 평신도 지도자도 그 누구도 오직 주님을 기쁘시게 해야 하며 주님의 원하심을 추구해야 합니다.

만약 지도자의 기질을 가지고 있는 사람들이 이렇게 주님의 주인 되심을 철저하게 따르고 추구한다면 그것은 좋은 일입니다. 그러나 염소기질의 사람들이 주님을 드러내지 않고 자신을 드러내기 원한다면 그 교회는 엉망이 되기 시작합니다.

현실적으로 염소기질의 사람들은 주님을 드러내기보다 자신을 드러내는 것을 좋아합니다. 그들은 목회자들이 그들을 알아주지 않으면 몹시 섭섭해 합니다.

그들은 자신이 인정받는 것을 좋아하며 자신의 견해가 옳다는 것을 입증하고 싶어합니다. 자신이 가지고 있는 신앙의 스타일을 수호하는 것이 하나님의 뜻이라고 굳게 믿으며 그러한 의견에 동의하지 않는 이들은 대적자로 생각합니다.

이들은 겉으로는 성경에 입각하며 하나님을 위한 신앙을 수호한다고 생각하지만 사실은 자신의 취향과 기분을 섬기는 것입니다. 그러므로 이들은 자기의 비위에 맞지 않는 이들을 용서하지 않습니다. 그것이 사역자라고 해도 말입니다.

이러한 이들을 통해서 교회에는 지배의 영과 분파의 영이 역사하게 됩니다. 이들은 교회의 크고 작은 일에 자기주장을 내세우며 그것이 받아들여지지 않는다면 분노하며 상처를 받습니다.

이들은 사역자들이 그들을 알아주지 않을 때 부당함을 느끼며 그들이 느끼고 있는 문제점과 억울함을 여러 양들에게 전파하기 시작합니다. 그들은 다른 이들의 동조를 구하며 다른 이들을 자기편으로 끌어들이는 것을 좋아합니다. 그들은 그러한 일에 유능합니다.

많은 양들이 분별력이 부족하므로 그들의 이야기를 들으며 그들의 불평에 고개를 끄덕입니다. 그리하여 그들에게 속하고 그들의 영향을 받기 시작합니다.

이런 식으로 교회에는 분파가 생기고 서로를 향하여 시기와 미움이 일어나게 됩니다. 사역자와 성도간에 갈등이 생기고 서로의 견해와 입장이 다를 때 반대편에 속한 사람과 분쟁이 일어나고 벽이 생기게 됩니다.

분쟁을 싫어하는 사역자는 이러한 사람들과 좋은 관계를 맺기 위해서 노력하게 될 것입니다. 대다수의 양들은 이러한 사람들을 그저 따라가기 때문입니다.

그리하여 이들 몇 사람은 교회 전체에 영향력을 행사하게 되며 그들에 의해서 교회 전체가 움직이게 되는 것입니다.

이렇게 되면 교회는 주님이 지배하시는 교회가 아니라 사람이 주장하는 교회가 되어버립니다. 그리고 그것이 하나의 틀이 되어버리면 그러한 교회에는 주님께서 임하실 수 없으며 악한 영들이 장난치는 공간이 되어버립니다.

이러한 주도자들이 서로 부딪치게 된다면 그 교회는 전쟁에 휩쓸리게 됩니다. 그리고 그렇게 항상 파가 갈려서 서로 싸우는 교회는 성도들이 지겨워서 떠나게 됩니다.

또한 사역자가 주님을 두려워하지 않고 사람을 두려워하여 이들의 눈치를 보고 적당히 분쟁 없이 지낸다면 표면적인 평화는 있겠지만 그렇게 인간이 주인이 된 곳에는 주님이 임하실 수 없기 때문에 그러한 공간은 영적으로 무덤덤하고 따분한 장소가 됩니다.

교회에 속한 모든 이들은 오직 주님을 높여야 하며 주님을 드러내야 합니다.

양에 속한 이들은 전파성을 그리 많이 가지고 있지 않기 때문에 주를 바라보고 높이는 그러한 부분이 부족하다고 해도 영향력이 적습니다. 그러나 염소적인 기질을 가지고 있는 지도자들이 이러한 성향을 가지고 있다면, 주님을 드러내지 않고 자기주장과 고집이 강하다면 그것은 심각한 문제입니다. 교회의 분위기는 원래 다수의 성도들에 의해서가 아니라 소수의 지도자들에 의해서 형성되기 때문입니다.

사역자는 성도들의 중심 역할을 하는 이들의 영적 상태를 잘 살펴야 합니다. 어떤 이가 일을 맡기지 않아서 속상해 하거나 자기의 주장을 듣지 않기 때문에 화를 낸다면 그러한 이에게 일을 맡기는 것은 위험합니다. 그러한 이들은 주님보다는 자신을 드러내는 것을 좋아하기 때문입니다. 그러므로 사역자는 일시적인 평화를 위해서 그러한 이들과 타협을 해서는 안 됩니다.

그러한 이들이 활동력을 가지고 있고 지혜를 가지고 있어서 유능해 보인다고 해도 그들에게 지위를 주어서는 안 됩니다. 그들은 일시적으로 교회에 부흥과 활기를 가져오는 것처럼 보일지도 모르지만 그것은 순결한 부흥이 아니며 순결한 영이 아닙니다.

그들은 자신들이 가지고 있는 지배욕을 충족시키고 싶어합니다. 이들은 겉으로는 주님을 위하는 것 같지만 결국은 자신을 전파하는 것이며 지옥을 전파하는 것입니다. 왜냐하면 그러한 지배욕은 지옥에서 오는 것이기 때문입니다.

열정적인 기질은 좋은 것입니다. 활동적인 기질은 좋은 것입니다. 그러나 그것보다 더 중요한 것은 그가 주님을 드러내기 원하는 사람인가 하는 것입니다. 사역자는 바로 그것을 확인해야 합니다.

이러한 사람들이 교회에 있을 때 사역자는 그들의 배후에 있는 영들을 결박해야 합니다. 그것은 곧 지배의 영이며 고집의 영이며 분파의 영들입니다.

그러한 사람들은 영적으로 무지하여 자신이 지옥의 영들에게 쓰이고 있다는 사실을 알지 못합니다. 그러므로 그러한 이들을 대화를 통해서 깨닫게 한다는 것은 어렵습니다. 그저 조용히 기도로 악한 영들을 대적하고 결박하는 것이 좋습니다.

평생 동안 주를 대적하고 자신을 드러내며 자신의 감정과 성질로 살았으면서도 자신은 신앙이 좋은 사람이며 주님을 위해서 살았다고 착각하는 사람들은 아주 많습니다.

그러한 이들은 교회에서 지위가 높으면 천국에서도 상급을 많이 받을 것이라고 생각합니다. 그러나 세상에서 알아주는 것과 주님이 알아주시는 것은 다른 것입니다. 주님께 속하고 천국에 속한 사람은 반드시 삶 속에서 아름다운 열매를 맺게 됩니다. 그 열매가 없는 이들은 찍혀버리게 되는 것입니다.

교회는 오직 주님을 사모하고 주님을 높이며 주님만을 드러내고 영광을 돌리게 해야 합니다.

결코 사람이 드러나 영광을 받지 않도록 해야 합니다. 그것이 사역자가 주의해야할 일이며 그것이 교회를 천국의 영으로 채우며 지옥의 영들이 침투하지 않게 하는 길입니다.

부디 교회를 제멋대로 통제하려고 하는 지배의 영과 분파의 영들을 분별하십시오.
그리고 대적하십시오.
그들의 배후에 있는 영들을 지속적으로 결박하십시오.
지속적으로 그렇게 할 때 그들은 힘을 잃어버리게 됩니다.

그러한 영을 가지고 있는 이들은 이상하게도 더 이상 활동을 할 수 없게 되고 자기주장을 하는 힘이 약해지게 됩니다.
왜냐하면 그 힘은 지옥에서 오는 것이므로 배후의 영을 묶으면 그들은 힘을 잃기 때문입니다.
이러한 기도는 일시적으로 그런 이들을 쓰러지게 하거나 앓게 할 수도 있습니다. 그러나 그렇더라도 교회가 주님의 손안에 순결하게 사로잡혀 가는 것이 더 중요한 것입니다.

악한 영들이 교회에서 함부로 활동하지 못하게 하십시오. 교회에 지배와 분파의 영이 역사하지 못하도록 그 영들을 대적하십시오.
오직 주님의 원하시는 것만을 사모하며 깨어있는 교회가 되게 하십시오. 그렇게 할 때 이 땅의 교회는 좀 더 천국에 가까워지게 될 것입니다.
할렐루야.

18. 은사적인 사람을 조심하십시오

은사적인 것을 아주 좋아하는 사람들이 있습니다. 이들은 신기한 체험을 좋아합니다. 그러한 체험을 하고 싶어하며 그러한 체험을 한 사람들을 쫓아다닙니다.

이들은 신기한 경험을 많이 하는 것이 신령한 것이라고 생각합니다. 그리고 그러한 경험을 하는 이들은 신앙이 깊은 사람이라고 생각합니다. 하나님의 임재를 추구하는 것은 좋은 일입니다. 하지만 그것이 몸에 와 닿는 신비한 경험을 맹목적으로 좇아가는 것이라고 생각해서는 안 됩니다. 천국을 다녀왔다고 하고 예언을 하고 방언 통역을 하며 환상을 본다는 이들에게는 항상 추종자들이 있습니다. 많은 이들이 그들을 따라다닙니다.

어떤 이들은 예언을 아주 좋아합니다. 그래서 예언하는 사람을 따라다니며 항상 예언을 받으려고 합니다. 그러한 이들은 마치 예언 중독에 걸린 사람 같습니다.

나는 많은 잘못된 예언을 보았습니다. 명백하게 틀린 예언을 아주 많이 보았습니다. 그 중에는 널리 알려진 이들도 있었습니다.

하지만 예언이 틀린 후에도 그것을 반성하고 그 예언이 어디에서 왔는지 다시금 분별하려고 애쓰는 이들은 별로 없는 것 같았습니다.

어떤 예언은 주님으로부터 올 것입니다. 또한 어떤 예언은 악한 영으로부터 옵니다. 그리고 또한 많은 예언들이 자기에게서 나옵니다. 나는 행해지고 있는 예언 중에서 아주 많은 예언이 이와 같이 자신의 생각과 선입견에서 나오는 것이라고 생각합니다.

그러한 예언은 크게 위험한 것은 아니지만 별로 유익도 없습니다. 나는 자기 입장에서 자기의 유익을 위해서 예언을 빙자하는 것을 많이 보았습니다. 그것은 악한 일이며 거기에는 심판이 있을 것입니다.

어떤 은사자는 예언하기를 자기에게 얼마의 거금을 헌금해야 한다고 하였습니다. 물론 이런 예언은 엉터리입니다. 하지만 신비적인 성향을 가지고 있는 순진한 양들은 이러한 예언을 잘 믿는 경향이 있습니다.

초등학생이 하는 장난 중에서 '행운의 편지' 같은 것이 있습니다. 이것은 인터넷을 통하여 널리 유포되곤 하는데 '이 편지를 다른 사람에게 보내지 않으면 세 시간 안에 당신의 가족이 죽고. 불행이 일어나며..' 뭐 이런 내용입니다.

어른들이 이런 내용을 접하면 웃어버리고 말 텐데 초등학생들은 정말로 이 말이 이루어질까 봐 두려워합니다. 그래서 편지가 요구하는 대로 그런 내용을 몇 십 군데에 보냅니다. 그래서 그러한 내용이 자꾸 퍼지는 것입니다.

말도 안 되는 예언을 듣고 믿는 이들도 영적인 면에서는 초등학생과 같이 순진한 것입니다. 그리스도인들 가운데는 이와 같이 순진한 사람들이 정말 많이 있습니다.

이들은 자칭 예언자의 말을 듣지 않으면 하나님이 치시지 않을까 걱정합니다. 결국 하나님이 어떤 분이신지 모르기 때문에 이런 거짓 영들에게 속는 것입니다.

어떤 사역자는 다른 교회에 다니는 성도에게 찾아가서 예언의 말씀이라고 하면서 자기 교회로 옮기라고 합니다. 물론 그런 예언은 없습니다. 그것은 자기가 편하게 갖다 붙인 것에 불과한 것입니다.

어떤 기도원 원장님은 성도가 드린 감사헌금이 마음에 들지 않는다고 '너무나 서운하구나. 네가 나에게 이럴 수가 있느냐..' 하는 예언을 하였습니다. 문제는 이런 예언을 많은 이들이 믿고 있다는 것입니다.

어떤 사역자는 교인이 교회에서 시키는 구역장을 하지 않는다고 '네가 어느 때까지 불순종하겠느냐'고 예언합니다. 어떤 청년은 자기가 좋아하는 여성이 자기와 결혼하는 것이 하나님의 뜻이라고 하면서 그녀가 주저하고 있자 '딸아. 너는 아직도 온전하게 순종하지 않고 있도다' 하고 예언합니다. 이런 예들은 헤아릴 수 없이 많은데 많은 사람들이 이런 말들을 정말 하나님이 주신 예언으로 믿고 있기 때문에 이러한 엉터리 예언이 통하고 있는 것입니다.

어떤 사모에게서 이러한 이야기를 들은 적도 있습니다.
그 교회의 성도가 어느 기도원에 가서 은혜를 크게 받았다고 하면서 예언을 하기 시작했습니다. 하루는 새벽기도를 하는 중에 사모님에게 와서 예언을 해 주겠다고 하면서 손으로 사모님의 가슴을 아플 정도로 때리면서 '네가 왜 하나님의 사람을 아프게 하느냐' 하면서 계속 꾸짖는 예언을 하더라는 것입니다.
물론 거기서 '하나님의 사람'이란 그 성도 자신을 말하는 것입니다. 그녀는 그렇게 예언의 형식으로 그녀가 평소에 서운한 것들을 끊임없이 이야기하더라는 것입니다.
나는 어처구니가 없어서 그녀에게 왜 그런 멍청한 소리를 듣고 있느냐고 하자 그녀는 '예언이라는데 어떡해요.' 하는 것이었습니다.
나는 정말 기가 막혔습니다. 평소에 서운한 것을 이야기하는 것이야 그럴 수도 있겠지만 '내 딸아. 너는 나에게 함부로 하고 있느니라..' 하는 식으로 하나님을 빙자하는 것은 큰 죄입니다. 지금 당장 하늘에서 벼락이 떨어지지 않는다고 해서 함부로 하나님의 이름을 망령되이 일컬어서는 안 되는 것입니다. 그들은 정말 겁이 없는 사람들입니다.

내가 어릴 적이었던 지금부터 30여 년 전인 시절에도 은사운동이 많이 유행하고 있었고 예언을 하는 이들이 많이 있었습니다.
성도들은 문제가 있으면 주로 목사님보다는 예언자를 찾아갔습니다.

예언하는 은사를 받았다는 사람을 의존하는 정도가 얼마나 심했는지 구역장이 구역원의 집에 심방을 갈 때 어느 집부터 가는 것이 좋은지 예언자에게 물어볼 정도였습니다. 예언을 하는 분은 여관업을 하고 있는 분이었는데 그것에 대해서 물어보면 하나님이 그것을 하라고 시켰다고 대답하기도 했습니다.
지금 생각하면 참으로 어처구니없는 일이지만, 30여 년이 지난 지금에 와서도 별로 달라진 것은 없는 것 같습니다. 여전히 그러한 예언자가 있고 그러한 이들을 따라다니는 이들이 있습니다.

사역자들은 그러한 이들을 함부로 대하는 것에 대해서 두려워하는 경향이 있습니다. 은사나 영적 현상에 대해서 잘 모르는 사역자들은 자신이 자칫 잘못하여 성령의 역사를 방해하는 것은 아닐까 걱정합니다. 또한 그러한 예언자들은 성도들 가운데 인기가 많기 때문에 자칫 좋은 관계를 갖지 못하면 성도들은 목회자가 하나님의 사람을 핍박한다는 식으로 오해하기 마련입니다.
그러므로 목회자들은 영적인 원리나 현상이나 은사적인 부분에 대한 이해와 경험이 필요합니다. 그렇지 않으면 그들을 이끌고 가르치며 분별의 기준을 제시하는 것이 어렵기 때문입니다.
사역자들은 그러한 은사자들을 두려워할 필요가 없습니다. 그 분별의 기준은 삶과 인격이기 때문입니다.

만약 어떤 예언사역을 하는 사람이 겸손하고 온유한 사람이며 자신을 드러내지 않으며 물질이나 어떤 유익을 구하지 않는 사람이라면 그 사람은 비교적 안전합니다.
그러나 그들의 삶이 교만하고 거드름을 피우며 사람을 조종하며 그야말로 선지자인 척 하며 자기 입장에서 항상 이야기를 하는 사람이라면 그는 바른 사람이 아닙니다.
그러므로 그러한 이들은 제지시켜야 합니다.

작은 교회에서 사역하고 있는 목회자가 있었습니다.
작은 교회에는 사람이 귀하기 마련입니다.
그런데 어느 날 어떤 은사자가 찾아왔습니다.
자기가 기도하는 중에 빛이 이 교회에 임하는 것을 보고 큰 종의 밑에서 배우고 섬기기 위해서 왔다는 것입니다.
사람이 귀한 작은 교회에서 위축되기 쉬운 목회자에게 그렇게 용기를 주는 말을 하니 목회자의 입장에서는 고마웠을 것입니다.
그 여성은 기도를 많이 하는 사람이었고 이것저것 환상도 많이 보고 적극적인 성품의 사람이었는지라 주위에 사람들이 많이 따랐습니다.
결과는 어떻게 되었을까요? 그녀는 사사건건 자기주장을 하다가 결국 목회자와 부딪쳐서 교회를 떠났습니다. 한 무리의 사람들을 이끌고 말입니다. 이 목회자는 그 은사자를 통하여 교회가 부흥되고 긍정적인 변화가 있기를 기대했지만 결과적으로 교회가 더 어려워지고 말았습니다.

사역자는 은사적인 사람을 의지해서는 안 됩니다. 그러한 이들의 영을 조심스럽게 관찰하고 분별해야 합니다.
사역자가 은사와 영성에 대한 이해가 부족해도 은사자의 성품이나 삶의 열매를 보고 그를 분별할 수 있습니다. 그러므로 사역자는 그가 겸손하고 순수한 사람인지, 평소의 삶에 향기가 있는지, 자기의 은사를 이용하여 사람을 지배하거나 개인적인 이익을 취하려는 경향이 있는지 조심스럽게 살펴보아야 하는 것입니다.

은사자들은 흔히 자신의 경험에 대해서 많은 것들을 과장합니다. 자신이 주님의 신부로서 어떤 음성을 들었으며, 자신이 얼마나 주님의 사랑하는 신부이고 술람미 여인이며, 어떤 놀라운 역사가 있었고.. 하면서 과장을 하고 자랑합니다. 하지만 그 말을 다 믿어서는 안 됩니다. 중요한 것은 그들의 삶입니다. 나는 기도할 때는 울고 아주 뜨거우며 주님을 사랑한다고 고백하지만 실제의 삶에서는 돈을 떼어먹고 잘 갚지 않는 이들을 많이 보았습니다. 약속도 지키지 않고 상대방의 입장은 배려하지도 않는 무례한 이들을 많이 보았습니다. 그러한 이들의 간증이나 고백은 아무리 그럴듯해 보여도 진실한 것이 아닙니다.

은사도 좋고 예언도 좋고 깊은 것도 좋지만 그보다 먼저 삶에 있어서 상식적인 것, 기본적인 것이 잘 되어있는지를 보아야 합니다. 거짓말을 하지 않는 것, 겸손한 것, 약속을 잘 지키는 것, 인사를 잘 하는 것.. 이런 기초가 분명해야 하는 것입니다.

이상하게도 자신의 신앙이 아주 깊고 좋다고 여기는 이들은 이러한 기초가 부실한 경우를 많이 보았습니다. 그러므로 삶과 인격에서 그의 신앙을 뒷받침해주지 못한다면 그의 영적 경험은 진실한 것이라고 할 수 없습니다.

사역자는 은사자를 조심해야 합니다. 그들의 영을 분별해야 합니다. 이러한 은사자들을 통하여 많은 교회들에 혼란스러운 영이 퍼져나갑니다. 많은 사람들이 은사자들을 찾아가 그들의 말을 듣고 따릅니다. 그들은 문제가 생기면 어떻게 처신을 해야 할지 모릅니다. 그래서 예언을 받으러 가려고 합니다. 이것은 바른 것이 아닙니다. 그것은 불신자들이 점쟁이를 찾아가는 것과 다를 것이 없습니다. 신약 시대에는 모두가 다 자신의 안에 주님을 모시고 있습니다. 모든 이들이 성경을 가지고 있습니다. 그러므로 성경을 읽고 말씀의 교훈을 따라 살아야 하며 자신 안의 감동을 따라 주님의 인도를 받아야 합니다.

사역자가 그러한 은사자들을 관리할 수 있고 인도할 수 있다면, 그리하여 그들의 문제점을 지적해주고 수정하며 그들의 예언이 좀 더 깊어지고 맑아지며 그들의 영혼이 성숙해질 수 있도록 도울 수 있다면 은사자들은 사역자에게 좋은 조력자가 될 것입니다. 그러나 그렇지 않다면 그러한 은사자들과 사역자는 같은 교회에서 신앙생활을 하는 것이 좋지 않을 것입니다. 그것은 서로에게 고통이 될 것입니다.

사역자는 교회 안에 이러한 혼란스러운 영이 들어오지 않도록 기도로 악한 영을 결박해야 합니다. 잘못된 은사, 분별이 부족한 은사는 악한 영들이 교회를 흔드는 좋은 도구가 될 수 있습니다.

부디 분별의 영을 달라고 주님께 구하십시오. 많은 순진한 성도들이 분별이 부족하여 악한 영들에게 속기 때문입니다.

은사보다 천국의 체험보다 감사하고 즐거워하며 사랑하고 섬기면서 살아가는 삶이 더 귀중하다는 것을 인식하고 성도들에게 가르치십시오.

어떤 이들은 누군가가 천국에 다녀왔다고 하면 아주 부러워합니다.
그리고 자신도 그러한 체험을 하고 싶어서 안달을 합니다.
하지만 그러한 것을 추구하는 이들은 평소의 삶이나 인격이 혼란스럽고 무질서해지기 쉽습니다.
기도 중에, 환상 중에 천국에 다녀온 것은 그리 중요한 것이 아닙니다. 잠시 후에 깨어나면 그뿐인데 그것이 뭐가 그리 대수롭겠습니까?
그것보다는 날마다 일상의 삶에서 감사하고 사랑하며 행복한 천국의 삶을 살아가는 것이 중요한 것입니다. 즐거운 마음으로 집안을 청소하고 자녀들을 축복하고 섬기며 친절하게 대하는 것 - 그러한 천국적인 삶의 원리로써 지속적으로 삶에서 천국을 경험하는 것이 더 좋은 것입니다.

은사보다 주님 자신을 추구하는 것이 바른 신앙입니다.
악한 마귀가 신기한 체험을 통하여, 은사를 통하여 교회를 사로잡지 않도록 악한 영들을 대적하십시오.
사람들이 주님보다 신기한 체험을 찾고 사람을 따라 가지 않도록 그 혼란시키는 영들을 결박하십시오.
거짓된 영과 혼미한 영이 사라질 때 주님의 실제적인 영이 임하시게 될 것입니다. 그리고 그 주의 영이 임하시는 곳에는 항상 아름다움과 거룩함과 사랑의 향취가 나타나게 될 것입니다.

19. 교회의 행사나 일을 준비할 때 대적기도를 하십시오

교회에는 크고 작은 행사가 항상 있습니다. 여러 가지 일이 있고 봉사활동이 있습니다.
그 모든 일들은 아름답고 좋은 일입니다. 넓게 보면 주님을 위하는 일이라고 할 수도 있습니다. 그런데 그렇게 일을 하고 봉사를 하는 과정에서 상처를 받고 실족하고 화를 내는 일이 있습니다.
그것은 좋지 않습니다. 교회에서는 항상 이런 일에 조심을 시켜야 합니다. 일을 멋지게 잘 치르는 것보다 더 중요한 것은 평화로움과 사랑의 분위기를 유지하는 것입니다. 교회는 천국이어야 하기 때문입니다.

어떤 행사나 일을 추진하든 인도자는 항상 그 일을 방해하기 위하여 악한 영들이 장난을 친다는 것을 기억하고 있어야 합니다. 그러므로 모두가 모여서 같이 기도하고 그 일 가운데 주님이 함께 하시기를 기도하며 방해하는 마귀를 결박해야 합니다.
그것은 아주 중요한 일입니다. 마귀는 항상 좋은 일에 끼어들어 그 일을 망치고 성도들이 상처를 받으며 서로를 향하여 벽을 쌓고 미워하게 만들기를 원합니다.

청년 시절에 여름 성경학교 봉사를 하던 때가 있었습니다.
성경학교 기간에 반별로 시험도 치고 경쟁도 해서 우수한 아이들에게 상을 주는 일이 있었습니다.
그런데 준비하는 형제가 시상품을 조금 적게 준비했습니다. 그래서 아이들이 상을 받으러 몰려들었는데 먼저 선물을 챙긴 교사들은 아이들에게 나누어주었고 조금 늦은 교사들은 선물을 주지 못했습니다. 아이들은 선물을 달라고 밀려들었습니다.

그 모습을 보고 행사 전체를 진행하던 부장 교사가 폭발을 해버렸습니다. 준비하던 형제에게 화를 터뜨리면서 아직 남아있는 선물을 땅바닥에다 내동댕이쳐 버렸습니다.

나중에 상황은 수습되었지만 분위기는 썰렁해져 버렸습니다.

왜 이런 일이 생기는 것일까요?
부장 선생님이 그와 같이 행사를 하는 곳에서 분노를 통제하지 못한 것은 부끄러운 일입니다. 물론 그 분의 성숙하지 못한 태도에 문제가 있는 것은 사실입니다.

그러나 이와 같은 행사에는 악한 영들이 어떻게든 거리를 만들어서 그렇게 폭발하도록, 엉망이 되고 실족이 되도록 장난을 친다는 사실을 기억해야 합니다. 그들은 그러한 준비와 기도가 부족했던 것입니다.

나는 성가대를 인도하던 형제가 대원들이 늦는다고 분노를 강력하게 폭발하는 것을 본 적이 있었습니다.

그것은 어처구니없는 일입니다. 그렇게 화를 내면서 성가대원들을 잘 리드할 수는 없을 것입니다.

교회에서 사소한 일로 분노를 폭발시키는 것은 하나님 앞에서 화를 낸 것입니다. 그것은 거룩한 공간을 더럽힌 것입니다. 그것은 마귀에게 넘어간 것입니다.

교회에서 회의를 하다가 사소한 의견 차이로 서로 논쟁이 되고 감정적이 되는 수도 있습니다. 이것도 역시 속고 있는 것입니다.

교회에서 봉사를 하다가 누가 좀 더 힘든 일을 많이 하고 적게 하는 가에 따라서 상처가 되고 서운해 하기도 합니다. 그러한 것도 역시 마귀에게 속은 것입니다.

마귀는 이처럼 사소한 것을 통하여 서로 미워하게 하고 판단하게 하고 서로 간에 벽을 쌓게 만듭니다. 그렇게 할 때 교회가 무너지며 그들의 소굴이 될 수 있기 때문입니다.

그러므로 교회에서 아주 사소한 행사가 있고 일이 있어도 모든 구성원들은 항상 조심해야 합니다. 그들은 일을 하다가 시험에 들지 않고 넘어지지 않도록 기도하는 마음으로 봉사해야 합니다.

행사가 있을 때 준비하는 이들은 항상 같이 모여서 기도하며 주님께서 그 행사를 인도해주시기를 기도하며 악한 영들이 장난치지 못하도록 그들의 세력을 대적하고 결박해야 합니다.

그러한 기도는 능력이 있으며 마귀는 가까이 오지 못하고 행사는 아름답게 마쳐질 수 있을 것입니다.

우리에게는 권세와 능력이 있습니다. 오직 깨어있지 않고 있어서 마귀에게 속고 넘어지는 것입니다.

그러므로 우리가 깨어서 마귀를 대적하며 주님의 도우심을 구할 때 우리는 교회의 모든 사역과 행사를 통해서 아름답고 풍성한 열매들을 경험할 수 있게 될 것입니다. 할렐루야.

20. 강력한 소리는
　　　영적 전쟁의 중요한 무기입니다

우리는 마귀를 대적할 때 목소리로 그들을 이기는 것이 아닙니다. 귀신을 쫓아낼 때 귀신들은 우리에게 주신 주님의 이름과 권세가 두려워서 도망하는 것이지 우리가 큰 소리를 지르고 호통을 치기 때문에 그것이 무서워서 도망가는 것은 아닙니다.
그러나 그럼에도 불구하고 목소리는 영적 전쟁에서 아주 중요한 것입니다. 굳건하고 명확한 목소리는 악한 영들에게 고통을 주며 공포를 심어 줍니다.

영이 약한 사람들의 한 특성은 그들의 목소리가 분명하지 않다는 것입니다. 그들의 말은 어눌합니다. 발음도 분명하지 않고 우물거립니다. 도대체 무슨 말을 하는지 알아듣기가 어렵습니다.
많은 생각에 사로잡혀 생각이 복잡하고 혼란스러운 이들의 말은 거의 알아듣기 어렵습니다.
그들은 속에서는 생각이 많지만 자신의 의사를 남들에게 잘 전달하지는 못합니다. 그저 혼자서 우물거릴 뿐입니다.

그러한 이들은 다른 이들도 답답하게 만들지만 본인도 답답합니다. 본인도 자신의 생각을 언어로 표현하는 데에 어려움을 겪습니다.
그들은 사람들과 대화를 나눈 후 집에 돌아와 혼자가 되면 항상 자기가 말한 내용에 대해서 후회하며 중요한 사항을 말하지 못한 것을 후회합니다. 그들이 하는 혼란스러운 생각들은 악한 영들이 마음대로 심어준 것들입니다.

또한 그들의 우물거리는 언어는 그들의 혼란스러운 마음과 생각의 상태를 잘 보여주는 것입니다.

특히 사역자가 말이 불분명하다면 그것은 아주 곤란한 일입니다. 사역자들은 특히 언어에 힘이 있어야 합니다. 대부분의 사역은 다 언어로 전달되기 때문입니다. 설교도 기도도 찬양의 인도도 소리로 하는 것입니다. 그러므로 소리가 약한 사람은 사역에 있어서 어려움을 겪게 될 것입니다.

지적인 사역자들은 대체로 말에 힘이 없고 조용조용 말하는 편입니다. 그들의 언어에는 뜻이 있고 깊이가 있지만 파워는 없습니다. 그래서 전달되는 능력이 약합니다. 그들의 말은 깊이 묵상하고 생각에 잠기는 것을 좋아하는 이들에게는 도움이 되겠지만 대부분의 단순한 사람들에게는 졸음만 올 뿐 힘이 되지 않습니다.

악한 영들은 나약한 소리를 두려워하지 않습니다. 교회에서 나오는 소리, 예배에서 나오는 소리가 미약할 때 악한 영들은 별로 두려움을 느끼지 않습니다. 그래서 그들은 마음 놓고 장난을 치게 됩니다.

사역자는 강하고 분명하게 발성기도를 하는 훈련을 해야 합니다. 큰 소리로 성경을 읽으며 소리를 통해서 영이 흘러나오는 훈련을 해야 합니다. 그것은 듣는 이들에게 힘을 줍니다. 그것은 영적인 생기입니다.

크고 강력한 소리로 말씀을 외치고 성경을 선포할 때 사람들은 거기에 충격을 받고 도전을 받습니다. 마귀들은 그것을 싫어합니다.

대체로 지성인들은 큰 소리를 싫어합니다. 그들은 큰 소리를 내는 것이 무식한 사람들의 특성이라고 생각합니다. 하지만 영적 전쟁에서는 복잡한 것보다 단순한 것이 좋습니다. 마귀는 복잡한 논리에 의해서 정복되지 않고 단순한 사람들, 단순하게 예수의 이름을 외치고 선포하는 이들에 의해서 정복됩니다.

예배에 큰 소리로 드리는 찬양이 있고 말씀이 힘있게 외쳐지며 성도들이 뜨겁게 통성으로 기도하는 교회에는 악한 영들이 충격을 받습니다. 그들은 그러한 소리들을 두려워합니다.

그렇게 예배 가운데서 강력한 소리를 선포하는 것은 마귀의 진을 무너뜨립니다. 여리고성을 무너뜨린 것은 고요한 묵상이 아니라 온 백성들의 강렬한 외침이었습니다.

사역자도 성도도 소리가 불분명하고 우물거리는 이들은 속에 많은 것들이 배출되지 못하고 쌓이게 됩니다. 그들은 다른 사람들에게 눌리며 어두움의 영들에게 짓눌립니다. 그들은 남들의 부당한 요구에 대해서 거절을 하려고 해도 입이 떨어지지 않습니다. 그들은 할 수 없이 승낙하고 나서 집에 돌아가 후회합니다. 그들은 자신의 나약함에 깊이 좌절하고 또 갈등합니다.

이러한 이들은 마귀의 밥이 될 수밖에 없는 것이 자명한 것입니다.

소리가 분명하지 않고 소리에 힘이 없는 사역자의 설교는 졸리고 따분합니다. 그것은 성도들에게 충격을 주지 못합니다.

그들의 소리는 성도들의 영을 제압하지 못합니다. 그들이 간신히 소리를 짜내고 있을 때 성도들은 하품을 하면서 들키지 않게 시계를 보려고 노력합니다.

소리에 힘이 없고 발성이 훈련되지 않는 사역자는 영적 실상을 가지고 있지 않습니다. 그러한 이들은 많은 책을 읽고 쓰고 하지만 영적인 힘이 없습니다. 그들은 하나의 개념을 가지고 있을 뿐이지 생명적인 능력을 알지 못합니다. 영적인 실제란 소리를 통하여 나오는 것입니다.

사역자가 힘있는 소리를 낼 수 있다면 그는 사역을 힘있게 할 수 있습니다. 물론 힘있는 발성은 쉽게 되는 것이 아닙니다. 그것은 오랜 시간의 발성기도의 훈련을 통해서 이루어지는 것입니다.

소리가 시원하게 나오고 힘이 있는 것은 어느 정도의 영적 승리를 경험한 후에 오는 것입니다. 또한 일시적으로 소리가 잘 나올 수는 있지만 지속적으로 강력한 소리를 가지려면 거기에는 많은 전쟁과 승리가 필요합니다.

악한 영들을 대적하고 쫓아낼수록 소리는 시원해집니다. 자신도 자신의 소리를 통해서 힘을 얻고 자유롭게 됩니다. 자신의 강력한 소리, 변화된 소리에 대해서 놀라게 됩니다. 아직 충분히 승리하지 못하고 정화되지 않은 사람은 크게 소리를 질러도 듣기 싫은 소리가 납니다.

영적 훈련이 어느 정도 이루어져서 영적 감각이 발달한 이들은 사람들의 소리만 들어도 그 사람의 안에 어떠한 영들이 남아있고 처리되어 있는지를 어느 정도 느낄 수 있습니다.

그러므로 사역자가 좀 더 많이 악한 영들을 대적하고 처리하고 영이 맑아질수록 그의 소리는 아름답고 풍성해지게 됩니다. 그의 소리는 맑고 정화되고 영의 흐름이 자연히 나오게 되어 평범한 말을 해도 사람들은 은혜를 받고 감동을 하게 됩니다.

사역자도 성도도 소리를 훈련해야 합니다. 이것은 아주 중요한 영성의 훈련입니다.

발성기도를 훈련해야 합니다. 부르짖는 기도를 훈련해야 합니다. 큰 소리로 마음을 다해서 성경을 읽고 찬양을 드리는 훈련에 익숙해져야 합니다.

그것은 심령을 강하고 후련하게 합니다.

예배는 그렇게 강하고 충만하고 아름다운 소리로 가득해야 합니다. 그렇게 될 때 마귀는 그 교회에서 함부로 일하기 어렵습니다.

부디 강력한 소리를 훈련하십시오. 강력한 소리가 있는 예배를 드리십시오. 그렇게 할 때 마귀는 달아나며 교회에는 생기가 가득하게 됩니다. 사람들은 예배를 사모하며 기다리게 됩니다.

그리고 그 공간에는 주님의 풍성하신 임재가 가득하게 나타나실 것입니다. 할렐루야.

21. 영적 부흥과 갱신에는 역풍이 있습니다

교회에서 영적인 변화가 일어나고 하나님의 능력이 나타나고 사람들의 영혼이 깨어나고 생동감을 얻기 시작한다면 그 교회에는 부흥의 역사가 일어나겠지요?
물론 그럴 수 있습니다. 하지만 그와 반대로 오히려 갈등과 싸움이 일어날 가능성도 적지 않습니다. 그것은 악한 영들이 가만히 구경만 하고 있지 않기 때문입니다.

겉으로는 잘 드러나지 않지만 교회를 지배하고 있는 악한 영들의 세력은 많이 있습니다.
그들은 숨어서 활동함으로 교회를 병들고 혼미하게 만듭니다. 그들은 보이지 않는 곳에서 움직이면서 사람이 지배하는 교회를 만들고 하나님의 실제보다 전통에 집착하게 만들며 서로 분파를 만들고 미워하게 합니다. 하나님의 권능이 임할 때 이러한 악한 영들은 드러나게 됩니다. 그리고 고통을 받게 됩니다. 하지만 그들은 호락호락 물러가려고 하지 않습니다.

사역자가 영적인 변화를 추구할 때 그가 새롭게 시작한 교회가 아니라면 그는 많은 도전에 직면하는 것이 보통입니다.
하나님의 임재가 교회에 나타나고 살아계심을 사람들이 경험하기 시작할 때 일부의 사람들은 기뻐하겠지만 그것을 좋아하지 않는 이들도 많이 있습니다. 그들은 그러한 변화를 싫어하고 불편해합니다. 그것은 단지 개인적인 취향일 뿐일까요? 아닙니다. 그것은 보이지 않는 영적인 전쟁입니다.

어떤 사역자가 오랜 세월 동안 제자 훈련을 하다가 몹시 탈진했습니다. 그는 안식년을 맞이해서 외국에 갔다가 거기서 찬양 가운데 나타나는 하나님의 임재를 경험하고 충격을 받았습니다.
아무리 가르치고 각종 훈련을 시켜도 도무지 변화되지 않는 성도들을 보면서 자기 한계를 느끼고 절망했던 그는 그 하나님의 임재 앞에서 엎드러지면서 이 흐름을 자신의 교회에 도입해야겠다고 결심했습니다.

그가 귀국한 후 예배는 전과 전혀 다르게 진행되었습니다. 그는 예배의 많은 시간을 찬양에 할당했습니다.
점차 예배에 하나님의 임재가 나타났고 표적들이 나타나기 시작했습니다. 질병이 기적적으로 치유되고 사람들은 예배의 기쁨을 경험하게 되었으며 예배를 기대하기 시작했습니다.
하지만 긍정적인 효과만 있는 것은 아니었습니다. 교회의 중진들은 이러한 변화를 반대했습니다.
그들은 당황했고 거부감을 느꼈습니다. 그들은 새로운 흐름에 익숙하지 않았고 불편하게 느꼈습니다.
많은 갈등이 있었고 많은 사람이 떠나갔습니다. 그러나 사역자는 새롭게 경험한 그 흐름을 포기할 수 없었습니다. 하지만 가까웠고 사랑했던 많은 이들과의 교제가 끊어지게 되어 너무나 가슴아파했습니다.

영적 변화에는 반드시 저항이 따릅니다. 그리고 그것은 보이지 않는 영적인 전쟁입니다. 많은 갈등과 상처와 벽이 생길 수 있습니다. 영적 전쟁을 이해하지 못하는 이들은 자신들이 하나님의 영을 방해하고 제한할 수 있다는 사실을 거의 알지 못합니다. 이론적인 지식과 영적인 실제의 경험은 다르기 때문입니다.
어떤 이들은 인격이 훌륭하고 성실합니다. 하지만 영적인 세계에 대해서는 거의 알지 못합니다. 그래서 자기도 모르는 사이에 하나님의 영과 그 임재를 대적하고 방해합니다.

그러나 본인은 그것이 교회와 하나님을 위한 것이라고 생각합니다. 이렇게 영적으로 무지한 상태에서 열정만 많은 이들이 참으로 많이 있습니다.

어떤 이들은 영의 흐름이 있는 예배와 역동적인 찬양이 너무나 듣기 싫고 고통스럽게 느껴지기도 합니다. 그러니 당연히 그러한 것을 싫어하고 반대하게 됩니다.

하지만 이들은 그러한 자신의 반응이 자기가 아니라 자기의 안에서 살고 있었던 악한 영들의 반응이라는 것을 꿈에도 생각하지 못합니다. 이러한 이들은 악한 영들이 그리스도인에게 들어올 수 있다는 사실조차 모르기 때문입니다.

이러한 사람들은 변화될 수 있을까요?

물론 본인이 원하고 사모한다면 주님께서는 언젠가 그의 영을 열어주실 것입니다.

그러나 그들이 그러한 변화를 원치 않으며 자신의 믿음과 의견이 항상 옳은 것이라고 믿는 다면 그들은 그렇게 살다가 그러한 영적 상태로 죽게 될 것입니다. 사람의 변화란 그렇게 쉬운 일이 아닙니다.

순진한 사역자들은 자신의 사역 가운데 은혜가 나타나고 하나님의 임재가 나타나면 모든 사람들이 은혜를 받고 기뻐할 것이라고 생각합니다. 물론 그러한 사람들도 있습니다. 하지만 그것을 싫어하는 이들도 분명히 있습니다.

대체로 교회의 지도자적인 위치에 있는 이들은 그러한 변화를 싫어하는 경향이 많이 있는데 그것은 영적인 갱신과 부흥이 그들의 위치를 흔들어 놓기 때문입니다.

하나님의 영이 임하시면 각 사람의 마음이나 영적 상태가 드러나게 되는데 지도자적인 위치에 있는 이들은 그것을 좋아하지 않습니다. 오직 낮은 마음을 가지고 있는 이들만이 그것을 좋아합니다.

악한 영들은 인격적인 존재이기 때문에 어떤 사람이 자기 안에 있는 악한 기운을 내보내기를 강력하게 원하면 그들은 나가야 합니다. 그러나 어떤 이들이 자신의 안에 속이는 영이 있다는 사실을 전혀 알지 못하고 자신이 옳다고 변호하며 고집을 부리며 주의 영을 대적한다면 악한 영들은 절대로 나가지 않습니다. 우리는 결코 원하지 않는 사람에게 주님의 임재와 은총이 임하게 할 수 없습니다.

그러므로 교회에 주님의 임재가 나타나게 될 때 교회는 대체로 두 갈래로 갈라지게 됩니다. 너무나 좋아하고 기뻐하는 한 무리의 사람들, 그리고 그것을 싫어하며 화를 내는 다른 무리의 사람들.. 그렇게 되어 교회가 갈라지게 되는 것입니다.

예배를 드릴 때 주님의 실제적인 임재와 영의 흐름이 없었을 때에는 특별하게 좋아하는 이들도 없고 특별하게 싫어하는 이들도 없습니다. 그러나 영적인 빛이 임하면 빛과 어두움은 분명히 나타나게 됩니다. 어떤 이들은 깊이 주님께 사로잡히며 큰 은혜를 받게 되고 어떤 이들은 강력한 대적자가 됩니다.

마태복음 25장에 나타난 것처럼 마지막 때의 심판 날에 양과 염소는 분명하게 갈라지게 됩니다.

그러나 이 땅에서는 양과 염소가 섞여 있습니다. 그러나 이 땅에 살 때에도 주님의 임재가 나타나고 악령들이 쫓겨나게 되면 일시적으로 하나님의 나라가 임한 것이기 때문에 숨겨져 있던 사람들의 영적 상태가 드러나 사람들이 두 종류로 나뉘게 되는 것입니다.

이러한 갈등의 요소가 있고 반대자들이 있기 때문에 많은 사역자들은 영적 갱신과 변화를 두려워합니다. 그러므로 아주 작은 개척 교회가 아닌 한 사역자들이 그러한 변화를 주도하는 것은 쉽지 않은 일입니다.

그러므로 사역자는 영적인 변화를 주도하기 위해서 풍부한 영성의 경험과 지혜가 필요하고 또한 대인관계에서의 지혜도 많이 필요합니다.

자연스럽게 변화를 이끌어가기 위해서는 온유하고 겸손한 자세도 필요하며 융통성과 넓은 마음도 필요합니다. 예를 들어 자신의 입장에 동조하지 않는 이들을 지나치게 강하게 몰아붙이거나 마귀 취급을 하는 것은 좋지 않은 것입니다.

어떤 이들은 선입견이나 충분한 지식의 부족으로 인하여 영적인 방해자가 되기도 합니다. 그러므로 그러한 이들을 겸손한 자세로 설득하고 동의를 구하는 것은 지혜로운 태도일 것입니다.

그러나 그러한 영성과 지혜보다, 그 무엇보다 더 중요한 것은 강력한 리더십이며 강한 결단력입니다. 반대를 두려워하는 이들은 결코 주님의 도구가 될 수 없습니다.

그러므로 영적인 방해에 대해서 기도로 싸워야 합니다. 왜냐하면 그 배후에는 교회를 파괴하고 누르기 위한 악한 영들의 공격이 있기 때문입니다.

역사에 있었던 부흥의 순간에도 항상 대적자들이 있었습니다. 그들은 하나님의 역사에 대해서 부정하고 공격했습니다. 그러한 이들은 자신들의 신앙이 아주 좋다고 생각하였습니다.

성령의 역사를 강하게 대적하고 공격한 이들 가운데는 직접 하나님이 치셔서 죽음에 이른 사람들도 있었습니다. 사도행전에 나타난 아나니아와 삽비라 같은 사건이 교회의 역사에 꽤 있었던 것입니다.

하나님의 임재가 아주 강력하게 나타나면 그런 일이 일어날 수도 있습니다. 하나님의 임재가 멀리 있을 때는 악한 영들이 사람의 안에서 쉽게 장난을 치지만 하나님의 실제적인 능력이 나타나게 되면 악한 영들의 통로가 되어 그것을 방해하고 대적하는 이들은 직접적인 징계를 경험하기도 합니다.

오늘날의 교회에 사도행전적인 성령의 역사가 많이 일어난다면 이러한 일도 일어나게 될 것입니다. 그 때 사람들은 주님을 두려워하게 될 것입니다. 이것은 실제적인 영적 전쟁입니다. 영이 약한 사역자가 교회의 갱신을 구하며 전쟁을 시작하게 되면 그는 공격을 받을 것입니다. 그는 눈에 보이는 사람에게서 공격을 받지만 사실은 배후에 있는 악한 영들이 그들을 사용해서 공격하는 것입니다.

악한 영들은 교회의 변화를 원치 않습니다. 하나님의 실제적인 임재가 교회에 나타나는 것을 원하지 않습니다. 그러므로 그들은 자기의 사람을 사용해서 여러 가지 이유를 들어 그것을 반대하게 만듭니다.

영적인 반대와 공격을 받을 때 영이 약한 사역자는 눌리거나 쓰러질 것입니다. 그것은 실제적인 전쟁이기 때문입니다.

반대로 사역자의 영이 강하다면 그를 반대하거나 대적하는 이들이 아프거나 눌리거나 쓰러질 것입니다.

나는 많은 사역자들이 교회의 영적 갱신을 시도하는 것을 보았습니다. 그들은 그렇게 하기만 하면 당장에 교회가 변화되고 부흥이 올 것을 기대하였습니다. 역풍이 불어오고 오히려 어려움이 생기리라고는 예상하지 못하였습니다.

그 결과 대부분 그러한 사역자들은 중간에 그들의 노선을 포기하고 원래의 상태로 돌아가는 것을 보았습니다. 그들은 좀 더 영적 전쟁에 대해서 이해하고 경험하고 준비되어야 했을 것입니다.

이제 한참 은혜를 경험한 초신자가 너무 즐겁고 감격한 나머지, 몇 십 년 간 불교를 열심히 믿던 이들을 전도하러 간 것을 본 적이 있습니다. 나는 그가 전도하는 과정에서 실족하여 정말 하나님이 살아 계신가를 고민하는 것을 보았습니다. 그는 영적인 전쟁에서 패배했던 것입니다. 그러므로 이제 조금 은혜가 임했다고 함부로 경솔하게 움직여서는 안 됩니다. 마귀는 바지저고리가 아닙니다.

그는 좀 더 은혜를 경험하고 배우고 영적 지식에서 자라갔어야 했을 것입니다.

사역자도 마찬가지입니다. 사역자는 교회의 갱신을 쉽게 생각해서는 안 됩니다. 오래 동안 형성되어있는 영적 분위기의 배후에 악한 영들이 있는데 그것을 쉽게 허물 수 있다고 가벼이 생각해서는 안 됩니다. 교회의 갱신을 원하는 사역자는 그것을 이끌 수 있는 지식과 경험이 좀 더 축적되어야 합니다. 그는 좀 더 강인한 사람이 되어야 합니다.

교회 안에 이미 형성되어 있는 악한 영들의 진이 많이 있습니다. 사역자는 그것을 부수는 데 있어서 신중을 기해야 합니다.

거기에는 지혜와 권능이 필요합니다. 오래된 교회일수록 악한 영들은 그 곳에서 오래 활동하여 왔으며 그들은 결코 쉽게 떠나려고 하지 않을 것입니다.

교회에 하나님의 실제적인 임재가 나타나고 천국이 임하는 것을 원하는 사역자는 영적 전쟁을 각오해야 합니다. 그리고 그것은 결코 쉽지 않은 싸움입니다.

강한 사역자는 그 싸움을 충분히 해낼 수 있을 것입니다. 하지만 그는 가능하면 혼자서 싸우지 않는 것이 좋을 것입니다.

그는 그를 돕고 지원할 수 있는 사람들을 가지고 있어야 할 것입니다. 사역자를 향하여 쏘아지는 영적인 불화살을 기도로 방어하고 보호할 수 있는 그룹을 가지고 있어야 할 것입니다.

사역자가 영적으로 강하며 충분히 무장되어 있다면 그를 대적하고 공격하는 이들은 쓰러지거나 어려움을 겪게 될 것입니다. 그러나 사역자가 약하다면 그가 먼저 쓰러지거나 병들게 될 것입니다. 악한 영들은 그를 쓰러뜨리기 위하여 강력한 공격을 해대기 때문입니다.

영적 부흥에는 전쟁이 있다는 사실을 사역자는 분명히 알아야 합니다. 대가의 지불이 없이 오는 승리란 없습니다. 가만히 두어도 알아서 무너지는 마귀의 진이란 없습니다. 그것은 치열한 투쟁을 통하여 가능한 것입니다.

오늘날 교회 안에 많은 악한 영들의 장난이 있습니다. 인간의 냄새가 나고 사람을 높이며 사람이 지배하고 돈을 높이고 세상과 타협하며 전통과 형식을 중시하는 것의 배후에는 악한 영들의 장난이 개입되어 있는 것입니다.

그들을 가만히 내버려 둘 때 교회는 외적으로 평안하게 유지될 것입니다. 그러나 그러한 영들을 초토화시키고 쫓아내려고 할 때 잠재되어 있는 영들은 표면에 나타나게 될 것입니다. 그리하여 전쟁이 있게 될 것입니다.

안이한 평화를 원할 것이냐, 아니면 악령과의 전쟁을 통해서 교회를 정화시키고 오직 주님만이 주인이 되시는 교회를 세울 것이냐, 아니면 새롭게 그러한 교회를 시작할 것이냐.. 이러한 것들은 사역자가 기도하면서 주님의 인도를 받아야 할 것입니다.

다만 이 사실을 기억하여야 합니다. 교회에서 영적 전쟁을 시작할 때 많은 기쁨과 해방과 영광이 임하지만 거기에는 갈등과 역풍이 있을 수 있다는 것입니다.

어떤 이들은 귀신의 'ㄱ'자만 말해도 싫어할 것입니다. 그것은 개인의 취향이 아니라 악한 영들의 장난입니다. 그러나 영의 감각이 살아나지 않는 한 그러한 것들을 가르치고 설명하는 것은 어렵습니다. 그것은 이해의 문제가 아니라 영의 문제입니다.

오직 주님만이 우리를 인도하실 수 있습니다. 사역자가 어떤 방식을 사용해야 하느냐 하는 것은 오직 주님께 물어야 합니다.

부디 이 사실을 기억하십시오.

갱신에는 방해자가 있습니다. 영적 전쟁에는 방해자가 있습니다.

끝까지 포기하지 않고 길을 가는 자들이 승리와 부흥을 경험하게 될 것입니다.

22. 마귀를 대적하여 교회를 순결하게 하십시오

이 땅에는 하나님의 왕국과 마귀의 왕국이 공존하고 있습니다.
그 두 왕국은 항상 서로 전쟁을 벌이고 있습니다.
마귀의 왕국은 천국을 공격하며 그들의 왕국을 확장하려고 합니다.
천국도 그 영역을 확장하려고 합니다.
그 확장의 방법은 영혼을 얻는 것입니다.
지옥도 영혼을 얻으려 하며 천국도 영혼을 얻으려 합니다.
그래서 한 영혼을 놓고 천국과 지옥의 줄다리기가 벌어지고 있는 곳 - 그곳이 바로 이 세상입니다.

천국을 대표하는 곳은 교회이며 지옥을 대표하는 곳은 이 세상입니다.
천국은 주님을 예배하고 시인하고 높이는 곳이며 그러한 공간은 가정이든 직장이든 다 천국과 같다고 할 수 있습니다. 그러나 이 세상에서 주님을 시인하는 곳은 드물기 때문에 천국을 별로 찾아볼 수 없습니다.
지옥은 자신을 높이고 시인하며 자기의 욕망을 채우려고 하는 곳입니다. 그러므로 대부분의 가정이나 세상이 다 지옥의 공간이 되고 마귀의 지배를 받게 됩니다.

우리는 이 세상의 주인이 마귀이며 그들의 영으로 세상과 모든 문화가 가득하다는 것을 알고 있습니다.
우리는 마귀의 세례를 받으려고 애를 쓸 필요가 없습니다.
인기 있는 드라마를 열심히 시청하기만 해도 우리는 세상의 영과 정신으로 가득 채워지게 됩니다. 우리는 욕망과 분노와 미움과 이기심과 교활함과 온갖 악을 받아들이며 배우게 됩니다.

유행하고 인기가 있는 노래를 가만히 듣고 있기만 해도 우리는 그 영으로 충만하게 됩니다. 그러한 노래의 감미로운 선율을 즐기고 있을 때에 노래 가사에 담겨있고 노래를 부르고 있는 이들의 중심 영에서 흘러나오는 육신적인 애정과 음란함, 더러움, 허무함.. 등 각종 악한 기운을 받아들이게 됩니다.
그것이 이 세상입니다. 그리고 배후에 있는 악령들이 사람들을 사로잡는 방법입니다. 문화, 교육, 정치, 경제 등 모든 부문을 통하여 그들은 사람의 영혼에 영향을 끼치며 사로잡으려고 합니다. 그 하나의 목적은 오직 사람을 세상에 속하고 육신에 속하고 마귀에 속한 사람으로 만들어서 그 영혼들을 그들이 영원히 장악하려고 하는 것입니다.

마귀는 단순히 세상에 있는 사람의 영혼만을 사로잡으려고 하는 것은 아닙니다. 그들은 신앙 자체를 깨뜨리려고 합니다. 기독교가 얼마나 모순된 종교이고 잘못되었는지를 끊임없이 공격합니다. 예수의 결혼, 예수의 아내, 그 숨겨진 음모.. 이런 류의 책들은 항상 베스트셀러가 됩니다. 신성 모독처럼 마귀가 좋아하는 것이 없습니다. 그들은 이러한 책이나 연극에 강력한 능력의 기름을 부으며 배후에서 지원합니다.
성경의 진실성에 대한 공격도 신앙을 깨뜨리기 위해서 그들이 끝없이 매달리는 것 중 하나입니다. 성경이 오류로 가득한 책이며 조작된 것이라고 그들이 입증할 수 있으면 그들은 기독교 신앙 자체를 무너뜨릴 수 있기 때문입니다. 마귀의 최종 목표는 오직 기독교를 없애고 교회를 없애는 것입니다.

마귀들의 공격은 세상을 장악하고 신앙을 공격하는 것에서 그칠까요? 아닙니다. 그들은 더 나아갔습니다. 그들은 교회 안에까지 침투하였습니다. 그들은 교회를 망가뜨리고 타락시키기를 원합니다.
그들은 천국의 상징인 교회를 무너뜨릴 때 진정한 승리가 오는 것을 잘 알고 있습니다.

교회는 천국의 상징입니다. 교회는 이 땅에 있는 천국입니다. 하지만 오늘날 교회에서 천국의 빛과 영광을 보는 것은 쉽지 않은 일입니다. 그 이유는 무엇일까요?

그것은 교회를 파괴하기 위한 사탄의 공작이 끊임없이 행해지고 있기 때문입니다. 그리고 그로 인하여 지금 교회는 아주 많이 혼미해져 있습니다.

교회에는 주님의 영만 있는 것이 아니라 악한 영들의 공격과 침투로 인하여 인간의 영과 어두움의 영들이 혼합되어 있는 것입니다.

오늘날 교회는 이러한 불결한 상태에서 벗어나 순결한 모습을 회복해야 합니다. 교회에 들어와서 교회를 타락시키고 망가뜨리는 악한 영들의 술수를 발견하고 그들을 대적하여 쫓아내는 것이 교회의 순결과 아름다움을 회복하기 위한 기초이며 시작이 될 것입니다.

계시록에는 일곱 교회에 보내는 편지가 나옵니다. 그 편지 안에는 하나같이 이기는 교회가 될 것을 권면하는 내용이 담겨 있습니다. 물론 싸우고 이겨야 할 대상은 마귀이며 악한 영들입니다. 악한 영들은 일곱 교회를 파괴하기 위해서 여러 가지의 작전을 사용하였습니다.

에베소 교회에서는 그들의 첫 사랑, 주님께 대한 순수한 열정을 잃어버리게 하였습니다. 에베소 교회는 초대교회로서 순수한 믿음을 가지고 있었으나 사탄은 곧 그들의 열정이 식어버리도록 역사하였습니다.
"그러나 너를 책망할 것이 있나니 너의 처음 사랑을 버렸느니라" (계2:4)

서머나 교회에서는 직접적으로 그들을 파괴하기 위하여 많은 핍박이 일어나게 하였습니다. 서머나 교회는 교회가 순교 당하고 박해 당하던 시절의 교회입니다. 이 때 마귀는 교회를 깨뜨리기 위해서 직접적으로 박해하고 공격하였습니다.
"마귀가 장차 너희 가운데에서 몇 사람을 옥에 던져 시험을 받게 하리라 너희가 십일 동안 환난을 받으리라" (계2:10)

여기서 십일의 기간은 기독교를 심하게 핍박했던 로마의 열 황제를 가리킨다고 대부분의 신학자들은 인정하고 있습니다. 이처럼 교회를 깨뜨리기 위한 환난의 배후에 마귀가 있었던 것입니다.

버가모 교회에서는 세상 사랑과 물질에 대한 애정으로 교회의 영을 혼미하게 하였습니다.
"네게 두어 가지 책망할 것이 있나니 거기 네게 발람의 교훈을 지키는 자들이 있도다 발람이 발락을 가르쳐 이스라엘 자손 앞에 걸림돌을 놓아 우상의 제물을 먹게 하였고 또 행음하게 하였느니라 이와 같이 네게도 니골라당의 교훈을 지키는 자들이 있도다"(계2:14,15)

발람은 돈을 사랑하며 우상을 섬기는 사람으로 이러한 계략을 모압왕 발락에게 가르쳐 이스라엘 사람들을 성적 타락과 우상숭배에 빠지도록 만든 사람입니다. 버가모 교회도 그러한 죄에 빠졌다는 것입니다.
버가모 교회는 로마 황제가 교회를 국교로 인정해 준 시대의 교회입니다. 이제 교회는 외적으로 고난이 사라지고 권세를 가지게 되었으나 대신에 영적으로 혼탁하고 타락하게 되었습니다. 마귀는 핍박으로 교회가 멸망하지 않자 오히려 권세를 주고 부유하게 함으로 타락시키려는 공격을 하였습니다. '버가모' 란 '결혼' 이라는 의미로서 세상과 연합하고 오염된 교회의 상태를 잘 보여주고 있습니다.
두아디라 교회에서는 우상과 음란함의 문제로 교회를 타락시켰습니다.
"그러나 네게 책망할 일이 있노라 자칭 선지자라 하는 이세벨을 네가 용납함이니 그가 내 종들을 가르쳐 꾀어 행음하게 하고 우상의 제물을 먹게 하는도다"(계 2:20)

두아디라 교회는 중세시대의 교회입니다. 여기에서 사탄은 교회가 우상과 음행으로 가득하고 순결함을 잃어버리도록 역사하였습니다.
그러나 어떤 이들은 주님을 사랑하고 주님께 속해 있으면서도 사탄이 어떻게 그들을 속이고 있는지 전혀 알지 못했습니다.
"두아디라에 남아있어 이 교훈을 받지 아니하고 소위 사탄의 깊은 것을 알지 못하는 너희에게 말하노니 다른 짐으로 너희에게 지울 것이 없노라" (계2:24)

사데 교회는 개혁 시대의 교회입니다. 그들은 개혁을 하기 원했지만 그들의 개혁은 외형적인 행위에 치우쳐 내적 생명이 죽은 것과 같이 되었습니다. 겉으로 행위에는 열심이나 내적으로 공허하고 죽은 것 같은 영적 상태, 그것도 역시 사탄에게 속고 패배한 모습을 보여주고 있는 것입니다.
"내가 네 행위를 아노니 네가 살았다 하는 이름은 가졌으나 죽은 자로다" (계3:1)

빌라델비아 교회는 유일하게 책망이 없는 교회입니다. 이 교회에는 칭찬만 있는데 이 시기의 교회에서는 풍성한 복음 운동과 부흥운동이 있었습니다. 이 교회는 부분적으로 사탄에게 승리하였다는 것을 편지는 전해줍니다.
"보라 사탄의 회당 곧 자칭 유대인이라 하나 그렇지 아니하고 거짓말하는 자들 중에서 몇을 네게 주어 그들로 와서 네 발 앞에 절하게 하고 내가 너를 사랑하는 줄을 알게 하리라" (계3:9)

라오디게아 교회는 마지막 시대의 교회입니다. 라오디게아는 '백성'과 '평신도'를 의미하는 '라오스'와 '의견'을 의미하는 '디케아'의 합성어입니다.
즉 라오디게아 교회는 백성 혹은 평신도의 다양한 많은 의견이 있는 교회입니다. 교회에 주님의 통치가 소멸되고 민주화가 되어 사람들의 많은 의견들이 지배하고 있는 교회입니다.
이 교회는 역사상 가장 타락한 교회로서 영적인 생명을 가장 많이 잃어버리고 있는 영적으로 가난한 교회입니다.
이 교회는 주님을 사랑하는 열정을 잃어버린 뜨뜻미지근한 교회입니다.

"내가 네 행위를 아노니 네가 차지도 아니하고 뜨겁지도 아니하도다 네가 차든지 뜨겁든지 하기를 원하노라
네가 이같이 미지근하여 뜨겁지도 아니하고 차지도 아니하니 내 입에서 너를 토하여 버리리라" (계3:15,16)

이 교회는 열정을 잃어버렸을 뿐 아니라 교만하고 자신의 신앙과 믿음이 좋은 줄로 착각에 빠져 있는 교회입니다.
"네가 말하기를 나는 부자라 부요하여 부족한 것이 없다 하나 네 곤고한 것과 가련한 것과 가난한 것과 눈 먼 것과 벌거벗은 것을 알지 못하는도다" (계3:17)

외적으로 현대의 교회는 부요하고 믿음이 좋고 지식이 많은 것 같으나 내적으로는 벌거벗고 가난하고 영적인 생명을 잃어버린 텅 비어 있는 교회입니다.
이러한 교회의 변질과 타락과 순결을 잃어버린 모습들.. 과연 그렇게 된 배후에는 누가 있을까요? 오직 사탄이 있는 것입니다. 마귀는 지난 2천년 동안 지속적으로 교회를 공격하고 타락시키려고 노력해왔습니다. 마귀는 교회 바깥의 세상에도 영향력을 행사해왔을 뿐만 아니라 교회 안에도 살며시 침투하여 교회의 순결성을 깨뜨리고 혼미하게 만들어 왔습니다. 사도바울의 서신을 보면 그가 교회 안에 침투한 이방의 세력과 악한 영들의 장난에 대해서 수없이 경고하고 조언하는 것을 볼 수 있습니다.
"이는 가만히 들어온 거짓 형제들 때문이라 그들이 가만히 들어온 것은 그리스도 예수 안에서 우리가 가진 자유를 엿보고 우리를 종으로 삼고자 함이로되" (갈2:4)
"뱀이 그 간계로 하와를 미혹한 것 같이 너희 마음이 그리스도를 향하는 진실함과 깨끗함에서 떠나 부패할까 두려워하노라
만일 누가 가서 우리의 전파하지 아니한 다른 예수를 전파하거나 혹은 너희가 받지 아니한 다른 영을 받게 하거나 혹은 너희가 받지 아니한 다른 복음을 받게 할 때에는 너희가 잘 용납하는구나" (고후11:3,4)

"그런 사람들은 거짓 사도요 속이는 일꾼이니 자기를 그리스도의 사도로 가장하는 자들이니라
이것은 이상한 일이 아니니라 사탄도 자기를 광명의 천사로 가장하나니 그러므로 사탄의 일꾼들도 자기를 의의 일꾼으로 가장하는 것이 또한 대단한 일이 아니니라 그들의 마지막은 그 행위대로 되리라"(고후 1:13-15)

바울은 이와 같이 잘못된 가르침이나 영이 교회 안에 침투하는 것을 두려워하고 경고하였던 것입니다.
 그것은 지금도 마찬가지입니다. 오늘날에도 마귀는 교회 안에서 움직이며 활동하고 있습니다. 그들은 지난 과거에 그렇게 했던 것처럼 교회의 순결함을 깨뜨리고 교회 안에 세상의 영들과 사람의 욕망과 자랑으로 가득 채우려고 합니다.
오늘날에도 마귀는 교회 안에 많은 악한 영들을 공급하고 그를 통해서 교회를 지배하려고 합니다.

세상을 추구하게 하는 악령들이 있습니다. 이 영들은 사람들에게 주님을 사랑하는 것보다 세상을 사랑하며 세상의 영광을 추구하도록 만듭니다. 이러한 사람들은 마귀에게 속고 있는 것입니다.
돈을 사랑하고 의지하게 만드는 악령들이 있습니다. 이것은 니골라당이라고도 하는 영입니다. 이러한 영에 잡힌 이들은 주님을 의지하는 것보다 돈을 더 사랑하고 의지합니다. 그것도 마귀에게 속고 있는 것입니다.

또한 악령들은 주님을 알아 가는 것보다 문제를 해결하고 고통에서 벗어나며 욕망을 만족시키는 데에 더 집중하게 만듭니다. 그것도 역시 마귀에게 속고 있는 것입니다. 그렇게 문제 해결 중심의 신앙에 빠져 있는 이들은 아직 신앙의 근본 중심과 방향을 제대로 알지 못하고 있는 것입니다. 그들은 자신이 주님을 믿으며 주님을 안다고 생각하지만 실제로 그들의 영혼은 주님과 아주 멀리 있습니다.

지배와 분쟁의 영이 있습니다. 이 영을 받은 이들은 교회 안에서 서로 으뜸이 되려고 애를 씁니다. 그리고 서로 미워하며 분쟁을 만들고 파를 만듭니다.

성공의 영이 있습니다. 이 영을 받은 이들은 주님을 알고 주님의 사람이 되는 것보다 오직 세상에서 성공하기를 원합니다. 만약 그들의 욕망이 이루어지지 않으면 그들은 주님을 원망합니다.

신비주의적인 영이 있습니다. 이 영을 받은 사람은 극단적으로 신비한 체험을 구하며 그것을 얻으려고 난리를 꾸밉니다.

그들은 그러한 체험을 했다고 주장하는 이들을 따라다니며 부러워하고 또한 자신에게 그러한 경험을 주지 않는 하나님을 원망합니다. 그러한 것도 일종의 육신적인 욕망에 지나지 않는 것이며 주님 자신을 추구하는 것과 다른 것입니다.

은사적인 교회는 체험을 추구하는 경향에 사로잡히기가 쉽습니다. 이러한 형태의 교회들이 주님 자신에 몰두하지 않고 주님이 주시는 체험이나 선물, 은사 자체에 몰입하게 되면 균형을 잃어버리게 됩니다. 그리하여 삶 속에서 자연스럽게 열매를 맺으며 주님과 동행하는 것보다 신비한 음성이나 인도하심을 추구하다가 삶의 질서가 무너지기도 합니다. 이것도 역시 마귀에게 속는 것입니다.

마귀는 부분적인 교리에 집착하도록 만들기도 합니다. 그 교리가 틀린 것은 아니더라도 극단적으로 한 부분에 치우쳐서 균형을 잃고 그 부분을 강조하지 않는 다른 교회를 비난함으로써 영혼이 어두워지고 악한 영들에게 잡히게 됩니다.

그들은 그들이 주장하고 가르치는 교리가 성경의 중심이며 가장 중요한 것이라고 가르칩니다. 그 교리를 모르는 이들은 신앙의 중심을 모르고 있는 것이며 무지하고 어리석은 것이라고 말합니다. 하지만 그들도 역시 속고 있는 것입니다.

어떤 교회나 단체는 자기만이 최고이며 가장 영적이라고 생각하는 영에 잡히기도 합니다.

그것은 교만과 착각의 영입니다. 주님께 속한 바른 교회는 그러한 교만에 잡히지 않습니다.

그러한 영적 교만은 마귀가 심어주는 것이며 다른 교회, 다른 지체들과의 분리와 벽을 가져옵니다. 이것 역시 교회를 고립시키고 파괴하는 마귀의 장난입니다.

오늘날 자기의 교회가 최고이며 자기의 신앙이 최고라고 가르치고 믿고 있는 곳은 많지만 승리하는 신앙인들은 그리 많지 않습니다.

삶 속에서 아름다움과 천국의 열매와 향취를 보여주는 곳은 많지 않습니다.

오늘날 교회를 보면서 '바로 이곳이 천국이다' 라고 할 수 있는 곳은 그리 많지 않습니다.

그것은 오늘날의 교회가 마귀의 공격에 대해서 너무나 무지하기 때문입니다. 깨어있지 않기 때문입니다. 교회의 순결을 지키려는 열망이 부족하기 때문입니다. 교회는 죄와 더러움이 교회에 침투하는 것에 대해서 두려워해야 합니다.

결혼식 날에 입는 신부의 웨딩드레스는 하얀 색입니다. 그것은 순결을 상징하는 것입니다. 많은 아름다운 옷이 있지만 신부는 순결을 상징하는 백색의 드레스를 입습니다. 그것은 신부에게 가장 요구되는 것이 순결이기 때문입니다.

마찬가지로 교회는 주님의 신부입니다. 그러므로 교회에게 가장 우선이 되고 요구되는 것은 곧 순결입니다.

순결이 있는 곳에 주님은 임하시며 마귀는 들어오지 못합니다. 마귀가 침입하면 순결이 깨지고 교회는 혼탁해집니다. 교회는 더 이상 천국이 되지 못하는 것입니다.

작은 개척교회에서 교육 전도사를 하던 시절이 있었습니다. 그런데 주보를 볼 때마다 의문이 나는 것이 있었습니다. 주보에는 예배의 참석 인원이 기록되어 있었는데 항상 그 숫자가 틀리는 것이었습니다.
주보에 기록된 인원은 실제로 예배에 참석하는 인원보다 항상 훨씬 더 많았던 것입니다.

나중에 나는 그것이 일부러 과장된 숫자임을 알게 되었습니다. 주보는 대외적으로 나가는 것이기 때문에 숫자를 부풀려서 보이는 것이 낫다고 생각했던 것입니다.
그것은 거짓입니다. 실제가 아닌 것을 속이는 것입니다.
그것은 간단한 일일까요?
간단하지 않습니다. 그것은 그 교회의 안에 거짓의 영이 침투하는 문이 되는 것입니다. 그렇게 되면 조금 후에는 그 교회에 다니는 모든 사람들이 거짓의 영의 영향을 받게 됩니다.

오늘날 교회에는 죄에 대하여 둔감한 모습이 참으로 많이 있습니다. 그것은 두려운 것입니다. 그것은 마귀에게 침투의 기회를 줍니다.
어느 교회에서 성가대 지휘를 맡고 있는 젊은 전도사의 이야기를 들은 적이 있습니다.
이 전도사는 아주 미남이었습니다. 전도사는 성가대를 부흥시키기 위해서 자기 특유의 방법을 사용했습니다. 그 전도사는 여성의 마음을 끄는 재주가 있었습니다.
그래서 여성 한 사람씩에게 접근해서 그녀를 사랑하는 것처럼 암시를 주었습니다.
그래서 곧 성가대는 자매들로 가득 차게 되었습니다. 그 자매들 모두는 지휘자가 자기를 깊이 사랑한다고 믿고 있었습니다.
그것은 음란의 영입니다. 그렇게 교회 안에 침투한 음란의 영은 점차적으로 교회 안에 퍼지며 성도들에게 들어가게 됩니다.

과거에 바람둥이의 죄를 짓다가 회개하고 사역을 하게 된 사역자도 있습니다. 그러한 이들이 온전하게 회개하고 음란의 영을 끊어버리고 마귀를 대적하고 행동을 조심한다면 그것은 좋습니다.

그러나 과거에서 벗어나지 못하고 비슷한 행동을 하는 사역자에 대한 이야기를 나는 많이 들었습니다. 그러한 교회에는 음란한 영들이 곧 퍼지게 되며 비슷한 사고가 교회에서 많이 일어나게 됩니다.

하나의 죄가 교회에서 용납될 때 그 교회는 곧 그러한 악령들이 마음 놓고 역사하는 통로가 되어버리는 것입니다.

나는 나이가 많은 사역자와 여성도가 서로 반말을 하면서 친밀하게 지내는 것을 본 적이 있습니다.

그러한 것은 더러운 영입니다. 그것은 육체에 속한 영이며 그러한 자세는 악한 영들을 교회 안에 불러들이게 됩니다.

나는 재정에 대해서 마음대로 사용하는 담임 목회자에 대한 갈등으로 고민하던 재정장로님들의 안타까운 상담요청을 여러 번 받은 적이 있습니다. 그러한 물질에 대한 잘못된 자세는 돈을 사랑하게 만드는 악령들이 교회 안에 들어오는 통로가 됩니다.

죄를 두려워하지 않을 때 교회는 악한 영들의 놀이터가 됩니다. 악한 영들은 항상 호시탐탐 교회를 사로잡을 수 있는 기회를 엿보고 있기 때문입니다.

위선의 영, 권위주의의 영, 서로 이간질을 시키는 영.. 등등 교회를 타락시키고 깨뜨리려는 마귀의 공격은 끝이 없습니다. 이것은 오늘날 어디에서나 발견할 수 있는 모습입니다.

오늘날 왜 천국과 같은 교회, 아름다움과 사랑스러움과 천국의 기쁨으로 가득한 교회를 찾아보기 어려운 것일까요?

그것은 그러한 교회는 가만히 있어도 저절로 이루어지고 하늘에서 떨어지는 것이 아니라 교회를 깨뜨리려는 마귀의 궤계를 발견하고 분별하여

주 예수의 이름으로 그들과 치열한 전쟁을 벌이고 승리를 얻은 후에야 비로소 그러한 교회의 모습이 이루어질 수 있기 때문입니다.

오늘날 교회를 깨뜨리기 위한 마귀의 공격이 얼마나 치열하고 거센지 모릅니다. 그 전쟁에서 승리하는 교회만이 천국의 빛과 영광과 거룩함과 아름다움을 보여줄 수 있습니다. 우리는 모두 이 싸움에 동참해야 합니다.

교회가 타락했다고 비난하는 이들은 많이 있습니다. 사역자들에 대해서 비난하고 돌을 던지는 사람들은 많이 있습니다. 그러나 중요한 것은 돌을 던지는 것이 아니라 우리가 같이 기도하고 중보하며 싸워서 마귀로부터 교회를 아름답고 순결하게 지키는 것입니다. 그것이 바로 승리이며 천국인 것입니다.

교회는 무엇보다도 순결을 회복해야 합니다. 어린아이와 같은 마음으로 주님을 사랑하고 그리워하고 추구해야 합니다. 거짓과 악과 죄를 미워하며, 서로에 대한 미움과 판단과 높은 마음을 두려워하고, 세상의 영들이 침투하는 것을 분별하고 거절해야 합니다.

이를 위하여 교회는 마귀를 대적해야 합니다. 모든 악령들, 귀신들을 대적하여 쫓아내야 합니다.

죄를 버리고 악을 회개하며 마귀가 틈을 탈 수 있는 모든 구멍을 막아야 합니다.

마귀가 떠나갈 때 교회는 아름답고 사랑스러워지게 될 것입니다.

마귀는 지금까지 항상 교회를 공격하고 괴롭혔습니다. 그것이 그들의 주요 임무였습니다. 그러므로 지금도 마귀가 주님의 교회를 공격하고 있다는 것은 하나도 이상한 일이 아닙니다.

오늘날 그리스도인들이 주님께 대한 열망을 잃어버리고 세상의 영으로 가득하게 되어 세상의 자랑에 속고 세상 근심에 빠지는 것도 다 마귀에게 속았기 때문입니다.

하지만 우리는 그들을 깨뜨릴 수 있습니다. 그들은 십자가에서 이미 패배한 자들입니다.
그들은 강한 자가 아닙니다. 그들은 교활하고 더러운 자들이며 속이는 자들일 뿐입니다.
우리는 그들을 경시할 필요는 없지만 또한 두려워할 필요도 없습니다. 잠자고 있을 때 우리는 그들에게 속지만, 깨어서 근신하며 그들을 대적하면 그들은 무기력해지며 쫓겨나가게 됩니다. 그렇게 될 때 주님의 교회는 아름다움과 순결함을 회복하게 될 것입니다.

마귀를 대적하며 오직 순결한 마음으로 주를 사랑하고 추구할 때
이 땅에서 우리는 천국과 같은 교회를 발견할 수 있게 될 것입니다.
예배 가운데 살아 계신 주님이 임재하시며 끝없는 행복과 기쁨으로 가득한 천국의 영광을 경험하게 될 것입니다.
이 땅에서 천국의 교회가 이루어지기 위하여
부디 마귀를 대적하십시오.
마귀의 모든 술수를 대적하십시오.
오직 어린아이처럼
주님만 구하고 사모하며 그리워하십시오.

우리는 승리하게 될 것입니다.
순결한 교회를 얻을 수 있을 것입니다.
이 땅에 살면서
천국이 무엇인지를
직접 경험하고 누릴 수 있게 될 것입니다.
할렐루야.

도서구입신청

도서 구입을 원하시는 분들을 위한 안내입니다.

1. 도서 목록 확인

페이지를 넘기시면 정원 목사님의 도서 전권이 안내되어있습니다.
도서 목록을 참조하셔서 필요로 하시는 책을 선택하십시오.
각 도서의 자세한 목차와 내용을 원하시면 정원목사 독자 모임 카페의 [저자 및 저서소개] 코너를 참조하십시오. (http://cafe.daum.net/garden500)

2. 책신청

구입하실 도서를 결정하신 후에, 영성의 숲 출판사로 전화를 주세요.
(02-355-7526 / 010-9176-7526. 통화시간: 월~금 오전 9시~저녁 6시)
신청 도서 목록을 알려주시면 입금하실 금액을 안내해 드립니다.
신청하실 때는 책을 받으실 주소와 전화번호를 함께 알려주세요.
책신청은 전화 외에도 영성의 숲 홈페이지의 [책신청] 코너,
출판사 이메일(spiritforest@hanmail.net)을 사용하실 수 있습니다.

3. 송금

안내 받으신 도서 대금을 아래 계좌로 입금해 주세요.
(국민은행: 051-21-0894-062, 예금주: 홍윤미)
신청자 성함과 입금자 성함이 일치하지 않는 경우에는 입금자 성함을
꼭 알려주셔야 확인이 가능합니다.

4. 배송

입금 확인 후에 바로 발송 작업을 하는데, 발송후 도착까지 보통 2-3일 정도가 소요 됩니다. 책을 급하게 필요로 하실 경우에는 일반 서점을 이용해 주세요. 해외 배송을 원하시는 분은 총판을 담당하고 있는 생명의 말씀사로 문의해주시기 바랍니다. (생명의 말씀사 080-022-1211 www.lifebook.co.kr)

<기도 시리즈>

1. 하늘의 권능이 임하는 부르짖는 기도 1
영성의 숲. 373쪽. 13,000원 / 핸디북 10,000원
부르짖는 기도는 모든 기도의 형태 중에서 가장 기본적이고 중요한 기도입니다. 이 기도를 바르게 배우고 적용한다면 하늘의 권능이 임하는 것을 경험하게 되며 모든 면에서 강건한 그리스도인이 될수 있을 것입니다.

2. 하늘의 권능이 임하는 부르짖는 기도 2
영성의 숲. 444쪽. 15,000원 / 핸디북 11,000원
부르짖는 기도 1권은 발성의 의미, 능력과 부르짖는 기도의 전체적인 원리를 다루었으며 2권은 부르짖는 기도의 실제로서 구체적인 기도의 방법과 적용원리를 다루고 있습니다. 3부에 수록된 다양한 승리의 간증은 독자님들에게 좋은 도전이 될 것입니다.

3. 대적기도의 원리와 능력
영성의 숲. 400쪽. 14,000원 / 핸디북 11,000원
대적기도 시리즈 1편. 대적기도는 주님께 간구하는 기도가 아니며 우리에게 주어진 권세와 능력을 발견하고 사용하여 능력과 승리를 경험하는 기도입니다. 이 기도를 알게 될 때 당신의 삶은 진정 달라지게 될 것입니다.
휴대를 위한 작은 사이즈의 핸디북도 있습니다.

4. 대적기도의 적용 원리
영성의 숲. 424쪽. 14,000원 / 핸디북11,000원
대적기도 시리즈 2편. 대적기도에도 원리와 법칙이 있습니다. 그 원리와 법칙을 잘 익혀서 실제의 삶에 적용한다면 우리는 풍성한 삶을 살 수 있습니다. 이 책에서는 그 원리들을 구체적으로 제시해 주고 있습니다.
휴대를 위한 작은 사이즈의 핸디북도 있습니다.

5. 대적기도를 통한 승리의 삶
영성의 숲. 452쪽. 15,000원 / 핸디북 12,000원
대적기도 시리즈 3편. 대적기도를 인간관계, 가정에서의 삶, 복음 전도와 사역에 구체적으로 적용하는 방법을 제시하였습니다. 여기서 제시된 원리를 잘 읽고 적용한다면 삶과 사역에 있어서 많은 변화와 승리를 경험할 수 있게 될 것입니다.
휴대를 위한 작은 사이즈의 핸디북도 있습니다.

6. 대적기도의 근본적인 승리 비결
영성의 숲. 454쪽. 15,000원 / 핸디북 12,000원
대적기도 시리즈 4편. 완결편. 1부에서는 악한 영들을 근본적으로 완전하게 제압하고 승리할 수 있는 원리와 비결을 제시하고 있습니다. 2부에서는 대적기도를 적용하고 경험한 성도들의 사례가 실려 있는데 이것은 각 사람의 적용과 승리에 좋은 참고가 될 수 있을 것입니다. 휴대를 위한 작은 사이즈의 핸디북도 있습니다.

7. 아름답고 행복한 기도의 세계
영성의 숲. 279쪽. 9,000원
〈기도업데이트〉의 개정판. 자연스럽고 편안하게 기도의 아름다움과 행복에 잠길 수 있도록 돕는 책입니다. 기다리는 기도, 듣는 기도, 안식하는 기도 등 다양하고 풍성한 기도의 원리들을 일상의 예화들을 통하여 쉽게 정리하였습니다.

8. 주님의 마음에 이르는 기도
영성의 숲. 309쪽. 10,000원
기도의 원리와 방법에 대한 200개의 조언을 담았습니다. 주님의 마음을 향하여 가는 것. 그것이 기도의 방향이며 목적임을 보여주는 책입니다.

9. 주님의 임재를 경험하는 길
영성의 숲. 308쪽. 10,000원
〈주님을 경험하는 100가지 방법〉의 개정판. 주님의 살아계심과 임재를 경험하기 위한 100가지의 실제적인 방법을 제시하고 있습니다. 사모하는 마음으로 이 방법들을 시도한다면 누구나 쉽게 그분의 역사를 경험하게 될 것입니다.

10. 예수 호흡기도
영성의 숲. 460쪽. 15,000원 / 핸디북 11,000원
호흡을 통한 기도가 주님의 임재와 영적 실제에 들어가는 중요한 비밀이며 열쇠임을 보여주는 책입니다. 이 책에 제시된 원리와 방법을 충실히 시도해 본다면 누구나 놀라운 변화를 경험하게 될 것입니다.

11. 방언기도의 은혜와 능력 1
영성의 숲. 459쪽. 16,000원 / 핸디북 12,000원
방언기도 시리즈 1편. 방언에 대한 성경적이고 균형잡힌 설명 뿐 아니라, 저자의 개인적인 경험과 간증, 방언을 받는 과정과 통역을 시도하는 과정에 대한 구체적인 설명, 여러 경험자들의 실례가 풍성하게 실려있어, 방언의 은혜에 대해 이해하고 적용하는 데에 실제적인 도움을 주는 책입니다.

12. 방언기도의 은혜와 능력 2
영성의 숲 403쪽. 14,000원 / 핸디북 11,000원
방언기도 2편에서는 방언과 통역이 발전해 나가는 과정과 그 영적인 의미를 깊이있게 다루었습니다. 방언의 가치와 의미를 바르게 이해하고 적용하게 될 때, 오래 동안 방언을 사용하면서도 주님의 은총를 누리지 못하던 이들이 주님의 가까우심과 아름다우심을 풍성히 경험하게 될 것입니다.

13. 방언기도의 은혜와 능력 3
영성의 숲 489쪽. 16,000원 / 핸디북 12,000원
방언 기도 시리즈의 결론적인 부분을 다룬 책입니다. 방언에 대한 부정적인 견해와 원인들, 방언을 통해 어떻게 부흥이 시작되는지, 은사의 바른 방향과 의미, 목적 등을 정리하였고, 전체적인 요약정리와 함께 경험자들의 구체적인 사례들을 첨부하여 실제적인 적용에 도움이 되도록 하였습니다.

<영성 시리즈>

1. 영성의 실제를 경험하는 길
영성의 숲. 357쪽. 12,000원
〈그리스도인의 아름다운 영성〉의 개정판.
많은 은혜의 도구들이 있지만 그것들이 다 주님을 접촉하는 것은 아닙니다. 참다운 영성과 주님을 경험하는 원리를 제시하는 책입니다.

2. 생각의 자유를 경험하는 길
영성의 숲. 228쪽. 8,000원
〈그리스도인의 생각 다스리기〉의 개정판. 우리가 겪는 삶의 대부분의 고통들은 스스로 만들어낸 생각의 감옥에 지나지 않으며 생각을 분별하고 관리함으로써 풍성하고 행복한 삶을 살 수 있다는 메시지를 다양한 예화와 함께 설득력 있게 제시하고 있습니다. 많은 교회에서 훈련 교재로 사용되기도 했습니다.

3. 영성의 중심은 사랑입니다
영성의 숲. 243쪽. 8,000원
하나님의 은혜를 받아들이고 누림으로써 진정한 사랑과 따뜻함의 세계를 경험할 수 있도록 돕는 책. 신앙의 따뜻함과 아름다움을 회복하고, 영혼들을 이해하고 도울 수 있는 관점을 제시하고 있습니다.

4. 영성의 원리
영성의 숲. 319쪽. 11,000원
영성에도 원리가 있습니다. 이 책은 영성의 발전을 위한 다양한 원리들, 영의 흐름, 영의 인식, 영적 승리를 위한 중보 등의 원리를 실제적인 예와 함께 잘 설명해 줍니다. 영적 부흥과 충만함을 사모하는 이들에게 좋은 참고서가 될 수 있을 것입니다.

5. 문제는 주님의 음성입니다
영성의 숲. 227쪽. 9,000원
우리의 삶에 다가오는 여러가지 어려움들, 문제들은 우연이 아닙니다. 거기에는 주님의 배려와 가르치심이 있으며 반드시 우리가 배워야 할 것이 있습니다. 이 책은 그 문제들에서 주님의 뜻과 음성을 발견하는 원리를 가르쳐 주고 있습니다.

6. 영성의 발전은 어떻게 이루어지는가
영성의 숲. 254쪽. 8,000원
〈영성의 상담〉의 증보 개정판. 영성에 대한 여러 질문과 답변을 통해 다양한 영적현상의 의미와 삶 속에서 영적 성장을 이루는 구체적인 방법들을 소개하고 있습니다.

7. 지금 이 공간에 임하시는 주님
영성의 숲. 340쪽. 12,000원
주님은 믿을수 없을만큼 가까이 계시지만 사람들은 흔히 그분을 무시함으로 그의 임재를 소멸시킵니다. 이책은 그분의 가까우심과 구체적인 공간을 통한 임재, 나타나심을 경험할수 있도록 실제적인 지침을 제시하고 있습니다.

8. 심령이 약한 자의 승리하는 삶
영성의 숲. 228쪽. 9,000원
영혼의 힘이 약하고 마음이 여리고 민감하여 고통을 겪고 있는 이들을 위한 책. 영혼의 원리 및 기질과 사명을 이해함으로써 이전에 알지 못했던 자유와 해방과 놀라운 행복감을 누리게 될 것입니다.

9. 천국의 중심원리
영성의 숲. 452쪽. 14,000원
천국은 사후에만 갈 수 있는 장소가 아닙니다. 이 땅에 살면서 천국의 임재, 그 천국의 빛과 영광을 경험할 수 있습니다. 이 책에서는 내면세계의 천국을 경험하기 위한 길과 원리를 제시해 주고 있습니다.

10. 행복한 신앙을 위한 28가지 조언
영성의 숲. 348쪽. 12,000원
〈자유롭고 행복한 그리스도인 1〉의 개정판. 묶여 있고 창백한 의식의 틀을 벗어나, 자유롭고 풍성한 믿음의 삶으로 나아가도록 돕는 책입니다. 28가지 조언속에 행복한 신앙을 위한 영적 원리들을 담고 있습니다.

11. 성숙한 신앙을 위한 30가지 조언
영성의 숲. 340쪽. 12,000원
〈자유롭고 행복한 그리스도인2〉의 개정판. 의식이 바뀔 때 천국의 자유와 기쁨을 누릴 수 있음을 보여주는 책입니다. 묶여있는 사고와 습관, 잘못된 의식에서 해방되는 원리를 제시해 주고 있습니다.

12. 의식의 깨어남을 사모하라
영성의 숲. 239쪽. 9,000원
잠과 꿈과 깨어남의 실체를 보여주며 진정한 깨어있음의 세계로 인도하는 책입니다.
의식과 영혼을 깨우기 위한 방법과 원리들을 제시해 주고 있습니다.

13. 주님의 마음, 주님의 임재 속으로
영성의 숲. 348쪽. 12,000원
오늘날 주님의 마음에 대한 많은 오해가 있어서 주님의 깊으신 임재에 들어가지 못합니다. 이 책은 그 오해를 풀어주며 우리를 향한 주님의 사랑을 보여주고 그 사랑의 임재 속에 들어가는 길을 안내해주고 있습니다.

14. 영성의 발전을 갈망하라
영성의 숲. 292쪽. 10,000원
영성의 진리 시리즈 1편. 영성을 깨우고 발전시킬 수 있는 다양한 이야기, 원리, 법칙들을 묶은 36가지의 메시지가 수록되어 있습니다. 영혼의 각성에 도움이 되는 지식과 도전을 얻게될 것입니다.

15. 집회에서 흐르는 주님의 은혜
영성의 숲. 254쪽. 8,000원
이미 출간되었던 [집회 가운데 임하시는 주님]을 새롭게 개정하였습니다. 회원들의 간증을 줄이고 더 많은 분량을 추가하였습니다. 집회 가운데 나타나는 주님의 생생한 역사와 이에 관련된 여러 영적 원리를 기술하였습니다. 읽을수록 집회 현장에 있는 듯한 감동과 은혜를 얻을 수 있을 것입니다. 은혜를 사모하는 이들, 영성 사역에 관심이 있는 사역자들에게 좋은 참고가 될 것입니다.

16. 삶을 변화시키는 생명의 원리
영성의 숲. 348쪽. 값 12,000원
삶 속에서 열매를 맺을 수 있는 비결과 원리를 시편 1편의 말씀과 요한복음 15장의 말씀을 중심으로 제시하고 있습니다. 포도나무이신 주님과 가지로서 항상 연결되는 삶이 열매를 맺는 원리이며 은총의 비결인 것을 명쾌한 논지로 설명하고 있습니다. 신앙의 기초와 방향을 분명히 밝히는 책으로서 풍성한 삶과 승리하는 삶을 갈망하는 그리스도인들에게 귀한 도전이 될 것입니다.

17. 낮아짐의 은혜1
영성의 숲. 308쪽. 값 11,000원
쉽게 하나님의 임재를 경험하며 그 은혜 가운데 머무르는 사람이 있습니다. 그 은총의 비밀은 무엇일까요? 그것은 바로 낮아짐이며 이를 통하여 주의 무한한 은혜와 천국의 풍성함을 누릴 수 있음을 본서는 증명합니다. 사람을 파괴하는 높아짐의 시작과 타락, 은혜의 회복, 열매의 풍성함 등을 다루고 있으며 누구나 그 은혜의 세계에 쉽게 이르도록 길을 제시하고 있습니다.

18. 낮아짐의 은혜 2
영성의 숲. 388쪽. 값 14,000원
낮아짐은 감추어진 비밀이며 천국의 문을 여는 보화입니다. 마귀는 낮아짐을 빼앗을 때 그 영혼을 사로잡을 수 있으므로 온갖 유혹으로 이 보화를 가로챕니다. 하나님은 천국의 풍성함을 주시기 위하여 낮아짐을 훈련하시며 인도하십니다. 2권은 적용을 주로 다루며 구체적으로 풍성한 은총을 누릴 수 있도록 권면하고 있습니다.

19. 그리스도를 갈망하는 삶
영성의 숲. 268쪽. 값 10,000원
부흥과 영적 깨어남, 영성의 다양한 원리에 대한 이야기. 삶 속의 이야기와 함께 자연스럽게 풀어서 정리하였습니다. 일상의 사소한 삶에서 영적 원리를 발견하고 적용하도록 도우며 그리스도에 대한 갈망이 증가되도록 도전하고 있습니다.

20. 영이 깨어날수록 천국을 누린다
영성의 숲. 236쪽. 값 8,000원
독자들과 일대일로 마주 앉아서 대화를 하듯이 영적 성장과 풍성한 삶을 누리는 원리에 대해서 메시지를 전달하고 있습니다. 사랑하는 삶, 영성의 깨어남에 대한 새로운 통찰력을 제공해주며 기쁨으로 주님을 따르는 길을 제시해 줍니다.

<생활 영성 시리즈>

1. 주님과 차 한잔을
영성의 숲. 220쪽. 6,000원
신앙의 귀한 진리들, 주님을 사모하고 가까이 나아가는 데 도움이 되는 원리들을 유머를 통해 밝고 즐겁게 전달해주는 책입니다.
주님과 같이 차를 한잔 마시는 기분으로 부담없이 읽다 보면 자연스럽게 영적 통찰을 얻을 수 있을 것입니다.

2. 일상의 삶에서 주님을 의식하기
영성의 숲. 280쪽. 8,000원
일상의 사소한 삶 속에서 주님을 의식하며 살아가는 이야기. 신앙과 영성은 기도할 때만이 아니라 일상의 모든 삶 속에서 나타나야 한다. 작고 사소한 모든 일에서 주님을 의식하는 것이 진정한 행복의 원리인 것을 이 책은 보여주고 있습니다.

3. 일상에서 경험하는 주님의 사랑
영성의 숲. 277쪽. 9,000원
일상의 묵상 시리즈 2편. 사소한 일상의 삶에서 주님의 임재와 사랑을 느끼고 주님의 메시지를 경험하는 이야기. 항상 모든 것에서 주님의 마음과 시선으로 삶과 사람을 보고 느껴야 하며 이를 통해서 날마다 천국을 경험할 수 있음을 사소한 삶의 이야기를 통하여 부드럽게 전달해주고 있습니다.

4. 삶이 가르치는 지혜
영성의 숲. 212쪽. 6,000원
〈삶이 가르치는 지혜〉의 개정판. 우리의 삶에서 경험하는 많은 즐거운 일, 힘든 일들이 결국 우리 영혼의 성장을 위하여 주어진 일임을 보여줍니다. 가슴을 따뜻하게 하는 소박한 이야기들을 통해서 사랑의 중요성을 다시 한번 깨닫게 합니다.

5. 사랑의 나라로 가는 여행
영성의 숲. 156쪽. 5,000원
〈사랑의 나라〉의 개정판. 어른들을 위한 우화로서 한 청년이 여행을 통하여 삶의 목적과 방향을 깨달아 가는 과정이 흥미진진하게 전개되고 있습니다. 즐겁게 이야기를 읽어나가다보면 영적 성장의 방향과 중심, 영적 세계의 에너지와 원리, 흐름을 이해하는데 도움이 될 것입니다.

6. 하나님의 뜻을 발견해 가는 여행
영성의 숲. 269쪽. 신국판 변형 8,000원
성경에 등장하는 입다, 다윗, 암논의 삶과 사건들을 통하여 하나님의 아버지 마음과 하나님의 의도와 훈련을 이해하고 발견하도록 안내하는 책입니다. 등장인물들의 마음과 정서가 드라마처럼 녹아있어 흥미와 감동을 전달해 줍니다.

7. 일상에서 경험하는 주님의 은혜
영성의 숲. 253쪽. 값 8,000원
일상시리즈 3편입니다.
가족 이야기, 모임 이야기, 일상에서 경험하는 여러 가지 일들을 통해서 영적 원리와 교훈을 정리하였습니다.
일기와 이야기 형식으로 기록되어 있어서 즐겁게 읽는 가운데 주님과 같이 걷는 삶의 흐름 속으로 들어갈 수 있게 될 것입니다.

<묵상 시리즈>

1. 맑고 깊은 영성의 세계를 향하여
영성의 숲. 140쪽. 5,000원.
잠언시리즈 1편. 내 영혼의 잠언1을 판형을 바꾸어 새롭게 만들었습니다. 순결하고 맑은 영혼으로 성장하기 위한 진리의 묵상들이 간결하게 정리되어 있습니다.

2, 주님은 생수의 근원 입니다
영성의 숲. 196쪽. 6,000원
〈내 영혼의 잠언2〉의 개정판. 맑고 투명한 영성의 세계로 안내하는 영성 잠언집. 새벽녘의 신선하고 향긋한 바람처럼 우리 영혼을 달콤하게 채워주는 묵상의 글들을 모아서 정리했습니다.

3. 묻지 않는 자에게 해답을 던지지 말라
영성의 숲. 156쪽. 5,000원
삶과 사랑과 영혼의 진리를 담은 잠언 시집.
인생의 의미와 진리, 영성의 발전과정을 예리하면서도 부드러운 시각으로 표현하고 있습니다. 불신자에 대한 전도용으로도 좋은 책입니다.

4.영혼을 깨우는 지혜의 샘물
영성의 숲. 180쪽. 6,000원
〈영적 성숙으로 향하는 여행〉의 개정판
인생, 진리, 마음, 영성 등 중요한 8가지의 주제에 대한 짧은 묵상을 담았습니다. 맑은 샘물이 흐르듯이 간결한 지혜의 메시지가 영성을 일깨워주는 책입니다.

대적기도를 통한 승리의 삶

1판 1쇄 발행	2005년 3월 30일
1판 11쇄 발행	2008년 10월 15일
2판 1쇄 발행	2009년 3월 20일
2판 9쇄 발행	2021년 9월 10일
지은이	정원
펴낸이	홍 윤미
펴낸곳	영성의숲
등록번호	2001. 7. 19 제 8-341 호
전화	02 - 355 - 7526 (영성의숲)
핸드폰	010 - 9176 - 7526 (영성의숲)
E - mail	spiritforest@hanmail.net (영성의숲)
홈페이지	cafe.daum.net/garden500 (정원목사 독자 모임)
	cafe.naver.com/garden500 (정원목사 독자 모임)
국민은행	051-21-0894-062
예금주	홍 윤미
총판	생명의 말씀사
전화	02 - 3159 - 8211
팩스	080 - 022 - 8585,6

값 15,000원
ISBN 978 - 89 - 90200 - 64 - 8 04230
ISBN 978 - 89 - 90200 - 76 - 1 04230 (세트)